If someone asks me how I translate, I am hard put to find an answer. I can describe the physical process: I make a very rapid first draft, put it aside for a while, then go over it at a painfully slow pace, pencil- and eraser- in hand. But that is all outside. Inside the job is infinitely complex.

—Weaver (1989:119), quoted in Bell (1991:32)

No brilliance is needed in the law. Nothing but common sense, and relatively clean finger nails.

—Sir John Mortimer, *A Voyage Round My Father* (1970)

法律法规翻译研究

TRANSLATING LAWS AND REGULATIONS

王建　著

西南政法大学外语学院
法律语言文化专著系列

——总主编　付子堂
主　编　宋　雷

法律出版社
LAW PRESS · CHINA

西南政法大学外语学院法律语言文化专著系列丛书

编 委 会

总　序

2023年，西南政法大学外语学院将迎来三十周年院庆。1993—2023年的三十年，恰好是中国与世界更加融为一体的三十年，是世界范围内全球化程度日益加深的三十年，是人类命运共同体稳步推进的三十年。西南政法大学外语学院得风气之熏染，教书育人，联通中外，有自己的收获，也有自己对于国家和世界的绵薄贡献。风雨沧桑，峥嵘岁月，木已成林，春华秋实。

三十年中，莘莘学子在外语学院追求梦想，笔耕沃土；谆谆师者为了学院的发展献计献策，勠力同心。古人云“三十而立”，为了纪念这值得铭记的三十华诞，外语学院特组织本院教师编写了“西南政法大学外语学院法律语言文化专著系列”丛书。这不仅是西南政法大学外语学院近年来教学与科研成果的集中展示，更是对外语学院三十年来形成的厚实文化积淀、优秀科研传统及所秉承的西政精神的深度挖掘。

西南政法大学外语学院前身为西南政法大学外语系，成立于1993年，2003年成立外语学院，同年6月，经国务院学位委员会批准获得外国语言学及应用语言学硕士学位授权点，2004年开始招收外国语言学及应用语言学研究生，主攻英汉对比法律语言学和法律英语翻译理论与实践两个方向。2010年学院英语（法律经贸方向）专业获得重庆市高校特色专业建设点，同年，经国务院学位委员会批准获得翻译硕士专业学位授权点，2011年开始招收翻译硕士，主攻法律翻译、经贸翻译方向。2013年，学院英语（法律经贸方向）专业被确定为重庆市特色专业。2017年，学院申报的“政法类高校英语本科专业‘“231”一体双翼’人才培养模式改革与实践”教学成果获得重庆市教学成果奖。2019年6月，学院英语（法律经贸方向）专业入选“2019年重庆市本科高校一流专业立项建设”项目。鉴于外语学院在法律特色英语专业建设领域的经验，教育部英语专业教学指导委员会于2015年特委托外语学院起草了全国政法类高校英语专业人才培养国家标准。

西南政法大学外语学院是国内高校最早成立的、以法律语言为特色的外语院系之一，三十载以来已经形成了自己独特的优势。依托西南政法大学的优势学科，外语学院坚持走“外语+法律”特色发展之路，并将其贯穿于整个人才培养过程。学院以科学的课程设置和高质量的教学水平使学生获得扎实的基本功和优秀的实务能力，为社会主义现代化建设培养了一大批精通英语，兼懂法律的高素质复合型人才。

外语学院这三十年来所取得的办学成绩和育人成果值得我们肯定，而外语学院老师们的教学能力与科研水平的进步更值得我们骄傲。外语学院组建了自己的学科团队，下设四个方向，分别为法律语言学团队、法律语言文化和法律翻译教学与研究团队、外国文学（法治文学）团队、外语（法律语言）教育研究团队和国别与区域研究团队。团队的负责人及成员在多个全国性学术团体中担任重要职务，并在语言学、翻译、文学、教育、国别与区域研究等领域有着较深的造诣。近年来，学科团队成果颇丰，获得多个国家社会科学基金项目及教育部项目，并在权威期刊上发表了多篇原创性论文。西南政法大学在 2019 年度遴选了 12 项重大科研成果，外语学院占两项，且有一项荣居榜首。荣居榜首的《英汉法律用语大辞典》（第 2 版）是宋雷教授领衔的法律语言文化和法律翻译教学与研究团队历时数十年完成的目前国内规模最大、内容最完整的大型英汉法律用语学习型辞书。中外著名辞书总是历经千锤百炼，在历次版本完善中锻造杰作。《英汉法律用语大辞典》有此气象，当再接再厉。在学科团队的共同努力下，在学界广大同人的关心和帮助下，外语学院精心打造了该系列丛书，一起促进外语界同人的相互沟通与交流，其诞生是外语学院学科建设的成果体现，也必将进一步搭建西南政法大学外语学科优质学术成果交流平台。

外语学院一直恪守“博学、笃行、厚德、重法”的西政校训，心系天下，自强不息，在扬西政精神的同时，一直奋力追寻着学术的真谛。唐代医学家孙思邈在《论大医精诚》中写道：“世有愚者，读方三年，便谓天下无病可治；及治病三年，乃知天下无方可用。故学人必须博极医源，精勤不倦，不得道听途说，而言医道已了，深自误哉。”医者如此，一切学问和事业皆当如此。必精勤不倦，经“立”之坚、“守”之苦，方能有“得”之乐。本丛书的出版是对外语学院三十年创业与成长的铭记,也是对外语学院的学科建设和专业发展的激励,更是对我校转型升格、“双一流”建设的促进。衷心祝愿外语学院越办越好!外语学科越来越强!

是为序。

付子堂

2019年11月

序　言

西南政法大学外语学院即将迎来三十周年(1993—2023年)办学之际,我作为学院英语专业的设计者、组织者和亲历者,能够为学院组织编写的“西南政法大学外语学院法律语言文化专著系列”丛书作序,倍感荣幸。

三十年来,我们历创业之维艰。在法科为主的大学能够办成以培养既精通英语又熟知法律的高素质复合型人才为目标的英语专业,并取得不菲成绩,实属不易;能开教育界试行“英语+法律”专业建设的先河,诸多不易之外,更是时代的造就。1993年、1994年专科开始,我们开展了“英语+法律”的教学初探,增加了本院教师对于国外学术界“法律乃词语之职业”(Law is a profession of words.)意识的认同和感悟。1995年英语专业四年制本科培养体制的转变加深了我们对于语言乃法律载体、法律思维工具以及法律文化精髓的认识,增进了教师积极向上、无愧时代的责任感。2003年,学院获得外国语言学及应用语言学硕士学位授权点,专注于培养英汉对比法律语言学和法律英语翻译理论与实践等方向研究生。2010年,学院获得翻译硕士专业学位授权点,培养以法律、法学、国际经贸翻译为主要研习方向的翻译硕士,同年,英语(法律经贸方向)专业获批重庆市高校特色专业建设点。2013年该专业被确定为重庆市特色专业,2019年6月入选“2019年重庆市本科高校一流专业立项建设”项目。

三十年来,我们自强不息。在加强专业建设的同时,更注重涵养学院的学术能力和修为,巩固和增加专业建设的生命力。建系建院以来,学院组织编写了《法律英语教程》《法学基础英语》《法学英语》《法律英语高级教程》《法律英语基础听说》等教材,出版了《英汉对比法律语言学》《法律英语同义、近义术语辨析和翻译指南》《英汉现行法律语言对比与翻译研究》《法律术语的认知与翻译研究》等专著。为了适应法律语言学习和法律翻译的实际需要,本人还组织编写了《英汉法律用语大辞典》、《英汉法律缩略语词典》、《简明英汉法律词典》、《常用汉英法律词典》、《国际经济贸易法律文书格式》(中英文对照),并在古稀之余有幸获得中国翻译协会评选的"资深翻译家"称号。浓厚学术氛围中,老中青年结合且相互促进的教师队伍以及法律语言和法律翻译研究者各尽其能,贡献其力量,为培养时代之英才奠定了坚实基础。

三十年春华秋实,学院的莘莘学子已成各行业翘楚,他们在政治、经济、法律等领域发挥其聪明才智,在国际法律交流、法律语言教学以及涉外法律翻译等领域实现着自己的梦想,他们中很多人已经成为我国涉外法律服务队伍中的领军人才,见证了学院从蓝图初具的艰辛磨砺到壮大发展的璀璨光明。

外语学院组织编写的"西南政法大学外语学院法律语言文化专著系列"丛书,不仅集中展示了学院近年来的教学与科研成果,更深度挖掘了学院三十载沉淀的文化底蕴,势必激励学院年轻教师心无旁骛地培养适应时代需要的涉外法律服务人才,为国家和社会尽献绵薄力量。

是为序。

宋　雷

2019 年 11 月

前　言

法律翻译作为古老和重要的一项活动,至今在各国仍备受重视。国内外学者对此进行了不懈的探索,并取得了喜人的成果。但是,目前的法律翻译研究并未完全考虑法律文化与语言,也未基于系统的翻译理论展开,致使法律翻译的深层次研究受到严重制约。因此,甚有必要对法律法规翻译进行系统研究。鉴于汉语与英语分属日藏语系和日尔曼语系,加之中国与英国、美国等国家隶属于不同的法系,故而英汉语法律法规在宏观层面(如法律的宏观结构、法律规范的逻辑结构)和微观层面(如法律概念或术语、句式)上均存在较大的差异;而从信息理论而言,立法文本乃是作者与读者(包括首要读者和次要读者)之间进行语用交际的信息语境。译者作为信息的传递者,须熟稔源语与目的语,进而在保证源语信息在目的语中得以准确再现的基础上,再根据目的语读者的不同需求,对原文的句式、语篇表达等结构做适当的调整。基于英美法和我国法律的文化对比,并以欧盟翻译总司(Directorate-General for Translation, DGT)所提出的“以译文读者为导向的翻译策略”(target-oriented approach)为总的指导原则,本书从下列几个方面对法律法规翻译进行探讨:

(1)法律文化与法律翻译。中国法与英美法隶属于不同的法系,法律文化的不同导致二者在术语表述、法律的宏观结构、法律规范的逻辑结构等诸多方面存在差异。

(2)英汉立法语言在词汇、句法、语篇等层面的共有特点,以及英汉民族因在心理方面的差异而导致的英汉立法语言在词汇、句法和语篇层面的差异。

(3)法律文本及其功能分类。从法律文本的功能这一角度而言,法律法规属于规定性法律文件，其效力源于合法的制定程序，故文本承载的信息具有拘束力。尽管译语文本是译者翻译活动的成果而并不具类似约束力，但在词汇选择、句式表达和篇章结构安排上均应反映出法律法规的庄严、正式及施为性特点，并相应地应遵循译名同一律、精练性、语言规范化、准确性等翻译基本要求。

（4）法律法规翻译的理论视角。就信息论的视角而言，法律法规译本的主要功能是为译本读者提供信息，故在翻译时应充分考虑不同法系在语言和文化上的差异，在语言与文化翻译策略上应尽量使译本贴近目的语的语言特征与文化体系，甚至改变源语文本的语言风格和文化内涵，以最终实现法律法规翻译的目的。因此，翻译目的论可为法律翻译提供新颖、可行的研究视角。

（5）英汉语法律法规的宏观结构及其翻译。在本部分将分析中国法和英美法在法律结构（包括法律法规名称、日期、序言、颁布语、主体部分、附录等）上存在的异同，并基于英汉语言的差异，从翻译目的论视角探讨宏观结构的英汉互译。

（6）英汉语法律规范的逻辑结构及其翻译。对比分析假定、行为模式和法律后果等部分的异同，并在英汉互译时基于英汉法律语言在术语、句式、语篇等层面的差异而采取有效策略进行处理，以及其他相关内容。

与其他的法律翻译研究相比，本研究具有下列两个特色：（1）本研究将我国的法律法规与英美法系国家的法律法规在语言层面上的差异置于更加宽泛的法律文化背景下，系统地考查二者在宏观层面（法律法规的宏观结构和法律规范的逻辑结构）和微观语言层面（词汇、句法和语篇）上的差异，并以翻译目的理论为指导，对法律法规的各组成部分的翻译以及翻译中须考虑的语言文化因素进行研究，在立意和研究径路上具有一定的创新性；（2）本研究有别于纯粹的学术研究，即除了探讨英汉语法律法规翻译的理论问题外，还对英美法系国家法律法规的汉译和我国法律法规的英译进行探讨，故具有较强的实践性。

总之，本书基于法律语言翻译的本质，在不同法律文化的框架下，系统比较英汉语法律法规的宏观与微观差异，并采用译文读者为导向的翻译方法，对英汉语法律法规中的术语、句式与句类、语篇衔接及推进模式等层面的差异及其互译进行深度研究，借此建立一个相对完整的法律翻译模式。本书可为法律法规的英汉互译提供理论支撑，最终为提升法律法规翻译质量略尽绵力。同时，本书可以在一定程度上解决 MTI（翻译硕士）教学资源匮乏这一难题，从而有助于增强法律翻译学科的独立性，实现设立 MTI 专业的宗旨。其他从事法律翻译的人士亦可从本书中受益。

目　录

I said there was a Society of Men among us, bred up from their youth in the art of proving by words multiplied for the purpose, that white is black, and black is white, according as they are paid. To this society all the rest of the people are as slaves…

— *Gulliver's Travels*, by Jonathan Swift

第一章　法律文化与法律翻译

法律翻译可谓历史悠久，最早可追溯到公元前1283年左右古埃及与赫梯帝国（the Hittite Empire）签署的和平条约，[①]以及将《查士丁尼法典》（*Corpus Iuris Civilis*）相继译为希腊文、英文等多种语文。学者们对法律翻译的方法论问题也进行了诸多思索。如魏斯格贝尔（Weisgerber）曾对国际公约的可译性进行探讨；基拉尔（Kielar）从比较分析的视角，对法律语言与法律结构和语言结构的联系进行分析；格鲁特（De Groot）也从比较法的视角，对法律翻译问题进行了探讨，认为法律翻译之所以困难，主要原因并非语言上的差异，而是受制于法律体系之间的结构差异。[②] 从某种意义上，法律结构间的差异问题，较之语言间的差异问题，更是译者需要关注的焦点。从人类法律的发展史可以看出，法律问题同时也是政治问题、社会问题、历史问题和法律文化问题。[③] 而广义上的法律文化包括与法律有关的历史、传统、习惯、制度、学理等。各个国家因其不同的历史传统、法律实践、法律意识等而存在差异。因此，要想顺利进行法律翻译，首先必须了解不同国家与地区的法律传统、思想、制度及渊源等。

---

① See Trevor Bryce, *The Kingdom of the Hittites*, Oxford, Clarendon Press, 1998, p. 256. 该条约的原版未能保存下来，但其副本得以留存，分别以埃及文镌刻在卡纳克神庙的墙上，以及以赫梯楔形文字泥板的形式收藏在柏林博物馆。

② See Barbara Z. Kielar, *Language of the Law in the Aspect of Translation*, Warszawa: Wydawnictwa Uniwersytetu Warszawskieg, 1977, p. 8.

③ 吴伟平：《语言与法律——司法领域的语言学研究》，上海外语教育出版社2002年版，第3页。

第一节 法律文化与翻译语态

法系(legal family,legal genealogy,genealogy of law)是在对各国法律制度的现状和历史渊源进行比较研究的过程中形成的概念,是具有共同法律传统的若干国家和地区的法律,是一种超越若干国家和地区的法律现象的总称。

埃尔曼(Henry Ehrman)曾指出,所有比较都开始于分类。经过漫长的同化和缓慢演变而产生的各种法律文化具有普遍的习惯、技术与心理过程,因此将这些法律文化分成不同的族类是完全可行的。① 历史上确实也依据不同标准而有不同的"法系"分类:

1. 民族差异划分法。由日本法学家穗极陈重于 1884 年提出五大法系说,其标准是民族差异。五大法系即印度法系、中华法系、伊斯兰法系、英国法系、罗马法系。②

2. 谱系划分法。穗极陈重于 1904 年对其原来的主张加以修正,以一国的固有法与引进他国法而形成的系统关系为标准,提出七大法系说,即在原五大法系基础上增加日耳曼法系和斯拉夫法系。③

3. 种族与语言划分法。法国比较法学者埃斯曼(Adhemar Esmein)于 1905 年提出,以种族和语言为标准将世界各国法律制度分为五个法系:罗马法系、日耳曼法系、盎格鲁-撒克逊法系、斯拉夫法系、伊斯兰法系。④

4. 文明程度划分法。瑞士比较法学者索尔·赫尔(Sauser Hall)于 1913 年提出以民族的文明程度为标准,将世界法律分为三类:未开化民族的法律、半野蛮民族的法律、文明民族的法律。他还以人种学为标准将世界法系分为四类:印欧法系、闪米特法系、蒙古法系、未开化民族法系。⑤

5. 法律渊源划分法。法国比较法学者勒维·于尔芒(Levy Ullmann)于

---

① 参见[美]埃尔曼:《比较法律文化》,贺卫方、高鸿钧译,三联书店 1990 年版,第 27 页。

② 参见杨鸿烈:《中国法律在东亚诸国之影响》,商务印书馆 1937 年版,第 10 页。

③ 参见[日]穗极陈重:《法理学大纲》,李鹤鸣译,商务印书馆 1935 年版,第 72 页。

④ See Henry Ehrman, *Comparative Legal Cultures*, Prentice-Hall, Inc. , 1976, p. 173;高鸿钧:《论划分法系的方法与标准》,载《外国法译评》1993 年第 2 期。

⑤ 参见[德]茨威格特、克茨:《比较法总论》,潘汉典等译,贵州人民出版社 1992 年版,第 64 页。

1922 年提出，以法律渊源为标准将世界法系分为三类：大陆法系、英语国家法系、伊斯兰法系。[①]

6. 客观罗列划分法。美国比较法学者威格摩尔（J. Wigmore）于 1923 年提出世界法系分为十六类：埃及法系、巴比伦法系、中国法系、希伯来法系、印度法系、希腊法系、罗马法系、日本法系、日耳曼法系、凯尔特法系、斯拉夫法系、阿拉伯法系、海洋法系、欧洲大陆法系、教会法法系、英国法系。1928 年他又把巴比伦法系和阿拉伯法系分别更名为美索不达尼亚法系和穆罕默德法系。[②]

7. 局部参照系划分法。西班牙学者卡尼萨雷斯（Canizares）于 1954 年以法律与宗教的关系为标准把世界法系分为三类：西方体系、苏联体系、宗教体系。第一类来自基督教思想，但其法律根源并非由宗教教条构成，第二类来自反宗教思想和集体主义，第三类的法律规范来自宗教原则。[③]

8. 法律实质划分法。欧洲比较法学者阿曼戎（Arminjon）、诺尔德（Nolde）、沃尔夫（Wolff）于 1950 年提出，依据法律的实质（同时注意法律制度的来源和共同要素）将世界法律制度分为七类：法国法系、德国法系、斯堪的纳维亚法系、英国法系、俄国法系、伊斯兰法系、印度法系。[④]

9. 社会形态划分法。“二战”以后苏联、东欧社会主义国家的比较法学者否认西方学者对“法系”的划分，而主张按照社会形态划分为四种类型：奴隶制法、封建制法、资本主义法、社会主义法（socialist legal family）。

10. 双重标准划分法。法国比较法学者勒内·达维德（Rene David）在其《比较民法原论》（1950 年）中提出，用意识形态（哲学与正义观）和法律技术为标准，将世界各国法律制度分为五类：西方法系、社会主义法系、伊斯兰法系、印度法系、中国法系。[⑤] 后来他在《当代主要法律体系》（1964 年）中对原来的划分作了修正，并提出三大法系说，即罗马日耳曼法系、普通法法系、社会主义法系。

---

① ［德］K. 茨威格特、克茨：《法系式样论》，潘汉典译，载《法学译丛》1985 年第 4 期。

② ［美］威格摩尔：《世界法律制度概览》，华盛顿法律图书公司 1936 年版，第 3~8 页，转引自高鸿钧：《论划分法系的方法与标准》，载《外国法译评》1993 年第 2 期。

③ 参见［法］勒内·罗迪埃：《比较法导论》，徐百康译，上海译文出版社 1989 年版，第 25 页。

④ 高鸿钧：《论划分法系的方法与标准》，载《外国法译评》1993 年第 2 期。

⑤ 参见［法］勒内·达维德：《当代世界主要法系》，上海译文出版社 1984 年版，第 22 页。

(1)大陆法系(又称罗马法系)(continental law system,civil law system)

(2)普通法系(又称英美法系)(common law system,case law system,Anglo-American law system)

(3)社会主义法系(Socialist law system)

11. 样式划分法。德国的茨威格特(Zweigert)和克茨(Kotz)提出划分法系的五种方法,即法律体系的起源及其历史演变、法律论证的特殊方法、独特的法律制度、法律渊源的性质及其解释方法和思想意识因素。依据该标准,法系被划分为罗马法系、德国法系、北欧法系、普通法法系、社会主义法系、远东法系、伊斯兰法系、印度法系等八类。①

12. 法律形式划分法。我国法学家李步云认为“法系是从法律形式的角度就世界范围内对法律所作的一种分类”,故主张以法律的形式渊源为标准,把世界法律分为两大类:大陆法系、英美法系,把社会主义法归入大陆法系。②

13. 法律文化划分法。我国法学家武树臣认为法律文化包括两个方面:一是法律活动的总体精神,二是法律活动的宏观样式,即创制和实现法律规范的工作程序和方法,从而以基本精神为标准将世界法律分为三种类型:宗教主义型、伦理主义型、现实主义型。其中现实主义型又分为“个人本位”和“国家本位”两种;以宏观样式为标准可以将世界法律分为三种类型;判例法型、成文法型、成文法与判例法相结合的混合法型。③

14. 复合划分法。我国法学家高鸿钧提出“分别以不同标准进行多次划分,每次划分只使用一个标准”的“复分法”,认为反映法律内容的阶级本质、经济基础和意识形态以及反映法律外在形式的法律渊源和诉讼技术这几个因素最重要,将直接影响法律的特定文化传统。运用第一个因素可以划分出社会主义法系和资本主义法系;使用第二个因素可以划分出大陆法系和英美法系;根据第三个因素可以划分出西方法系、伊斯兰法系、印度法系、犹太法系、东亚法系。④

---

① 参见[法]勒内·罗迪埃:《比较法导论》,徐百康译,上海译文出版社 1989 年版,第 25~26 页。

② 李步云:《关于法系的几个问题——兼谈判例法在中国的运用》,载《中国法学》1980 年第 1 期。

③ 武树臣:《中国古代法律样式的理论诠释》,载《中国社会科学》1997 年第 1 期。

④ 高鸿钧:《论划分法系的方法与标准》,载《外国法译评》1993 年第 2 期。

综上所述,尽管有学者对“法系”的提法及其分类标准严厉批判,但不可否认的是,无论适用何种标准进行何种分类,中国和英语国家或地区都显然属于不同的法律文化和传统。

法系不同以及法律文化不同的必然结果之一就是:某些法系或法律文化中的法律概念或法律术语,在其他法系或法律文化中并无对等概念,或者即便在同一个法系中,不同国家所使用的法律术语也存在差异。这对翻译研究至关重要。换言之,法系的不同决定了法律文化、思想和制度上的差异,从而从文化层面为理解和翻译英汉语法律条款提供了切入点,而这些差异也将影响或决定英汉互译中应采取的翻译策略。限于篇幅,本书仅就英美法系与中国法律体系进行对比分析。

第二节　法观念、概念和术语的翻译差异

由于隶属不同的法系,英美法系国家与我国在法律文化上呈现诸多差异。

西方法哲学界将法分为人为法(man-made law)和自然法。当孟德斯鸠讲一切存在物都有它们的法时,他所指的法已经不再局限于人为法的范畴,而是泛指由事物的性质所产生的一切必然关系。孟德斯鸠的本意在于区分自然法与人为法,并提醒人们:在人为法之上应该还有更高的法则。

当严复说“盖在中文,物有是非谓之理,国有禁令谓之法,而西文则通谓之法”时,他便在中国人的“理”(*li*, reason)与西方人的“自然法”之间打开了通道,从法的角度提高了对“理”的认识。西方人在人为法之外大谈自然法,与中国人在国法之外大谈理,都是出于同一个道理,即欲在人为法之上寻求更高的法则或法律。实际上,当人们说万物皆有其法时,就已经在自觉或不自觉地寄托各自关于法的理想,在寻绎法的应然。人为法固然有其特定的规则,但在本质上必须合乎“理”或孟德斯鸠所讲的事物的“根本理性”(必然关系)。无论按照中国人所讲的理,还是按照孟德斯鸠所讲的事物的根本理性,人为法都不是至高无上的。中国的理同西方的自然法在本质上都是批判现实主义的。从法的概念上来说,“理”或“自然法”或“根本理性”(*lixing*, intellect)的提出,其本身在逻辑上就已经为批判人为法提供了条件。

在“理”与“自然法”的关系问题上，严复所能给予后人的启示还在于他对西文“法”字的译法的理解上。为了正确地理解西文“法”字，严复指出“西文‘法’字，于中文有理、礼、法、制四者之异译，学者审之”。西方人的法观念中不仅有人为法和自然法的区别，还包括习惯法与成文法之间的区别。在中国，皇帝诏书，自秦称制。中国古代的“制”与“法”相当于西方的成文法，而中国古代的“理”与“礼”则相当于西方的习惯法。当然，中国的礼的大部分内容也是具有成文性质的。严复虽然没有用习惯法和成文法这两个概念来比较中国的理、礼、法和制，但谓“西人所谓法者，实兼中国之礼典”时，他就已经隐约道出了其中的异同。此外，在公法、私法等方面，西方与我国均存在一定的差异。

这样一来，各国对“法”的认识和理解就迥然而异。例如，我国的“法”的繁体字为“灋”，是一个会意字，从“水”，表示法律、法度公平如水的表面；从“廌”（*zhi*），即獬廌（或獬豸），即神话传说中的一种神兽，独角兽。据说，这种神兽能辨别曲直，在古代常被作为断案的工具。每当案件中有多个嫌疑人时，人们就将其放出来，它能用角去触理屈的人，即如果用犄角顶谁，谁就是罪犯。“法”的基本含义是“刑法、法律、法度”。①

而英美法系国家将“法”（law）视为一个实体，从“break the law”这一搭配就可见一斑。此外，英美法系国家信奉的是正义女神（Lady Justice）。作为司法的象征（the symbol of the judiciary），正义女神有三个标志物，表明其判案是以法律为依据的，即一把宝剑，表明法院的强制执行力；一部天平（scales），表明在裁断相互对立的权利主张时将使用一个客观的标准，以示公允之心；以及一个眼罩（a blindfold），正义女神用眼罩蒙上双眼表明自己将客观司法，无惧无畏，不偏不倚，不会受当事人的身份地位、金钱、权势等因素的影响。此外，英美法系国家对法律的尊重从法条和人们的措辞中亦得以凸显，如称呼法官时，就直接用“Justice ×××”，将法官视为正义的化身。

---

① 说文有云，“法者，刑也。平之如水，从水；所以触不直者去之，从去。”参见张永和编：《“灋”问》，清华大学出版社 2010 年版，第 10 页。

第三节 法律渊源差异及其对法律翻译的影响

“法律渊源”一词最早出自英国法理学著作。自英国法学家波洛克(Pollock)在《法理学入门》(1896年)一书采用sources与forms的区别以来,使用sources来表示“法律渊源”与使用forms来表示“法的形式”的做法遂逐渐流行起来。[①] 法律的渊源(sources of law),亦称法源,[②]有下列多种含义:

法律的历史渊源:如罗马法(Roman law)、教会法(ecclesiastical law, canon law);

法律的理论或思想渊源:如理性主义(rationalism)、功利主义(Benthamism, utilitarianism);

法律的本质渊源:如人的理性(rationality)、公共意志(public will);

法律的效力渊源:如制定法(statute)、判例(case)等;

文献渊源:如法律汇编(law reports)、判例汇编(case report);

学术渊源:权威性的法学著作或工具书(works or literature of jurisprudence)等。

法律渊源亦分为实质意义上的渊源(substantive source of law)和形式意义上的渊源(formal source of law)。从实质意义上讲,法源指法的根源,如上帝的意志、人的理性或正义、社会公益等,均被视为法的根源;在形式意义上,法的渊源是指法的创制形式,即一种行为规则须通过什么方式创制出来并具有什么样的外在形式方能成为法律规范,并成为处理问题、审理案件的根据。

法律渊源还可分为正式的和非正式两类。正式的法律渊源,即严格意义上

---

① Frederick Pollock, *A First Book of Jurisprudence for Students of the Common Law*. F. B. Rothman, Macmillan, 1896, pp. 13-32.

② 根据《牛津法律大辞典》(David Walker, *The Oxford Companion to Law*, Oxford, Clarendon Press, 1980, pp. 1156-1157)的解释,法律渊源具有如下含义:一是指法的历史来源,指产生特定法律的原则和规则的过去的行为和事件。二是指影响法律、促进立法及推动法律变革的一些理论或哲学原则。三是指法律的形式渊源,如议会以立法形式发布宣告、高级法院的法律解释、权威性法学著作、习惯、公平、正义的法律观念等。四是指文件渊源,即对法律规则做出权威性说明的文件,人们从中找到对法律的权威性阐述。五是指文字渊源,也就是法律文献,人们可以从中找到有关法律的信息,发现一些关于法律的非权威性解说。

的法律表现形式，主要包括制定法或成文法（statute）、判例法（case law）、习惯法（customary law）、国际条约（international treaties）等；而非正式法律渊源则包括法理（jurisprudence）、学说（legal doctrine）、公平正义观念（concept of justice and equaity）等。

但法学界一般所说的法律渊源是指法律的效力渊源，或法律规范的创制及其表现形式，即那些具有法的效力作用和意义的法的外在表现形式。[①] 例如，民法的渊源是法官审理民事案件的法源，也就是法官判案的法律依据。

由于英美法系和大陆法系隶属不同的法系，故而无论是在形式与实质，或者正式与非正式方面，其法律渊源都存在差异。正如埃尔曼所说的："法律渊源，是指一旦社会中出现区别性的法律义务，法律规范所据以形成的材料，包括建立在宗教或世俗传统基础之上的习惯、司法和其他重要人物所作的判决、成文法律、正义原则以及其他法律方面的权威性著作。所有的法律制度都要以此（或者某一种，或者更多情况下以其总体）作为渊源：非洲部落的法官以它们为基础作出判决，美国最高法院的法官也不例外。但不同的法系以及同一法系中不同成员之间赋予这些渊源的重要性却明显不同。"因此，有必要对两大法系包括中国的法律渊源进行简要的介绍。

一、英美法系的法律渊源

根据历史发展的先后顺序，英美法系的法律渊源可以分为普通法（common law）、判例法（case law）和成文法（statute），[②]也有人将其分为普通法、衡平法和制定法。这些均为法院进行判决或人们行事的权威依据。即便在英美法系内部，其法源也存在差异。

（一）英国法的渊源

1. 普通法（common law）。普通法是英国法最重要的渊源，从法源的意义来看，是指由普通法院创立并发展起来的一套法律规则。"遵循先例"是普通

---

① 例如，我国学者沈宗灵就认为法律渊源指的是法律的形式渊源，即法的创制方式与表现形式。参见沈宗灵主编：《法理学》，北京大学出版社2000年版，第269页。

② 参见李荣甫：《法律英语教程》（上册），成都科技大学出版社1994年版，第11页。

法最基本的原则,而普通法最重要、影响最大的特征是“程序先于权利”。

2. 衡平法(equity)。现代意义上的衡平法,是指独立于普通法的另一种形式的判例法,是通过大法官法院(衡平法院)的审判活动,以法官的“良心”和“正义”为基础发展起来的。其程序简便、灵活,法官享有极大的自由裁量权。正如17世纪的法官塞尔登(John Selden)所说的:

Equity is a roguish thing: for law we have a measure, know what to trust to; equity is according to the conscience of him that is Chancellor, and as that is larger or narrower, so is equity. 'Tis all one as if they should make the standard for the measure we call a foot, a Chancellor's foot; what an uncertain measure would this be? One Chancellor has a long foot, another a short foot, a third an indifferent foot: 'tis the same thing in a Chancellor's conscience. ①

因此,英美法系有“衡平法即‘大法官的脚’”②的说法,即衡平法极具灵活性。与普通法相比,衡平法乃是一种“补偿性”制度,即当其与普通法规则发生冲突时,衡平法效力优先。

3. 制定法(statute)。英国最早的成文法是由君王及其委员会(Council)颁布的法律,为数极少,其在法律渊源中的重要性不如普通法和衡平法。但自Reform Act of 1832颁布后,③成文法的重要性日益凸显,成为英美法源的重要组成部分,且其效力也日渐提高,可对判例法进行整理、修改。英国的一些重要法律部门,如社会立法,就是在制定法的基础上发展起来的。制定法的种类包括欧美联盟法、国会立法、委托立法等,其中国会立法是英国近现代最重要的制定法,被称为“基本立法”(basic law)。此外,制定法还包括大量的委托立法

---

① J. Selden, "Table Talk", in M. Evans and R. Ian Jack, eds., *Sources of English Legal and Constitutional History*, Butterworths, Sydney, 1984, pp. 223-224.

② 该术语的意思有四:衡平法是由大法官自己创制的、并由大法官自由支配的规则;衡平法是普通法的重要补充,但较普通法有更大的自主性;衡平法是英国法渊源之一,属于判例法的一种;其程序简捷,无须严格遵循先例,大法官具有极大的自由裁量权。

③ 该法又被称为1832年的大宪章,对减少“衰败选区”(rotten boroughs)的席位、在新兴城镇中较为公平地重新分配了议席、以财产价值为基础给予许多屋主和佃户等方面作了规定。该法是扩大选举权中有决定意义的重大事件,但该法案颁布以后,选举权比例也只是从原来男性公民的14%提高到18%,直到近一个世纪后的1928年,英国的全民普选才最终实现。随着该法的颁布,随后引发了立法高潮,如1834年的The New Poor Law(《济贫法》),1838年的A People's Charter(《人民宪章》)等。

(secondary legislation 或 delegated legislation)以及地方性立法(by-laws)。[1]

(二)美国法的渊源

1. 普通法(common law)。美国法以英国普通法为基础,但并非全盘照搬英国法。正如约瑟夫·斯托里大法官(Justice Story)在"范内斯诉帕卡德"(*Van Ness v. Packard*,2 Peters' R., 137,per Story,J.)一案的判决中所指出的:"英国的普通法并不是全部都可以作为美国的普通法,我们的祖先把英国普通法的一般原则带过来,并且以此作为他们与生俱来的权利,但是他们只带来并采用了适合他们国情的一部分原则。"在美国,并不存在一套统一适用于联邦的普通法规则,各州的普通法自成体系。

2. 衡平法(equity)。美国在独立之前,首先在英王的直辖区和特许殖民地采用了英国的衡平法,一些在英国由教会法院管辖的案件也由衡平法院管辖。美国独立之后,联邦和各州都相继采用衡平法。在绝大部分州,传统上适用于衡平法的案件,统一由联邦法院管辖,不另设衡平法院。

3. 制定法(statute)。联邦和各州都有制定法。联邦制定法包括联邦宪法和联邦法律。

二、英美法系判例汇编及判例援引概述

(一)判例汇编的产生及其演变

判例(reported case),作为法院审理活动的成果以及法官智慧的结晶,在各个国家和各个时代都备受重视。如2500年前古埃及就有比较详细的法庭记录,古代巴比伦、希腊、罗马等也不例外。中华法系闻名于世,自春秋战国时期的"事"(*shi*, i. e., case law)开始,经历了秦的"廷行事"(*ting xing shi*, i. e. precedent)、汉的"决事比"(*jue shi bi*, i. e., exemplary cases of judgment),到唐宋的判例汇编,都体现了人们对法院审理活动及判例的重视;实行法典化的各大陆法系国家,如法国和德国,也未停止过对判例的编纂整理。但只有英国才从判例中演绎出判例这种法律文化,并产生了广泛影响。判例法传统自13世纪开始形成后,至今尚未退出历史舞台。

---

① 参见李荣甫:《法律英语教程》(上册),成都科技大学出版社1994年版,第27~30页。

如下节所述，大陆法系也有通过法院确立的调整社会关系的法律原则，但其与判例法存在明显区别：第一，该法律原则是根据法典确立的原则引申发展而来的，而英国的判例法无须以法典为基础；第二，该法律原则仅仅是对法典的补充，而英国的则恰好相反；第三，大陆法系的判例制度未形成先例遵循原则（*stare decisis*）。①

欲了解判例，须先了解英美法系的判决书。所谓判决书（judgment），是将法院审理案件的结果，以文字予以记载而形成的书面司法文书。将判决后的案件（decided cases）按照一定的标准进行汇编，就形成判例汇编②（law reports, reporters）。从法律发展史观之，判决书汇编有两种类型，一类为官方判例汇编（official report），即法院将判决结果印制成书面案例集；另一类为非官方判决书（unofficial report），即由民间出版商将判决整理汇编后予以出版，其内容除了判决书外，尚有专家就案件提供的注解、法律依据及有关法院的判决等。一旦该非官方收录的案例为官方判例集所收录，则极富参考价值，故亦可视为法律渊源（source of law）。

时至今日，英美法系国家如美国和英国，对判例汇编及其出版仍极为重视。但将判例进行汇编的传统始于 19 世纪。在爱德华一世（Edward I）（1273—1307）执政以前，根本无判例可查，仅能从法律书籍（law books）、传统（tradition）以及诉讼卷宗（plea rolls）中找到一些蛛丝马迹，但判决的措辞无处查询。判例汇编经历了下面几个阶段：

1. 年鉴（The Year Books），即法庭录事们收集的 1285—1537 年间的判例。此乃爱德华一世执政以来开创的惯例，并延续了 300 多年。年鉴最初并不是依据诉讼标的（subject matter）进行编辑的，而是对一些零星的判例进行汇编，且并未通过官方批准。法官与法学家对案件的注释因个体差异（如能力、爱好

---

① 不过该区别有缓和的趋势。如我国四川省一车祸案中，无过错的受害人一目失明，法院就比照德阳一啤酒爆炸案中失一目的受害人的受偿数量进行了判付。自 2010 年起，我国最高人民法院推出指导性案例（guiding cases）汇编，从而为法官就类似案件的判决提供了指导性的参考依据。

② 判例汇编乃是对法院判决的案例进行遴选而后将判决理由部分进行整理而汇编成册的系列书籍，在英美法系称为 law reports 或 reporters。Reporter 最初指那些对判决理由进行整理、编辑和出版的人。例如，“the Reporter of Decisions for the U. S. Supreme Court”就指那些根据授权而出版美国联邦法律汇编的人。尽管在英国仍有此意义，但在美国，该词也代表该系列书籍。See Lawrence M. Friedman, *A History of American Law*, 3rd edition, New York, Simon & Schuster, 2005, pp. 241-242.

等)而各不相同,也没有共同形式。至 15 世纪,年鉴更为专业化且更具统一性,但仍属于非官方行为(unofficial)。由于案件须等到结案后始能对其进行汇编,而有些案件旷日持久,几年都不能结案,故年鉴形式的汇编于 1535 年停止。

2. 法律年报摘要(Abridgement)。年鉴这种判例汇编形式被废除后,取而代之的便是将年鉴中所收录的案件按照诉讼标的进行整编或浓缩的判例汇编形式。后来有人将其予以印刷,于是就出现了"private Reporters",该印刷纯粹是为了个人利用或盈利(publish for individual advantage or profit)且仍属非官方行为(not official),对一定时期的判例进行汇编者不乏其人,且该类汇编(reports)质量参差不齐,即便是同一个判例,也会因汇编者不同而存在差异,给研究者带来不少麻烦,以至于有些法官禁止在法庭上使用该类汇编。

3. 官方的判例汇编(Law Reports)。到 19 世纪,美国最高法院开始任命官方人员对判例进行汇编,开创了官方判例汇编的先河,随后各州纷纷效仿。英格兰和威尔士则于 1865 年成立了非营利性的 ICLR (Incorporated Council of Law Reporting)出版机构。该机构逐渐成为英国法律汇编的主要出版商,将 1866 年以前由各出版商出版并保存完整的法律汇编进行整合并命名为 English Reports;而 1865 年以后的案例则由 ICLR 自己出版并命名为 Law Reports。① 时至今日,英国政府仍未出版任何正式的判例汇编,故没有严格意义上的官方判例汇编。较之其他汇编而言,Law Reports 效力更高。

就美国而言,其官方判例汇编种类纷繁,如美国联邦最高法院的判例汇编称为 United States Reports,简称 U. S. Re. ;而各州最高法院也出版判例汇编,如密歇根州最高法院判例汇编称为 Michigan Reports,简称 Mich. Re. 。此外,各州的上诉法院也会出版判例汇编,如密歇根州上诉法院判例汇编称为 Michigan Appeals Reports,简称 Mich. App. 。

目前美国有三个法律图书出版商出版非官方的判例汇编,包括:(1)西方图书公司(West Publishing Company);(2)律师出版公司(Lawyers Cooperative Publishing Company);(3)学徒殿堂图书公司(Prentice Hall Incorporation)。西

---

① W. T. S. Daniel, *The History of the Origin of the Law Reports, Together with a Compilation of Various Documents Showing the Progress and Result of Proceedings Taken for Their Establishment*, London, W. Clowes and Sons, Limited, 1884, pp. 87-89.

方图书公司整理出版了《联邦最高法院判例集》(Supreme Court Report, S. Ct.),而律师出版公司出版的《联邦最高法院判例集》(United States Reports Lawyers Edition, L. Ed.),这些判例汇编的内容都比较翔实。而有的判例汇编出于时间上的考虑,即期望及时地反映司法界的动态,故往往在尚未登录案号的情况下就予以出版,但此举无疑给学者查阅案件带来诸多困难与不便。此类判例汇编包括《美国法律周刊》(United States Law Weeks, U. S. L. W.)和《美国最高法院公报》(United States Supreme Court Bulletin, S. Ct. Bull.)。

为了方便读者查阅资料,各出版公司将其出版的判例汇编进行了修改,并按照地区对判例进行分类。如西方出版公司将美国分为7个区域,并将每一个区域的各州最高法院判例汇集为一套书,包括:(1)《太平洋地区判例集》第1辑和第2辑(Pacific Reporter, P. & P. 2d.);(2)《西北地区判例汇编》第1辑和第2辑(North Western Reporter, N. W. & N. W. 2d.);(3)《西南地区判例汇编》第1辑和第2辑(South Western Reporter, S. W. & S. W. 2d.);(4)《东北地区判例汇编》第1辑和第2辑(North Eastern Reporter, N. E. & N. E. 2d.);(5)《大西洋地区判例汇编》第1辑和第2辑(Atlantic Reporter, A. & A. 2d.);(6)《东南地区判例汇编》第1辑和第2辑(South Eastern Reporter, S. E. & S. E. 2d.);(7)《南方地区判例汇编》第1辑和第2辑(South Reporter, S. & S. 2d.)。

此外,西方图书公司还针对某些特定案件出版判例集,如有关家庭婚姻法的判例汇编(The Family Law Reporter),有关新闻媒体法的判例汇编(The Media Law Reporter)和有关联邦程序法的判例集(Federal Rules Decision, F. R. D.),极大地满足了读者的需要。

(二)判例援引

在阅读判决书时,读者常会遇到被援引的案例(cases considered)。对此类被援引的案例,译者一般是按原文直接引用,并不作具体的翻译,个中原因包括缺乏相关知识。欲准确翻译,须对所援引案例的有关情况作必要的了解。了解了 Citation 即案号的内容之后,方能准确找到该判决的出处。案号一般由"案件名称、官方判决案号(收录该案例的官方判例汇编的简称)和非官方判决案号(收录该案例的非官方判例汇编的简称)的卷数和起始页码以及判决日期”构成。

例1　*Eloyce Deshotel v. the Atchison, Topeka & Santa Fe Railway Company (a company), and William M. Floyd*, 50 Cal. 2d 664, 328 P. 2d 449 1958①

该例的具体内容如下:

(1)该案的案件名称为:*Eloyce Deshotel v. the Atchison, Topeka & Santa Fe Railway Company and William M. Floyd*;②

(2)官方判决案号为:50 Cal. 2D. 664,其中的“Cal.”表示加利福尼亚州最高法院所作的判决,50表示第50册(Volume),“2d”表示判决第2版,“664”表示第664页;

(3)非官方判决案号为:328 P. 2d 449,其中“328”表示册数,“P.”表示太平洋地区判例汇编,“2d”表示第2辑,“449”表示起始页数;

(4)判决日期为:1958年。

例2　*Shapiro, Bernstein & Co., Inc., v. H. L. Green Company, Inc.* 316 F. 2d 304 (2d Cir. 1963)

该例的案件名称为 *Shapiro, Bernstein & Co., Inc., v. H. L. Green Company, Inc.*;该案例可在《联邦案例汇编》第2辑(F. 2d)第316卷中找到,案例的起始页码是第304页;该案由联邦第二巡回上诉法院(United States Court of Appeals, Second Circuit)于1963年作出判决。

英国法中的援引与此大致相似,但有自己的特色,即出版案例的日期放在案件名之后。

---

① 英美法系的案例援引需满足一个要求:“case name are always highlighted, i. e., by italics, if in writing, you should underline the case name”,即案件名称应采用斜体,如果是手写时,应在案件名称下面使用下划线。

② 在英美法系中,对于案件中的“v.”的读法也颇为讲究。在书面语言中,人们常使用诸如“*R. v. Sikes*”或“*Rex (or Regina) v. Sikes*”的表达模式,但在法庭上正确的读法却是将其称为“The King (or The Queen) against Sikes”;在民事案件中,连接双方当事人的“v.”却常被读作“and”,例如,*Smith v. Hughes*一案常读为“Smith and Hughes”;同样地,“*British Coal Corporation v. The King*”这一民事诉讼也常在法庭上被读作“British Coal Corporation and The King”,但在刑事案件中却常将“v.”读作“against”。在书写刑事案件时也常省略原告而直接用被告的名字来指称该刑事案件。故律师或法官们常常是典型的“说一套而做(写)另外一套”,个中差异,不可不辨。

例 3　*Anton Piller KG v. Manufacturing Processes* [1979] 3 All ER 365

其中的"*Anton Piller KG v. Manufacturing Processes*"为案件名,用方括号表示出版该案件的日期,"3"表示第 3 卷,"All ER"意思是 All England Law Report;[①]"365"表示第 365 页。如果还在后面用括号把审判案件的法院标明出来,例如"*Wilson v. Johnson* [2001] EWHC 10 (Ch)"中的"(Ch)"就表示该案件是由 Chancery,即大法官法庭审理。

例 4　*Donaghue v. Stenvenson* (1932)

在英国法中,如果不是以方括号(square bracket)而是以圆括号(round bracket)引出时间,则表明并未列明收录该案的案例汇编的名称,故不便于查找案例。

例 5　*Day v. Grant* [1978] 3 All ER 678; [1978] QB 987; [1978] 3 WLR 738

该例表明 *Day v. Grant* 一案为三个判例汇编所收录。其中的 QB 表示 Queen's Bench Reports(后座法庭判例汇编),WLR 表示 Weekly Law Reports [(英格兰和威尔士)每周法律汇编]。这种平行援引与美国类似,即自 2001 年 1 月 11 日起,英国上诉法院和高等法院判决的案件由 ICLR(Incorporated Council of Law Reporting for England and Wales)并入官方法律汇编后,其他案例汇编使用该案例时须先使用官方法律汇编提供的引称(该引称被称为 neutral citation),然后才可以在该引称后加上自己的引称作为平行引称。[②]

---

① 《全英法律汇编》(All England Law Reports)始于 1936 年,由巴特沃思公司(Butterworths/Lexis Nexis)出版,收录的是上诉法院(Courts of Appeal)和高等法院(High Courts)的重要判例,而且自 1995 年始收录了欧洲共同体法院(Court of Justice of the European Communities,ECJ)的判决,在效力上仅次于由 ICLR 出版的 Law Reports。《全英法律汇编》常与《霍尔兹伯里英国法大全》(Halsbury's Laws of England,亦称为《英国法大全》)、《霍尔兹伯里英格兰法规汇编》(Halsbury's Statutes of England,由巴特沃思公司出版的非官方现行法判例的法规汇编第 3 版)以及《英国判例法摘要》(The Digest)交叉指示或援引。

② Neutral citation 指对法院直接转写的案例进行援引的官方模式。速记员对各法院的判决的转写文本均配以一个官方索引号,并对该转写文本中的每一个段落都依次编号。该援引模式于 2001/2002 年间引入,其目的在于不论是采用电子版还是纸质版,某个司法判决都会永久性地具有确定性,不会因出版商采取不同的汇编模式而表现不一。这类援引模式的优势在于法院或裁判庭会在作出判决的同时为该判例分配援引格式。该援引具有独特性(unique)、完整性(complete)、即时性(immediately available)和永久性(permanent)等特点。See D. Poulin and M Felsky, *A Neutral Citation Standard for Case Law*, Canadian Citation Committee, December 18, 2000.

例 6 *Smith v. Jones* [2001] EWCA Civ 10 at [59]; [2001] QB 124; [2001] 2 All ER 364

上例表明该案为三个出版社所收录,其中的[59]表示 paragraph 59。这是英国法律援引的特殊要求,即要求引用时须精确到段落。

其他英美法系国家的判例汇编和援引模式略有差异。较之前面所述的"案件名称、官方判决案号(收录该案例的官方判例汇编的简称)和非官方判决案号(收录该案例的非官方判例汇编的简称)的卷数和起始页码、判决日期"这一较为典型的援引模式而言,有些国家在援引案例时,会表述得更为详细。例如,除了列出案件的名称、判例汇编的卷数或页码外,还会列明审判日期及地点、审判者姓名、卷宗号和审理法院的名称等,从而使读者对该被援引案件有一个清楚的了解,以便于查找。

例 7 *Bank of Montreal v. Amar Enterprises Ltd.* (March 15, 1994), Doc. Prince George 28903, Meiklem J. (S. C.), [1994] B. C. W. L. D. 1098—considered

该被援引案例的意思是:"Montreal 银行诉 Amar 有限公司案(1994 年 3 月 15 日)普林斯·乔治地区第 28903 号卷宗,Meiklem 大法官(最高法院);[1] (1994)《不列颠哥伦比亚特区判例摘要周刊》第 1098 页——援引"。其中的 Doc. 指文件编号(document number)。

例 8 *Vohra Enterprises Ltd. v. Creative Industrial Corp.* (1988), 23 B. C. L. R. (2d) 120, 28 R. P. R. 243 [additional reasons] (1988), 40 B. C. L. R. (2d) 394, 48 R. P. R. 27 (S. C.)—considered

该例的意思是:Vohra 有限公司诉 Creative 工业公司案(1988),《不列颠哥伦比亚判例汇编》第 23 卷(第 2 辑)第 120 页;《房地产判例汇编》第 28 卷第 243 页,附加理由(1998);《不列颠哥伦比亚判例汇编》第 40 卷(第 2 辑)第 394 页;《房地产判例汇编》第 48 卷第 27 页(最高法院)——援引

例 9 *MacDonald v. Searle* (October 30, 1992), Doc. Victoria 923529,

---

① 在判例援引中只引用法官的姓、职位及其任职的法院。如本例中的 Meiklem 为最高法院的大法官。

Cowan J.（S. C.）[1993] B. C. W. L. D. 866—distinguished

该例表示“MacDonald 诉 Searle 案（1992 年 10 月 30 日），维多利亚地区第 923529 号卷宗，考恩（Cowan）大法官（最高法院）；（1993）《不列颠哥伦比亚特区判例摘要周刊》第 866 期——已适用区别技术”。① 其中的 Doc. 指卷宗（Docket）。

可见，英美法系内部都有其特殊的判例援引方式，而了解这些差异对法律翻译至为重要。

三、大陆法系的法律渊源

（一）制定法（statute）

大陆法系的制定法由特定的国家机关（主要是指立法机关）制定和颁布，并根据制定和颁布机构的等级不同而具有不同的法律效力，包括宪法、法律、由立法机关委托行政机关颁布的委任立法（authorized or delegated legislation）、由行政机关颁布的行政法规和地方国家机关制定的地方法规等。

（二）习惯法（customs）

习惯法不是成文法，但有的习惯可经过立法程序转化为成文法。在古代和中世纪的西欧，习惯法极为盛行。例如，在 13 世纪中期的法国，其各个地方区域都有各自的习惯法。在近代和现代，习惯法在大陆法系各国中的地位迅速趋于下降，制定法则上升至最主要位置，但各国在对待习惯法上仍持不同态度。②

---

① 在判决该案时，法官运用了遵循先例原则的一个重要的方法，即区别技术（distinguishing technique）；换言之，在援引先例判决中的事实与法律问题时，法官将其与在审案件中的事实与法律问题进行了比较，从而发现其间的异同及异同的程度。

② 法国一贯不大重视习惯法，而德国和瑞士则非常重视习惯法，甚至在某些情况下允许习惯法的效力高于成文法，尤其是在商法和劳动法领域，习惯法的作用比民法更大。在西班牙，习惯法的作用也较为突出，例如在西班牙的卡塔罗尼亚地区，习惯法是重要的、基本的法律渊源。就法律与习惯的关系而言，可分为以下几种情况：（1）法律上的习惯（*secandum legem*），即在现行法律条文中使用的习惯词语，但有时有特殊含义，如《中华人民共和国民法通则》中就婚姻“习俗”的认定，以及就“过失”的定位；（2）法律之外的习惯（*practer legem*），即通过习惯和类推而演变为新法律规则，如民法中的非典型合同；（3）与现行法律相反的习惯（*adversus legem*），几乎不具有法律效力。总之，习惯在大陆法系作为法律渊源的重要性已日式衰微。对此，可参见张镭：《论习惯与法律：两种规则体系及其关系研究》，南京师范大学出版社 2008 年版，第 45 页。

（三）判例（decided case）

判例是指具有先例作用的法院判决（judgment）。如果某先例具有较普遍的法律效力，则可称为判例法（case law）而成为一种法律渊源。就其发展而言，大陆法系传统上并不认为判例是法的渊源，而只承认制定法是主要的甚至是唯一的法律渊源。大陆法系司法机关的职能从古代起就被认为是仅限于判决特定案件，而不能制定法律。①

尽管大陆法系从法理上并不承认“遵循先例”，但从司法实践观之，判例在大陆法系各国的法律发展中却起着重要作用。例如，法院在审理案件时注重遵从判例，特别是上级法院的判例。大陆法系的一些国家（如德国和意大利）的宪法法院关于制定法是否符合宪法的合宪性裁判，对其他法院的判决具有拘束力。这类判例本身就充分说明其拘束力和权威性。实际上，大陆法系各国都有判例汇编。例如，法国就曾组织人员对案例进行汇编；德语语系国家中，学者们也不断研究判例，律师在诉讼中也经常引用判例。

（四）法理或法律学说（legal doctrine）

法理或称法律学说，是指有关法律的学说、原理或精神，或指法学家的学说。在古代，很多法律都体现为法学家的学说或受到法学家学说的影响。例如，古罗马时代的法学家是执政官和法官的顾问；作为《查士丁尼法典》重要组成部分的《学说汇纂》和《法学阶梯》，基本上都是由法学家的著述构成；法学家们对罗马法的复兴和中世纪欧洲共同法的创立都作出了重大贡献；在整个中世纪，法学家对于法律问题的解答，甚至在一些地方对法院具有约束力；于19世纪在欧洲和拉丁美洲出现的许多法典，都是由法学家依据前辈学者的著作起草的。例如，在《法国民法典》的编纂过程中，罗伯特·比尔的著述支配着立法委员们的思想。总之，在法律不完备的情况下，法理往往要与立法者共同承担立法方面的具体任务；而在法律比较完备的情况下，学者们则侧重于对已有的法律体系进行阐述并提出建设性的意见和观点。

---

① 例如，《查士丁尼法典》规定，“案件应在法律基础上而不是在判例基础上进行判决”；法国大革命取消了原来一个时期内的判例法制度，而坚持三权分立和议会至上原则，即议会是唯一的立法机关。1804年《法国民法典》则明确规定，法官在审理案件时，不得以确立一般规则的方式进行判决。其他国家也有类似的规定。

（五）条约和欧洲联盟法律(treaty and European laws)

对大陆法系国家而言，本国缔结或加入的条约是否成为该国的一种法律渊源，取决于该国宪法和条约本身的规定。许多国家的宪法都规定，条约经本国立法机关批准后即在本国有效，成为与本国国内立法具有同等效力的国内法律渊源之一。

此外，民法法系的绝大部分国家是欧洲联盟(European Union)的成员国。欧洲联盟各成员国的法律渊源与欧洲联盟法律关系紧密。因此，据以成立欧洲联盟三个组织的各种条约，如《欧洲煤钢共同体条约》《欧洲经济共同体条约》《欧洲原子能共同体条约》等，以及欧洲法院的判例及其行使司法权时引入的一般法律原则，各个成员国可以直接适用，且欧洲联盟法律在其各成员国中的适用具有优先性。

四、传统中华法系的法律渊源

中国古代并无"法律渊源"一词，但实际考察古代法律运作过程后，也可以发现古代法律渊源的痕迹。例如，律(*lü*)、作为律的辅助或补充的令(*ling*)、例(*li*)等，均属于制定法的范畴，也是最重要、最基本的法律渊源。此外，习惯法(customary law)和判例(*panli*, precedent, decided case)也是审理案件的重要法律渊源；律、例、习惯法和判例等未能调整的领域，则由情理(*qing* and *li*)来规范。①

我国现行的法律渊源则可分为基本渊源(各种制定法，如宪法、法律、行政法规和地方性法规、自治条例、单行条例、规章、军事法规)和制定法以外的法律渊源(包括习惯、判例、法律解释、政策、国际条约)。②

---

① 情即人情，即"活生生的平凡人之心，一般人们通常可以估计对方会怎样思考和行动，彼此这样相互期待，也这样相互体谅"；理即天理，是人们思考事物时所遵循的、也是对同类事物普遍适用的道理。

② 例如，《中华人民共和国民法通则》第六条规定："民事活动必须遵守法律，法律没有规定的，应当遵守国家政策"。第一百四十二条规定："涉外民事关系的法律适用，依照本章的规定确定。中华人民共和国缔结或者参加的国际条约同中华人民共和国的民事法律有不同规定的，适用国际条约的规定，但中华人民共和国声明保留的条款除外。中华人民共和国法律和中华人民共和国缔结或者参加的国际条约没有规定的，可以适用国际惯例。"

第四节　法律制度翻译差异

除了法律渊源不同外，大陆法系（包括受大陆法系影响的中国）与英美法系还在法院组织机构、法律审判程序等法律制度上存在显著差异。其中最为显著的区别可以从纠问制（inquisitorial system）和对抗制（adversary/adversarial system）这两个术语中体现出来，即从中可以窥探出法律构成上的差异（制定法与制定法和法官法相比较），以及法官在司法活动中扮演的不同角色（主动干预与中立相比较）；而法律制度上的差异所引发的各类制度或术语空缺问题，势必给英汉语法律翻译带来严峻挑战。

一、审判机构及其翻译差异

对于一些大陆法系国家而言，行政诉讼案件并非由普通法院管辖，而是另设行政法院进行审理，故大陆法系实行的是行政法院与普通法院并存的双轨制；尽管在英美法系内部，美国在制度上有许多不同于英国的创新，如制定了成文宪法并建立了违宪审查制度，但其总体而言也是与英国接近而与大陆法系的法国、德国差异甚远，即英美法系原则上并不设立行政法院，刑事及行政诉讼等都归属于普通法院管辖。[①] 这种普通法院一元性决定了英美法系虽然在政治体制上采取分权结构，但并不承认公法与私法的区别，认为政府与公民的关系等同于私人之间的平等关系，因此由普通法院统一管辖公、私法案件，这就必然导致英美法系中产生诸如“civil prisoner，civil offense”等表述，进而为这类词汇的翻译带来极大挑战。

二、判案依据及其翻译差异

在大陆法系国家，法院判决所依据的法律渊源以成文法为主，习惯法及判例法为辅；而在英美法系的美国，尽管重视成文法，但仍以判例和习惯法为主要

① 田飞龙、卢翱：《民法法系法院系统多元性的法律史考察、比较及其启示》，载《江苏警官学院学报》2009 年第 3 期。

判案依据(参见上一节的内容)。

此外,在法律渊源的援引上,两大法系也存在差异。前面谈及判例的援引,在本节则主要讨论法律的援引。

大陆法系的法国、德国等国均无专门用于法律文书的引注指南或标准,日本也是到 1989 年才出版了一套与英美法系中类似的法律引注指南。[①] 而英美法系中的英国、美国、加拿大等国都有比较成熟的法律引注指南,其中以美国的最为发达。美国的法律学术界和实务界对引注要求相当严格,法律文书中作者所讲的每个观点或主张都必须引之有据。美国对引注格式的研究运用和统一化运动开始较早。随着图书出版方式的变化、信息传播载体的进步和法律出版物的增加,引注格式也不断得以改进。

在美国,第一部关于法律引注的标准手册,系由美国内布拉斯加州最高法院判例集(the Reporter of the Nebraska Supreme Court)编委出版的《引注规则》(Rules for Citations)。[②] 哈佛大学法学院的原院长欧文·格里斯沃尔德(Erwin Griswold)于 1926 年出版的《统一注释体系》(A Uniform Citation System),历经几十年的重新修订,于 1991 年出版了第 15 版,因其封面改用蓝色,所以改名为《蓝皮书:统一注释体系》(The Bluebook: A Uniform Citation System)。此后,《统一注释体系》一直被简称为《蓝皮书》,从而开创了美国法律引注体系统一化。该《蓝皮书》每 5 年修订一次,至 2000 年已是第 17 版,页数从最初的 26 页增加至 391 页,系法学院学生的必修课程。在 2000 年,美国法律写作主任协会(Assicoation of Legal Writing Directors, ALWD)在进一步修改《蓝皮书》的基础上,出版了《法律写作主任协会引注手册:一套专业引注系统》(The ALWD Citation Manual: A Professional System of Citation),并提出了一套新的法律引注标准。该手册继续保留和采用了《蓝皮书》所建立的一些方便可行的引注标准,对一些不合理的规则进行了修改,同时采用了一些新的更为统一的引注方式。截至目前,《蓝皮书》在美国法律文书的引注标准中仍占主导地位,但《法

---

① 罗伟:《美、英、日法律引注体系简介及统一中国法律引注体系的几点建议》,载《法律文献信息与研究》2006 年第 4 期。

② Byron D. Cooers, "Anglo-American Legal Citation: Historical Development and Library Implications", *Law Libr. J.* 75, 1982, p. 20.

律写作主任协会引注手册：一套专业引注系统》的影响力也逐渐提升，已得到近百所美国法学院的“法律写作与检索课程”的采用。

随着电子版法律的发展，美国调整了其法律引注实践，于 1992 年由美国司法联合会（the U. S. Judicial Conference）制定了一套电子引注标准，以引注那些刊登在法院电子公告栏（electronic bulletin board）上的判例。各州遂相继制定了其公共域名判例引注系统（Public Domain Citation System For Its Case Law）和判例数据库。[①] 随后美国法律图书馆协会（American Association of Law Libraries or AALL）于 1994 年成立了一个引注方式临时工作小组（Task Force on Citation Formats，后改称为 the AALL Citation Formats Committee），来研究和制定一套通用的引注系统（Universal Citation System），经过几年努力于 1999 年公布了《通用引注指南》（Universal Citation Guide），对如何引注规范性法律文献（法律、行政法规和判例）提出引注标准，供法律界自愿采用。[②] 该手册要求在援引法律文献时，不论法律或判例是以何方式（如印刷、电子等）出版，也不论是由谁出版的，只需要在引注时，注明法律或判例的名称、发布年份、发布机构、编号、自然段落（Paragraph or ¶）序号即可。例如：

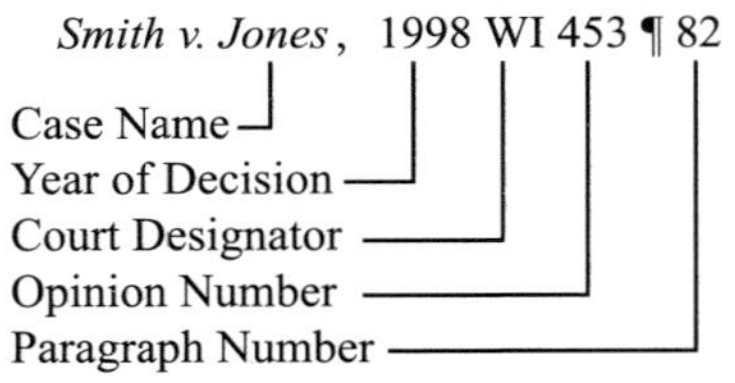

该手册率先提出用自然段落的序号来注明引文的出处，对引注那些以电子形式出版的文献较为实用，因为电子出版物一般无法注明页码。至 2004 年，《通用引注指南》已为美国十六个州法院和联邦第六巡回法院所采纳。

可见，在美国，尽管引注规则颇为发达，但各州的做法不尽相同。但是，无论采取哪个标准，都应在引注格式上前后要一致，并在法律引注时采用同一个引注标准。

---

① AALL Citation Formats Committee, *Universal Citation System*（Version 2. 1）（2002）.

② 参见美国法律图书馆协会引注格式委员会网：https://www. aallnet. org/；https://www. ideals. illinois. edu/handle/2142/6079，最后访问日期：2020 年 1 月 25 日。

英国法的引注情况也颇为类似。英国目前有三种比较有权威的法律引注指南,包括伦敦大学高级法律研究所于 1959 年和 1960 年制定《法律引注手册》第 1 分册和第 2 分册(Manual of Legal Citations,Part I & Part Ⅱ)、[①]《如何引注法律权威》[②]以及《牛津法律权威引注标准》(The Oxford Standard for the Citation of Legal Authorities,OSCOLA)。其中的《牛津法律权威引注标准》又被称为《牛津手册》(Oxford Manual),对如何引注英国的法律以及如何引注主要英联邦国家(如加拿大、澳大利亚、新西兰)的法律提供了指导。[③]

即便是同属于英美法系的国家,在法律引注格式上亦存在差异。具体而言:

1. 法律的引注方式不同

根据美国《法律写作主任协会引注手册:一套专业引注系统》,《美国法典》的引注规则为:"卷号+《美国法典》简称+条款号+(《美国法典》出版年份)",其中不使用标点符号隔开。

例 1　35 U. S. C. §136(2000).

其意思是《美国法典》35 卷第 136 条(2000 年版)。

在引注单行法律时,通常会采用"法律名称及其颁布年份+公法号+条款号+卷号+美国《法律总汇》+条款号(颁布年份)(修改卷号《美国法典》简称条款号)"的表达模式,其间用逗号隔开。

例 2　Economic Espionage Act of 1996, Pub. L. No. 104-294, §201, 110 Stat. 3488,3491 (1996) [amending 18 U. S. C. §1030 (e)(2)].

该例的意思是"1996 年《经济间谍法》,公法第 104-294 号第 201 条,《法律总汇》第 110 卷第 3488 页及第 3491 页(1996 年)[系对《美国法典》第 18 卷第 1030 (e)(2)条的修订]"。

根据英国《牛津手册》(OSCOLA)的要求,在引注单行法律时,应采用"法律名称+其颁布年份+(大不列颠简称)章序号"这一排列顺序。

---

① Institute of Advanced Legal Studies, *Manual of Legal Citations*, University of London, 1959, 1960.

② Derek French, *How to Cite Legal Authorities*, London, Blackstone Press, 1996.

③ OSCOLA 有三个版本:Big OSCOLA(详细本),Little OSCOLA(简要本)以及 OSCOLA-Lite Style for use with endnote(注释本)。

例3 Social Security Contributions and Benefits Act 1992 (UK) c4.

该例表示的是"1992年《社会保险缴纳与福利法》(英国)第四章"。

加拿大在法律的援引上也略有差异。加拿大在引注法律时采用的是"具体的法律名称+加拿大联邦修订法+修订年份(或加拿大某年的制定法)+章+条"的顺序。

例4 Divorce Act, R. S. C., 1985, c. 3 (2nd Supp.), ss. 15, 17//Statute Revision Act, R. S. C. 1985, c. S-20, s. 6.

该例分别表示"《离婚法》[1985年加拿大联邦修订法第3章(第2次修订)]第15条和第17条"和"《成文法修订法》,1985年加拿大联邦修订法第S-20章第6条"。

须注意的是,加拿大在引用的法律名称、章、条之间都用逗号隔开,这一点与美国的单行法的表示颇为类似,但与英国的单行法表达方式和美国的法典引注方式存在差异,与我国引用法律时的做法也有区别。

例6 **第三十二条** 依照著作权法第二十三条、第三十三条第二款、第四十条第三款的规定,使用他人作品的,应当自使用该作品之日起2个月内向著作权人支付报酬。

(《中华人民共和国著作权法实施条例》)

上例中所引用的法律是按照"法律名称+条+款(项)"的顺序进行排列。除了并列的款项间用顿号外,我国在引用法律时也是在法律名称、条款项之间并不使用标点符号,在翻译时不可不慎。

2. 判例的援引方式不同

美国的《法律写作主任协会引注手册:一套专业引注系统》中要求在引用判例时须采用"原告名+诉+被告名,卷号+判例集简称+页码+法院名简称(最高法院可免)+判决年份"的模式。

例1 *Brown v. Bd. of Educ.* ,349 U. S. 294 (1955)

该例的意思是"布朗诉教育局,《美国最高法院判例汇编》第349卷第94页(1955年)"。

例2 *McHenry v. Fla. Bar*,21 F. 3d 1038 (11th Cir. 1994)

该例的意思是"麦克亨利诉佛罗里达州律师协会,《联邦判例汇编(第三辑)》第21卷1038页(第11巡回上诉法院,1994年)”。

而根据英国《牛津手册》的要求,应采用“原告名+诉+被告名+(判决年份)+卷号+判例集简称+页码(法院名简称)”的表达模式。可参照前面有关章节的内容。

例3　*Gotha City v. Sotheby's* [1998] 1 WLR 114 (CA)

该例表示“Gotha市诉Sotheby,1998年《判例周报》第一卷114页(上诉法院)”。

由于判例在我国并无拘束力,故对于案例引用尚无统一要求。尽管如此,在翻译外国的判例引用时,应尽量符号汉语的表述习惯。

三、诉讼模式及其翻译差异

英美法系的诉讼程序常包括长时间的审前证据开示程序,且在该程序之中伴有审前动议,就程序或实体上的问题提出请求,而后进行为时简短的集中审理(culminating trial);[①]而在大陆法系中并无相应的审前开示程序,在前期听审之时,证据并未开示,对于当事人请求提交的证据,法官常就其相关性(relevancy)和可采性(admissibility)作出裁决,即被采信的证据,可在此后的审理中一次性提交,[②]而且实行的是有间隔地多次审理。该差异导致英美法系大量的程序性术语,如discovery、preliminary hearing、brief、surprise等,在大陆法系中找不到对等的概念;此外,英美法系采用陪审制以及由此产生的大量术语,如jury charge、jury instruction、jury trial、hearing、plea bargaining等,都在我国法律体系中并无类似的概念。

四、审级与法庭组织结构及其翻译差异

就法院的审级制度而言,英美法系与我国亦存在差异,即我国实行的是二

---

① 参见李荣甫:《法律英语教程》(上册),成都科技大学出版社1994年版,第163页。

② 参见[美]杰弗里·C.哈泽德、米歇尔·塔鲁伊:《美国民事诉讼法导论》,张茂译,中国政法大学出版社1998年版,第115~129页。

审终审制(two-tier structure),[①]而英美法系中的美国实行的是三审终审制(three-tier structure),[②]且法院审级名称及相关概念与我国的相关概念存在差异。此外,英国的法院体系也与我国的法院体系存在差异,导致某些法律概念缺乏对应,增加了翻译时的难度。

这种差异也体现在属于同一法系的国家。以美国为例。美国尽管属于英美法系,但其法律制度有两个特点:一是以分权制(decentralization)为原则;二是以判例法(case law)为主体。在体制上,除设立联邦政府外,还有州政府、县政府、市政府、镇政府等,且这些政府彼此独立,各自在其管辖范围内享有一定的立法权和执法权。故有人说美国是"一个拥有许多政府的国家"(a country of many governments),美国的法律体系"零散而毫无系统"(fragmental, no system),尽管制定了大量的成文法,但其法律制度仍是以判例法为主体,即"遵从前例"(*stare decisis*)仍然是美国司法活动中最重要的原则之一。尽管美国的法律制度是在英国法律传统的基础上形成和发展起来的,但近四百年来,美国的法律制度也形成了一些不同于英国法律制度的特点,如公诉制度(public prosecution),即美国的公诉机关由联邦检察院(the US Attorney General Office)和地区检察院(District Attorney's Office)组成;区别于英国和威尔士的刑事检控署(Crown Prosecution Office)和公诉局或检控署(Office of Director of Public Prosecutions);[③]对职员的称呼也略有不同,美国的检察官称为 District Attorney 和 United States Attorney,而英国和威尔士的则称为 Director of Public Prosecutions(检察总长,为检控署或公诉局的首长,内阁部长之一);此外,英国

---

① 即一个案件经过两级人民法院审理即告终结的法律制度。其内容是:如果当事人对地方各级人民法院审理的第一审案件所作出的判决和裁定不服,可以依法向上一级人民法院提起上诉,要求上一级人民法院对案件进行第二次审判;经第二审人民法院对案件进行审理,所作出的判决和裁定是终审判决和裁定,当事人不服不得再提起上诉,人民法院也不得按照上诉审程序审理。

② 即一审案件当事人认为二审法院对其上诉案件作出的改判系错误判决,可在一定期限内通过二审法院请求再上一级法院对该案进行第三审的一种特别的审级制度。中华人民共和国成立初期,部分地区曾实行三审终审制,因诉累而废除,现在不少学者倡导借鉴英美法系的经验而实行三审终审制,以预防和纠正错案。

③ 该局成立于 1880 年,隶属内政部(Home Office),在 1986 年以前一直负责对一小部分案件提起诉讼,在 1986 年后其公诉职责为一个新的机构皇家检察总署或刑事诉讼局(Crown Prosecution Service)所取代,该新检控总署的负责人为检察总长(Director of Public Prosecutions)。检察总长由英格兰和威尔士总检察长(Attorney-General)任命。

和美国的律师制度也存在诸多差异。这种法律制度方面的差异在其他英属普通法系国家也存在,势必导致有关概念缺乏对应和翻译上的困难。

此外,两大法系在判决书的结构上亦不无区别。我国的各类判决书是一些格式化文本,[①]而英美法系国家的判决书中,在法官姓名以下的部分为案件的判决内容。有时判决书中会出现"*Per Curiam*",意思是由全体法官作出的判决,即用法院的意见代替某个法官的姓名。如是一来,即便案件的判决导致政治上或社会不良后果,承担责任的也是法院而非某个法官。有时也会使用 Memorandum Opinion、Memorandum by Court 等表示,这些名称下的内容均为判决内容。[②]

五、法律概念或术语及其翻译差异

法律概念在法律运行和法学研究过程中具有重大的意义:唯有借助法律概念,立法者才能制定出立法文件,司法者才能对事物进行法律分析并做出司法判断,民众才能认识法律,法学研究者才能描述法律、评价法律、改进法律。[③]

由于法系和法律文化的不同,英美法系和中国在概念或术语上存在诸多差异。例如,法律英语中的 juror(陪审员)与中国的陪审员(judicial assessor)就具有不同的含义,词汇空缺(如 plea bargaining)也颇为常见。

而同属英美法系的美国和英国,其法律术语或概念也因法律制度和文化上的差异而有不同的表达方式。如 table a motion 在英国为"提出动议以供讨论",在美国则为"将动议搁置,留日后讨论";court of common pleas 为英国的高等民事法庭、美国某些州的中级刑事及民事法庭。又如,美国的代议机构为国会(Congress,分为 Senate 和 House of Representatives),而英国议会则为 Parliament(分为 House of Lords 和 House of Commons)。此外,在英国,"警告"为 caution,而美国法律中的"警告"则为 warning(如常见的 Miranda warning)。中国法似乎与美国法更具有同构性,从"人民代表大会"译为"people's

---

① 韦锋:《法律文书格式新编》,西南政法大学新闻系司法文书学教研室印制的内部资料。

② 参见潘维大、刘文琦编著:《英美法导读》,法律出版社 2000 年版,第 54~55 页。

③ 胡中华:《论环境侵权责任之归责原则:无过失责任抑或危险责任——以法律概念的功能分析为视角》,载《美中法律评论》2006 年第 2 期。

congress”就可见一斑。①

此外，同一术语在不同的法域里也会有不同的含义。如 dominion 在民法中指“完全所有权”，在国际公法中则为“主权”；estoppel 在合同法中为“不得反悔”，在刑事诉讼法中为“禁止翻供”；declaration 意为“宣言”、“确权”（如 declamatory judgment 意思是确权判决），亦表示“报关单”（参见本书后面的章节）。

六、其他翻译差异

除上述差异外，两大法系因法律文化不同而在法律的宏观结构、法律规范的逻辑结构以及其他微观的语言层面（如句法与语篇）都存在差异。

有学者以“法统”为标准，将人类法律文化分为三种类型：宗教主义型（如古印度法律文化、阿拉伯国家的伊斯兰法律文化和中世纪欧洲教会法律文化，其宗教教义或教条就是国家法律）、伦理主义型（如中国传统法律文化，其中的伦理等于法律，“礼”的作用类似于宗教教义）、现实主义型（如现在世界大多数国家，以现实的社会关系为基础，其中主要包括财产关系和政治关系）。② 这就完美诠释了我国法律中为何禁止性规范数量众多且多用祈使句来表达。相对而言，英美法系中用祈使句来表达禁止性规范的情况就少得多。这一点将在后面的章节中予以详细分析。

第五节　本章小结

埃德加·博登海默（Edgar Bodenheimer）曾指出，法律概念是理性思考法律问题必不可少的工具，因法律规则和法律原则大多是以法律概念为核心展开。③ 为了准确地运用法律规则和法律原则，就必须准确界定法律术语的含义，而术语的含义最为权威的出处就是各国的法律渊源，即在英美法系是先例

---

① 所谓同构性，指世界上一切事物都具有相同的或者说是相类似的系统结构。

② 参见武树臣等：《中国传统法律文化》，北京大学出版社 1994 年版，第 51～54 页。

③ 参见［美］E. 博登海默：《法理学：法律哲学与法律方法》，邓正来译，中国政法大学出版社 1999 年版，第 485 页。

(precedent)和制定法(statute)。尽管制定法在英美法系中的作用日益凸显,但其与生俱来的"概括性、抽象性和滞后性"等特点,让一些看似非常明晰的规定无法执行。例如,摩西律法(Mosaic law)规定"Thou shalt not kill",该规定虽然言简意赅,但仍存在下列问题:

What about killing in self-defense?

What about accidental killing?

Shouldn' t the word"kill"actually be interpreted as"murder"?etc.

因此,在制定法适用过程中仍在适用一个古老的格言(maxim):"I will let you write the law if you will let me interpret it",即法官不得质疑议会法的效力(the validity of Act of Parliament),但法官在适用法律的过程中有权对其中的词句的含义进行阐述,这就是"成文法解释"过程。在英美法系国家,成文法的适用离不开法官的解释(interpretation),其判决理由(*ratio decidendi*)是制定新法的基础,即便是其判决意见中的"反对意见"(dissenting opinion),也常常为法官们所援用以作为推翻法院判决的依据(persuasive authority),而且在某些情况下,先前案件的反对意见也有可能成为变革法律的契机,也可能成为后一个类似案件中的多数意见(majority opinion)。[①] 例如,在 *London & North Eastern Railway Co. v. Berriman* 一案中,[②]法律规定:"铁路公司有义务在铁路工人'修理或铺设'(repairing or relaying)铁路线时提供警示装置。"原告的丈夫在"清理和上油"(oiling and cleaning)铁路道岔(railway points)时,因铁路公司未提供警示装置而被撞身亡。根据字面解释原则,[③]上议院以 3 : 2 的多数票认为该受害人的行为不属于法律规定的"修理或铺设"。但上议院司法议员(the Law Lords)[④]认为,"修理或铺设"的字面和通常意义包括"清理和上油"。

---

① See M. Tushnet ed. , *I Dissent*: *Great Opposing Opinions in Landmark Supreme Court Cases*, Malaysia, Beacon Press, 2008, pp. 81-92.

② *London & North Eastern Railway Co. v. Berriman* [1946] AC 278 HL.

③ Literal Rule: Where there is no ambiguity, the literal or usual meaning must be given to words even though hardship results. The remedy for the hardship lies in an amending Act of Parliament.

④ 上议院司法议员(Law Lords)是英国司法系统中最高级别的法官,即英国最高上诉法院的法官,其正名应为 Lords of Appeal in Ordinary,最早系依据 1876 年的《上诉管辖法》(Appellate Jurisdiction Act of 1876)而由上议院任命,现在由现任首相任命或由女王正式任命,可任职到 70 岁。自 2005 年的《宪法改革法》(Constitutional Reform Act 2005)通过后,上议院司法议员即为英国最高法院法官。

这个反对意见导致了法律的修改,因本立法的目的就是要保护职工的人身安全,如不将“清理和上油”包括在“修理或铺设”内,必定将导致立法宗旨落空。故法官的判决理由仍是目前英美法系重要的渊源。例如,美国目前有大量的法律诠释(Annotated Statutes),有时也称为州或联邦“法典”,该法律诠释是一种州或联邦法律汇编,按调整的事项进行分类,并附有有关州、联邦法院或上诉法院的判决摘要(summary)或注释(annotation),即这些法典包含法官在适用成文法过程中对词义、合宪性以及时效方面所做的诠释。这些诠释都是确定法律术语的含义的重要依据,也是法律术语翻译时须参考的重要法律渊源。

相反,在法国、德国等国家以及在中国法中,决定词义最为重要的依据是制定法。尽管制定法也被称为“学者制定的法律”(scholar-made law),[①]但是在学者的意见被立法机构采纳并体现在制定法之前,其观点并不具有法律依据。法官的判决也有类似的命运,因大陆法系并不赋予判例以制定法类似拘束力,“立法机关制定的法律才是法官适用法律的主要依据”。[②] 因此,在确定法律概念或表述的含义时,须参照制定法的具体规定,而不能随意采纳学者的理论解释。

因此,了解不同法系甚至一个法系内部各个国家的法律渊源及其权威性之间的异同,对于准确理解词义并进行准确翻译具有重要的参考意义,这也是在此探讨法律渊源的原因所在。即便有着相同的基督教背景,但是欧洲大陆偏重知识的理性来源、崇尚唯理论,而英美国家偏重知识的经验来源、崇尚经验论。此外,中国民族偏重人文,注重伦理道德,重悟性、直觉、意向。这就使大陆法系与英美法系两大法系在政治法律思维及其司法制度上存在诸多差异。[③] 没有基督教背景的中华法系,与英美法系的法律文化更是有着天壤之别,其间存在的法律概念或术语空缺是法律翻译中的一大棘手的难题。这也就意味着译者在翻译法律法规时,须扮演文化中介(cultural broker)的角色,方能有效地传递信息而实现翻译目的。

---

① M. A Glendon, M. W. Gordon, and P. G. Carozza, *Comparative Legal Translation*, Beijing, Legal Press, 2004, p. 90.

② 王利明:《民法疑难案例研究》,中国法制出版社 2002 年版,第 6 页。

③ 参见[英]罗素:《西方哲学史》(下卷),马元德译,商务印书馆 1976 年版,第 61~66 页;顾肃:《自由主义基本理念》,中央编译出版社 2003 年版,第 13~19 页。

The first thing we do, let' s kill all the lawyers.

— William Shakespeare, *Henry* Ⅵ *(Part* 2*)*

If a layperson can read a document from beginning to end without falling asleep, it needs work.

— Daniel R. White①

第二章　英汉立法语言的特征

美国作家及律师丹尼尔·怀特(Daniel R. White)曾对法律职业者进行调侃。他指出,几乎每一个法律事务所的合伙人(law partners)都会认为自己在语法上颇有造诣,甚至可以对威廉·斯特伦克(William Strunk)与埃尔温·布鲁克斯·怀特(E. B. White)的《文体要素》②中所提出的有关规则进行修改。因此,每一个表达直接明了的句子都会被他们修改得面目全非。以"The sky is blue."为例。法律职业界的任何新锐(junior associate)都会天真地认为该命题简洁明晰,威廉姆斯(Williams)也不例外,认为其符合任何大型律师事务所的文书起草要求。若威廉姆斯受过法学教育,就会加上修饰词,改为"The sky is generally blue.",或者改为"The sky generally appears blue.",或者在此基础上再添加几个音节,改成"The sky generally appears to be blue.",则可谓滴水不漏、无懈可击了。但某资深律师(senior associate)对该表述却不以为然,认为威廉姆斯应尽量按照"法律人"起草文书的方式进行修改,再提交给其合伙人审阅,并建议至少应修改为:"In some parts of the world, what is generally thought of as the sky sometimes appears to be blue."。该句子富含如此之多的修饰

---

① Daniel R. White, *Still the Official Lawyer' s Handbook*, New York, Plume/Penguin, Chapter 13, 1991, pp. 171-176. 至今,该手册仍然是律师草拟文书时可资参考的官方手册。

② 威廉·斯特伦克为康奈尔大学的教授,讲授 The Elements of Style 课程,对英语的语言风格做了细致的阐述。埃尔温·布鲁克斯·怀特为其学生,对老师讲授的内容进行了补充。该书颇为畅销,是学习语言的必备书。

语，于是威廉姆斯觉得自己应当时稳操胜券了，于是提交给其合伙人卡特(Carter)审查。下面就是他们二人的对话内容(W 表示 Williams，C 表示 Carter)：

C: You say here that in some parts of the world, what is generally thought of as the sky sometimes appears to be blue. I assume this is just an early draft. Could I see the final version?

W: Uh, that' s all I have right now…what exactly do you mean?

C: Well, it' s a bit bald, don' t you think? I mean, just to come right out and assert it as fact.

W: I beg your pardon? Are we talking about the same thing?

C: Well, this business about "the sky" —what did you mean by "the sky" ?

W: Well, I meant what I see when I look up at least, when I' m outside. Isn' t that what everyone sees?

C: Okay, if you mean only when you' re outside, you have to say so. Our opponents in this case would love to rip us apart on that kind of error. And what about at night? Even at night? I see stars at night—are they blue? Do you mean everything but stars, or do you mean when there are no stars out?

W: I meant during the day, I guess.

C: You guess. Williams, this is serious business. We can' t go around guessing at things. Besides, what about the sun? If it' s daytime, the sun will be out—or do you know something I don' t?

W: Well, sure…I mean, no, I don' t…. But no one in his right mind looks at the sun. You' d go blind.

C: What support do you have for this comment about "some parts of the world? " Which parts? Do we need to state it so broadly? Can' t we just say "in Cleveland" or wherever we mean?

W: That sounds fine to me. I just never thought anyone would challenge…that is, who would disagree with…

C: And what do you mean by "generally thought of ? " Thought of by whom? Lawyers? Scientists? Morticians? Dammit, Williams, this piece has more holes in it than Swiss cheese. I haven' t seen such sloppiness in all my years at Cavil, Quibble & Quiver. Take it back and see if you can' t do a little better this time around.

— *The Sky is Blue*, by Daniel R. White①

在上述对话中,类似于“In some parts of the world,what is generally thought of as the sky sometimes appears to be blue.”这类表述,在资深律师卡特眼中却漏洞百出,因该句中并未对 sky 进行概念界定(并随之引发“白天还是晚上”以及“白天和晚上能看到不同的东西”等分歧)、未对 some part of the world 加以限定以及未确定“谁(who)”会认为天是蓝色的。总之,该句子有待进一步完善。

从这个例子中我们可管窥法律执业者眼中的法律语言应具有的一些特征,这些特征将影响到法律文本的草拟人、法律文本的阅读者和法律翻译者。毕竟法律与语言存在千丝万缕的联系。英国哲学家大卫·休谟(David Hume)就曾指出,法与法律制度是一种纯粹的语言形式,法的世界肇始于语言,法律是通过语词订立和公布的。语言是表述法律的工具,法律不能脱离语言而独立存在。有学者甚至感叹,“欲治法学,必先治语言学。欲当罗马法学者,必先当语言学家。”②因此,本章将首先对法律语言进行定位,进而就英汉法律语言在词汇、句法以及语篇方面的特征进行介绍和比较,并佐之以实证分析,以期为读者展示法律语言的全方位特征。

第一节　法律语言的定位

在我国,学者们对法律语言的认识几乎达成了共识,例如王道森认为“法律语言是国家的法律文件及法律实施文书使用的,在长期的立法及司法、执法

---

① Daniel R. White, *Still The Official Lawyer' s Handbook*, New York, Plume/Penguin, Chapter 13, 1991, pp. 171-176.

② 徐国栋:《法学与语言学》,载《法律英语世界》,法律出版社 1999 年版,第 2 期。

实践中逐步形成的,具有法律专业特色的民族共同语的应用分支”;[①]孙懿华、周广然认为“法律语言是以民族共同语为基础,在立法及司法的全过程中逐渐形成的,具有法律专业特色的民族语言的社团分支,它包括规范性法律文件用语以及法律工作者在执法过程中使用的一整套规范化的法律公务用语”。[②]

换言之,法律语言在立法和司法过程中形成,是具有自己专业特色的语言分支,与其他语言分支一样具有相对独立性。

但西方学者对法律语言的独立性有着截然不同的见解。例如,乔治·穆南(Georges Mounin)尽管承认法律语言有其词汇和句法特点,但认为法律语言最终还得利用自然语言以表达其意义,故否认法律语言具有独立性。穆南甚至怀疑“法律语言”这种表述的科学性。威瑟·胡夫特(Visser' t Hooft)也认为,只存在为特殊目的而使用的普通语言,根本不存在所谓的“法律语言”(law language):

Although some social group or class may have a specific lexicon, and even particular phonological and syntactic characteristics of its own, the essential bases of the natural language—the same phonology, the same general lexicon, the same morphology and the same syntax—are still found in it. Without them, there could be no understanding whatsoever between lawyers and non-lawyers of the same natural language group. Those features which do distinguish class or legal language are therefore to be regarded as socio-linguistic phenomena, and not questions of language proper. [③]

因此,这些句法和词汇方面的特征只不过是一种社会语言现象,并不能将所谓的“法律语言”与自然语言区分开来。

彼得·古德里奇(Peter Goodrich)和罗伯塔·凯威森(Roberta Kevelson)则极力主张法律语言的独立性。例如,凯威森将技术性的、表达方式特殊的语言

---

① 王道森:《法律语言运用学》,中国法制出版社 2003 年版,第 16 页。

② 孙懿华、周广然编著:《法律语言学》,中国政法大学出版社 1997 年版,第 13 页。

③ Dennis R. Klinck, *Word of the Law: Approaches to Legal Discourse*, Mc Gill-Queen' s University Press, 1992, p. 137.

变体称为“法律语言”。[①] 古德里奇也指出：

Despite the common social experience of legal regulation as a profoundly alien linguistic practice, as control by means of an archaic, obscure, professionalized and impenetrable language, no recognition has been provided of the peculiar and distinctive character of law as a specific socio-linguistically defined speech community and usage. [②]

即尽管人们经常接触到这种古旧、怪异、专门性和排他性的法律语言，但没有人将其视为一种社会语言现象，从而间接地表明其独立性。戴维·克里斯特尔（David Crystal）和德里克·戴维（Derek Davy）对语言变体进行研究后，也认为法律语言属于一种语言变体。[③] 韩如凯（Ruqaiya Hasan）对语言变体也持类似观点，认为可用“语言变体”这个通用的中性的方式来标识法律语言。[④] 布伦达·丹妮特（Brenda Danet）则使用了更为具体的分类术语，即使用方言（dialect）、语域（register）、双言或双语（diglossia）以及“反语言”（anti-language）。由此可见，学者们对此意见并不一致。

一、方言

有学者认为法律语言的特征足以使其成为一门方言。[⑤] 那么，何为方言呢？韩礼德（Halliday）认为：

Dialect is “what a person speaks, determined by who he is”, who someone is determined by his/her regional and/or social place of origin and/or adoption... Dialects are different ways of saying the same thing. In other words, the dialects of

---

① Roberta Kevelson, “Language and Legal Speech Acts: Decisions”, in R. V. Dipietro, ed., *Linguistics and the Professions: Proceedings of the Second Annual Delaware Symposium on Language Studies*, Norwood, N. J., Ablex, 1982, p. 122.

② Peter Goodrich, “Law and Language: A Historical and Critical Introduction”, *Journal of Law and Society* 11, 1984, p. 173.

③ David Crystal and Derek Davy, *Investigating English Style*, London, Longman, 1969, p. 2.

④ Ruqaiya Hasan, “Code, Register and Social Dialect”, in B. Bernstein, ed., *Class, Codes and Control* (Volume 2), London, Routledge and Kegan Paul, 1973, pp. 255-256.

⑤ William O' Barr, “The Language of the Law-Vehicle or Obstacle?”, in S. B. Heath and C. Ferguson, eds., *Language in the USA*, New York, Cambridge University Press, 1981, pp. 44-69.

a language differ from each other phonologically and lexico-grammatically, but not, in principle, semantically.

即方言取决于说话人,而说话人又取决于其地域性,且各种方言在语音和词汇语法系统间存在差异但其语义层面并无区别。从这个层面上讲,将法律语言视为一种方言并不恰当,因法律语言与其他语言变体间在语音、语法系统层面并无太大区别,而恰好是在语义层面存在差异。以诗歌“The Notary”(公证人)①为例。法律人士和非法律人士读完该诗歌后会有不同的理解,因该诗歌中除了含有大量的法律专门术语外,还包括大量借域类术语,而这类借域类术语与普通语言在形式上并无太大的差异,但意义却与普通语言相去甚远,从而导致了非法律人士对该诗歌的理解迥异于法律人士的理解。

二、双言或双语

丹妮特认为,法律语言区别于日常语言,可用另一个术语“diglossia”来表示:

Diglossia refers to a linguistic situation in which one variety is "super-supposed" on another; the former, which typically enjoys higher prestige, is not the primary native variety for speaker but may be learned as an additional form... Its features are as follows:

(i) a specialization of function for H and L (the high and low varieties)

(ii) speakers of H regard it as superior to L

(iii) since H is acquired through formal education, speakers are never quite as much at home in it as they are in L

(iv) diglossia is quite stable; it can persist for centuries

(v) the grammatical structure of L is simple than that of its corresponding H

(vi) no segment of the speech community regularly uses H as a medium of ordinary conversation, etc.

---

① 这是克莱恩(A. M. Klein)所写的一首名为《公证员》的诗歌,向人们展现了一个“统治者”的形象,其信仰、习俗和生活方式均有其约定的程式。从某种程度上,公证员已然成为一个标志,借由自己熟悉的法律文体对社会身份进行重新建构。

在丹妮特看来，diglossia 这种双言现象可用于对使用不同语言变体的两个社交群体进行分类，即社交群体会在某个场合选择使用某一种变体并排除另一种变体的使用。双言现象这一概念是由弗格森（Ferguson）于 1959 年提出的，指并存于同一语言社区的同一语言的两种不同的变体，而这两种变体有其各自的社会功能，在各自特定的交际场合中使用，且使用其中一种变体就必然排除另一种变体的使用。其中一种变体被视为高功能（层次）变体。这种高功能变体往往有一个文学传统，享有较高的地位，且是通过正规教育而习得，其标准化由字典或语法书予以确立，通常表现为书面语，用于政府机关、大众传媒、教育部门、宗教领域等正式场合；另一种为低功能变体，通常是口语式，用于家庭成员或朋友之间的交谈等非正式场合，也被高身份者用以对低身份者发布指示等。① 就这一点而言，丹妮特与查罗（Charrow）持有相同的观点，拒绝将法律语言称为一种语域。例如，查罗指出：

Legal language is not register, as only a small portion of the population controls it, and it is acquired only through a very special type of schooling.

即之所以不能将法律语言称为“语域”，是因为这种语言变体的使用者为数甚少，且这种语言须经特殊培训方能习得。

但是，法律执业者在法律实践中并非使用两种语言，而是根据说话语境和交际目的而变化语言形式的正式程度。例如，在 side-bar conference② 中，律师

---

① 例如，彭灵顿（Pennington）就注意到，在中国香港特别行政区课堂教学中，英语只是用作陈列、展示，因为除教学内容外，整个教学环境使用的是广东话。当教师欲索求回答时，或者想表达亲密和熟稔时，他会使用广东话。此外，通过课室外观察她了解到，英语可以用来赢取较佳的服务态度，或者用来让第三者听不明，在道歉和责骂中，亦较广东话更少造成情感冲击。英语是权力和距离的表现，但语码混合（说广东话）则是团结和社会情感的表现。换言之，使一个群体感到亲密的，不是一种静态语言的发声——广东话，而是一种语言混合的实践——语码混合，从而标致着身份得以成功建构。See Martha Pennington, “Perspectives on Language in Hong Kong at Century's End”, in Martha Pennington, ed., *Language in Hong Kong at Century's End*, Hong Kong, Hong Kong University Press, 1998, pp. 113–141.

② The sidebar is an area in a courtroom near the judge's bench where lawyers may be called to speak with the judge so that the jury cannot hear the conversation and/or they may speak off the record. Lawyers make a formal request by stating “may I approach the bench?” or, simply “may I approach?” to initiate a sidebar conference. If it is granted, then opposing counsel must be allowed to come forward and participate in the conversation. 即一方律师可提问“我能和法官说句话吗？”，若得到法官许可，就可来到法官席前，针对在审案件相关问题与法官和另一方律师进行磋商。由于法官席远离证人席和陪审员席，故而该谈话具有一定的保密性，也不会被录音。对此，可参见 http://legal-dictionary.thefreedictionary.com/sidebar+conference，最后访问日期：2020 年 1 月 25 日。

之间、律师与法官之间常用日常语言进行交流,而在庭审中他们则使用正式表述。这种语码的转换颇为明显,以至于会引起有关当事人的不安,认为自己的律师与对方的律师如此亲密,定然会对自己不利。但这种语码转化并非发生在不同的语言之间,而系语言正式程度的变化,故而将法律语言视为双言现象的观点也难以服众。

三、"反语言"

"反语言"是由特殊的"反社会"(anti-society)族群所使用的语言。"反社会"指建立在某一主流社会中,用来有意识地替代该主流社会的一种社会。它是一种反抗的范式,这种反抗可表现为一种被动共生的形式,或表现为主动敌对甚至毁灭性的形式。① 韩礼德就列举了几种典型的反社会,如伊丽莎白时期的流浪汉群体、现代加尔各答犯罪集团、波澜监狱囚犯群体等,都具有"反社会"属性,代表了主流文化之外的各种亚文化。这些"反语言"的特征并不如其表面上看起来那么与主流语言泾渭分明,"反语言"属于社会病理语言学的研究对象,能为社会符号学研究开创新的视角。这种语言可体现出从日常社会话语中折射出来的一种世界观:对内部成员而言,使用这类语码有助于增加其内部的亲密程度(solidarity),同时亦可保守秘密。例如,犯罪分子常在其话语中使用特殊语码,如用"boyfriend,the boy,transcripts,briefs 及 motion"等来指代"heroin"(海洛因),以及用"the girl,the boards"等指代"cocaine"(可卡因)。② 目前网络上热卖的"听华水"和"催请粉"就系不良商家所卖的迷奸药"听话水"和"催情粉"的代称,以避免敏感词。③ 在诸如格列佛(Gulliver)这类非法律人士看来,④法律人士在其话语中大量使用法律专门术语和借域类术语,而这

---

① 韩礼德在 1976 年发表于 *American Anthropologist* 的"Anti-language"一文中首先使用"反语言"这一表述。

② Peter Tiersma and Lawrence M. Solan,"The Linguist on the Witness Stand:Forensic Linguistics in American Courts",*Language* 78(2),2002,pp. 221-239.

③ "迷奸药当安眠药卖,日赚 1 万! 这条黑色产业链,正在残害 1000 万女性!"载和讯新闻网:https://news.hexun.com/2019-03-29/196659366.html,最后访问日期:2020 年 1 月 25 日。

④ 格列佛是斯威夫特(Swift)小说《格列佛游记》(*Gulliver's Travel*)中的主角。斯威夫特借格列佛的口道出了自己对法律语言的痛恨。类似的还有莎士比亚所说的"Let's kill all the lawyers"之类的惊世言论,尽管是针对那些不守职业道德的律师而言的,但也凸显出法律语言确有其令人愤慨之处。

些法律行话(cant,jargon)无异于是一种“反语言”,将普通人排除在外。基于此,不少学者认为,法律语言就是一种“反语言”。

从社会符号学的角度看来,“反语言”是一种被边缘化的话语(marginalized discourse)。如人类语言学家马利诺夫斯基(Malinowski)就将其称为 intimate language,因该话语对于“反社会”成员的身份认同、群体认同以及对社会等级关系的建立等都具有重要的作用,即体现了韩礼德所谓的人际功能(interpersonal function)。“反社会”成员之所以使用这类话语,可用伦敦学派的创始人弗思(Firth)所说的“we speak to live”来解释,即说话的目的是生存,因语言已为他们画地为牢,他们无法逃脱,除非能真的走进另一种语言文化中。但是,法律语言与这种反语言存在显著差异:法律语言并未被边缘化,其使用者在法律机构语境外并不借助该语言形式而构建其身份或群体认同。故而将法律语言视为一种反语言亦不太合适。

四、语域

在语言学里,语域是一种为了特定目的或在某个社会语境下使用的语言变体。韩礼德曾对方言与语域进行了区别:

...whereas a dialect is what you speak habitually, determined by who you are, a register is what you are speaking(at a given time), determined by what you are doing, the nature of the ongoing social activity. ①

即方言是说话人的一种习惯表述,取决于说话人,而语域则是说话人在特定时间所说的话,取决于说话人正在进行的社会行为以及该行为的特征。任何人,不论其社会或地域来源,都可成为律师,他们也并非习惯性地使用法律文体,而仅在特定场合才不得已而为之。此外,不同语域之间的“词汇—语法”差异主要是源于语义上的区别。从这个角度而言,将法律语言视为语域似乎更为妥当。目前,“法律语言系一种语域”这一说法更易于为人们接受。

综上所述,对于法律语言属于哪种语言变体,即对于法律语言的定位,各国

---

① M. A. K. Halliday, *Language as Social Semiotic: The Social Interpretation of Language and Meaning*, London, Edward Arnold, 1978, p. 35.

之间及学者之间还存在分歧。尽管如此,法律语言学作为一门新兴的交叉学科,已日益受到语言学与法学界的重视。英国哲学家大卫·休谟所说的"法与法律制度是一种纯粹的语言形式。法的世界肇始于语言,法律是通过词语订立和公布的。法律行为与法律规定也都涉及言辞思考和公开的表述与辩论。法律语言概论的运用、法律文本与事实相关的描述与诠释、立法者与司法者基于法律文书的相互沟通、法律语境的判断等,都离不开语言的分析",以及德国法学家考夫曼(Kaufmann)和法理学家麦考密克(Neil MacCormick)等人的断言"法学不过是一门法律语言学",[①]都证成了法律语言与法律乃是载体与内容的关系:法律语言是法律的载体。法律语言在法律词汇、句法结构、表达方式、语体风格等方面,都凸显出其作为一种语域而应具有的特征。这些形式特征是区分法律话语与其他语言变体的一个显著标志。因此,有必要对这些特征进行分析,以为后面的翻译实践奠定基础。

就其学科运作的语言形态而言,法律语言可分为立法语言、学术法律语言、执法与司法语言;从其物质终结形态而言,法律语言则可分为法律书面语言、法律口语、书面语转口语、口语转书面语等。立法语言是法律语言中一种最基本的使用形态,也是法律语言整体系统中最稳固的部分,从法律效力、语言规则、用语标准等各方面综合而言,处于一个核心位置。[②] 故本书将主要探讨立法语言的形式特征。[③]

梅林科夫(Mellinkoff)曾对法律语言的形式特征做了详尽的阐释。[④] 其他学者如蒂尔斯马(Tiersma)、吉本斯(Gibbons)、查罗等,也从不同层面对法律语

---

① 参见[美]E. 博登海默:《法理学:法律哲学与法律方法》,邓正来译,中国政法大学出版社 1999 年版,第 126~129 页;孙懿华、周广然编著:《法律语言学》,中国政法大学出版社 1997 年版,第 1 页。

② 参见刘红婴:《法律语言学》,北京大学出版社 2003 年版,第 68~71 页。

③ 本节所指的立法语言为广义的立法语言,包括由国家权威机构(如议会)制定的法律、行政法规等规范性文件,也包括由有关当事人制定的合同等,因为在法律人眼里,合同为产生私法上权利义务的最重要根据。英国法学家梅因就曾指出,"我们决不会毫不经心地不理会到:在无数的事例中,旧的法律在人出生时就不可改变地确定了一个人的社会地位,而现代法律则允许他用协议的方式来为自己创设社会地位。"可见,从创设权利与义务这一角度观之,合同有类似于法律的功能。

④ See David Mellinkoff, *The Language of the Law*, Boston, Little, Brown and Company, 1963, pp. 37–57.

言的特征进行了批判性剖析。[①] 查罗就认为梅林科夫过分强调法律语言的词汇特征，并指责其将语义/句法与社会语言学的分类混在一起，进而提出了法律语言的词汇—句法层面的特征。查罗的分类有其合理之处，但其将语篇特征排除在外，无疑是五十步笑百步。由于本书主要探讨法律法规的翻译，故主要对立法性法律语言的词汇、句法、语篇等三个层面的形式特征进行分析。

第二节　立法语言词汇层面的特征

词和词汇属于语言学的范畴。我国古代经历了用“字”既指“汉字”又指“词”的尴尬局面后，[②]汉语中开始对“词”进行界定。有学者认为，汉语的“词语”系“词与短语的统称”，“词”可为单个或两个以上的字，“语”则有两个或以上的词组成，即在意义和语法上能搭配而没有句调的一组词，又称词组。[③] 也有学者将汉语中的词分为单个的字词和词汇，后者指在单个字词基础上形成的组合或聚合关系。如葛本仪就认为词汇是一个运动着的整体，源于语言本身就是一个运动着的整体。词汇的动态存在形式是词汇在交际中和发展中存在的形式，属于言语系统中的存在形式。[④] 在汉语中，一个汉字即有一个音位，故一个语素有多少个音位，即表示其由多少个汉字组成（非音节语素除外）；此外，双音节语素和多音节语素都可以单独成词，即都是自由语素，此类语素都是单纯词的一种。因此，汉语中的“词”可以表现为单音节语素构成的单个的字（如上、下、罪、诉等），也可表现为双音节或多音节语素字（如命令、法院、监狱、徒刑、任何、根据、条例、规定、其他、法律、有关、修订；委员会；中华人民共和国等），其中的单语素词与英语中 word 的意思相似。汉语中的“语”或“词汇”则包括五类主要的词组，即联合、偏正、述补、述宾和主谓词组，以及三类特殊的词

---

① See Peter Tiersma, *Legal Language*, University of Chicago Press, 1999; John Gibbons, ed., *Language and the Law*, London, Longman, 1994.

② 参见吕叔湘：《吕叔湘文集 · 中国文法要略》（第 1 卷），商务印书馆 1990 年版，第 1~16 页。

③ 参见黄伯荣、廖序东主编：《现代汉语》（增订二版 · 下册），高等教育出版社 1997 年版，第 59 页。

④ 参见葛本仪：《论词汇静态、动态形式的结合研究》，载《山东大学学报（哲学社会科学版）》2004 年第 6 期。

组,即同位、兼语和连谓词组。汉语中的“语”或“词汇”则与英语中的 phrase 意思与功能基本一致。本书将采用“词汇”这一表述,即包括“词”与“短语”。

对于法律词汇的分类,中外学者有不同的见解。梅林科夫将法律词汇划分为 9 类,克里斯托弗(Christopher)则将立法语言的词汇特征概括为古英语或生僻词汇和表达、外来词汇与表达、特定词汇与短语的重复等三个方面,从某种程度上揭示了法律词汇的特征。[①] 我国学者潘庆云教授认为,“立法语言所用词汇不外乎两类:法律词汇和普通词汇……而法律文书中运用的词汇则包括法律术语、司法惯用语、文言词语和普通词汇 4 类”,[②]从总体上将立法语言划分为专业类和非专业类,并未揭示法律词汇的特征;宋雷教授则从法律词语的内容结构(专业术语)、长词—大词—生僻词—古词、法律词汇的信息密集性(多义、同义近义)、词汇禁忌、词语的名词化倾向、新词语的创制以及边缘介词的使用等方面,比较深入地探讨了法律词汇的某些层面的特征,但实质上是对梅林科夫所划分的 9 类法律词汇的概括和拓展;还有学者也从单义术语与多义术语两个层面概述法律词汇的特征,[③]但该分类将非术语排除在外,忽略了法律法规中存在大量非术语词汇这一事实。还有学者对法律词汇的特征进行探讨。[④]基于上述研究,本书将拓宽法律词汇的范畴并全方位揭示其特点。

一、词类特征

就词类(part of speech)而言,立法语言中常使用名词、动词、介词、连词、形容词、副词和助词,很少使用语气词、叹词、拟声词。

法律法规属于法律文体,区别于其他语型(genre),其中某些词类的使用状况相对于其他语型而言颇有差异。有学者曾对法律法规的词汇词和语法词的使用情况进行研究,以探讨某些词类的选择是如何确保语义的涵盖性、使立法

---

① Williams Christopher, *Tradition and Change in Legal English: Verbal Constructions in Prescriptive Texts*(Volume 20), 2005, pp. 31-33.

② 潘庆云:《中国法律语言鉴衡》,汉语大辞典出版社 2004 年版,第 268 页、第 302 页。

③ 参见滕超、孔飞燕:《英汉法律互译:理论与实践》,浙江大学出版社 2008 年版,第 5~7 页。

④ 如孙懿华教授认为法律词汇可分为三类,即法律专门词汇、法律公告做常用词语与民族共同语种的其他基本词与非基本词。参见孙懿华、周广然编著:《法律语言学》,中国政法大学出版社 1997 年版,第 58 页。

明晰而不具有歧义、如何帮助人们理解其权利和义务,以及如何说明哪些行为是有违法律规定的。[①] 他们采取了基于语料库的分析法,对 BNC(the British National Corpus)语料库(包括了大量的英语语型与文本类型)与 COMET(Corpus Multilíngue para Ensino e Tradução)语料库(2007 年在巴西进行多语研究的一个法律语料库)进行了对比研究,并解释了二者存在下列显著差异:

首先,两个语料库中排名前十一位的、使用频次最高的词汇为语法词(见表 2-1)。

表 2-1 BNC 和 COMET 语料库中使用频率前十一位的词汇

语料库	1	2	3	4	5	6	7	8	9	10	11
BNC	the	of	a	and	in	to(不定式)	it	is	was	to(介词)	
COMET	the	of	or	and	to(介词)	in	any	to(不定式)	shall	be	by

从表 2-1 中可以看出,在两个语料库中,除了 be 动词和情态动词 shall 外,排名前十一位的其他词汇均为语法词,[②]语法词是所有文本中最常用的词类,占所有字符数(token)的一半以上。[③] 而一个有趣的现象是:即便是使用频率最高的语法词也存在差异(如作为介词的"to"与引导不定式的"to"在两个语料库中的排名也有所不同,即在法律语料库中,"to"更常用作介词),人们对其关注度也不尽相同(如最能引起我们注意的恐怕是 or、any 等)。

学者们进而对 COMET 中的 Theft(Amendment)Act 1996 的第一条(包含 260 多个字)进行研究,发现在第一次阅读时,COMET 中使用频率高的五个词(表 2-1 中的"by,or,any,shall,be")并未引起他们的注意。但再次阅读时,他

① See Malcolm Coulthard and Alison Johnson, *An Introduction to Forensic Linguistics: Language in Evidence*, London and New York Routledge, 2007, pp. 39-50.

② 在语言学中,语法词指那些能表达语法意义的词,如连词、介词、冠词、代词等,其作用是将不同片段连接起来,故又称为功能词(function word)。

③ 型符(token)系所使用文字的总数量,而类符(type)系所使用文字中的不同类文字的总数量。例如,在"It is immaterial(in particular)whether the amount credited is the same as the amount debited"中,型符为 16 个,而类符只有 12 个,其中"is"和"the"各重复了 2 次,在计算类符时只各算一个。法律语言学研究中常使用"类符/型符比"(type/token ratio, TTR)进行作者身份识别。

们发现,这些词之所以具有较高的使用频率,乃是受到句法、文体和词汇等特征的影响。例如,by 的使用频率最高,个中原因是法律文本中常使用被动结构(如“Be it enacted by…”)。在 Theft (Amendment) Act 1996 第一条中,就使用了 5 个 or 引导的并列结构:“himself or another”“debit or credit”“credit or debits”“before or after”“presentment of cheque or by other method”。

之所以常在法律文本中使用 or,是源于法律文本的交际目的,即确保所有与行为人和其他实体、时间与行为①有关的可能性都能包括在该规定中,从而使法律规定具有更大的适用范围。

上述选择性的 or 的高使用频率并非只限于合同文本,而是广泛适用于其他法律语型。例如,当警官记录完嫌犯的陈述后常会问道:“Do you want to correct, alter or add anything?”即询问对方是否需要更正、修改、补充其他信息,其中就使用了三个动词并列,用 or 将其连接起来,从而将可能存在的情况都涵盖在内。而 or 作为选择性(alternative)和包括性(inclusive)的情况在法律语境中也非常常见。根据学者的研究,在调查讯问阶段,警方常使用选择性和包括性的 or,以最大限度地揭示事情的真相;而在盘诘阶段,表示包括性的 or 则常为控方或律师所采用,②以表明说话人话语的确定性,即并未给对方任何选择的余地,从而起到极强的话语控制效果。在法律语境下,当 or 和 and 连用时,通常会将 or 理解为具有包括性(inclusive)。③

其次,词汇词的分布颇具特点。④

BNC 中使用频率排名前 56 位的都是语法词,使用频率最高的词汇词 said 仅排名第 57 位。相反,COMET 中使用频率最高的前 57 名中,有 15 个为词汇词:agreement、company、lessee、party、respect、agent、notice、property、time、provided、date、including、parent、guarantor、lessor。

---

① 尽管在大多情况下,行为并未采用动词形式,而是使用的名物化结构,如上例中的“presentment of cheque or by other method”。

② See Malcolm Coulthard and Alison Johnson, *An Introduction to Forensic Linguistics: Language in Evidence*, Routledge, 2007, p. 40.

③ See Lawrence M. Solan, *The Language of Judges*, Chicago University of Chicago Press, 1993, pp. 45-54.

④ 词汇词(lexical word)指那些具有词汇意义的词,如名词、动词、形容词、副词等。这些词承载了语言的主要内容,故又称为实义词。

不过,应将 respect 排除在外,因在该语料库中的 433 处用法中,respect 均是作为介词,如"in respect of, with respect to, in respect thereof, with respect thereto"等。在该语料库中,respect 从未用作词汇词的名词或动词。但不可否认的是,作为介词短语的组成部分的 respect 有如此高的使用频率,说明了"复合介词"这类语法词在该合同类语料库中的特殊地位,以及在整个法律语言中极高的使用频率。而高达 15 个词汇词的使用频率,说明合同文本中会大量使用词汇词,也就诠释了合同文本难以理解的部分原因:因句子里承载的信息量和内容过于丰富。这也说明了有些词汇在法律文体中为核心词汇,但在其他文体中却并非核心词汇。

对上述 15 个最常用的词汇词作进一步观察后发现,绝大部分词汇是名词(如 agent, agreement, company, date, guarantor, lessor, lessee, notice, parent, party, property, time),包含了一个完整的合同行为所需的所有要素:订立合同的当事人(以及当事人的代理人、担保人、当事人所属的机构)、合同本身、订立合同的程序等。另一个发现是:provided 和 including 这两个词汇词的使用频率分别高达 389 次和 373 次,并对合同至关重要,因 including 所引导的非限定结构具有解释性功能,即对前面的事项作出包括性规定;而 provided 的用法则更为复杂,有 200 多处用作动词,常引导具体规定(如 as provided for in the Agreement);而在其他 165 处,provided 与 that 连用,常用做连接词,引导解除条件和停止条件;而与此相对的是,provided 在 COMET 中用作动词的情形是其在 BNC 中的 16 倍,而用作连词的情形也是其在 BNC 中的 21 倍。这也就说明了 provided 与 including 所引导的假定结构在法律文本中的功能,也清楚地说明了合同的实质:凡列明的事项都有例外。此外,不使用代词而重复使用词汇词,也导致信息的频频重复。这些相互关联的词汇或短语组织起来,显示其间的相互关系,从而构成订立合同所需词汇的一个集合体,有助于读者理解合同的主要内容,毕竟大量重复的 lessee 和 lessor 等信息,就足以让人联想到合同及其有关当事人和订立合同的有关程序。

法律英语中的词类分布与法律汉语中的词类分布颇为相似。有学者曾对中国香港特别行政区"双语法例资料系统"(Bilingual Laws Information System, BLIS)中 1000 多万字(包括 21 万个句子)的中文文本语料中的字、词及标点符号的使用情况进行分析统计,并得出如下结论(见表2-2、表2-3)。

表2-2 BLIS中的字符数量

单位:个

语料库	汉字字符数	其他符号(包括数字、非汉字字符、标点符号、特殊符号)
BLIS(Bilingual Laws Information System)	760多万(3294种汉字)	200多万(165种其他符号)

表2-3 BLIS中的高频汉字和标点符号

出现频次超过10万的字和符号	具体的出现频次
的	342426
( )	270113
,	230335
。	181581
或	173946
1	141918
第	127095
该	115523
人	109432
条	105180

从表2-3可以看出,“的、或、第、该、人、条”这六个字是BLIS法律文本中频次最高的汉字。这些数量不多但使用频次最高的汉字对于整个BLIS文本的构成具有决定性的作用:很多单词都是由这些少量的高频次汉字构成的。这种使用最小数量的汉字表达最多的文本信息的现象,反映了人类行为的“最小用力原则”(principle at least effort)。[①] 该统计结论与上述西方学者对法律英语

① 那日松、揭春雨、冯志伟:《香港“双语法例资料系统”法律术语的统计分析》,载《术语标准化与信息技术》2008年第2期。

用词特点所得出的结论都展示了法律语言的词类及其分布类型和功能的一些特点，从而有助于解读原文脉络，并为翻译工作提供有利的指导和依据。

词类是词在语法上的分类。现代汉语的词可以分为名词、动词、形容词、数词、量词、代词、副词、介词、连词、助词、叹词十一类。而根据所表达词汇意义的虚与实，可将汉语的词类分为实词和虚词。实词的词汇意义比较实在，而且能够单独充当句子成分，包括名词、动词、形容词、数词、量词、代词和副词；而虚词的词汇意义比较空灵，主要起句子成分的连接作用和语气作用，不能单独作句子成分，包括介词、连词、助词、叹词。可见，除了代词之外，英汉语词类的划分基本相似。具体而言，实词的使用情况如下：

（1）名词，即表达客观实体的词。

（2）谓词，即用来描述或判定客体性质、特征或者客体之间关系的词项。例如动词类的“是”（表判断），“有”（表存在），“应当、可以、必须、企图、决意、不得”（表能愿），“盗窃、谋杀、抵押、制造、涂改、伪造、宣读、推定、许可、欺骗”（表行为）等；形容词类的表示性质和程度的词，如“重大、残忍、积极、正确、轻微”等。

（3）数词，即表示数、量或程度的形容词，包括不定数量词和数词。在法律法规中，这类词常用于对年龄、时间与日期、价值、顺序以及量刑等的描述，以确定当事人的责任或行为能力、有关权利义务产生和终止以及受罚的尺度。数量词的使用使有关数量、价值、顺序等得以明确化，很大程度上保证了语言效率，进而促进了法律语言的准确性和确定性。如表2-3中数量词“第”就占据了最常用词汇前六位。

（4）副词，是用来修饰、限制动词或形容词，表示时间、频率、范围、语气、程度等的词项。这类词在法律法规中数量极多，对行为的性质、行为发生的场所、频率等做出描述，进而有助于对行为的性质进行界定。

值得注意的是，代词无论是在法律汉语中做实词还是在法律英语中做功能词，其在法律法规中的使用频率其实都并不如人们所预料的那么低。笔者曾对几部主要的立法（中英文相似立法）中的代词使用情况作了一个粗略的统计（见表2-4、表2-5）：

表 2-4 我国法律中代词使用情况

法律名称①	他(们)的使用频次	它(们)的使用频次
《中华人民共和国民法通则》	44	10
《中华人民共和国刑事诉讼法》	30	0
《中华人民共和国民事诉讼法》	16	10
《中华人民共和国专利法》	9	0
《中华人民共和国刑法》	127	0

表 2-5 英美法系法律法规中代词使用情况②

法律名称	he 的使用频次	his 的使用频次	she 的使用频次	her 的使用频次	it 的使用频次	its 的使用频次
35 USC Patent	19	21	1	9	52	53
Criminal Code of Canada	487	479	74	120	1324	203
Federal Rule of Criminal Procedure(2010)	0	1	0	0	84	53

从表 2-4 和表 2-5 可以看出,代词的分布情况各不相同,但有一点可以确定的是,表示物的第三人称代词在法律汉语中使用频率极低,但在法律英语中的使用却极为频繁。上述表 2-3 中的“该”即为替代词,占据了汉语语篇中最常用词汇的前六位。这些就为我们如何翻译英汉语法律法规中的第三人称代词提供了解决思路。

除了上述实词外,法律法规中尚大量使用虚词。包括:

(1)介词。如前所述,法律语言中的介词属于使用频率极高的词类,如“或”就占据了汉语文本中最常用词汇的前六位。

(2)连词,即用来连接词与词、词组与词组或句子与句子以及表示某种逻辑关系的虚词,常用于表并列、承接、转折、因果、选择、假设、比较、让步等关系。汉语中的连词与英语中的连词一样,使用频率极高。

① 该表格中的法律为截至 2012 年 12 月 31 日施行的最新版本。

② “one”在英文法律法规中做不定代词的情况也不少,但由于很多情况下其做数量词,故未作具体统计。

(3)助词。法律英语中的助词常归约性地表示授予权利或规定义务,而汉语中的结构助词“的”引导的“的”字结构是法律规则中的假定要素的主要表达方式(从表2-3可见,“的”占据了最常用词汇的前六位。对于“的”字结构,参见本章“法律规则的逻辑结构”的有关内容)。

综上所述,由于法律文本的功能从很大程度上是传递信息,词汇词应该是立法者用以传递立法内容的重要手段。因此,大量使用承载法律文本主要内容的名词、动词、形容词和副词等就理所当然;为了将这些表达内容的语词片段连接起来并使句子间衔接得当,也就必须大量使用介词、代词、连词等功能词。但是,由于法律语言具有庄重性,故法律文本中很少使用感叹词、语气(助)词或拟声词。

二、语义特征

就语义而言,法律语言兼具准确性(accuracy)和模糊性(fuzziness)。根据传统的修辞学理论,语言使用务必“准确、鲜明,不能有丝毫的模糊,也不得使表达有丝毫的歧义……”[①]对于语言表达的准确性要求,在亚里士多德的《范畴篇》里就能找到相关依据。亚里士多德的范畴理论是其哲学体系和逻辑学理论的基础,并也是此后两千多年欧洲哲学和逻辑哲学统一性的基础及现当代哲学和认识论发展的源泉。[②] 后人将其范畴理论归纳为:“范畴是一组由充分必要特征来定义的,特征是二元对立的(非此即彼,非彼即此),各个范畴之间有明确的界限,范畴内部各成员地位相同。”[③]由此可见,亚里士多德倾向于排斥模糊性。

受此影响,西方哲学和科学也追求精确性而排斥模糊现象,与哲学渊源甚深的法律自然也备受影响。自12世纪罗马法复兴运动开始后,欧洲开展了以制定详尽的成文法典为核心的法律改革运动,《拿破仑民法典》即是该法律改革运动最为显著的结晶。拿破仑曾炫耀说,可以将法简化为简单的几何公

---

① 杨鸿儒:《当代中国修辞学》,中国世界语出版社1997年版,第12页。

② 参见陈维振、吴世雄:《有关模糊语义逻辑的知识论观点》,载《外语教学与研究》2003年第1期。

③ J. R. Taylor, *Linguistic Categorization: Prototypes in Linguistic Theory*, Oxford, Clarendon Press, 1989, pp. 21-38.

式,任何一个能识字的且能将两个思想联结在一起的人,都能作出法的裁决。[①]随着《德国民法典》的问世,概念法学盛行,认为成文法典一旦制定就可自给自足,法官只不过是宣布法律条文的喉舌而已,即只是按照逻辑力学的定律而运转的"法律自动售货机"。直至今日,法律人一直致力于保留和建构一种相对准确的技术语言。[②] 孟德斯鸠就极为重视法律的准确性,因"法律条文含义不清,罪义不明,足以使一个政府堕落到专制主义中去"。[③] 还有的学者认为,法律语言的特征可归结为一点,那就是"准确性"。[④]

总之,法律语言的准确性并非仅仅是由于法律人希望通过使用一种修辞手法或者法律文体的风格特征,以给读者或听者留下深刻的印象。这种准确性特征还源于法律调整的对象即法律对不同的人有微妙的观念上的区别,因为法律法规(包括合同、遗嘱等)针对的是将来发生的事项,故而其使用的语言须尽可能地涵盖所有可能发生的情况并避免产生误解,正如爱德华兹(Edwards)所说的,"任何合同或制定法应尽量准确,以至于任何人,无论他是多么聪明和狡诈,在恶意解读时,都不可能发生误解。"[⑤]这就从立法意图的视角为法律语言的准确性做了很好的注解。

尽管准确性一直被视为是法律人的追求目标,但也受到了一些学者的批判。梅林科夫就讽刺道,"法律语言之所以备受批判,原因就在于其过于准确……即法律语言是'cant, jargon, prolix, obsolete, stilted, wormlike, tedious, polysyllabic, repetitious, cacophonic, humorless',其中充斥着一些毫无必要的啰唆表述(verbosity)和大词(big word)……"[⑥]克里斯特尔与戴维也认为,自然语

---

① 拿破仑曾自负地说,他可以被打败,但他的法典却永远不会败。此话有一定道理,即他的法典确实在全世界影响甚广,但其法典的僵硬性备受后世的点评却是他始料未及的。

② See Glanville Williams, Language and the law, *Law Quarterly Rev*. 61, 1945, p. 179.

③ 孙懿华、周广然编著:《法律语言学》,中国政法大学 1997 年版,第 90~91 页。

④ 谭绍木、黄慧:《论法律语言的精确与模糊》,载《江西社会科学》2004 年第 3 期;陆宏哲:《试论法律语言的表现力和特点》,载《中南政法学院学报》1989 年第 3 期;谢爱林:《论法律语言的特点》,载《南昌大学学报(人文社会科学版)》2007 年第 1 期。

⑤ Stanley E. Edwards, "Drafting fiscal legislation", *Canadian Tax Journal* 32, 1984, p. 728.

⑥ See David Mellinkoff, *The Language of the Law*, Boston: Little, Brown and Company, 1963, pp. 47-57.

言容易产生歧义，要想只传达某一些信息而排除其他信息，是根本不可能的。[①] 因此，模糊性是与准确性相互依赖依存的一个特征。作为自然语言的一种变体，法律语言亦不例外，即模糊是法律语言的固有属性。对此，国内有的学者甚至宣称：法律语言的特有属性（特征）包含了模糊性。语言的非精确性（模糊性）是语言的本质属性之一。[②] 确实，自成文法出现，随之而来的便是法的解释（立法解释、司法解释和学术解释等），以解决包括“模糊”在内的、因理解不同而产生的各种问题，以及现实生活中存在的因专用术语的语义模糊而引起的争议，都说明了模糊性确实是存在的，英国法学家、著名法官曼斯斐尔德勋爵曾感叹道：“世界上的大多数纠纷都是由词语引起的”；[③]陈忠诚先生在论证法律语言大有空子可钻时也指出“……至少在客观上讲，法律语言是不精确、不严谨、易生歧义的。法律（学）文字应当精确而实际上颇有极不精确的”；[④]格兰维尔·威廉姆斯（Glanville Williams）在《语言与法律》一书中也指出，“条文的语言，构成法律或多或少总有不明确之处，语言的核心部分，其意义固甚明确。但越趋边缘则越模糊。语言边缘之处的边缘意义一片朦胧，极易引起争议，而其究竟属该语言外延之内或之外，亦难断定。……此非立法者的疏忽，而系任何语言所难避免”。[⑤]

总之，无论准确性也好，模糊性也罢，都不是足以使法律语言区别于其他语言的根本要素，充其量该特点不过是法律语言特征的一个层面而已，因其他变体，如科技语言、医学语言，都使用了准确性和模糊性表述。故本书避免给法律语言做一个总体的特征界定，转而从词汇、句法、语篇三个维度入手，进而对该三个维度进一步细分，以对法律法规语言的形式特征做一个综合而全面的梳理，以说明法律语言的语义特征的表征及其表现形式。具体如下：

首先，法律语言的准确性通过大量使用单义性术语或概念得以实现。

---

① See Davy Crystal and Derek Davy, *Investigating English Style*, London, Longman, 1969, Chapter 8.

② 参见吴伟平：《语言与法律——司法领域的语言学研究》，上海外语教育出版社 2002 年版，第 57 页。

③ “Most of the disputes in the world arise from words”. See Lord Manfield CJ in *Morgan v. Jones* (1773), Lofft 160, 176.

④ 陈忠诚：《法窗夜话》，中国对外翻译出版公司 1998 年版，第 15 页。

⑤ Glanville Williams, “Language and the law”, *Law Quarterly Review* 61, 1945, pp. 71, 179, 293.

在目前众多学术专著中,学者们大都认为法律语言的准确性特征在于大量使用法律术语。该说法是不严谨的,因法律术语中有很多术语具有多义项,而且有很多并非法律领域的专门术语,而是借域类术语,这就导致了该术语或概念并不确定,而须充分考量其使用的语境或借助其他领域的相关知识,方能确定其具体语义。

因此,法律语言在语义层面的准确性,首先就体现在大量使用那些只具有一个义项的词语,如不可抗力(force majeure)、谋杀(murder)、从犯(accessory)、抢劫(robbery)、缓刑(probation)、假释(parole)等。这些词语的意义固定而单一,并不能做其他解释,故而充分体现出法律语言的准确性特点。

其次,法律语言的准确性通过大量使用法语或拉丁语等外来词得以实现。

从某种意义上说,西方文明的主要表征之一就是其法律。西方法律源远流长,古希腊哲学法理化和人文化的观念构成了西方法律传统的活力之基因。对此,哲学家罗素曾评价说,“斯多葛学派的伦理观、知识观、自然法和自然权利说在西方影响甚大,如在16世纪、17世纪、18世纪出现的那些天赋人权的学说只不过是斯多葛学派的复活而已”。[①] 而罗马法在整个法律发展史中可谓是起到了一个里程碑的作用,现今的任何法律几乎都可以在罗马法中找到其雏形。英国法学家亨利·梅因(Henry Summer Maine)曾指出,“我找不出任何理由,为什么罗马法优于印度法律,假若不是‘自然法’的理论给了它一种与众不同的优秀典型”。[②] 总之,古希腊和古罗马的思辨和法律精神对西方文明影响深远,加之英语语言的变迁,法律英语中旧词、古体词和十分学究气的正式词的使用频率,远非其他文体的语言所能比拟。

语言作为一种社会产物是不可避免地要发生融合的。从英国的发展历史观之,每一次外国入侵都会给英语语言带来冲击。如罗马征服(Roman Conquest)后,罗马文化和风俗自然渗透入英国,同时拉丁语也得到广泛传播,并成为当时的官方、法律和商业语言,法律英语中遂出现了诸如“The illegal act in question may be the commission of a crime which is *malum in se*; the

---

① [英]罗素:《西方哲学史》(上卷),何兆武、李约瑟译,商务印书馆1963年版,第340~341页。

② [英]梅因:《古代法》,沈景一译,商务印书馆1984年版,第45页。

commission of a crime which is *malum prohititum.*"(违法行为可以是违法的犯罪行为;也可以是法律禁止的犯罪行为),"An alternative which is sometimes applied is to require the restoration of consideration to restore the parties to the position of *status quo ante.*"(有时采用别的方法来恢复对价以恢复当事人的原来的地位),"*Discretio est discernere per legem quid sit justum.*"(自由裁量是通过法律判断何为正当)以及"*Nome punitur pro alieno delicto.*"(任何人不因他人的不法行为受处罚)等法律格言,其中都包含拉丁文。而北美印第安人、澳大利亚和新西兰的土著居民的语言均因英国移民的到来而被英语融合,其原因莫不如此。又如,在盎格鲁-撒克逊时期法律发展的过程中,由于挪威人的入侵和占领,这个北欧国家的法律对英国的法律制度也产生了不小的影响,其中一个重要的证据就是现在英国法律用语中最核心的词汇 law,就非英语本土词汇,而是挪威语,是挪威人留给英国法律界的一笔财富。[①] 此外,作为一个语言大熔炉(melting pot),英语尚受到其他文化的影响。[②] 再如,1066 年诺曼征服(Norman Conquest)后,当时英国存在的三种语言(法语、英语和拉丁语)中,法语成为官方语言,英语则被视为"粗陋"的语言。在几百年的融合过程中,英语吸收了大量的法语词汇,连读音和拼写也发生了变化,其中某些词汇已经融入英语词汇,若不寻其词根,很少有人会识别出其法语或拉丁语语源。这些外来词包括 appeal(上诉)、assault(企图伤害罪)、contract(合同)、damages(损害赔偿金)、defendant(被告)、heir(继承人)、larceny(盗窃罪)、lien(留置权)、mortgage(按揭、抵押)、plaintiff(原告)、pleadings(答辩状)、reprieve(缓刑)、tort(侵权)、treason(叛国罪)、trespass(侵犯)、verdict(裁决)、tortfeasor(侵权行为人)、bailment(保释)、malice(恶意)、negligence(过失),以及 *loi fondamentale*(根本法)、questionnaire(调查表)、*saisie*(查封、扣押)、*voir dire*(预先审查)、*writ de mesne*(中间令状)等。

上述源于拉丁语、法语、德语和西班牙语等外来法律词汇因长期使用而意

---

① 何勤华主编:《英国法律发达史》,法律出版社 1999 年版,第 11 页。

② 如斯堪的纳维亚地区的丹麦、冰岛以及瑞典、凯尔特文化、日耳曼文化等,都对英语语言的形成和发展产生了重要的影响。对此,可参见汪榕培主编:《英语词汇学高级教程》,上海外语教育出版社 2002 年版,第 227~229 页。

义相对固定,且在表达上更加直接和有效,其地位自然也就牢不可破。这就是为什么近年来简明语言运动(plain English movement)得到大力倡导却收效甚微的原因所在。在国内,学者十分重视拉丁语。例如,李建通过分析拉丁语词汇在2012年国际商会仲裁规则的英文版中的使用情况,而后对比拉丁语在国内法律英语翻译中的使用情况,认为应在法律英语翻译中积极使用拉丁语。① 陈忠诚教授也在其《〈民法通则〉AAA译本评析》中建议使用拉丁语。② 在法律界人士看来,外来词可凸显法律语言的神圣性、权威性和严密性,也有助于提升法律语言的准确性。

在法律汉语中,也不乏大量外来法律概念,如合同法里的"预期违约"就源于英语的anticipatory breach,"辩诉交易"则源于英美法的plea bargaining等。据学者统计,"出口、登记、法律、法学、公判、国体、拘留、民法、民主、判决、陪审、破产、权利、人口、审判、审问、私法、特权、宪法、刑法、选举、讯问、义务、议会、议院、主权、自由、自治、总理"等术语来自日语。③ 有人认为,外来词可通过改变语言来改造人的思想。例如,通过日本的外来词构成的现代汉语系统,人们可以轻松研究哲学社会科学问题,因古代文人的书面语是一种模糊的诗化的语言,谈论深层次的哲学等问题都不能做到概念清晰。④ 从这个层面上而言,法律语言也借由大量外来词的使用而提升了其准确性。

最后,立法语言的准确性借由大量的替代形式(pro-form)和古体表达(archaisms)得以实现。

从词汇的分类而言,古英语词属于非核心词汇,即过时的、旧式的词语,现在仅适用于有限的场合。在宗教和法律著作中,经常可以见到一些古词语,如在宗教场合常用ye(而不用you)和breathren(而不用brothers);在法律中常用aid and abet(同谋)、metes and bounds(边界)、死刑判决中的"You shall be hanged by the neck until dead"(用hanged表示"绞死"而不使用hung)等。众所

① 李建:《法律英语翻译中应充分重视拉丁语》,载《法制与社会》2012年第15期。

② 例如,他将《中华人民共和国民法通则》第四条"民事活动应当遵循自愿、公平、等价有偿、诚实信用的原则"中的"等价有偿"译为拉丁语 *quid pro quo*。

③ 王健:《输出与回归:法学名词在中日之间》,载《法学》2002年第4期。

④ 据统计,日本外来词占了常用现代汉语词汇的70%。

周知,法律语言较之其他体裁更不易发生改变,因“法律本身就极为正式而保守”。[①] 因此, forthwith、henceforth、hitherto、thence、whence、whensoever、to wit,以及由 here-、there-、where-构成的古英语及中古英语词汇,在法律英语中得以保留,如 therein、thereinafter、thereof、thereto、herewith、whereas 等。其中的 here-和 there-的意思是 this、that 或 which。

使用 here-或 there-后,就不再使用“it,that,this”等指示代词,也就避免歧义的产生。乔姆斯基(Chomsky)的约束理论将名称短语(NP)分为三类,指称语或 R-词语(Re-expression)、照应语(anaphor)和代词(pronominal)。指称语具有指称能力,即说话者常用其指称客观世界、话语中或上下文中的人、事或物;而照应可分为内照应或外照应,其中内照应可分为回指或下指。而代词可分为反身代词(如 himself)、相互代词(如 each other)以及其他代词(him,he,she,it 等)。根据其约束理论的三个原则,[②]代词一般要受到先行词的约束。根据学者们的研究,从语义层面而言,代词本身极易产生歧义而致语义模糊。[③] 因此,使用 here-和 there-结构可有效地避免使用代词产生的语义模糊。

此外,大量使用替代形式(pro-form),也可有效地增强语言表述的衔接程度和准确性,从而避免因大量使用代词而引发的歧义。因此,法律英语中大量使用回指(anaphoric reference)[④]和下指(cataphoric reference),[⑤]包括 such(该)、said(该)、same(该)、aforesaid(上述的)、before-mentioned(上述的)、herein-beforementioned(上述的)、aforementioned(上述的)、foregoing(前述的)等。这些替代形式有时并不代替某个名词,而是用作该名词的修饰语,即用作

---

① Howard Darmstadter, *Hereof, Thereof and Everywhereof: A Contrarian Guide to Legal Drafting*, Chicago, ABA Publishing, 2008, p. 139.

② 该三个原则指“照应语在管辖范围内必须受到约束,代词在管辖范围内不得受到约束,指称语在任何范围内都不得受到约束。” See N. Chomsky, *Lectures on Government and Binding*, Dordrech, Foris Publicatons, 1981.

③ 吴俊:《关于由指示语 it 引起的歧义现象研究》,载《忻州师范学院学报》2012 年第 4 期;杨晓敏:《施事、受事语义关系不明的歧义成因》,载《长春大学学报》2007 年第 1 期;张昀霓:《GB 理论框架下代词的指代性歧义探析》,载《湖南科技学院学报》2009 年第 7 期。

④ 即指示前文提及的“人、事或物”,以避免重复。例如,在“Two girls entered into the classroom and they said hello to all the students.”其中,they 用以回指并代替 two girls。

⑤ 即指示下文要出现的“人、事或物”。例如,在“Here he comes, our award-winning host…it's John Doe!”中,he 用以后指 John Doe。再如,“参见第 10 页的内容”也用作后指。

形容词,对被提及的人、实体或行为进行限定从而增强表述的准确性。例如:

Provided always that, where the Engineer has certified and the Employer has paid direct as aforesaid, the Engineer shall in issuing any further certificate in favor of the Contractor deduct from the amount thereof the amount so paid, direct as aforesaid, but shall not withhold or delay the issue of the certificate itself when due to be issued under the terms of the Contract.(工程师已出具证书,且雇主已按照上述规定直接付款的,工程师在签发以承包人为受款人的其他证书时,应扣除上述业已支付的款项,但不得拒签或延签本合同规定应出具的证书。)

上述例句中的画线部分均用作形容词,以对有关实体进行限定而减少语义模糊。需要注意的是,根据英美法系的立法手册,一般不使用不定代词。[①] 例如:

After the executive director appoints the director, he shall administer this rule.

在上例中,he 既可指代 the executive director,也可指代 the director,在理解时容易产生歧义。这就是法律法规中几乎不使用代词进行指示的原因所在。在上例这种情况下,可重复拟指示的名词,以使表述更为准确:

After the executive director appoints the director, the director shall administer this rule.

在法律汉语中,古体词和替代形式也颇为常见,即很少使用“这、那、它”等代词形式,而是使用“本、其、该、兹、此”等替代形式,以增强语义的准确性。例如:

第一条 为了保护劳动者的合法权益,调整劳动关系,建立和维护适应社会主义市场经济的劳动制度,促进经济发展和社会进步,根据宪法,制定本法。

(《中华人民共和国劳动法》)

第十四条 残疾人、少数民族人员、退出现役的军人的就业,法律、法规有特别规定的,从其规定。

(《中华人民共和国劳动法》)

---

① See *Rule-writing Manual for Utah*.

第六十一条 民事行为被确认为无效或者被撤销后，当事人因该行为取得的财产，应当返还给受损失的一方。有过错的一方应当赔偿对方因此所受的损失，双方都有过错的，应当各自承担相应的责任……

（《中华人民共和国民法通则》）

上述例句中的替代形式使文本表述衔接得当而更为准确。在翻译时，可选择英汉法律语言中的适当的替代形式进行处理。例如，可将上例中《中华人民共和国民法通则》第六十一条翻译如下：

Section 61. In case a civil act is confirmed as invalid or annulled, the party concerned should return any property acquired as a result of such/the/said act to the injured party. The party at fault should compensate the other party for any damage or loss sustained as a result of said/such/the act. If both parties are at fault, each should undertake appropriate responsibility…

综上所述，借由上述手段，立法语言在语义上获得了一定的准确性。但是，这并不影响立法语言中大量模糊性词汇的存在。与亚里士多德同时代的麦加拉学派的欧布利得（Eublides）提出了“连锁推理悖论”，[①]向亚里士多德的二值逻辑提出了挑战，揭示了语言的模糊性，并推动了模糊数学和模糊逻辑的诞生。[②] 模糊语言的特征之一是：除了具有“亦此亦彼”性之外，尚体现在词语所指范围的边界具有不确定性。正如美国哲学家布莱克（M. Black）在《语言与哲学》中所指出的“……词语的模糊性表现在它有一个应用的有限范围，但这个区域的界限是不明确的。”[③]据统计，在澳大利亚和英格兰，大约有40%的法庭活动需要对某些立法条款之含义作出裁决。[④] 在美国，法院曾一度将词典作为权威依据，以对案件审理过程中的有关术语或概念进行界定。[⑤] 如在 *Chapman*

① 该悖论中最为常见的“麦粒堆悖论”（paradox of the heap）和“秃头悖论”（paradox of the bald man）。该悖论意旨明显：即通过一种逐渐增加或减少事物的性态而最终改变命题真伪的推理方式，将原本为真实的命题，通过推理后，转变为一个逻辑上为真实却十分荒谬的结论。

② 例如，扎德（L. A. Zadeh）正是从语言的模糊性中得到启发而提出了模糊理论。

③ M. Black, *Language and Philosophy*, New York, Cornell University Press, 1949, p. 31.

④ Yon Maley, “The Language of the Law”, in John Gibbons, ed., *Language and the Law*, London, Longman, 1994, p. 28.

⑤ Lawrence Solan, “When Judges Use Dictionary”, *American Speech* 68, 1993, pp. 50-57.

v. United States 一案中,[①]理查德·查普曼(Richard Chapman)将 LSD(lysergic acid diethylamide,二乙基酰胺,一种致幻剂)与酒精混合后用吸墨水纸吸附。在该嫌疑人被抓获时,该吸墨水纸与 LSD 重达 5.7 克。根据美国法的规定,只要含有 LSD 的混合物(mixture)超过一克,嫌疑人可被判处五年以上监禁。[②]被告人认为吸墨纸只是携带 LSD 的一种媒介,因此在计算毒品数量时不应包括在内。法官为了确定其中 mixture 一词的意思,遂求助于词典。而在 *Moskal v. United States* 一案中,法官同样求助于词典,以确定 falsely made 是否等同于 forged。[③] 而我国学者对《中华人民共和国刑法》进行统计后发现,其中的模糊性词语就达一百余条,占全部条文的 30% 以上。[④] 法律语言的模糊性可见一斑。

模糊语言之所以产生,首先是由于自然界本身的概念界限模糊不清以及人类的认知能力有限。由于自然界本身大都是含糊的,无法达到完全的明确,对于客体之间无限丰富的细微的差异,语言是无法将其意义准确表达出来的。正如语言学家霍克斯(Hwaks)所说的,"空间和时间事实上是一个连续体(continuum),没有固定的不可改变的界限或划分,每种语言都须根据其自身的特殊结构去划分时间和空间"。[⑤] 世界上的事物比用于表现和描绘它们的词汇要多得多。因此,无论人的认识如何深化,模糊性是永远存在的。

其次,从语言交际理论出发,模糊性的产生与交际策略和信息解码能力有关。何自然教授曾经指出,在日常言语交际中,一部分言语须按原意进行理解,除此之外,日常生活中的言谈都是比较随意的,都不同程度地带有"约略"(approximation)、"模糊"(fuzziness)、"笼统"(generality)、"两可"(ambiguity)、"含混"(ambivalence)等语用含糊(progmatic vagueness)现象。[⑥]而根据格赖斯(Grice)的观点,日常生活中时常会带有隐含的"比喻"

① *Chapman v. United States*, 500 U. S. 453, 468, 111 S. Ct. 1919, 1929, 113 L. Ed. 2d 524.

② See 21 USC. § 841(b)(1)(B)(v).

③ *Moskal v. United States*, 111 S. Ct. 461 [1990].

④ 参见王洁主编:《法律语言学教程》,法律出版社 1999 年版,第 13 页。

⑤ T. Hawks, *Structuralism and Semiotics*, Oakland, California University Press, 1977, p. 31.

⑥ 何自然:《再论语用模糊》,载《外国语(上海外国语大学学报)》2000 年第 1 期。

(metaphor)、"若陈"(meiosis)、"反讽"(irony)、"夸张"(hyperbole)等形象表达。[1] 既然在交际中人们的表达具有上述特点,那么交际过程无疑是一个推理的过程,而受话人在交际过程中的信息补差和信息过滤能力往往并不能与施话者保持同步,加之人们在交往中往往趋于笼统而舍弃明确(在我国尤其如此,中庸之道即为明证),模糊性在所难免。

此外,恰当地使用模糊词语是克服成文法局限的必要手段。美国著名法学家富勒(Fuller)就曾经指出,法律是一项使人类的行为服从规则治理的事业,应具有道德性,其中"明确性"为其内在道德的重要组成部分,即法律应使它所针对的人对它的内容能充分理解。同时,他又指出,强调法律的明确性并非反对在立法中使用诸如"善良忠诚(in good faith or faithful)、审慎(due care)、公平合理(equitable and reasonable)"等模糊词,即对其明确性不应要求过高,因"一种华而不实的明确性可能比老老实实的含糊不清还要有害"。[2] 威尔伯福斯(Wilberforce)也曾指出:

...the words used may and often do represent a formula which means different things to each side, yet may be accepted because it is the only way to get agreement in the hope that disputes will not arise. [3]

即使用某些模糊词乃是法律法规中的一种惯常表达模式。该模式对各方而言可能会有不同的含义,但能为各方所接受,因为该模式是达成协议而不产生争议的唯一途径。可见,尽管模糊词语的使用在某些方面应受到限制,但并不能因此否认其语用功效。

此外,立法语言还通过使用极为正式和庄重的词汇,凸显词汇的社会意义与情感意义。社会意义又称为文体意义(stylistic meaning),是使用某个词汇时所呈现的社会环境。除概念意义外,词汇还具有文体意义。有些词典里就清楚地用"正规、非正规、书面、古语、俚语"来标明词的文体意义。一般来说,不存在概念意义和文体意义都相同的两个词汇。马丁·朱斯(Martin Joos)归纳出

---

① 王红孝:《多重具有程度等级因素综合作用下的语用选择》,载《外语学刊》2003 年第 4 期。

② L. L. Fuller, *The Morality of Law* (revised version), New Heaven, Yale University Press, 1969, p. 106.

③ *Prenn v. Simmonds* [1971] 3 All ER 237.

“从正式到不正式”五种程度的一个连续统(continuum):死板(frozen)、正式(formal)、咨询(consultative)、随意(casual)、亲密(intimate)。① 一般而言,正式文体中应使用正式用语,非正式文体可使用非正式用语。由于法律属于正式的文体,故应措辞严谨。具体对比见表2-6:

表2-6 正式文体与非正式文体的词汇对比

非正式	正式
crime	offense
people	individual
serious	severe/grave
harm	damage/destroy/undermine/jeopardize
look into	investigate
end	conclude
start	commence

一般而言,源于法语、拉丁语、希腊语的词语(如上表中的 commence, conclude, investigate)多用于正式文体,源于古英语的词语(如上表中的 start, end, look into)则多用于非正式文体。法律法规中大量使用外来词,可增强法律文体的正式程度,也使其表述更为准确。

与文体意义相联系的是情感意义,即通过选择适当的词来明确表达说话人或作者对所讲或所写事物的感情和态度。情感意义基本上是一个依附性范畴,需要求助概念意义、内涵意义和文体意义来表情达意,是说写者对客观事物的主观评价,因而该意义也会因人、文化、时代和社会的变革而有所不同。

情感意义可分为态度、感情和色彩等。② 感情有褒、贬和中立之分,③态度分庄谐、直曲、敬谦三种对立,形象有摹状、摹声、摹味、摹色、摹形、摹情态等六种。

---

① Martin Joos, *The Five Clocks*, New York, Harcourt, Brace and World, Inc., 1962, p. 62.

② 参见王德春:《多角度研究语言》,清华大学出版社2002年版,第283~284页。

③ 如“He is bright and ambitious.”与“Knowledge of inequality has stimulated envy, ambition and greed.”这两句话中,第一句中的 ambitious 有赞许之意,而第二句中的 ambition 则表示贬义。再如,“贤内助”乃是对妻子的褒称,“黄脸婆”乃是贬称,“妻子”则为中性词。

在法律法规中,用词的态度色彩往往取"庄、直",而不取"谐、曲",也极少使用"敬谦"。例如,立法语言中往往使用"起诉(sue)或控告(charge,prosecute)""非婚生子(illegitimate child)"等庄重体,而不使用"告状、告发或揭发(reveal,expose,disclose)""私生子(bastard)"等口头语,以示庄重;也常用正式表述,如"性交(sexual intercourse)""配偶/丈夫/妻子(spouse/husband/wife)",而忌诙谐或委婉的表述,如"做爱或同床(make love)""老公/老婆、妻室、堂客、婆娘、婆姨等(boy/girl)"。除在司法过程中使用"法官大人""Your Honor"等敬语,在法律法规中则直接使用正式的称谓,如"Judge""法官""审判人员"。

法律法规中的用词就感情色彩而言往往取其中立色彩,很少使用反映人的主观褒贬、吉凶、悲喜、美丑等感情色彩比较强烈的词。例如,英美法系立法中几乎不使用 negro(黑鬼),而使用 colored people;美国《联邦宪法》中的 citizen 一词的词根是 city,故用 citizen 作为权利义务的主体则有排除并歧视乡下人之意,故有人建议使用更具有普适性的词汇,比如 national(国民)、duke-subject(公民)等;在一些宪章性法律文件中(如法国《人权宣言》、美国《独立宣言》、《中华人民共和国宪法》等),也会使用文学风格或具有强烈感情色彩的表述,如"神圣"(saint)、"光荣"(honorable)、"高尚"(noble)、"人民"(people),但除此之外,这类表达个人情感色彩的词汇并未出现在其他立法文件中。

就词的形象色彩而言,法律法规中不使用带摹状、摹声、摹味等色彩的词汇,因这些表述显然有违法律法规的正式性要求。

三、结构特征

从词组结构而言,立法语言中大量使用固定结构。英汉语在语法单位上存在区别,英语的基本语言单位包括语素(morpheme)、词(word)、短语(phrase)、句子(sentence)等,而汉语则为"字、词组、句子"等。[①] 本书拟探讨两者在"短语"这一单位上的共同点。

---

① 参见潘文国:《汉英语对比纲要》,北京语言文化大学出版社 1997 年版,第 146~155 页。

首先,大量使用联合词组。

尽管作家福楼拜(Flaubert)认为,要表现一个事物,只有一个名词是准确的;要描绘一种状态,只有一个形容词是准确的;要说明一个动作,只有一个动词是准确的。但法律文体中词组的前项和后项之间呈并列或联合关系的情况并不少见。在法律汉语中,联合词组,尤其是四字格的联合词组的使用频率极高。这类结构包含四个音节,具有言简意赅、结构紧凑、音节整齐、铿锵有力、富于声韵等特点。[①] 从并列项的词性而言,可分为名词性(名词和名词组成的联合词组)、形容词性(形容词与形容词组成的联合词组)和动词性(由动词和动词组成的联合词组)词组,在句中可充当主语、谓语、宾语、定语、状语和补语等,如法律法规、权利义务、公平公正、假公济私、敲诈勒索、徇私舞弊、罪大恶极、审查批准、机关团体、颁布施行、取保候审、兴利除弊、监督管理、宣传教育、诚实信用、赔礼道歉。

法律英语中的并列形式(doublets,triplets),包括动词并列、名词并列、形容词并列、副词并列以及介词并列等。根据戴维·克里斯特尔的研究,从英美法系的发展历史观之,大量并列使用两个或三个同义词来表达一个概念的现象极为普遍,并对英美法系法律语言的文体风格产生了重要的影响。克里斯特尔还分析了造成这种现象的原因,包括:(1)法语词和拉丁语对法律英语的冲击而形成了英语和法语的组合、英语与拉丁语的组合以及英语与英语的组合;(2)法律语言不使用标点符号,故而法律人大量使用成对的词组以避免歧义;(3)律师按照字数收费传统(lawyers are paid by words)。[②] 这些并列结构中的各部分或重复或相互补充,有助于增强立法语言表述的准确性。对此,可参见本书"法律词汇及其翻译"一章的有关内容。

其次,大量使用其他的固定结构。

立法语言作为一种程式化的语言,必然要在词汇或句式上采用一些格式化的表述。除了使用并列结构外,尚大量使用固定结构,使立法语言更为精练、准确和严密,并可产生强烈的修辞效果。例如,在法律汉语中,偏正、主谓和动宾

---

① 参见潘庆云:《中国法律语言鉴衡》,汉语大词典出版社 2004 年版,第 208 页。

② See David Crystal, *The Language Revolution*, Malden, MA, Polity Press, 2004, p. 128.

结构的四字格表述不乏少数。例如:

主谓结构:情节严重(in serious cases)、证据确凿(having adequate evidence)、事实清楚(fact is clear)、数罪并罚(cumulative sentences);

偏正结构:亡命之徒(outlaw)、违法行为(unlawful act)、正当防卫(justifiable defense)、诉讼时效(limitations)、共同犯罪(joint offense)、故意犯罪(intentional offense)、紧急避险(necessity)、权利能力(legal capacity, competence)、行为能力(competence, capacity)、非法经营(unlawful trading or business)、有期徒刑[imprisonment,如 be sentenced to five years of imprisonment(被判处5年有期徒刑)];

动宾结构:维持原判(sustain or uphold the judgment rendered by, e. g. trial court or the court of the first instance)、提起上诉(appeal against the judgment rendered by, e. g. trial court)、侦查终结(conclusion of investigation)、驳回上诉(dismiss an appeal)、予以没收或查封(be forfeitured, seized or detained)、不予支持(not sustained)、不予受理(be rejected)、宣告破产/死亡(be declared bankrupt/be legally declared dead)、恬不知耻(shameless)。

这些结构经过长时间使用而使词语之间的联系颇为紧密和固定,读起来朗朗上口,且能形成一个包括行为者、行为、权利义务、罚则等的语义场,有助于对法律规定的理解。

在法律英语中,尽管并无类似法律汉语中的四字格表述,但大量使用“限定性和非限定性动词结构”“动词+介词/副词等”的动词性短语结构,以及大量使用介词性短语也不失为一个突出的特点。克里斯托弗·威廉姆斯(Christopher Williams)曾对英语国家中包括法典、条例、合同等在内的36个立法文本中的动词结构及其功能进行研究。他将立法性文件中的动词结构分为限定性的(finite)和非限定的(non-finite)。限定性指那些表达单复数(singular and plural)和时态(tense)的结构形式,如情态动词(shall, may, must)或一般现在时;而非限定性结构指既不表达数也不表达时态的结构,如现在分词(present participle)。克里斯托弗·威廉姆斯的统计数字表明,限定性的动词短语在法律语言中的使用频率并不高,即在英文立法文件中每20.2个单词中才有一个限定性动词短语。[①] 除了这些由情态动词和动词组合形成的动词短语外，法律英语中的其他短语性动词（phrasal verbs）也颇为重要，具有准技术性（quasi-technical）特征，与汉语动宾结构的四字格表述有类似的功能。例如：enter into contracts（订立合同）、put down deposits（交付定金）、serve（documents）upon other parties（送达传票）、write off debts（免除债务）、file（document）with（a court of competent jurisdiction）（提交诉状）、accuse sb. of an offense（起诉某人犯了某罪）、（duties）appertaining to this position（与该职位有关的义务）、entitle sb. to do sth.（授权）、dispose of sth.［处分（财产、权利）］。[②]

此外，大量因名词化而生成的名词短语结构（如 transportation of goods, carriage of goods）、介词短语（如 in violation of, in accordance with, in pursuance of 等）、复合介词短语（如 for the purpose of, with a view to 等）以及一些看似分词、动词的边缘性介词结构[③]（如 providing, considering, excepting, failing,[④] granting, pending, regarding, respecting, touching,[⑤] given, granted, bar,[⑥] save, barring[⑦]），也可谓是法律英语的一大特点，而法律汉语中的"的字结构"则不失为法律汉语一大特点（参见本书有关章节的内容）。

就标点符号的使用而言，囿于法律文体的严谨性，法律法规中少使用问号、感叹号、省略号、着重号，而常用句号、逗号、顿号、分号、冒号、破折号、括号等。如表 2-3 所示，"（）"、"，"和"。"就占据了最常用字符的前十位。对此，可参见本书的有关章节的内容。

总之，立法语言在词汇的词类、语义准确与模糊、标点、词汇结构以及词汇的社会和情感意义等方面的选择使用上，都表现出与其他语型截然不同的特

---

① See Christopher Williams, *Tradition and Changes in Legal English: Verbal Construction in Prescriptive Texts*, 2nd revised edition, Bern, Peter Lang, 2005, pp. 97, 113.

② Rupert Haigh, *Legal English*, 3rd revised edition, London and New York, Routledge, 2012. 该书的附录中列了大量的动词短语结构。

③ 参见宋雷、张绍全：《英汉对比法律语言学：法律英语翻译进阶》，北京大学出版社 2010 年版，第 119 页。

④ 例如，failing payment, we shall sue。（failing = in the absence or default of）

⑤ Touching the case, the lawyer suggested that the client adopt ADR.（touching = in reference or relation to/concerning/about）

⑥ 例如，this was your best performance, bar none。（bar = except for/excluding）

⑦ 例如，barring rain, the match will be held tomorrow。（barring = unless/except）

征。但须注意的是，并非仅其某个方面的特征便使法律语言迥异于其他体裁，而是上述因素一起产生一个合力，成就了法律语言的词汇特征并使其区别于其他语言变体。

第三节 立法语言句型、句类和句式层面的特征

在语言学中，句子可谓是最大的语法单位，比其小的语法单位依次为词组、词、语素。换言之，句子是具有句调、能够表达相对完整的意思的最大的语言单位。①

句型是根据结构关系对句子进行的分类。现代汉语的句子首先可分为单句和复句。单句结构单一，没有分句。根据单句是否由主谓短语充当分成主谓句和非主谓句两大类型；复句是由两个或两个以上意义联系密切、结构上互不包含的分句组成的句子，可分为因果、转折、并列、连贯、选择、递进、假设、条件、目的、让步等关系。

句类是按照语法特征和交际功能，或依据不同的语气功能对句子进行的分类，包括陈述句、疑问句、祈使句和感叹句。祈使句可分为肯定形式和否定形式的祈使句。

句式乃是为若干句子所共有的结构公式，即通常所谓的句子组织方式，或者是指根据句子结构的局部特征划分出来的句子类型，如双宾句、存现句、兼语谓语句、连谓谓语句、主谓谓语句、“把”字句、“被”字句、“连”字句、“是”字句、“有”字句、比较句、被动句以及法律英语中的“Be it enacted that...”等。

有人曾说过，有两件事情人们会喜欢它们的结果，但是不希望回忆起制作它们的过程。其中之一是制作香肠，而另一件事就是制定法律。② 之所以有这样的感叹，部分源于立法语言的复杂性而导致立法过程艰辛而烦琐。例如，澳大利亚的维多利亚州法律改革委员会曾指出，“法律文件是一种功能性的，而

① 很多短语或词组乃是造句的备用单位，大多数词组加上句调后就能成为句子，甚至一些词加上句调后就可单独成句。参见黄伯荣、廖序东主编：《现代汉语》（上册），高等教育出版社 2002 年版，第 117 页。

② 参见［美］陶博：《法律语言：中英双语法律文书制作》，复旦大学出版社 2004 年版，第 47 页。

不是文学性的文件。其目的是建立和沟通关于权利、义务、利益和责任的信息。它们的本意并不是像艺术作品那样传递气氛或产生美的享受”。[①] 美国威斯康星州的立法起草者杰克·斯塔克(Jack Stark)也认为“法律起草本质上是一门手艺,它不是一种自我表达的方法”。[②] 但是,起草人却将其视为展示自己才能的一个舞台,故而极尽啰唆、繁复之能事,使得法律语言晦涩难懂。立法语言作为一种特殊的语型,除了在词汇层面有其特殊的特征外,在句式结构层面更是有着迥异于其他语型的特征。

故,国内外学者在分析法律语句的特征时无一不提及句型特征,如张新红等将法律英语的句式概述为十大句型;[③]有学者从句式类型和句法结构方面进行了分析,认为法律语句在陈述句、祈使句、疑问句和感叹句的选择使用上以及在主动句和被动句的选择上都存在特点;[④]熊德米教授主要从授权性、禁止性和义务性层面分析了立法语言的句式特征及其表现形式;[⑤]刘红婴专门对法律汉语的句式特征进行了研究,认为大量使用“的”字句、“是”句子、“对于”句等特定语句模式是法律汉语的句式结构特征。[⑥] 上述研究中,有的道出了英汉立法语言句法结构的某些共有特征,有的则只对法律汉语的句法特征进行研究,并未涉及法律英语的句式结构,而且对句类、句式和句型之间的划分并不太明确。立法语言在其演变过程中逐渐偏离主流语言,故在句法层面呈现出其他语言变体所不具有的特征,而了解该差异可加深对英汉立法语言的认识,并对法律法规翻译有所助益。

一、句型特征

英汉立法语言中都使用简单句和复句,但具体使用情况存在差异。基于英语重形的特点以及法律文书结构完整性和表意严密性的要求,除了在一些标准

---

① See Law Reform Commission of Victoria, *Report No. 9. Plain English and the Law*, 1987, p. 40.

② Jack Stark, *The Art of the Statute*, Colorado, Fred B Rothman & Co., 1996, p. 5.

③ 参见李克兴、张新红:《法律文本与法律翻译》,中国对外翻译出版公司 2006 年版,第 103~149 页。

④ 参见滕超、孔飞燕:《英汉法律互译:理论与实践》,浙江大学出版社 2008 年版,第 19~20 页。

⑤ 参见熊德米:《英汉现行法律语言对比与翻译研究》,湖南人民出版社 2011 年版,第 54~59 页。

⑥ 参见刘红婴:《法律语言学》,北京大学出版社 2003 年版,第 97~105 页。

格式文本（如票据、提单、普惠证）中使用无主句（例如：Insurance to be effected by Buyers. 由买方负责购买保险）以求简练外，法律英语中一般采用主谓句，以清楚地叙述事实和说明理由，避免因省略有关成分而导致歧义。例如：

"Invention" in the Patent Law means any new technical solution relating to a product, a process or an improvement thereof. "Utility Model" in the Patent Law means any new technical solution relating to the shape, the structure, or their combination, of a product, which is fit for practical use. "Design" in the Patent Law means any new design of the shape, pattern, color, or their combination, of a product, which creates an aesthetic feeling and is fit for industrial application.

而在法律汉语中，除了使用主谓句外，还会大量使用非主谓句，隐藏行为主体（人或有关机构），以反映法律规定的普适性和强制性特征。例如：

第四条　对任何人犯罪，在适用法律上一律平等。不允许任何人有超越法律的特权（This Act applies to anyone who commits an offense; No one is above the law.）。①

（《中华人民共和国刑法》）

第三条　……禁止重婚（Bigamy is prohibited.）……

（《中华人民共和国婚姻法》）

第四十六条　禁止对妇女实施家庭暴力（Domestic violence against women is prohibited.）……

（《中华人民共和国妇女权益保障法》）

第十条　……禁止对未成年人实施家庭暴力，禁止虐待、遗弃未成年人（Domestic violentce against children and young persons is prohibited; No one may abuse, abandon or desert any child or young perosn.）……

（《中华人民共和国未成年人保护法》）

上例中的祈使句可谓是典型的非主谓句（参见后面有关章节的内容）。

此外，立法语言中也常使用复句。学者们在论及法律语言的句法特点时无

---

①　本书中例句的译文，如无特别指示，均引自北大法律英文网或全国人民代表大会官方网站上我国法律法规的英文版。

一不提及法律语言的“长句、话语信息密集、语法复杂”[1]“句子复杂而冗长”[2]等句法特征，指的就是法律语言中大量使用复句这种现象。并列、补充、连贯、递进、选择、总分、因果、目的、条件、转折、假设、让步等关系复句在立法语言中都有使用。例如：

第十六条 有下列情况之一的，不追究刑事责任，已经追究的，应当撤销案件，或者不起诉，或者终止审理，或者宣告无罪：

（一）情节显著轻微、危害不大，不认为是犯罪的；

……

（六）其他法律规定免予追究刑事责任的。

（《中华人民共和国刑事诉讼法》）

上例中的第（一）至（六）项为主句的条件状语中的同位成分，凸显法律语言句法结构特点，以保证内容完整、表意周密。法律英语中的复句则更为常见，并与法律汉语中复句的使用情况存在诸多差异，对此参阅本书后面有关章节的内容。

二、句类特征

就句类而言，立法语言中常使用陈述句和祈使句。由于在立法语言中要清楚地说明法律规范，为人们的行为提供指南，故立法语言中陈述句的使用频率比一般语体高得多。在法律规范文件中，疑问句与感叹句甚为少见。例如，美国《联邦宪法》和《维也纳外交关系公约》中使用的句子几乎全是陈述句，既使法律文件的内容一目了然，也与法律文体的庄重与正式性相吻合。

三、句式特征

就句式而言，立法语言中常使用程式化的表述模式。在法律汉语中，常见的句式包括“对于”句或“对”字句（常引导受事）、“的”字句（常用于表示假定）、“是”字句（常用于定义条款或对情况进行说明）和“被”字句。对于前三

---

① 宋雷、张绍全：《英汉对比法律语言学：法律英语翻译进阶》，北京大学出版社 2010 年版，第 123 页、第 129 页、第 134 页。

② P. M. Tiersma, *Legal Language*, Chicago, University of Chicago Press, 1999, p. 55.

种句式,可参见本书后面的有关章节。这里主要介绍"被"字句。

语态(voice)作为一个语法范畴,是用来表明主语和动词之间施受关系的一种动词形式。英汉语的动词均有两种语态形式:主动语态(active voice)和被动语态(passive voice)。法律文书的客观性决定了法律英语中大量使用被动句。尽管有"被"字表示被动,但汉语在大多情况下并不执着于探究主语和谓语之间的关系,故常用主动式。汉语中这种受事施事化的倾向可谓源远流长,[①]可以追溯到《诗经》。由于汉语动词不具备英语动词那样的形态变化,主要依靠词汇手段以及句式来表示被动语态,而且主谓间的被动关系在多数情况下是隐含的,即汉语中隐形被动句的出现率远远高于"被"字句的出现率,个中原因是英汉被动句之间存在看问题的视觉差异:英语从受事的视觉来观察被动句的概念,而汉语则采取非施事的视觉,即从语用者的角度来考察。[②] 产生这种差异的根本原因是被动结构反映说话者的特定视角,它是一个具有一定主观性的结构,说话者有权选择概念化的突显对象。由于汉语被动结构的定格还多半从概念化的主体(语用者的角度)来考虑问题,其整句较弱的施事性和主语较弱的受事性,可能是汉语中不含"被"字的隐性被动句型大量存在的主要原因。

由于英语是一种典型的形态型语言,而汉语则是一种典型的语义型语言,故而在表现形式、使用范围、生成原因等方面英汉语间都存在差异。对于后两个方面,可参阅潘文国先生的《汉英语对比纲要》中的有关章节。我们在此只对二者的表现形式做一番分析。前面谈及法律英语中立法文本中的被动句式的类型,即主要表现为"受事+be(get 等)+V.-pp.",而汉语中除了使用由"被……"引导的典型的被动句式外,更常使用"受、遭受、遭、让、给、由、把、得到、受到、加以、得以、为……所、由…来、是…的"等语言手段来表示被动意义。我曾对我国几个法律文本中的表示被动的语言手段进行粗略统计,发现在法律汉语中,典型的被动句,较之用其他语言手段表达的被动句,就总体数量而言更

---

① 如汉语中常说"人不可貌相,海水不可斗量""人总算请来了""作业总算完成了"等,均是受事施事化;而英语中也有类似的以主动表示被动的情况(notional passive),如:"The book translates well.""This material washes easily.""The books sell well.""The clock winds at the back."等。

② 参见熊学亮、王志军:《被动句认知解读一二》,载《外语教学与研究》2003 年第 3 期。

少,如表 2-7 所示:

表 2-7　我国法律中表示被动的语法手段

法律名称①	由“被”引导的被动句的使用频次	其他语言手段引导的被动句的使用频次
《中华人民共和国刑法》	116	由(1)、(遭)受(72)、把(4)、给(25)
《中华人民共和国民法通则》	23	由(64)、(遭)受(39)、把(0)、给(10)
《中华人民共和国食品安全法》	7	由(36)、(遭)受(4)

该结论也符合其他学者的“相比英语而言,汉语中不常使用被动句,但法律汉语中的被动语态也多于一般汉语”的这一结论。②

例 1　**第十一条**　……十六周岁以上不满十八周岁的公民,以自己的劳动收入为主要生活来源的,视为完全民事行为能力人。

(《中华人民共和国民法通则》)

译文　Section 11.　…A citizen who has reached the age of 16 but not the age of 18 and whose main source of income is his own labor shall be regarded as a person with full capacity for civil conduct.

在例 1 中,汉语“视为”应译为英语中的“被认为是”,即为典型的“受事施事化”。

例 2　ACCEPTANCE COPY must be signed and returned immediately. And PACKING SLIPS must be included in all shipments and last copy must state “ORDER COMPLETED”. ③

译文　承兑副本须及时签字送回。装箱单据必须完整,且最后一张单据应注明“货物备齐”。

例 2 中的译文亦充分体现了汉语的“受事施事化”特点。

---

① 该表格中的法律为截至 2012 年 12 月 31 日施行的最新版本。

② 参见宋雷、张绍全:《英汉对比法律语言学:法律英语翻译进阶》,北京大学出版社 2010 年版,第 132 页。

③ 本书所引用英文示例未标明出处的,仅作翻译研究资料用,全书同。

可见,在法律英语中,为了起到强调受事者而将其置于话题的主位(thematic position)的语用功能,或者为了表达思维便于形成句子的句法结构功能,或者为了起到一定的修辞功能,或者为了委婉起见并保持一种客观态度,从而大量使用被动句,是为法律英语句型结构的又一大特色,在立法或合同文本中尤为如此,从而既使法律的施动性表现无遗,也增强了法律规范的客观性。在翻译时,不妨使用"被、让、由"等表被动意义的句式,以及使用汉语中的主动句、无主句以及"是……的"判断句等句式来处理英语中的被动句,以符合汉语的"受事施事化"特点。因此,在翻译中务必要考虑英汉语立法语篇中的被动句特点而灵活处理。

法律英语中的常见句式包括下列几类:

(一)被动句式(passive voice)

霍珀(Hopper)与汤普森(Thompson)曾做过统计研究,认为英语的语料库中有12%的背景化从句(backgrounded clauses)为被动句,而前景化从句(foregrounded clauses)[①]中有4%为被动句。[②] 比伯(Biber)也曾以一个较大和现行的数据库中的书面和口头语体为样本,就英式英语中省略施事的(agentless)被动句和使用by的被动句进行统计分析,得出了各语体使用被动句的数量。在所有文体中平均分最高的(以每一千字计算)是官方书面文本(official documents),省略施事的被动句为18.6,使用by的被动句为2.1;电话交谈中的被动句使用数量最少,省略施事的被动句只有3.4,而使用by的被动

---

① "前景化"(foregrounding)是语言学中常见的一个术语,与背景(background)、自动化(automation)和常规(convention)相对应。它是从绘画方面引进的概念,指人们在感受(视觉艺术)的过程中需把人或动物和背景区分开来。穆卡罗夫斯基(Mukaovsk)认为:语言的日常习惯用语使语言习惯化、常规化,即使其"背景化"(backgrounging),其使用者难以观察到其美学价值。诗歌语言则必须违背日常语言的常规,使其"非自动化"(deautomatized)"陌生化"以及非熟悉化(defamiliarized),即前景化。他视前景化为"自动化"的对立面,是对程式的违背。简言之,前景化是对"标准常规的系统违反",是"引人注目的、新颖的"。See J. Mukaovsk,"Standard Language and Poetic Language",In Josef Vachek and Libuse Dusková, eds., *Praguiana: Some Basic and Less Known Aspects of the Prague Linguistic School*, Amsterdam:John Benjamins Publishing Company Praguiana,1983,pp. 165-186.

② Paul J. Hopper and Sandra A. Thompson,"Transitivity in Grammar and Discourse", *Language* 56,1980,pp. 251-299.

句则没有。[①] 这些数据表明，属于官方文本的法律法规中被动句数量不少。一般认为被动语态是一种语法隐喻，而从韩礼德的功能语法的三个方面进行分析可解释立法语言中常使用被动语态的缘由。

1. 概念功能

学界一直认为主动句与被动句之间在概念功能上不存在差异，因二者的及物性结构没有改变，参与者（施事，agent）和受事（patient）相对于过程的关系种类也没有发生改变。但不可否认的是，施事及受事与过程的亲疏程度发生了变化。在韩礼德看来，语言的概念功能指的是人们用语言来谈论自己对主观世界和客观世界的经验的认识，用语言来描述周围发生的事件或情形，故概念功能自然涵盖了语言的认知功能。[②] 通常而言，在谈论事物时，人们总喜欢从自己和受话者最熟悉的角度出发逐步展开整个小句的过程，直到整个小句达到了"新事物"这个终点，换言之，其选择的小句相对于受话者而言是一个从"陌生"到"新鲜"的连续统（continuum），其起点则是说话者和受话者都熟悉（或说话者推定受话者也熟悉）的事物，终点是受话者并不熟悉的内容。在主动句中，说话者以施事为起点，而在被动句中，说话者却从受事的角度来展开整个过程，因此，施事及受事与过程之间的亲密程度在认知层面上必然存在差异，即主动句中的施事被谈话者作为过程得以展开的落脚点而与过程更亲密，而被动句中的受事则被视为过程得以展开的出发点从而与过程更亲密。在语言的概念结构系统中，施事最原始的、非标记性的表示方式，应该与心理主语（主位）和逻辑主语（主语）重合，同时，最符合相似性原则的逻辑顺序应该是施事置于受事之前的表达。因此，相对于主动句而言，被动句是一种标记性的隐喻表达。

在上一节谈及缩略结构（whiz deletion）时，我们称为语法中的"级转移"（rank-shift）现象。这种现象在被动句中同样存在。级转移导致言辞列（sequence）可由小句实现，言辞（figure）可以由短语/词组实现，成分（element）可以由更低一级的词来表示，从而产生概念语法隐喻，致使在概念功能系统

---

① See Douglas Biber, *Variation across Speech and Writing*, New York, Cambridge University Press, 1992.

② M. A. K. Halliday, *An Introduction to Functional Grammar*, 2nd edition, London, Edward Arnold (Publishers) Limited/Beijing, Foreign Language Teaching and Research Press, 2000, p. 35.

中,施事和受事的一致式实现形式体现为名词词组/短语或代词。例如:

The validity of an arbitration clause or an arbitration agreement shall not be affected by the modification, rescission, termination, invalidity, revocation or non-existence of the contract.

表 2-8 主动、被动结构中施事的变化

主动	modification, rescission, termination, invalidity, revocation or non-existence of the contract	shall not affect	the validity of an arbitration clause or an arbitration agreement
结构	noun-phrase	verbal-phrase	noun-phrase
被动	The validity of an arbitration clause or an arbitration agreement	shall not be affected	by the modification, rescission, termination, invalidity, revocation or non-existence of the contract.
结构	noun-phrase	verbal-phrase	propositional phrase

从表 2-8 可以看出,就结构的组成而言,除了谓语动词外,主动句中的施事"modification, rescission, termination, invalidity, revocation or non-existence of the contract"乃是一个名词性短语,在被动句中却变成了介词短语中的一个组成部分("by"的宾语),在级别上发生了降级变化,而在"主动"向"被动"的转化过程中,就凸显出概念语法隐喻机制,最终导致主/被动句之间因其转移了施事行使概念功能的"级"而存在概念功能的差异。

2. 人际功能

从功能语法观而言,语言是表达思想和交流的媒介。人们通过语言与人交往,建立和保持人际关系,影响他人的行为,并用语言来表达对世界的看法、主观判断或评价,即实现语言的人际功能(interpersonal function)。① 人际功能主要通过主语、限定成分(包括时态、情态助动词)及情态状语来表达。② 情态意

① See M. A. K. Halliday, *An Introduction to Functional Grammar*, 2nd edition, London, Edward Arnold (Publishers) Limited/Beijing, Foreign Language Teaching and Research Press, 2000, p. 74.

② 汉语由于缺少明显的形态变化,时态意义的展示并不明显,因此人际功能的分析中情态意义就尤为重要。

义表示力或力的倾向(force tendency),说明"说话人对命题的态度,给话语增加主观性,使话语由真实性情态转变为非真实性情态,从而使动词的各种形态特征和对立中性化。"①因此,被动句在这个层面上讲可表达两种句式义,即首先表示情状、状态和强调;其次,表示主观的看法或评价。这二者其实可以统一为主观化的两个不同阶段,或者统一为主观化的不同程度。有些被动句的评价意义比较弱,客观描述的含义多一些。例如:

Where a person over the age of 17 is convicted of an offence punishable with imprisonment, he may be dealt with by being ordered to perform unpaid work for between 40 and 240 hours.

上述例子看似是描写客观现状,实际上也是非常明确地表明了人际功能:主观评价与判断,即只要被判处徒刑,就可能受到处罚(每周从事无偿劳动40~240小时)。

有时,当动词短语(VP)带上情态词,表示能否对受事施加某种动作,或表示受事能否承受该动作,此时,这种被动句的主观性就很强,评价的含义也非常明显。例如:

...No one shall be deprived of his possessions except in the public interest and subject to the conditions provided for by law and by the general principles of international law...

该例中的情态词 shall 表示一种义务,与动词谓语一起说明了"不得剥夺财产",就凸显出很强的主观性和评价意义。

兰盖克(Langacker)曾指出,语义不是客观给定的,而是建构的(constructed)。受事就是指因外力作用而受到影响、经历状态改变的语义角色或角色原型,②"是我们在与世界互动的经验基础上产生的"。③ 因此,人类语言的表达必然涉及说话者理解经验世界的方式,即将概念内容以不同的结构或途径组织起来。它所涉及的注意力、选择、图形与背景二分、视点以及抽象化的层

---

① 刘正光:《动词非范畴化的特征》,载《中国外语》2006 年第 6 期。

② See R. W. Langacker, *Foundations of Cognitive Grammar: Theoretical Prerequisites* (Vol. 1), Stanford, CA, Stanford University Press, 1987, p. 194.

③ F. Ungerer and H. J. Schmid, An *Introduction to Cognitive Linguistics*, London and New York, Longman, 1996, p. 173.

次,均与概念者(conceptualizer)的认知因素紧密相关。也就是说,它包含"自我的表达以及话语中说话者的视角或观点,也即说话者的印记"。① 因此,受事一旦占据了主语位置即图形位置,就会获得"焦点显性度",②也就必然反映出主观化过程中认识主体的参与,尽管说话者并未现身。总之,只要充分遵从和利用人类认知规律,说话者可以对句子进行语用处理,达到影响他人行为、表达说话者对世界的主观判断和评价的目的,以实现语言的人际功能。韩礼德也认为,就其本质而言,人际语法隐喻指有人际意义的转换引起的语言结构的变化。与概念语法隐喻的降级(downgrade)相反,人际语法隐喻倾向于升级(upgrade)。在英语中存在大量的被动句,其本质和最终目的都与人际语法隐喻有着异曲同工之妙。具体而言,这种人际功能体现在:(1)在主/被动句中,小句中参与者的角色发生了变化导致了人际隐喻的产生,如上面表2-8中的参与者的降格;(2)被动方式使表述客观化。在人际交往中,说话者倾向于将自己的观点隐喻为命题或别人的观点,从而因减少了表述的个人的主观色彩而增强了表述的客观性。但在现实交际过程中存在这样一个悖论,即人们一方面申明自己对于某事是"确定"(certain)知道的,而同时却又并不确定自己知道某事,③这就是英语中情态动词大量存在的原因所在。相应地,人们为了掩饰自己的不确定性并增强确定性就必然采用其他手段,以增强小句的客观性和确定性,而使用被动句就是适当缓解这个悖论并凸显这种客观性的有效手段。例如,在提议(proposal)中采取被动句形式,可以使显性的意态(explicit modulation)和客观要求(objective command)之间的界限变得模糊,④其功能就在于使说话者对别人的要求客观化、经验化(experientialized)。法律语言中常见的具有此种人际功能的被动句模式包括"It is demanded/asked that..."以及"It is supposed/requested/expected that..."等;再如,在命题(proposition)中,使

---

① Edward Finegan, "Subjectivity and Subjectivisation: An introduction", in D. Stein and S. Wright, eds., *Subjectivity and Subjectification*, Cambridge, CUP, 1995, p. 1.

② R. Langacker, *Foundations of Cognitive Grammar* (Volume Ⅱ), Stanford, Stanford University Press, 1991, p. 306.

③ 王岳川、尚水编:《后现代主义与美学》,北京大学出版社1992年版,第125页。

④ M. A. K. Halliday, *An Introduction to Functional Grammar*, 2nd edition, London, Edward Arnold (Publishers) Limited/Beijing, Foreign Language Teaching and Research Press, 2000, p. 258.

用诸如"it is said (reported/rumored) that"之类的被动句,可以使情态评价(modal assessment)和客观命题(objective proposition)之间的界限变得模糊,从而将主观情态评价演变成一个陈述客观事实的命题,相应地,说话人的主观评价和观点也就转变成了别人的观点(尤其是公众或权威的观点)而具有一定的权威性。

笔者曾对英汉语法律法规中的情态动词做了一个粗略统计,发现就情态的四种类型而言,在主语为人和物时具有下列差异:当主语为人时,常使用隐性主观的情态词,如"shall,must,may,can;可以、须、得"等,以积极肯定的情态词来引导或命令有关行为人进行适格的行为并确定有关的权利或义务,这类高量值的情态词可表明事件的重要性和严肃性;而主语为物时,除了使用隐性主观情态词引导的省略施事的句型外,还常使用隐性客观的情态,如 prohibited, allowed,permitted 等或者辅之以语气附加词(如 no)或限定成分(如 don't),以表示一个正式、清晰、客观的指示。故而,除了使用上述的形式主语"it is..."结构外,法律语言中存在大量省略形式主语(it)或省略施事(agent)的被动句,即直接以"受事+动词"并辅之以语气附加词(如 no)或限定成分(如 don't)的表达方式。例如:

Article 18 No animal of the dog kind shall be allowed to go at large without a collar or tag, as now prescribed by law, and no person owning, keeping or having custody of a dog in Draftaria shall permit such dog to be in a public place in Draftaria unless such dog is firmly secured by a substantial leash not exceeding four feet in length, held by a person capable of managing such a dog, nor, shall a dog be permitted to go on private property without the consent of the owner or occupant thereof.

从系统功能视角观之,情态在系统功能语法里面指的是"是"和"不是"中间的意义,介于肯定级和否定级之间,这就使情态带有很大的主观因素。然而,在表述某个被动语态句子时,可以隐藏施事或采用"非交互性"(non-interactant)的主语,尤其是使用除说话者和受话者之外的无灵主语(inanimate),可使该小句具有高值客观度。上述例句就通过隐藏施事,使命题和提议等远离了主观取向(subject orientation),从而使说话者将情态责任

(modal responsibility)转移给了别的人或事物。被动语态往往通过对情态的隐喻(通过省略施事体现出使施事摆脱责任的人际功能),以改变其对应的主动句的人际功能(不省略施事而凸显施事的责任),故而在一些客观公正的语篇类型中(尤其是法律法规中)得到广泛的应用。

3. 语篇功能

系统功能语言学认为,采用被动句式的原因包括以下四个方面:第一,在表述时以动作的目标或中介作为谈话的出发点;第二,把过程处理为新信息,让施事隐含;第三,让施事在句末出现成为新信息;第四,难以说出或没必要指明谁是动作者。①

系统功能语言学认为语言具有概念、人际和语篇三大元功能。在语篇中,就概念和人际功能而言,主动句与其相应的被动句是相同的。但是,就语篇而言,主动句与其相应的被动句的侧重点略有差异:即便是同一个小句,选择主动语态还是被动语态也导致不同的结果。② 因这种选择涉及语篇的主位结构、新旧信息的分布、语句衔接等方面,③即主动语态与被动语态的主位结构、信息结构以及衔接系统均不同。将主动语态变成被动语态,就是根据语用把句子的成分进行重组,赋予前置成分和后置成分一种特殊的语篇功能。这种语篇功能主要体现在以下几个方面:

(1)突出话题焦点的功能

即运用某种句法手段使语篇所讨论的话题焦点保留在同一个位置上,使读者对话题一目了然。从信息分布视角而言,句子划分为主位(Theme)和述位(Rheme),主位是从句子的开头到第一个参加者的部分,是交际内容的出发点或话题,一般为已知信息;而述位则是除主位以外的其余部分,是有关主位的,一般为新信息,是交际的重心所在。④ 根据人们的认知与交际规律,信息总

---

① 参见胡壮麟、朱永生、张德禄编著:《系统功能语法概论》,湖南教育出版社 1989 年版,第 202 页。

② M. A. K. Halliday, *An Introduction to Functional Grammar*, 2nd edition, London, Edward Arnold (Publishers) Limited/Beijing, Foreign Language Teaching and Research Press, 2000.

③ 黄国文:《功能语篇分析纵横谈》,载《外语与外语教学》2001 年第 12 期。

④ M. A. K. Halliday, *An Introduction to Functional Grammar*, 2nd edition, London, Edward Arnold (Publishers) Limited/Beijing, Foreign Language Teaching and Research Press, 2000, p. 135.

是从旧信息到新信息发展，语篇的开展也是按照该顺序进行的。故而为了突出话题，说话者可对语篇进行重组，即将语篇的话题前置，采用主位化（thematization）的方法，把话题焦点保留在主位上。被动句正是实现该功能的手段。[①] 例如：

Any notice required to be given hereunder shall be deemed properly given if it is sent by registered airmail or courier or facsimile to the address of the other Party set forth below or to other address the addressee shall have provided in writing to the addresser and shall be given effect on the dispatch date. [②]

在上例中，主句中的"given""be deemed""given effect"等被动句式的主语都是"notice"，而从句"if it is..."中被动式的主位是 it，与主句的主位"notice"保持一致，故而形成了"any notice—it—notice"的衔接链，即都围绕 notice 这一个信息的出发点展开（尽管其中插入了 notice 应送达的地址，但这也与 notice 有关），使话题得以突出并保持一致。如果在其中使用主动句，将行为人表述出来，则可能会造成衔接失误并扰乱阅读思维。再如：

When multiple sentences of imprisonment are imposed on a defendant for more than one crime, including a crime for which a previous suspended sentence or sentence of probation has been revoked, such multiple sentences shall run concurrently or consecutively as the Court determines at the time of sentence, except that a definite and an indefinite term shall run concurrently and both sentences shall be satisfied by service of the indefinite term...

第十条 凡在中华人民共和国领域外犯罪，依照本法应当负刑事责任的，虽然经过外国审判，仍然可以依照本法追究，但是在外国已经受过刑罚处罚的，可以免除或者减轻处罚。

（《中华人民共和国刑法》）

上两例中，sentence 和"凡在中华人民共和国领域外犯罪，依照本法应当负

① M. A. K. Halliday, *Language as Social Semiotic: The Social Interpretation of Language and Meaning*, London, Edward Arnold, 1978, p. 200.

② 参考译文：本协议约定须送达通知，且该通知已通过航空挂号信、快递或传真方式发送到收件人的下列地址的，或者已发送到收件人以书面形式向发件人提供的其他地址的，该通知应视为有效送达，且该通知自发送之日起生效。

刑事责任的"分别作为主位,在语篇推进过程中,该主位后面的部分均使用的是被动式,从而使语篇衔接得当,且主题突出。

(2)引入或切换话题之功能

尽管韩礼德一直对语法隐喻中的语篇隐喻含糊其词,但马丁(Martin)认为在语篇中存在与语篇功能相对应的语法隐喻,即语篇中大量存在的元信息并不用以指代现实世界中的任何实体,而是用来组织语篇的;当语篇照应并不指代具体的参与者、具体的事物,而用以指行为、事实、引言、思想或语篇时,这些照应是隐喻性的;语篇的内部连接手段所起的作用,即构架语篇并体现语篇的各种逻辑意义关系,也是隐喻性的;以及语法隐喻通过展开一个语篇的主位结构和信息结构而成为组织语篇的工具,因此语篇隐喻中存在隐喻性主位和隐喻性新信息。[①] 而我们这里所探讨的被动句的语篇功能则主要体现在语篇隐喻地位上。隐喻性主位指当下一句主位被用来总结上句的述位或上一句话,乃至几句话或一段话时,这个主位就是隐喻性主位。故,除了上述通过主位化而使受事称为话题焦点外,被动式的另一个功能就是在句末凸显施事并使其成为将要说明的话题,从而使语篇自然过渡到新的话题,实现话题的自然转换。这也符合主位—述位推进模式的有关要求。例如:

35 USC Sec. 3.　Officers and employees

(a)(4) Removal.—The Director may be removed from office by the President. The President shall provide notification of any such removal to both Houses of Congress...

35 USC Sec. 25.　Declaration in lieu of oath.

(a)The Director may by rule prescribe that any document to be filed in the Patent and Trademark Office and which is required by any law, rule, or other regulation to be under oath may be subscribed to by a written declaration in such form as the Director may prescribe, such declaration to be in lieu of the oath

① See J. R. Martin, *English Text: System and Structure*, Amsterdam, John Benjamins Publishing Company, 1992, p. 93.

otherwise required...

第十二条 中华人民共和国成立以后本法施行以前的行为，如果当时的法律不认为是犯罪的，适用当时的法律；如果当时的法律认为是犯罪的，依照本法总则第四章第八节的规定应当追诉的，按照当时的法律追究刑事责任，但是如果本法不认为是犯罪或者处刑较轻的，适用本法……

（《中华人民共和国刑法》）

在上述三例中，画线部分在前面的陈述中作为新信息和施事在句末得以凸显，而后在后面的陈述中成为主位而变成旧信息，并引导出新的信息，实现了话题的顺利和自然过渡。根据林登(Linden)对说明性文本的研究，是否使用省略施事的被动句往往取决于某行为是否曾被提及。如果某行为或事件在前文中曾出现，则往往使用一般现在时态的省略施事的被动形式，否则就使用一般现在时态的主动形式。例如：

Any member of the Council of Europe may withdraw by formally notifying the Secretary General of its intention. Such withdrawal shall take effect at the end of the financial year in which it is notified...If the notification is given in the last three months of the financial year, it shall take effect at the end of the next financial year. ①

在上例中，之所以使用省略施事的被动式"notified"，是因为前面出现了notifying；之所以使用被动式的given，是因为名物化的notification在之前也出现过；而其他的主动态(take effect等)则为前文中未出现过的动作或事件。该分析思路与我们谈及的主位—述位衔接手段有异曲同工之妙，可用于对大量出现在法律法规中的被动结构进行分析。

被动句之所以大量使用，除了语法隐喻这个理据外，奥斯汀(Austin)的言语行为理论也可为其提供理论支撑。奥斯汀认为，对于施为动词的鉴别可以通过词汇手段，即只要能够在动词前插入"hereby"，就表明该动词为施为动词，也

---

① Vander Linden, "*Generating Precondition Expressions in Instructional Text*", in Proc. 32nd Annual Meeting of the ACL, N. Mexico, 1994, pp. 42-49.

就说明某书面话语是影响授权、禁止等行为的手段，因而具有施为性，[①]而正式和法律语境中处于被动语态的动词毫无疑问具有施为性（performativity）。故，省略施事的被动语态除了在法律文体中体现为一种典型的交际模式，即表现为一种不受个人主观看法影响的（impersonal）、中立的语调（detached tone）外，还有助于实现法律表述的施为功能。[②] 但是，也有学者认为，在其他条件从句中，省略施事的被动语态也颇为常见，但这种情况下的被动语态并不具有施为功能。[③]

总之，被动式可用以浓缩信息（如前面所谈及的省略施事的缩略结构）、去人格化（depersonalization，即表达为一种客观的存在，以避免表现为个人主观的看法）以及调整已知和新信息的位置以保持话题一致，从而使语篇结构上衔接得当且语义连贯并凸显法律话语的施为功能。

但是，有学者认为，现代英语写作并不崇尚“传送带”的说法，即简单地将信息从一头传送到另一头。相反，现代科技英语（包括法律英语）写作的趋势是多用主动态而少用被动态，因“科技语言也有其劝导的一面，实际上也就是有人性化的一面”，且用主动态更直接、更有力，有的学者甚至主张多用人称代词。[④] 有的英美法系国家的立法起草手册也建议使用主动代替被动。例如：

No animal of the dog kind shall be allowed to go at large without a collar or tag, as now prescribed by law, and no person owning, keeping or having custody of a dog in Draftaria shall permit such dog to be in a public place in Draftaria unless such dog is firmly secured by a substantial leash not exceeding four feet in length, held by a person capable of managing such a dog, nor, shall a dog be permitted to go on private property without the consent of the owner or occupant thereof.

---

① J. Austin, *How to Do Things with Words*, 2nd edition, Cambridge, Harvard University Press, 1975, p. 57.

② 例如：The instruments of ratification shall be deposited [...]. // A declaration made in accordance with this article shall be deemed to have been made in accordance with paragraph 1 of Article 63 of the Convention.

③ Rodolfo Delmonte and Denise Dibattista, “Switching from Narrative to Legal Genre”, in Laura Bruge, ed., *Working Papers in Linguistics* 5, 1995.

④ 方梦之：《我国的应用翻译：定位与学术研究——2003 全国应用翻译研讨会侧记》，载《中国翻译》2003 年第 6 期。

上例中的表述因缺乏法律主体以及大量使用被动语态而受到学者批判，并建议作下列修改：

An owner of a dog

(a)shall not allow the dog to go at large without a collar or tag as required under [section 24 of the Dogs' Act 1007];

(b)shall not permit the dog to be in a public place [within the area of authority of the city of Draftaria]unless the dog is held

(i)on a leash not exceeding four feet in length, and

(ii)by a person capable of controlling the dog;

(c)shall not permit the dog to enter on to the property of any other person without the consent of the owner or occupier of that property.

该学者认为，应避免使用法律文体(legalese)，仅在普通语言不能清楚和准确表达时才使用法律术语。① 法律英语是否真的会如此发展，我们不妨拭目以待。

(二)大量使用后置的缩略结构(reduced clauses)

只要一提及"法律语言"，人们脑海里立即会联想到其"语法复杂、很少使用标点符号、过度词汇化、极难理解"等特点。② 确实，随着书面语言的日益推广，原本用以记录言语行为的书面文字转变成了言语行为本身，法律的叙事特性因此发生了变更，并在词汇和句子层面体现出来，这种变化通常会被视为是法律句子结构的特性。③ 总体而言，法律从叙事到离境化(decontexualization)的转变使得法律文本在结构上较之叙事文本更为复杂和难懂，因大量使用后置的缩略结构(reduced clauses)而使句子冗长，在立法条文中尤其如此。

顾名思义，缩略结构就是将从句(包括形容词性从句、关系从句或状语从句等)缩略后产生的结构，通常表现为短语。

---

① V. C. R. A. C. Crabbe, *Legislative Drafting* (Volume 1), Cavendish Publishing Limited, 1993, pp. 31-34.

② Malcolm Coulthard and Alison Johnson, *An Introduction to Forensic Linguistics: Language in Evidence*, Routledge, 2007, p. 35.

③ Peter Tiersma, "Textualising the law", *Forensic Linguistics* 8, 2001, p. 75.

从逻辑结构而言,法律规范须满足一定的构成要件(假定、行为、制裁),以满足法律三段论的推理模式,故大量使用条件句(详见本书"法律规则的逻辑结构"),而将大量的条件句缩略为短语结构做后置定语在法律英语中极为普遍。有学者认为,在句子结构层面,法律英语的主句和从句之间的关系呈现意合(parataxis)的特点,但是为了浓缩信息或追求准确,主—从关系也极为普遍。故而在立法文本中,较少使用连接词,且在普通语言中很少出现附属性从句的位置上,却大量出现附属从句,而这类附属从句就是名词后修饰语(post-nominal modification or modifier)。[①] 这是由于这类句式结构的作用是为了限定作为其先行词的名词性短语及其含义,从而有助于实现法律文体的准确和明晰化特点。[②] 因此,只要立法者想在定义条款中对法律拟适用的群体进行限制,就会频频使用限制性关系从句,而且这类从句通常与条件句相呼应。例如:

(a) Any person who imports a product for sale shall be responsible as a producer.

(b) If a person imports a product for sale he shall be responsible as a producer.

很明显,上例中两个句子意思是相同的。(b)是一个条件句,但并非表示假设或者预测,而是为一个普通术语(producer)提供一个准确的定义。这种表述在法律条文中极为普遍。但是,在法律条文中也经常使用(a)句式,因其中的"who imports..."从句对先行词"person"进行了限定,从而使这类群体的范围受到限制。如果再将(a)缩略一下就变成:

(c) Any person importing a product for sale shall be responsible as a producer.

从句法功能而言,上述三个例句是相同的,而且在法律条文中的使用频率大致相当。经过转变后,(c)句的主语部分就变成了一个短语,即由一个或多个单词组成的结构,由"语头+后置修饰语"组成。这类后置修饰语常通过"关

---

① Rodolfo Delmonte and Denise Dibattista, "Switching from narrative to legal genre", in Laura Bruge, ed., *Working Papers in Linguistics* 5, 1995, pp. 1-42.

② 在法律英语中,使用现在分词做前置修饰语的情况极为罕见,但是以过去分词做前置修饰语的情况较为普遍,例如:a finished product(成品)、the injured person(受害人)、proposed measures(建议的措施)。

系代词和 be 动词省略”(whiz deletion)或者“级转移”(rank shifting)①而形成。在语言学中,whiz deletion 指:

The deletion of words such as what, who, whom, that, which. These are usually relative pronouns. The instruction contains several examples of subordinate clauses that are missing relative pronouns (that, which, who, etc.) and “copula” verbs (“Be”verbs, such as was, is, am, are, etc.) ...This grammatical phenomenon is known to linguists as “whiz” (short for“which is”) deletion, because what is missing is the implied phrase “which is”. ②

可见,whiz 的意思是 which is,故 whiz deletion 就是省略 which is,即省略关系代词与 be 动词。在下列情况下,可将关系代词和 be 动词省略而形成“whiz deletion”结构:

1. 关系代词后面接“be+V.-pp. /V.-ing”时。

例 1 The man who has been sentenced to 15 years of imprisonment appealed to the Supreme to court.

The man sentenced to 15 years of imprisonment appealed to the Supreme court.

例 2 Anyone who has been convicted of a criminal offence shall...

Anyone convicted of a criminal offense shall...

2. 关系从句的动词为进行时。例如:

The man who is swimming in the lake is my father.

The man swimming in the lake is my father.

在“whiz deletion”这种结构模式中,将关系代词和 be 动词这些语法信息省略,而使用了非限定小句尤其是现在分词和过去分词对先行词进行修饰,会给读者的信息处理增加负担。在实践中,常见学生将缩略后的结构(尤其是过去分词短语)视为是动词谓语,从而造成理解失误。法律语言之所以结构冗长和难以理解,原因之一是使用了太多“whiz deletion”结构。如是一来,大量的附

---

① M. A. K. Halliday,“Categories of the Theory of Grammar”, *Word* 17, 1961, pp. 241-292.

② Robert Charrow and Veda Charrow,“Making Legal Language Understandable: A Psycholinguistic Study of Jury Instructions”, *Columbia Law Review* 79, 1979, p. 1323.

加成分出现在主要成分的后面而非前面，这些后置的附加成分使主要成分之间的联系被阻隔。例如：

the Treating establishing (...)//a proposal amending...//damage resulting from...//regulations issued...//convention ratified//the rights conferred, etc. //a person associated with the on-market offerer//at the expiration of the period during which the offers constituted by the announcement remain open.

上述-ing结构往往表示主动语态，而-ed结构常表示被动语态，且省略了施事主体的被动结构往往使占据主语位置的部分转变成句子的主位，其后果就是使立法语言呈现出“去人格化”(depersonalization)的特点，从而更为抽象。例如：

Before deciding upon a request mentioned under paragraph 1 above the requested body may, in view of general interests involved, hear the competent public authorities.

在上例中，作为后置修饰语的现在分词和过去分词分别表示主动和被动。从句法的功用角度而言，这类代名词形式反映出立法语言不受个人情感影响、对中立性表述的一种偏好。

除了前面所述的定语从句外，由when和while引导的状语从句中，也常省略主语或be动词而构成缩略结构。例如：

“Peace officer” includes... an officer within the meaning of the Customs Act, the Excise Act or the Excise Act, 2001, or a person having the powers of such an officer, when performing any duty in the administration of any of those Acts...(省略了主语officer)

“Court of criminal jurisdiction” means... a court of general or quarter sessions of the peace, when presided over by a superior court judge...(省略了it is)

It is the duty of every one who executes a process or warrant to have it with him, where it is feasible to do so, and to produce it when requested to do so. (省略了he is)

No person is criminally responsible for an act committed or an omission made while suffering from a mental disorder that rendered the person incapable of appreciating the nature and quality of the act or omission or of knowing that it was wrong. (省略主语)

When truth a defence; when defence not available; agent pledging goods, when not theft; having in possession when complete. [①](省略了 be 动词,常用作条款的名称。[②])

(三)名物化结构(nominalization)[③]

有学者将名物化现象归于词汇特征进行研究。[④] 本书将其置于句式特征这一节进行讨论,是从名物化结构在句子所起的作用或功能这个层面考虑的。

名物化与语法隐喻有关,而对语法隐喻的研究始自韩礼德。[⑤] 韩礼德认为,语法隐喻不仅出现在词汇层面,而且也发生在语法层面,即语法形式或者说是语法范畴发生了转换,语法隐喻主要包括概念隐喻和人际隐喻。在概念元功能中,及物性系统是人们对客观世界的表述。根据及物性理论,人类的活动可描写为物质过程、心理过程、关系过程、主语过程、行为过程和存在过程等六个过程,其中每一个过程又可按精密度细分为若干个次过程,而且及物性系统中的各种过程都可以隐喻化,即一个过程可以隐喻为另一个过程,各个过程之间的隐喻化都是在语义功能的层次上发生的变化。这些语义范畴要经历“体现”过程才能进入词汇语法。这样,在词汇语法层次上也有隐喻化,其核心表达形式就是“名词”。在韩礼德看来,隐喻式是与一致式相对而言的,“一致性是指语义和语法层面在他们共同进化的起始阶段的相互关系”。[⑥] 相应地,作为语法隐喻的核心体现的名词化就是“将过程和特性经过隐喻化,不再是小句中的

---

① 以上例句均选自加拿大《刑法典》。

② 如培根的名篇“On Reading”中就有这种表述:Reading make a full man;conference a ready man;and writing an exact man…(后连个句子则为缩略句,都省略了 makes)

③ 有学者认为名物化和名词化两个表述均存在问题。参见胡裕树、范晓:《动词形容词的“名物化”和“名词化”》,载《中国语文》1994 年第 2 期。

④ 参见宋雷、张绍全:《英汉对比法律语言学:法律英语翻译进阶》,北京大学出版社 2010 年版,第 118 页。

⑤ 朱永生:《英语中的语法比喻现象》,载《外国语(上海外国语学院学报)》1994 年第 1 期。

⑥ M. A. K. Halliday, “Things and Relations: Re-grammaticizing Experience as Technical Knowledge”, in J. R. Martin and R. Veel, eds., *Reading Science: Critical and Functional Perspectives on Discourses of Science*, London, Routledge, 1998.

过程或修饰语，而是以名词形式体现的参与者"，[①]或者是"将小句通过变为名词或名词词组的方式，使表过程的动词与表性质的形容词具有名词特征，从而减少及物性小句，使自然语义句的信息密度增大"的一种表达形式。[②]

系统功能语言学派从交际功能的角度出发，把名物化和隐喻联系起来，认为该现象与语篇类型有着密切的联系。如韩如凯指出，语篇类型与语境配置中的语场有关，而语场在很大程度上决定了交际中词汇的选择和语言的语法特征，语篇中名物化结构的数量也必然反映在语篇类型上。[③] 这就为分析法律英语语篇中的名物化现象提供了理论依据。法律英语作为一种 ESP（English for Specific Purposes），即特殊用途语，其背后透着强烈的权力意志，故而其句式和词汇的选择和使用相当正式，正如侯维瑞所说的，"语篇的正式程度不仅取决于语音和语法，而且词汇也举足轻重……正式程度越高，句子的结构就越完整复杂，词汇的选择也越讲究"。王晋军对五类不同类型的语篇进行了分析统计，得出如下数据（见表 2-9）：[④]

表 2-9　五类语篇中名物化结构的比例对比

语篇类型	科技	法律	新闻	小说	童话和寓言
小句总数	197	79	236	250	418
名物化总数	143	66	95	68	3
名物化比例	72.6%	83.5%	40.3%	27.2%	0.7%

可见，立法语言中的名物化的比例最高，其次是科技英语，而且名物化比例的排列顺序正好与语篇类型的正式程度的排列顺序相吻合，说明了名物化与语篇正式程度和语篇文体成正比。此外，李力通过语料分析实验也得出了类似的结论。[⑤]

总之，名物化结构是正式语体的一大特征，具有"囊括（encapsulation）和浓

① 胡壮麟：《语法隐喻》，载《外语教学与研究》1996 年第 4 期。

② 杨敏：《法律语篇权力意志剖析》，载《外语与外语教学》2004 年第 5 期。

③ R. Hasan, "Text in the Systemic-Functional Model", in W. Dressler, ed., *Current Trends in Text Linguistics*, Berlin, Walter de Gruyter, 1978, p. 125.

④ 王晋军：《名词化在语篇类型中的体现》，载《外语学刊》2003 年第 2 期。

⑤ 李力：《英汉语篇中核心成分的转移成因》，载《外语与外语教学》2001 年第 4 期。

缩(condensation)的功能”。[①] 具体到法律英语语境下,该结构可以“增强语义句的信息含量;体现立法语言准确、严谨及程式化特点;凸显主题,实现语篇的衔接功能”。[②] 克里斯托弗·威廉姆斯的调查统计也说明法律英语中名物化结构的类似功能,即英语立法文本中每20.2个单词中才有一个限定性动词结构(finite verbal constructions)。[③] 英美法系法律文本中往往更多的是使用名词(noun)而不是使用动词(verb),[④]在定义类条款中常包含大量的名词性短语。例如:

"electricity-supply emissions" in relation to emissions of a targeted greenhouse gas, means any such emissions (wherever their source) that are wholly or partly attributable to, or to commercial activities connected with, the generation, transmission, distribution or supply of electricity or the provision or use of electricity interconnectors.

上述例子中大量的名物化结构就可见一斑。立法文本中多使用名词性结构的这个特点因名物化结构的大量使用而进一步得以凸显,而名物化结构恰好是正式语篇的特征。[⑤] 在法律英语中,名物化结构与被动语态一样,可有助于消除某陈述的主观性,[⑥]同时还可有助于立法规定“信息浓缩但更为准确和具有概括性”。[⑦]

相比而言,法律汉语中的名物化现象并不明显。传统上,绝大多数语言学家都认为汉语存在词性的兼类现象。[⑧] 由于汉语词类没有英语那样明显的形

---

① G. Thompson, *Introducing Functional Grammar*, Foreign Language Teaching and Research Press and Edward Arnold (Publishers) Limited, 2000, p. 170.

② 王建:《法律英语中的名物化结构及其汉译探析》,载《山东外语教学》2005年第6期。

③ Christopher Williams, *Tradition and Change in Legal English: Verbal Constructions in Prescriptive Texts*, 2nd revised edition, Bern, Peter Lang, 2005, p. 97.

④ Martin Cutts, *Clarifying Eurolaw: How European Community Directives Could be Written More Clearly so that Citizens of Member States, Including Lawyers, Would Understand Them Better*, Stockport, High Peak, UK: The Plain Language Commission, 2001, p. 9.

⑤ Robert Charrow and Veda R. Charrow, "Making Legal Language Understandable: A Psycholinguistic Study of Jury Instructions", *Columbia Law Review* 79, 1979, p. 1321.

⑥ Peter Tiersma, *Legal Language*, Chicago, Chicago University Press, 1999, p. 77.

⑦ Vijay K. Bhatia, "Cognitive Structuring in Legislative Provisions", in John Gibbons, ed., *Language and the Law*, London, Longman, 1994, p. 142.

⑧ 刘国辉:《名词与动词的认知问题以及转换效用》,载《外语教学》2004年第5期。

态标记，当词类范畴的典型效应起作用时，就难以确定这样的词到底属于名词还是动词。所以朱德熙认为，有的动词本就具有名词的特征，并不是名词化。[①]故在汉语中，名物化结构与其原型动词之间差异并不大，故而其语篇衔接效应并不明显。具体到法律汉语中，比较典型的名物化机构就是用"的"字结构和宾语前置结构，例如：

第二节 违反合同的民事责任

第三节 侵权的民事责任

第四节 承担民事责任的方式

（《中华人民共和国民法通则》第六章）

第三章 专利的申请

第四章 专利申请的审查和批准

第五章 专利权的期限、终止和无效

第六章 专利实施的强制许可

（《中华人民共和国专利法》）

上例中的画线部分本可做动词或动词短语、形容词，但因使用了"的"字结构而转化为名词结构，在英译时可译为英语中类似的名词结构。

总体而言，英汉语在典型名词上并无太大的区别，二者的差异主要体现在动词上。汉语的动词存在类典型现象，很多动词都与名词范畴相连，在句子中可以直接用作名词，所以汉语中存在名词与动词不明现象。其实，这类动词通常都已转化为非典型性名词，只是形态上没有变化。英语中也有不少类似的零转换（zero conversion）现象，即很多词既可做名词也可做动词，在形式上并无差异，仅可从语法规则上将其区别开来，但这类零转换词并不属于动词名词化，故而英语中的名词化结构通常会打上名词的标签。另外，英语采取的是"动词中心说"，在句式结构上不能少了动词谓语。而汉语则为"事件中心说"，即不管有无动词只要把事件说明即可，[②]这也是"枯藤，老树，昏鸦……"这类并无一个动词的表述能成为千古绝唱的原因所在。这一差异也就直接造成汉语中的名

① 朱德熙：《现代汉语语法研究》，商务印书馆 1980 年版，第 204 页。

② 参见陈建民：《中国语言和中国社会》，广东教育出版社 1999 年版，第 212 页。

物化结构在数量上大于英语动词，只是英语中的名物化结构有词形变化，通常作为一个单独的词列入词典，而汉语的名物化结构，尤其是典型动词的名物化，常常被认为是一种临时现象，仍当作动词处理。故学界认为"汉语是以名词为中心的语言"，这一现象导致英汉语名词化在功能方面存在差异，这就意味着在翻译这类结构时，应充分考虑到两者在英汉语言中的特点，进而进行恰当地表述。

（四）嵌入结构（embeddings）

如前所述，英语立法文本的一大句法特色就是大量使用后置限定从句和后置缩略结构，以实现法律表述的严谨和信息浓缩。此外，立法文本中还大量使用嵌入结构（embedding），即用从属性连接词（subordinating conjunction）[①]引入一些插入性修饰性短语或小句，在主句中担任状语，以浓缩句子信息并实现法律表述的严谨性。具体而言：

1. 使用限定性动词引导的小句。[②] 例如：

The following may bring a case before the Court, provided that the High Contracting Party concerned, <u>if there is one</u>, or the High Contracting Parties concerned, <u>if there is more than one</u>, are subject to the compulsory jurisdiction of the Court.

上例中的两个插入部分分别对其所限定的主语的数量进行了说明。在立法文本中，这类限定性句子常为条件句式（conditional type），置于其修饰的成分后面，可增加文本的准确性。

此外，也常使用省略施事和谓语动词的结构，例如"if necessary, if possible"等，参见前面的有关缩略结构的相关内容。当主语为非人称代词 it 来指代整个

---

① 英语连接词分两大类：并列连词（coordinating conjunctions）和从属连词（subordinating conjunctions）。前者包括"and, but, so, or, not only...but also, either...or"等；后者包括连接副词（when, where, how 等），连接代词（如 who, whose, which 等）。

② 根据是否受主语的人称和数的限制，可分两类，分别是：限定动词（finite verb）和非限定动词（non-finite verb）。例如：She sings very well. 她唱得很好。（sing 受主语 she 的限制，故用第三人称单数形式 sings）//She wants to learn English well. 她想学好英语。（to learn 不受主语 she 的限制，没有词形变化，是非限定动词）。英语中包括三种非限定动词：动词不定式（infinitive）、动名词（gerund）和分词（participle）。

主句时,省略施事和谓语动词的结构更为常见。例如:

Amendment II A well regulated Militia, being necessary to the security of a free State, the right of the people to keep and bear Arms, shall not be infringed.[①]

上例中画线部分的完整结构应为"it is necessary ...",对主句进行说明解释。

2. 使用非限定性句子。例如:

The liability of the producer may be reduced or disallowed when, having regard to all the circumstances, the damage is caused both by a defect in the product and by the fault of the injured person.

上例中的画线部分是一个由分词短语构成的非限定小句。根据词汇—功能语法,这种小句常被视为闭合性附属成分(closed adjuncts),既可在受到照应约束的情况下修饰主谓语动词所描述的事件,或者在无相应限定词的情形下可做任意解释。[②] 由于这类小句未出现在主句中,极有可能导致其主语不明确,故在翻译中应甄别其修饰的成分,以避免产生歧义。

3. 使用介词短语。例如:

The same shall apply, in the case of an imported product, if this product does not indicate the identity of the importer referred to in paragraph 2, even if the name of the producer is indicated.

上例中的介词短语作为状语,可自由嵌入,但一般而言,应靠近其所修饰的成分。

诚如殷钟崃和周光亚所说,嵌入式关系分句的形成充分显示英语的递归特性,与"有限手段的无限运用"的观点相吻合。[③] 这种嵌入式结构的大量使用也就成就了法律英语"长句泛滥而句式复杂"的特征。[④]

---

① US Constitution.

② R. M. Kaplan and J. Bresnan, "Lexical-Functional Grammar: A Formal System for Grammatical Representation", in Bresnan J., ed., *The Mental Representation of Grammatical Relations*, Cambridge MIT Press, 1982, pp. 173-281.

③ 殷钟崃、周光亚主编:《英语语法理论及流派》,四川大学出版社 1990 年版,第 261 页。

④ See J. Gibbons, ed., *Language and the law*, London, Longman, 1994, p. 11.; F. Bowers, *Linguistic Aspects of Legislative Expression*, Vancouver, University of British Columbia Press, 1989, p. 53.

(五)并列结构

有学者认为,“立法语言语句的信息量大,其中一个原因就是使用平行罗列结构的方法表达详尽的内容……立法语言还常使用句内分条平行罗列的结构”。[①] 这种并列结构不仅表现为多个句子并列,在句内也是如此,从而使整个表述错落有致而脉络清晰。例如:

35 USC Sec. 41. Patent fees; patent and trademark search systems

(a) The Director shall charge the following fees:

(1)(A) On filing each application for an original patent, except in design or plant cases, $690.

(B)....

(C) On filing each provisional application for an original patent, $150.

(2) For issuing each original or reissue patent, except in design or plant cases, $1,210.

(3) In design and plant cases—

(A) on filing each design application, $310; ...and...

(D) on issuing each plant patent, $580.

...

(b) The Director shall charge the following...on or after December 12, 1980.

...

在上例中,(a)(b)款形成简单句的并列,(1)(2)(3)项并列作(a)款的宾语,(1)项中的(A)(B)(C)目亦为并列结构,列举了各类收费的情形。法律汉语中亦是如此。例如:

第三十三条 食品生产经营应当符合食品安全标准,并符合下列要求:

(一)具有与生产经营的食品品种……

(二)具有与生产经营的食品品种、数量……

……

(十一)法律、法规规定的其他要求……

(2018年《中华人民共和国食品安全法》)

---

① 杜金榜:《法律语言学》,上海外语教育出版社2004年版,第109页。

上例中11个并列结构做主句“要求”的同位语,详细地列举了各种规定。这种并列结构可使有关成分层次清晰,在翻译时应尽量保持类似结构。

(六)格式化句式

有学者认为,法律英语之所以特殊并区别于其他文体,主要原因并非源于其词语特征,而是在于其句法特征。① 日常英语中很少使用的一些句式,如由“subject to”“provided that/provided ... that”“where”“for the purpose(s) of”“notwithstanding”“without prejudice to”“to the extent that”“save.../except(for)”“failing which”等结构引导的句式,在法律文本中却使用频繁,致使法律文本晦涩难懂,也凸显出法律语言区别于非法律语言的独特句法特点。对此,可参阅本书后面章节的内容。

第四节 立法语言语篇层面的特征

自20世纪80年代以来,法律语言研究不再只局限于语言句法系统本身的词、句研究,而是迈入了话语(语篇)分析的广阔空间。② 语篇(discourse)是由句子组成的最大的交际单位,是由交流过程中一系列连续的语段或句子所构成的语言整体,其中各成分之间在形式上是衔接(cohesion)的,在语义上是连贯(coherence)的。从功能上来说,语篇乃是一种交际行为。杜金榜教授就认为语篇分析有助于了解文本的内容、结构、关系,以及了解语篇的主要功能即传递信息。③ 由于从功能角度可将翻译单位定义为语篇单位而非语言单位,即通过执行句法载体、信息载体和风格标记这三个功能而保持语篇完整性,而从功能上保证每个翻译单位的语篇完整性。④ 因此,有必要对立法语篇的结构以及功能特点进行分析,以更全面了解其信息传递功能,为法律法规翻译提供指导。⑤

---

① 参见傅敬民:《法律英语名词化词语的汉译研究》,载《上海翻译》2007年第3期。

② 参见廖美珍:《法庭问答及其互动研究》,法律出版社2003年版,第5页。

③ 杜金榜:《语篇信息分析:法律语言学研究新视角》,载《中国社会科学报》2011年第9期。

④ See Robert de Beaugrande, *Factors in a Theory of Translating*, Assen, Van Corcum, 1978, p. 13.

⑤ 参见范红升:《英语形合与汉语意合的特点对翻译的启示》,载《解放军外语学院学报》1996年第6期;高芳:《句段意识与翻译单位》,载《外国语(上海外国语大学学报)》2003年第4期。

一、立法语篇的结构特征

立法语篇指由立法机关和其委托的机构所制定并实施的各项法律法规。为了更加准确地传达立法者的意图和法律法规的具体内容,以便司法者和执法者在用法的过程中能够正确理解和使用法律,在立法过程中必须遵照一定的立法方针、根据一定的立法技术,并且采用格式比较固定的语篇模式把立法结果记录下来。就国内外法律文件起草而言,立法语篇的创建过程被称为 legal writing/drafting[①] 或规范性法律文书写作学。[②] 就语篇的结构而言,中外立法语篇大致相同,最突出的特点是高度程式化,即在整体结构形式上都采取分条列款的方式,内容都是由描写性成分过渡到规定性成分,由颁布命令或前言过渡到具体条文。这种程式化又可分为宏观结构的程式化和逻辑结构的程式化。具体而言:

(一)宏观结构高度程式化

立法语篇在宏观结构上都体现为"宏观到微观,从总论、总则到条文、从重要条文到次要条文"的推进模式。这种程式化语篇是保持法律规范的庄严性及内容的严谨合理和准确规范的必要手段,从而使法律规范的内容得到最充分的体现。程式化语篇还包括对特定的法律条文、专业术语及概括性词语设定具体的解释性语境,以减少对法律条文进行曲解的可能性。以立法文件为例,一般都包括序言、总则、附则、附件等宏观框架,且在每个大框架下又设章、节、条、款、项、目等内容,从而使立法表述呈现典型的树状信息分布:首先,语篇树由基本的子树构成,呈"问题—回答"或"问题—问题"形式;其次,语篇树是一个对其节点总秩序编码的层级系统。有学者对合同文本的结构进行分析后,也得出了类似的结论,即在篇章结构上,每一份合同都像一部法律一样构成一个严整的体系,而不是把各个条款加以简单罗列;此外,合同的各个要件多以条款的方式按照从一般到特殊的逻辑顺序排列,每个特定项目都处在一个结构严密完整

---

① R. T. Haggard, *Legal Drafting*, Beijing, Law Press, 2004, p. 10.

② 参见潘艳红、刘英静主编:《最新法律文书写作规范与技巧》,广西人民出版社 2010 年版,第 56 页。

的框架中。[①] 潘庆云也认为,从语篇结构这个层次上看,立法语言最突出的特点是它的高度程式化,即立法语言注重前后层次、埋伏照应,结构严谨、简详得当并具有严格特殊的程式。[②]

(二)逻辑结构高度程式化

法律规范按其内容构成的性质,可分为"授权性规范""义务性规范""禁止性规范"三类。但无论何种法律规范,都须包含"假定—处分—制裁"三个部分,或者概括为"行为模式—法律后果"这一双重构造,从而使法律规范在表述或结构上呈现较强的逻辑性,确保司法机关能有效地依据三段论作出判决。

这种逻辑性除了表现为大多法律规范都会包含这三个要素外,还体现在"假定—处分—制裁"这三个组成部分往往采纳格式化表达模式:大量使用条件句并夹杂大量的并列句。韩礼德认为,语言的三大功能之一就是其逻辑和经验功能。[③] 逻辑功能的主要特征就是"递归性",即事物内部的抽象关系表现为并列关系或从属关系,两者都是可递归的。[④] 法律语篇中句子结构逻辑性强,具有鲜明的递归性,在法律英语中就体现为戴维·克里斯特尔归纳出来"If X,Y should be (or do) Z"这样的条件从句,[⑤]但"为了保证表述的严谨准确性,有时会放弃简洁明了性和可读性",[⑥]转而使用附加修饰成分、插入语、并列结构和同位语等,使句子结构紧密,逻辑关系清晰。

库德(Coode)曾对1840年英国的立法草案进行分析,认为法律的推理模式影响了法律的起草方式。[⑦] 基于该研究,克里斯特尔和戴维也断言起草法律的传统并未发生变化,因普通法系绝大多数法律规范中仍在继续使用法律推理

---

① 参见李克兴、张新红:《法律文本与法律翻译》,中国对外翻译出版公司2006年版,第67页。

② 参见潘庆云:《跨世纪的中国法律语言》,上海华东理工大学出版社1997年版,第6页。

③ M. A. K. Halliday, *An Introduction to Functional Grammar*, 2nd edition, London, Edward Arnold (Publishers) Limited/Beijing, Foreign Language Teaching and Research Press, 2000, p. 104.

④ 参见胡壮麟、朱永生、张德禄编著:《系统功能语法概论》,湖南教育出版社1989年版,第120页。

⑤ D. Crystal and D. Davy, *Investigating English Style*, London, Longman, 1969, p. 97.

⑥ 张新红:《汉语立法语篇的言语行为分析》,载《现代外语》2000年第3期。

⑦ George Coode, "On Legislative Expression; Or the Language of the Written Law. Introduction to a Digest of the Poor Laws, Appendixed to the 1843 Report of the Poor Law Commission", Reproduced in Elmer A. Driedger, ed., *The Composition of Legislation*, Ottawa, Queen's Printer, 1957, pp. 1-51.

模式的间接或直接模式,即 If X (CASE) then Y (legal subject) shall be/do Z (legal action)。[①] 阮政峰(Fung)等人也采纳了库德的思路对立法的起草进行研究,而后也证实了法律推理的作用,并指出,欲分析复杂的立法文本,法律规范的结构,就应包括"前提条件(case, condition, sub-condition)、法律主体(legal subject)和行为(legal action)"。[②] 法律汉语中,也体现出类似的逻辑性。例如:

第四十九条 企业法人有下列情形之一的,除法人承担责任外,对法定代表人可以给予行政处分、罚款,构成犯罪的,依法追究刑事责任:

(一)超出登记机关核准登记的经营范围从事非法经营的;

……

(五)变更、终止时不及时申请办理登记和公告,使利害关系人遭受重大损失的;

(六)从事法律禁止的其他活动,损害国家利益或者社会公共利益的。

(《中华人民共和国民法通则》)

上例中,"企业法人有下列情形之一的"这个"的"字结构担任假定结构,"(一)……(六)"六个并列结构作为其同位语,对其进行补充说明。之所以将这几个并列结构列于后面,是为了不扰乱该法律规范的"假定—处理"这一逻辑结构,从而使该规范的内容清晰、表达明确又富于美感。

二、立法语篇的功能特征

如果上述特征使立法语篇从结构或形式上区别于其他体裁的语篇,那么立法语篇的施为效力可谓是从功能上区别于其他类型的语篇。自奥斯汀提出言语行为理论,而后赛尔(Searle)对该理论进行修正以来,"以言行事"这一观念就被众多法律语言学家和法学家广泛用于探讨法律语篇的规范调整功能。[③] 立法语篇的施为效力就体现在大量使用显性和隐性施为标志语的句子。例

---

① D. Crystal and D. Davy, *Investigating English Style*, London, Longman, 1969, p. 98.

② Spring Yuen-Ching Fung and Waston-Brown Anthony, *The Template: A Guide for the Analysis of Complex Legislation*, Institute of Advanced Legal Studies, London, 1994.

③ Susan Šarčević, *New Approach to Legal Translation*, The Hague, Kluwer Law International, 1997, p. 24;[德]哈贝马斯:《交往行为理论》(第1卷·行为合理性与社会合理化),曹卫东译,上海人民出版社2004年版,第337~349页。

如,法律法规的宏观结构中的颁布语(如英美法系中的“Be it enacted that…”,法律汉语中的“……由中华人民共和国第×届全国人民代表大会第×次会议于×年×月×日通过,现予公布,自×年×月×日起施行”),以及法律规范的各组成部分中的表示权利和义务的“助动词+动词”结构(如大量使用表示权利的 may、表示义务的 shall 和 must 等)或者使用其他显性施为动词(如享有……权利、负有……义务),都显示出极强的规范调整功能。

此外,法律语言中还大量使用没有施为效力标识语的陈述句(declaratory sentence),例如“All charges incurred by the Public Trust are a first charge on the property of the deceased person.”“This section is subject to section 9.”以及“设立由总干事领导的 WTO 秘书处(以下简称秘书处)”之类的非主谓表述。由于整部法律就是一个宏观的施为行为,故而这些陈述句或非主谓句也是具有施为效力的言语行为,即通过陈述达到以言行事的表达效果。对此,参见本书后面有关章节的内容。

此外,从修辞角度而言,法律语篇并不使用文学类语篇中常用的修辞手法(如比喻、夸张、双关、借代、象征、层递、描摹、顶真、回环、反复等),而主要以“语言表达明确、通畅、平匀、稳密”等为标准,通过字词的锤炼、词序的变换、词语的简省或增益、句式和语调的选用、语段和篇章的衔接等技巧,实现法律语篇的交际和规范功能,体现出法律语篇庄重严密、朴实无华的语言风格。

第五节　本章小结

法律语言是一种语言变体,更确切而言是一种语域,即根据使用目的或语境而进行使用的一种语言变体。法律语言具有的特殊社会功能使得法律英语中的动词在语气、语态与时态的使用上与普通英语有所区别。

在词汇层面,立法语言中大量使用并列结构、选择性地使用各类功能词和词汇词、适量地使用外来词汇和古体词以及适时使用模糊性词汇,从而使立法语言在词汇层面兼具精确性和模糊性特征,使法律规定兼具确定性与灵活性。在句法层面,立法语言在句类上常选择陈述句。在句型上,常单、复句并用,并大量使用嵌入结构、后置修饰成分、名物化结构等,从而使法律规定的信息呈现树状分布并极具严谨性。法律的强制性,使情态动词在立法语言中的使用频率极高(如法律英语中的“shall,must,may,shall not”,法律汉语中的“须、不得、不准”等)。从句子结构的繁简来看,法律语言更多使用复句,这一点在法律英语中尤其突出,这与法律英语中常使用后置修饰语或嵌入结构有关。法律法规旨在对将来的行为进行规范,故为了强调法律条文的现实性、原则性和有效性,法律法规中常使用一般现在时以表明一种事实,区别于使用诸多时态的其他文体。此外,立法语言中常使用施为效力标识语来凸显施为效力。即便是未使用标识语的陈述句,其施为性并不丧失。正如卡尔·拉伦茨(Karl Larenz)所说的,法律并非陈述而是规范,[①]故陈述句在法律这个具有施为性的大语境中,也表达出强烈的规范、评价和指引效力。

在语篇层面,法律是“一种叙事”,[②]因此在宏观结构上呈现出类似而又不同于普通叙事的一些结构特征,而在具体的法律规范的微观结构层面,法律文本呈现出强烈的递归性。由于法律中包括概念、原则和规则等要素,而法律规范占据其中的主要位置,其往往表现为“条件+法律主体+行为模式+法律后果”的逻辑结构,从而使表达这一逻辑结构的句子呈现某种程度的程式化,以体现法律语言严谨性的要求。对此,可参加本书后面“法律规范的逻辑结构”的相关内容,在此就不赘述。

总之,立法语言有其相对较小的一套语法和词汇特征。例如,shall、may 可区分权利与义务;代词(all, whoever)和作为上位词的概括性的名词(如 vehicle, person)可有助于增强法律的适用性。[③] 这种词汇上的选择是立法语篇的交际行为和目的的直接产物,凸显法律词汇语义上的准确性,再辅之以立法语篇的施为效力,最终使立法语篇区别于其他语篇。这就为翻译活动提出了警示:翻译行为作为一种交际活动,除了形式特征外,尚须凸显立法语篇的功能。

---

① 参见[德]卡尔·拉伦茨:《法学方法论》,陈爱娥译,商务印书馆2003年版,第95页。

② Peter Brooks and Paul D. Gewirtz, *Law's Stories: Narrative and Rhetoric in the Law*, New Haven and London, Yale University Press, 1996, pp. 14-24.

③ Malcolm Coulthard and Alison Johnson, *An Introduction to Forensic Linguistics: Language in Evidence*, Routledge, 2007, p. 39.

Punctuation is a tool that the draftsman can ill afford to neglect. He should master it and use it as finishing device together with other typographical aids in carrying meaning. But he should not rely solely on it to do what an arrangement of words can do. It is here that punctuation marks are the most abused.

— Reed Dickerson, *The Fundamentals of Legal Drafting*, 1965: 117.

第三章 标点符号及其翻译

在司法实践中,因标点符号的有无而造成巨大经济损失的案件不乏少数。如在 *Anderson v. State Farm Mut. Auto. Ins. Co.* [(1969)270 Cal. App. 2d 346]一案中,法院对逗号的使用进行了分析,以决定被保险人的人身或财产损失是否属于保险合同规定的承保范围。该保险条款规定如下:

Such insurance as is afforded by this policy ... with respect to the owned automobile applies to use of a non-owned automobile by the named insured...and any other person or organization legally responsible for the use by the named insured...of an automobile not owned or hired by such <u>other person or organization provided</u> such use is with the permission of the owner or person in lawful possession of such automobile. ①

上诉法院认为,从语义和语法角度而言,保险条款并无歧义,即被保险人的损失属于保险合同规定的承保范围,尽管她是在未经许可的情况驾驶别人的车辆而受伤。② 除应根据语境做其他解释外,限制性从句应修饰与其最近的先行词。③ 如果在 organization 与 provided 之间有一个逗号(comma),则另当别

① 对于该案的详细内容,参见 http://law.justia.com/cases/california/calapp3d/158/562.html,最后访问日期:2020 年 1 月 25 日。

② 158 Cal. App. 3d 569.

③ 270 Cal. App. 2d at p. 349.

论,但事实是其间并未使用逗号。因此,由 provided 引导的但书只修饰除被保险人之外的其他个人或组织(other person or organization)。[①]

如果该案尚不足以凸显标点符号的重要性,那另一个案件则足以让人为之侧目。Toronto Globe and Mail (July 8,2006) 曾以“The $2 million comma”的醒目标题刊出了下列报道:

“It could be the most costly piece of punctuation in Canada. A grammatical blunder may force Rogers Communications Inc. to pay an extra $2.13 million to use utility poles in the Maritimes after the placement of a comma in a contract permitted the deal's cancellation. The controversial comma sent lawyers and telecommunications regulators scrambling for their English textbooks in a bitter 18-month dispute that serves as an expensive reminder of the importance of punctuation.”[②]

该报道的主角 Rogers Communications 因一个逗号就损失了 200 多万美元。该事件的争议焦点是合同的 Section 8.1 的规定:

Subject to the termination provisions of the SSA, the SSA shall be effective from the date it is made and shall continue in force for a period of five (5) years from the date it is made, and thereafter for successive five (5) year terms, unless and until terminated by one year prior to notice in writing by either party. (para. 16 CRTC Decision 2006-45)

即,Rogers Communications 在约定使用期限时,在 terms 与 unless 之间增加了一个逗号(见画线处),从而使加拿大广播电视及通讯委员会(CRTC)做出下述认定:“根据标点符号使用的有关规则,在 unless and until 这一结构前使用逗号,表示其修饰前面的两个短语结构。”[③]即如果没有第二个逗号,则可以(免费)使用 5 年,在该 5 年到期后能否续展则取决于双方的决定,而使用该逗号

---

① 在处理长句结构时,Šarčević 就建议遵循“将修饰限制成分尽可能地接近所修饰限制的部分,使其显得自然而又符合逻辑”这一原则。See Susan Šarčević, *New Approach to Legal Translation*, The Hague, Kluwer Law International, 1997, p. 165.

② 对于该文的详细内容,参见 http://www.nationalpunctuationday.com/globe-and-mail.html,最后访问日期:2020 年 1 月 27 日。

③ para 27 CRTC Decision 2006-45.

后,续展有效期则取决于双方的意愿。

我国也有类似的因句读不明而涉诉的情况。例如,古时候有一老头儿续弦,后妻生有一子。老头儿立下遗嘱:“七十老翁产一子人曰非是也家业尽付与女婿外人不得干预。”老头死后,女婿与后妻就遗嘱的断句产生分歧。女婿认为应这样断句:“七十老翁产一子,人曰非是也。家业尽付与女婿,外人不得干预。”但后妻认为遗嘱的真实意图明显是要将产业留给自己的儿子:“七十老翁产一子,人曰‘非’,是也,家业尽付与,女婿外人,不得干预。”二人均不服,遂告官。后妻的断句法因与县官的解读相同而胜诉。

我国古今类似的合同纠纷[①]以及上述加拿大的 Rogers Communications 一案那种一字千金的教训,足以使我们重视标点符号。对从事法律翻译的人士而言,如何处理源语与目的语的标点符号也将决定翻译的成败。有学者曾撰文探讨西文标点符号和中文标点符号之关系,指出中西标点符号部分具有各自的起源和个性,故而导致标点符号相同但用法不同的现象。[②] 该文提及“因符号系统的差异必然导致标点符号使用上的差异”这一结论,对英汉语法律法规同样适用。下面将首先简要介绍标点符号的发展史,进而对英汉语法律中的标点符号的使用差异进行梳理,并对其间的转换进行探讨。

第一节　标点符号概述

在古代,中西方在对标点符号的认识和使用上有着惊人的相似。古汉语中

---

① 例如,教书先生与东家签订的合同“无鸡鸭也可无鱼肉也可顿顿浠饭绝不可少不得薪金约”,既可解读为“无鸡,鸭也可;无鱼,肉也可;顿顿浠饭绝不可,少不得薪金。约。”也可解读为“无鸡鸭也可,无鱼肉也可,顿顿浠饭绝不可少,不得薪金。约。”以及电影《九品芝麻官之白面包青天》中方唐镜所出示契约的两种解读,无一不说明标点是法律纠纷的源泉。最高人民法院在“北京大有克拉斯家具商城与中国机床总公司、北京牡丹园公寓有限公司进口代理合同纠纷案”中,就“此协议双方签字盖章后生效”的约定是否意味着该合同的生效条件是双方的“签字”和“盖章”必须同时具备进行了分析。参见最高人民法院(2013)民申字第 72 号民事裁定;类似地,在“浙江顺风交通集团有限公司与深圳发展银行宁波分行借款合同纠纷案”中,最高人民法院认为双方当事人签订的协议中所表述的“签字、盖章”中的顿号,是并列词语之间的停顿,其前面的“签字”与后面的“盖章”系并列词组,它表示签字与盖章是并列关系,只有在签字与盖章均具备的条件下,该协议方可生效。双方当事人该项约定意思表示清楚、真实,应认定为有效。参见最高人民法院(2005)民一终字第 116 号民事判决。

② 参见徐国栋:《〈民法大全〉翻译中的标点符号翻译问题》,载《云南大学学报(法学版)》2008 年第 5 期。

并不使用标点符号,古人写书时都使用连句,因此在阅读时可在不同地方停顿,从而引起理解上的分歧。后来,古人才用"句读"来断开成段的文章,在意思说完时用句,意思尚未说完而需要停顿时用读,书面上用"圈"(句)和"点"(读)来标记。宋朝开始用","和"。"来表示句读。明代才出现人名号和地名号。因为古人都是竖着书写的,在人名和地名的右边画一直线来表示。这些就是我国最早的标点符号。

我们现在使用的标点符号,是从国外引进的,到现在还不足一百年。1904年,严复的《英文汉诂》出版。该书是一本为帮助中国人学习英语而编写的英语语法书,也是中国历史上第一本系统借用西方标点符号对汉语进行标点的书籍。书中使用了逗号(,)、句号(.)、分号(;)、冒号(:)、单引号('')、双引号("")、括号[()]、破折号(—)等8种英语标点符号。严复的这种移植性借用,标志着汉语标点符号国际化的开始。《新青年》则是我国最早采用新式标点的杂志。该刊在1918年5月号上,除了全部改用白话文外,还采用了新式标点,这在当时学术界引起了很大反响。后来陈望道、鲁迅等人拥护并使用新式标点。标点符号的使用经历了诸多艰苦历程,①终于在1951年9月,由国家出版总署刊发了《标点符号用法》,同年10月政务院发布了《关于标点符号用法的指示》。此后,标点符号才趋于完善,并有了统一的用法。

在西方,标点符号也经历了类似的发展历程。古希伯来语和古希腊语的写作中都不使用标点符号。即便希腊人开始使用标点时,②其圆点符号系统也并非旨在补充有关信息,而是表明在某处可以缓口气,或对某些字需要重读。拉

---

① 有些人反对使用新式标点,如鲁迅所说的"十多年前,单是提倡新式标点,就会有一大群人'如丧考妣',恨不得'食肉寝皮'"。(参见鲁迅的《忆刘半农君》一文);有人就指出:"惊叹号(!)有什么好?放大了看像炮弹,缩小了看又像细菌",以此贬损新式标点符号的功用;翻译家林纾就坚决抵制新式标点。当遇到外国文字中的省略号时,他宁可以"此语未完"夹注在译文中,而不肯直接采用标点符号"……"(省略号);而当时的出版社也在支付稿酬时,一定要把标点和空格从字数中扣除,不给稿费。鲁迅应约为某书局翻译一本书,事先探知该书局拒不支付标点和空格的稿酬,于是干脆把已脱手的译稿重新抄一遍,从头到尾地连接起来,不让稿纸上有一个空格,既不分章节、段落,也不加标点符号,而后寄出译稿,后收到书局的退稿和回信,要求分出章节、段落、再加上标点符号。鲁迅复信说:"既要作者分段落,加标点符号,可见边点和空格还是必需的,那就得算字数了。"那家书局没有办法,只好对标点符号支付稿酬。足见标点符号在使用之初的艰辛。

② 希腊开始于公元前5世纪使用标点符号,即直列的2个圆点(不同于现代意义上的冒号)或3个圆点。

丁语也是如此,不需要借助标点符号就可以表达意思而且不影响理解。英国的古代立法中也不曾使用标点符号,使用圆点仅仅是为了帮助口语表述。标点符号不受重视的境况,一直持续到印刷术得以发明的15—16世纪才有所改观,但是印刷机构所关注的也并非如何使用标点符号,而是如何印刷这些不同的标点符号。①

根据林著的研究,西方新式标点系统的奠基人是意大利语法学家和出版家A. 马努提乌斯(Aldus Pius Manutus)。他以语法原则取代诵读原则,并制定了五种印刷标点:逗号(,)、分号(;)、冒号(:)、句号(.)和问号(?)。他的家族在百年间出书近千种,行销欧洲各地,这几种基本标点亦为各语种普遍采用。欧洲各语种也逐渐形成自己的标点体系,英语标点是在18世纪晚期才完备的。

长期以来,英国法院认为,标点符号不属于"非经修订程序不得更改的法律文本"的一部分,因此在成文法解释时无须考虑标点符号。例如,在*Duke of Devonshire v. O' Connor*一案中,法官埃舍尔(Lord Esher M. R.)指出,"In an Act of Parliament there are no such things as brackets any more than there are such things as stops."②法官里德(Lord Reid)也认为,至少在1850年之前,议会法的手稿中并不使用标点符号。在20世纪60年代的*I. R. C. v. Hinchy*一案中,③法院仍认为标点符号并非议会法的组成部分,故在解释时可予以忽略。在过去,议会卷宗里的古旧成文法中确实未曾使用标点符号,④且并非所有现代成文法的纸印本中都使用了标点符号。但是也有人认为,即便在早期时候,英国的成文法中就一直使用标点符号。⑤ 于是,"标点符号并非议会法的必要组成部分"这一观点受到冲击。即便是在20世纪60年代无视立法文本中标点符号的法官里德(Lord Reid),在后来的*Director of Public Prosecutions v. Schildkamp*一案中亦强调标点符号的重要性:

---

① David Mellinkoff, *The Language of The Law*, Boston, Little, Brown, and Company, 1963, pp. 152-159.

② *Duke of Devonshire v. O' Connor* (1890) 24 Q. B. D. 468 at p. 478.

③ *I. R. C. v. Hinchy* [1960] AC 748.

④ Craies on *Statute Law* 12th ed. 13, Lord Reid in *IRC v. Hinchy* [1960] Ac 748 at p. 765, Bennion. *Stature Law* 2nd ed. p. 57 and Crabbe, *Legislaive Drafting*, pp. 84-103.

⑤ David Mellinkoff, *The Language of The Law*, Boston, Little, Brown, and Company, 1963, p. 158.

…it may be more realistic to accept the Act as printed as being the product of the whole legislative process, and to give due weight to everything found in the printed Act…it is not very meaningful to say that the words of the Act represent the intention of Parliament but that punctuation, cross headings and side notes do not. ①

在他看来，标点符号是立法的必要组成部分，理应在立法中占据一席之地。法官洛瑞（Lord Lowry）的下述论述，也表达了应当重视标点符号的价值的立场：

"I consider that not to take account of punctuation disregards the reality that literate people, such as parliamentary draftsmen, punctuate what they write, if not identically, at least in accordance with grammatical principles. Why should not other literate people, such as judges, look at the punctuation in order to interpret the meaning of the legislation as accepted by Parliament?"②

大法官洛瑞认为，忽略标点符号就等于忽略了这样一个现实：诸如法律草拟者这类具有文化素养之士在实践中至少应根据语法规则拟定法律文书，那么，法官为了对议会制定的法律进行解释，也没有理由不重视标点符号。

总之，人们日益认识到标点符号的重要性。在现代语言学看来，标点符号属于句法系统，其作用是为所写作的内容赋予新的含义。凯瑞（Carey）认为标点符号可有助于实现下列目的：

"…the purpose of punctuation is that the meaning of what is written should be conveyed to the reader' s mind, through the least possible delay and without any ambiguity. I would say, therefore, that the main function of punctuation is to make perfectly clear the construction of the written words. If this function is properly fulfilled, then automatically all risk of ambiguity will be avoided and the appropriate pauses will be indicated to the reader, when they are so optional as to be left to him to supply. "③

---

① *I. R. C. v. Hinchy* [1960] AC 748.

② *Hanlon v. The law society* [1980] 2 All ER 199 at p. 221.

③ Gordon Vero Carey, *Mind the Stop* (Penguin reference), Penguin UK, 1999, p. 5.

即在向读者传递文本的过程中,标点符号可帮助读者理解句子的结构,减少或消除歧义,进而在作者和读者之间起着沟通作用。桑顿(Thornton)也认为标点是标注句子结构的路标,并提出在使用标点时应遵守下列四个规则:①

· punctuate sparingly and with purpose;

· punctuate for structure and not for sound;

· use conventional punctuation;

· punctuate consistently。

即应使用传统的标点符号、应基于某个目的而使用之并在使用时保持一致,这些原则与我国规定的使用标准相类似。而英国的埃尔默·都南(Elmer Doonan)和查尔斯·福斯特(Charles Foster)在其编写的《法律文书起草》[法律技能系列丛书(第2版)]②一书中,也对如何使用标点符号提出了下列忠告:

· 在总部或分部的末尾应使用句号;

· 编号的各项应当用分号隔开,除非编号是为了便于阅读,此时每项的末尾使用逗号;

· 逗号用在定义部分中下定义的词语的前后;

· 引号用在定义部分中被定义词汇的前后;

· 圆括号用在条款中插入的必要信息的前后;

· 不要使用问号和感叹号;

· 若条款的开头是情形或条件或者两者兼有,用逗号把这些条款的主要部分分开。

在立法界,英美法系大多国家都贯彻了该标准。如英国自 *Slaney v. Kean* (1970) 和 *Marshall v. Cottingham* (1981) 一案后,法院一反以前忽略标点符号的做法,转而肯定标点符号的重要性。正如大法官布兰代斯(Brandeis)所说的,"政府是无处不在的潜在的教师,无论好坏,都为人们树立了榜样",③法院

---

① See G. C. Thornton, *Legislative Drafting*, 4th edition, Tottel Publishing, 1996, p. 35.

② Elmer Doonan and Charles Foster, *Drafting* (Gavendish legal skills series), 2nd edition, London, Sydney, Gavendish Publishing Limited, 2001, p. 156.

③ 原文是:Our government is the potent, the omnipresent teacher. For good or ill, it teaches the whole people by its example。See *Olmstead v. United States*, 277 U. S. 438 (1928).

立场的改变起到了很好的带头作用，英国法律委员会（Law Commission）也转而持肯定态度，该立场随后体现在伦顿委员会的立法起草报告（the Renton Committee Report on the Preparation of Legislation）[①]中。加拿大的魁北克省[②]和我国立法界也都持肯定态度。[③] 这就意味着在翻译过程中应注意其在源语中的功效，并通过增加、删减或变更源语中的标点符号而将其效用恰当地体现在译文中。

第二节　英汉语法律法规中的标点符号类型及其转换

我国国家语言文字工作委员会和新闻出版总署在吸收国内外相关研究成果基础上，于1990年发布了新的《标点符号用法》，随后在1995年，国家技术监督局又将其改为国家标准的《标点符号用法》。《标点符号用法》规定了标点符号的性质和各个符号的具体使用情况。根据《标点符号用法》2011年的最新版本，常用的标点符号有17种，分为点号和标号两大类：

点号的作用在于点断，主要表示说话时的停顿和语气。点号又分为句末点号和句内点号。句末点号用在句末，有句号、问号、叹号3种，表示句末的停顿，同时表示句子的语气。句内点号用在句内，有逗号、顿号、分号、冒号4种，表示句内的各种不同性质的停顿。

标号的作用在于标明，主要标明语句的性质和作用。常用的标号有10种，即引号、括号、破折号、省略号、着重号、连接号、间隔号、书名号、专名号和分隔号。

---

① 伦顿委员会（Renton Committee）成立的目的是检讨法例的格式、草拟和修订工作，其成员包括国会上下议院的议员和官员。

② 根据梅雷迪思（Meredith）的研究，在魁北克省，议案一旦成为法律，对于其中的标点符号，哪怕是一个逗号，非经议会的修订程序，均不得予以更改。See R. Clive Meredith, Some notes on English legal translation. Meta 24, 1:54-67.

③ 在2004年第十届全国人民代表大会第二次会议修订宪法的过程中，与会代表就"国家为了公共利益的需要，可以依照法律规定对土地实行征收或征用，并给予补偿。国家为了公共利益的需要，可以依照法律规定对公民的私有财产实行征收或征用，并给予补偿"这一立法表述中是否应在"征用"后使用"逗号"进行探讨，最后决定删除该逗号，因添加逗号后可能造成歧义，即"给予补偿"并非法律的强制性规定。去掉该逗号后，"……依法……"就修饰"征用"和"补偿"，可有力地对公民和集体所有的财产提供保护。

而根据英美法系国家立法的指导手册，在立法中常使用逗号（comma）、冒号-破折号（colon-dash）、破折号（dash）、句号（period）、分号（semi-colon）、括号（bracket）、引号（quotation mark）等。①

如前所述，英美法系国家直到20世纪才逐渐认识到标点符号的作用；但大陆法系国家自16世纪以来就广泛使用标点，且立法和司法界业已达成共识，即在解释成文法和其他法律时，须将标点符号视为法律的必要组成部分。由于长期以来对标点符号有不同认识，我们在法律翻译时不得不考虑下列问题：是否应将源语中的标点符号原文不动地照抄并体现在译语中？由于一种语言的标点符号体系有其特殊型，那么将其强加于另一种语言上是否恰当？

从翻译方法的发展史观之，对于标点符号的翻译在不同的时期有不同的处理办法。在以前实行严格直译（strict literal translation）的时期，人们认为句子结构理所当然包括标点符号，因此原文的结构应在译文中得到完美的再现，连标点符号都不得改变。后来该严格标准有所松动，译者可根据目的语的句法结构对原文做适当调整，但在法律翻译中，仍采用尽量尊重原文句法结构的标准，只有无须遵照原文句法的情况下才允许例外。但据学者的考察，②在法律翻译中，这种严格的做法使得译文句法结构怪异且难以理解。③ 从加拿大的双语立法实践以及国际上法律翻译的经验中可以看出，适当在译文中增加逗号或其他标点符号将有助于表明某些词语属于一个句群，从而使译文更具可读性和可理解性。④

综上所述，对于标点符号的翻译可根据实际情况进行处理：如果某个标点符号是源语中某个格式表述的不可分割的组成部分，则断然不能在译文中加以变更；在其他无关紧要的情况下，则可根据目的语的表述习惯而适当地增加、删

---

① See V. C. R. A. C Crabbe, *Legislative Drafting* (Volume 1), London, Cavendish Publishing Limited, 1993, pp. 86-103.

② See Susan Šarčević, *New Approach to Legal Translation*, The Hague, Kluwer Law International, 1997, p. 180.

③ 这种直译法在清末民初一段时间内颇为盛行，由此出现了大量结构怪异并难以理解的欧式汉语。这种现象在由中国大百科全书出版社出版的一系列外国法律著述的中译本中就十分明显。

④ 例如，魁北克省的法语版与英文版的《魁北克民法典》（Civil Code of Quebec）在某些条款中就增加了逗号，从而使原本的英文表述更为流畅。对比1980年的《民法典》（Civil Code）和1993年的《民法典》（Civil Code）的英文版，足见个中差异。

减或变更。下面我们将依照点号(句内点号和句末点号)和标号的顺序分别进行讨论。

一、逗号

逗号(comma)可将一个句子中较长的部分进行分割或将一系列事项或多个意思进行分割,故而正确使用逗号将使读者更容易理解句子。总体而言,逗号具有如下几个功能:

Separate a list of nouns;

Separate a list of adjectives;

Separate phases;

Separate subordinate clauses;

Precede a conjunction;

Offset an interjection;

Offset an appositive。[①]

尽管逗号的用法十分灵活,但有学者提出过警示,"绝对不要在主语和谓语、谓语与宾语之间使用逗号"。[②] 在英文法律中,如果不出现插入语,即条文为简单句或为一般复句的情况下,确实应遵照该规定。

根据我国标点符号标准用法的有关规定,逗号属于句内点号,表示句内的各种不同性质的停顿,大致可分为下列几种情况:(1)句子内部主语与谓语之间如需要停顿,用逗号。如,我们看得见的星星,绝大多数是恒星。(2)句子内部动词与宾语之间如需停顿,用逗号。如,应该看到,科学需要一个人贡献出毕生的精力。(3)句子内部状语后边如需要停顿,用逗号。如,对于这个城市,他并不陌生。(4)复句内部各分句之间的停顿,除了有时用分号外,都要用逗号。如,据说苏州园林有一百多处,我到过的不过十多处。如将汉语中的逗号照搬使用在英文中导致译文难以理解或不符合英语语法表述规范时,也可删除该

---

① Karen Elizabeth Gordon, *The Deluxe Transitive Vampire: A Handbook of Grammar for the Innocent, the Eager, and the Doomed*, New York, Pantheon, 1993; William Strunk and E. B. White, *The Elements of Style, London*, Longman, 1999.

② Richard K. Neumann, *Legal Reasoning and Legal Drafting*, Beijing, CITIC Publishing House, 2009, p. 429.

逗号。

例1　**第六条**　国家实行节能目标责任制和节能考核评价制度，将节能目标完成情况作为对地方人民政府及其负责人考核评价的内容……

（《中华人民共和国节约能源法》）

译文　Section 6.　The State applies a system of responsibility for achieving the goals set for energy conservation and a system for assessing energy conservation, and shall include in the assessment of the local people's governments and the leading persons their achievements in energy conservation...

该例中的逗号分隔两个分句，译文就按照原文句式直译成两个分句，致使句子结构怪异且有失准确，故不妨考虑在英译时删除逗号并调整语序。试译：

Section 6.　The State adopts a system of accountability for energy conservation targets and an energy conservation evaluation system whereby the fulfillment of energy conservation targets is taken into account in the performance evaluation of local people's governments and responsible persons thereof...

该译文中删除了原文中的逗号，改用一个连接词 whereby 将原文的两个句子连接起来，在逻辑上颇为通顺。前文谈及，中文中常在主谓之间、谓宾之间（在法律语言中比较少见）出现的逗号，在译成英语时均可考虑将其省略，以符合英语的语法规范。

例2　**第二十六条**　……养子女和生父母间的权利和义务，因收养关系的成立而消除。

（《中华人民共和国婚姻法》）

译文　Section 26　...The rights and duties of the relationship of parents and child between the adoptee and his or her natural parents shall terminate with the establishment of adoption. ①

原文在主语和谓语间插入逗号表示停顿，译文将原文中的逗号去掉，这值得肯定。但画线部分易产生歧义：究竟是关系的权利义务，还是养子女与生父母的权利义务？试改译如下：

① 滕超、孔飞燕：《英汉法律互译：理论与实践》，浙江大学出版社2008年版，第69页。

Section 26. ...The parent-child legal relationship between the adoptee and the biological parents shall terminate upon the entry of the adoption decree.

此外,汉语法律文本在定义时常在被定义的术语后用逗号隔开。例如:

第一百五十条 ……食品安全,指食品无毒、无害,符合应当有的营养要求,对人体健康不造成任何急性、亚急性或者慢性危害……

(2018 年《中华人民共和国食品安全法》)

在英语中,被定义项后一般不用逗号,故英译时逗号应省略:"' ...Food Safety' means the assurance that the food is nontoxic, harmless, and compliant with reasonable nutritional requirement, and will not cause any acute, chronic and potential hazards to human health..."; 如果是英译汉时则可增加一个逗号。例如,"The term 'invention' means invention or discovery."可译为"发明,指发明或发现。"或"'发明'包括发明和发现。",以符合英汉语言的表述习惯。

最后,须注意的是对于最后一个并列结构前的连接词 and 或 or 之前是否使用逗号。[①] 例如:

Section 9401 (a) Except as otherwise provided in subdivision (b) and in Sections 9406, 9407, 9408, and 9409, whether a debtor's rights in collateral may be voluntarily or involuntarily transferred is governed by law other than this division.

(California Commercial Code)

§ 1103 Grounds for termination of parental rights.

(a) The procedure for termination of parental rights for the purpose of adoption or, if a suitable adoption plan cannot be effected, for the purpose of providing for the care of the child by some other plan which may or may not contemplate the continued possibility of eventual adoption, may be initiated whenever it appears to be in the child's best interest and that one or more of the following grounds exist:

---

① 按英语语法要求,应使用逗号。例如, The car was available in red, white, black, tan, and special-order colors。See William Strunk and E. B. White, *The Elements of Style*, London, Longman, 1999, p. 67.

(1)…(7) The parent has subjected a child to torture, chronic abuse, sexual abuse, and/or life-threatening abuse.

从上面两个例句可以看出,连接最后一个并列结构的连词“and”和“and/or”之前,都使用了逗号。这就为英汉翻译提供了启发。

增加逗号的做法可以将各并列项分隔开来,避免产生歧义。在司法实践中,因并列项不明产生的争议不在少数。索兰(Solan)就在其 Language of the Judges 一书中为我们提供了不少这类争议。故而增加逗号的做法较为实用。牛津大学出版社就是采用的这种增加逗号的模式,因此这种逗号也被称为序列逗号(serial comma)、牛津逗号(Oxford comma)、哈佛逗号(Harvard comma)。这种模式在英美法系的新西兰和美国的立法中颇为普遍。例如:

The director may cancel or suspend any license, authority, or permit issued under this Part.

故在汉译英时,不妨采用这种序列逗号。①

二、顿号

顿号是汉语特有的标点符号。在汉语中,顿号与逗号一样属于句内点号,表示句内的停顿。具体而言,顿号可用于句子内部并列词语之间的停顿,且最后一个并列项及其连接词的前面不会使用顿号。例如:

第七十五条　公民的个人财产,包括公民的合法收入、房屋、储蓄、生活用品、文物、图书资料、林木、牲畜和法律允许公民所有的生产资料以及其他合法财产……

(《中华人民共和国民法通则》)

其中各并列项由顿号连接起来。顿号与英语中的连接名词、短语、和句子等的逗号在功能上颇为相似,故在翻译时可将汉语的顿号译为英语的逗号,反之亦然。只是在汉译英时,最后一个并列项前应加上逗号,这一点与汉语的表述存在差异,不可不防。反之,在英译汉时,译文中最后一个并列项前则不使用顿号。这一点已在“逗号”一节中做了分析,就不赘述。此外,须注意的是,顿

① 根据英美法系现行的立法指南,在最后一个并列结构前一般不用逗号。

号连接的并列项究竟是选择性的(selective)还是包括性的(inclusive),即究竟是应译为 and 还是 or,应仔细甄别,不然会导致误译。以假定结构"If X,then Y shall do Z"为例。在立法中常引申为:

A: If X does A, B, and C, X shall be liable to punishment.

B: If X does A, B, or C, X shall be liable to punishment.

从语法角度而言,and 与 or 一个是选择性的,一个是并列性的,显然不属于同一种类。在 A 中,只有 X 做了 A、B、C 三件事,才会受到惩罚;在 B 中,X 只要做了 A、B、C 中的任何一件事,都会受到惩罚。但是,在英美法系司法界,and/or 的属性颇为复杂,有时 and 与 or 表示同一个意思而可互换。例如,纽约的成文法中就作了下列规定:

Generally, the words "or" and "and" in a statute may be construed as interchangeable when necessary to effectuate legislative intent. ①

有人评论说,之所以会有这一成文法解释原则,是因为在立法时,立法机构在本该使用 and 的地方错误地使用了 or,或相反。该解释规则使法官在立法机构出现失误时可进行解释,以修正立法错误并实现立法宗旨。

根据立法机关和学者的研究,在定义条款中可使用"and"或"or"。例如:

a) animal means dogs, cows, and sheep.

b) animal means dogs, cows, or sheep.

上述两种表述均是可以接受的,而且其意思相同。此外,在英语中,当肯定陈述句变成否定句时,肯定句中的 and 就变成了 or。例如:

The committee may accept oral submissions and submissions recorded on video.

The committee may not accept oral submissions or submissions recorded on video.

此时,and 与 or 的意思和功能是相同的。此外,尽管"and/or"看似"any or all of the following"的一种简写形式,但实际上该表述有歧义,故学者们建议不要在立法中使用该形式。但是,在司法界,and 与 or 可以互换这一观念已经根

① Mc Kinney's Cons. Laws of N. Y. ,Statutes § 365.

深蒂固,尤其是 or 可表示 and,稍有不慎,可能导致严重后果。[1] 因此,如何理解汉语中的顿号(选择性或包括)并正确译为英语,就甚有必要了。

例 1 **第十七条** 禁止生产、进口、销售国家明令淘汰或者不符合强制性能源效率标准的用能产品、设备……

(《中华人民共和国节约能源法》)

译法 1 Article 17 Manufacturing, importing or distributing of the energyusing products or equipment which the State has eliminated by official order or which fail to conform to the mandatory energy efficiency standards is prohibited…

(中国版)

译法 2 Article 17 The manufacturing, import or sale of any energyconsuming products and equipment shall be prohibited if they are expressly ordered to be eliminated by the State or they do not comply with the statutory standards for energy efficiency…

(美国版)

从阐释学的视角观之,法律翻译亦是一个解释的过程,而解释可分为文义解释和目的解释,其中目的解释是我们进行法律翻译时应主要采取的解释方式。目的解释是普通法法院依据立法目的对成文法或宪法进行的解释。从其历史渊源看,目的解释法源于 mischief rule。[2] 例如,在 *Smith v. Hughes* 一案中,[3]被告(妓女)因站在自家的阳台(balcony)上招揽生意而被控违反了 1959 年 Street Act 第 1 条第 1 款的规定:"It is a criminal offense for a common prostitute to loiter or solicit in a street or public place for the purpose of prostitution."即禁止在街道或公共场所招揽皮条生意。如果按照同种类规则(*ejusdem generis* rule)进行解释,balcony 与 street 并非一类,也就不属于 public place 涵盖的范围。但是,法官帕克(Lord Parker CJ)并未如是解释,而是依据

---

① *People v. Caine*, 57 Misc. 2d 178, 333 N. Y. S. 2d 208 (Dist. Ct. Cy. 1972).

② The Mischief Rule is a rule of construction that judges can apply in statutory interpretation in order to discover Parliament's intention.

③ *Smith v. Hughes*, [1960] 1 WLR 830.

立法宗旨,即该法的目的是使路人在街上行走时不受到妓女的骚扰或挑逗(... enable people to walk the street without being molested or solicited by common prostitutes),因此,被告是站在自家阳台上还是在大街上招揽生意,在所不问。

就例 1 而言,从立法目的看,任何生产、进口或者销售的行为都应予以禁止,而无须同时进行几种行为,故而尽管未使用“和”或“或”,在翻译时应补充并确定相应的连接词。上述两个译法中,译法 1 在连词的选择上是对的,但在句法结构上严重违反“主位—述位”推进模式而显得怪异,标点符号也有欠妥当;而译法 2 中也有多处失当:在最后一个并列项前未使用逗号;any 修饰的名词应为单数,但却用了 products 这个复数形式;“产品”与“设备”为选择性而非并列性,故应改为“or”;且使用代词有违法律语言“少用代词而应多用替代形式(pro-form)”的要求。试改译:

Section 17. The manufacturing, import, or sale of any energy-consuming product or equipment shall be prohibited if said product and/or equipment are explicitly mandated to be eliminated by the State or fail to comply with the statutory standards for energy efficiency...

在我国法律中,尚有大量类似的用顿号引导的选择性并列结构。

例 2 **第七十八条** 被判处管制、拘役、有期徒刑、无期徒刑的犯罪分子,在执行期间,如果认真遵守监规,接受教育改造,确有悔改表现的,或者有立功表现的,可以减刑……

(《中华人民共和国刑法》)

其中顿号引导的四个并列结构,除了根据法律上的规定(对同一个罪不得处以数种惩罚),根据常识也能断定各并列项是选择性的(一个人不可能同时受几种惩罚)。试译:

Section 78. A convicted criminal sentenced to public surveillance, criminal detention, fixed-term imprisonment, or life imprisonment may be granted a commuted sentence, if the criminal, when serving the sentence, abides by the prison rules conscientiously, receives education and rehabilitation, and shows true repentance, or the criminal performs meritorious service...

此外,用顿号引导包括性的并列结构也非常常见。如果有连接词,如“建筑工程的建设、设计、施工和监理单位应当遵守建筑节能标准”，就比较好处理，只须将其中的“和”译为“and”，即“The design, construction, and supervision entities for construction projects shall observe standards for energy conservation in the construction industry.”如果没有连接词，则须根据句子语义结构进行解释。

例3　**第二十二条**　国家鼓励节能服务机构的发展，支持节能服务机构开展节能咨询、设计、评估、检测、审计、认证等服务……

（《中华人民共和国节约能源法》）

该例中的“咨询、设计、评估、检测、审计、认证”用顿号隔开，且后面有个概述性表述“等服务”。对于这类表述，可根据法律解释中的同种类规则及逆行解释而后断定其为包括性的还是选择性的。根据《布莱克法律词典》（第8版），同种类规则，即“the *ejusdem generic* (of the same kind) Rule”的意思是：

a canon of construction that when a general word or phrase follow a list of particular words, the general word or phrase shall be interpreted to include only items of the same type, as those listed. e. g. : horse, pig, cattle, sheep or any other farm animal. Then the general word (despite its breadth) would be held to include only four-legged animal typically found on a farm, thus exclude chicken.

即当特定词（particular words）后面接一些概括性词汇（general words）时，应根据该特定词汇的含义来确定概括性词汇的意义，如上述定义中的“other farm animal”就不应该包括鸡、鸭等，因前面的特定词都是四脚动物且无羽毛或翅膀，而鸡、鸭等禽类只有两只脚却有羽毛。再如英国1853年的《禁赌法》（Betting Act）规定，不得聚众在“房屋、办公室或其他地方”进行赌博（prohibiting the keeping of a“house, office, or other place”for betting with persons resorting thereto）。那Tattersall's Ring① 是否属于该法中规定的“other place”呢？法院就采用了同种类规则（The *ejusdem generis* rule），认为前面的特定词“house, office”都是有屋顶的，故概括性的表述“or other place”就应包括那些有屋顶的场所，但Tattersall's Ring是无屋顶的露天场所，故不属于本法所述

---

① Tattersall's Ring is an open air enclosure reserved for certain bookmakers，乃是一种提供赌博的露天场所。

的“其他场所”。根据该解释规则，在翻译“……等服务”时，可用“or other service”来表述，也可用“such services as...”来处理。试译：

Section 22. The State encourages the development of energy-conservation service agencies, and supports such services rendered by said energy-conservation service agencies as consultation, design, evaluation, inspection, auditing, and certification concerning energy conservation...或者：

Section 22. The State encourages the development of energy-conservation service agencies, and supports said energy-conservation service agencies to implement consultation, design, evaluation, inspection, auditing, certification, or other services...

三、分号

分号（semi-colon）也属于句内点号。根据我国标点符号使用标准，分号可有下列几种用法：

（1）复句内部并列分句之间的停顿，用分号。例如，“十周岁以上的未成年人是限制民事行为能力人，可以进行与他的年龄、智力相适应的民事活动；其他民事活动由他的法定代理人代理，或者征得他的法定代理人的同意。”

（2）非并列关系（如转折关系、因果关系等）的多重复句之间，也用分号。例如，“中华人民共和国年满十八周岁的公民，不分民族、种族、性别、职业、家庭出身、宗教信仰、教育程度、财产状况、居住期限，都有选举权和被选举权；但是依照法律被剥夺政治权利的人除外”。

（3）分行列举的各项之间，也可以用分号。例如：

“中华人民共和国的行政区域划分如下：

（一）全国分为省、自治区、直辖市；

（二）省、自治区分为自治州、县、自治县、市；

（三）县、自治县分为乡、民族乡、镇。”

可见，汉语中的分号常用于分句之间。英语中的分号用法与之相似，即用于连接独立的从句，而且相对于句号而言，分号表明句子间的关系更为密切。在法律英语中，分号常用于连接各项，尤其是在列举那些具有制表特征的（of tabular character)款、项、目时,即只要条款下的内容分段排列,一般就会使用分号。①

例 1　The President may, by legislative instrument, make Regulations

(a) prescribing standards of grade, class…

(b) providing for the inspection, grading…and

(c) generally for carrying into effect the provisions of this Act.

这与汉语中的分号具有相同的用法与功能,即常用于条、款中各项规定的列举。

例 2　**第四十二条**　预包装食品的包装上应当有标签。标签应当标明下列事项:

(一)名称、规格、净含量、生产日期;

(二)成分或者配料表;

……

(八)生产许可证编号;

(九)法律、法规或者食品安全标准规定必须标明的其他事项……

(2009 年《中华人民共和国食品安全法》)

在翻译时可照直译为分号。只是在英译汉时,例 1 中的(b)与(c)之间的 and 应予以删除;而在汉译英时,应在例 2 中的(八)之后应添加"and",以符合英文重形式的特点。即

(8) Production License Number; and

(9) Other information that must be indicated in accordance with applicable laws, regulations, and food safety standards…

四、冒号

冒号(colon)也属于句内点号。在法律语境中常用于总说性话语的后边,表示将引起下文的分说(例如,北京紫禁城有四座城门:午门、神武门、东华

① See V. C. R. A. C. Crabbe, *Legislative Drafting* (Volume 1), London, Cavendish Publishing Limited, 1993, p. 99.

门和西华门),或者用在需要解释的词语后边,表示将引出解释或说明(日期:10月20日至11月10日、时间:上午8时至下午4时)等。

在英语中,冒号的使用应遵循这样一个规则,即使用冒号乃是形成“建立—回报关系”(setup:payoff relationship)。其中“建立部分”应为一个独立的从句,而“回报部分”则可以是单词、短语或句子。常见错误是冒号前的部分并非句子。例如:

I bought many items: milk, eggs, and the ingredients for lasagna. (√)

My purchases included: milk, eggs, and the ingredients for lasagna. (×)

My goals are to go to college and then to law school. (√)

My goals are: to go to college and then to law school. (×)[①]

这就为汉译英时如何使用冒号提供了指南。

例1 ...This rule applies to all matters identified in (a) except:

(1) Trial and post-trial proceedings including but not limited to motions in limine (see rule 3.112 (f));

...

(3) Eminent domain proceedings; and

(4) Local court rules adopted under the Trial Court Delay Reduction Act.[②]

由于画线部分为完整句子,原文中使用了冒号,汉译时可同样处理为冒号;而在汉译英时,应视具体情况而定。

例2 **第五十二条** 国家加强对重点用能单位的节能管理。下列用能单位为重点用能单位:(一)年综合能源消费总量一万吨标准煤以上的用能单位……

(《中华人民共和国节约能源法》)

由于原文冒号前是一个句子,故可照原文符号对译:

Article 52 The State will strengthen administration of energy conservation by key energy-using entities.

---

① 参见 http://lawprofessors.typepad.com/legalwriting/2006/08/the_colon_and_h.html,最后访问日期:2020年1月25日。

② Rule 3.20. Preemption of Local Rules, California Rules of Court.

The following energy-using entities shall be key energy-using entities:

(1) Energy-using entities with an annual energy consumption totaling above 10, 000 standard coal...

如果汉语中的冒号前并非句子,则应做相应的修改。

例 3　**第九十九条**　本法下列用语的含义:

食品,指各种供人食用或者饮用的成品和原料以及按照传统既是食品又是药品的物品,但是不包括以治疗为目的的物品……

(2009 年《中华人民共和国食品安全法》)

上例中的画线部分为一个短语,故不能译为“Definitions of the following terms as used in this Law:...”,因有违英语标点符号的使用规范。可将其改为一个句子,或者使用其他方式:

a) For the purpose of this Law, the following terms shall have the meaning: ...

b) For purpose of this Law — (或者: In this Law),

“food” means...

可见,冒号在英汉语法律法规中的用法较为并不一致,在翻译时须做适当调整。

五、破折号

在英语中,属于标号的破折号(dash)与冒号的用法极其相似,可连接句子或连接句子与短语或单词,①表明“总—分”关系,以提供详细细节进行补充说明;或使用成对的破折号形成一个插入结构。② 破折号的这种用法在法律英语中较为普遍。例如:

...(7) If the trier of fact is satisfied that a person is not criminally responsible for an offence only because of mental impairment, it must—

(a) for an offence dealt with before the Supreme Court—return or enter a

① 例如,“The weather was nice—it was sunny with a soft wind”中破折号用于解释说明,与“Our payment is late:it was due two weeks ago”中的冒号的作用相似。

② 在美国,常用冒号和括号来引入插于结构;有时亦可用破折号代替冒号。

special verdict that the person is not guilty of the offence because of mental impairment; or

(b) for any other offence—find the person not guilty of the offence because of mental impairment.[①]

上例中,"it must"后面的破折号分别与 return 和 find 前的破折号形成一个插入结构,起到补充信息的作用。对于这种结构,有不少学者是照直翻译,翻译作品中不乏此类表述。此时,可对结构做适当调整,将 must 后面的破折号译为冒号,因在法律法规中表示列举时常用冒号,而将"return"和"find"前的破折号改译为逗号,以符号汉语表述习惯。试译:

……(7)事实审理者认定行为人仅因精神受损而不应承担刑事责任时,须作出下列裁决:

(a)对在最高法院起诉的犯罪,须作出该行为人因精神受损而不构成该罪的特殊裁决;或者

(b)对其他犯罪,须作出该行为人因精神受损而不构成该罪的裁决。

上面在"四、冒号"小节中的例 2 的译文中的冒号也可以改为破折号。有学者认为,在立法文件中,在使用破折号(以及冒号)的地方若不用该标点符号,其实并不会影响意思表述,并认为这种用法其实就是一个"abomination!"(令人讨厌的东西)。但这种用法已然根深蒂固,故在立法中较为常见,在法律法规汉译英时可适当考虑到该用法而适当翻译。

六、句号

句号(full stop)属于句末点号,句末点号中的其他两类(问号和叹号)在法律法规中几乎不曾使用,因此不予介绍。句号常用于陈述句末尾的停顿,这在汉语与英语中较为相通。只是在英美法系的法律法规中,句号的用法比较特殊,除了在陈述句末尾表示停顿外,在一些短语结构后也使用句号,这种情况在汉语中绝不会出现。具体而言,二者的差异主要在于英语中条款的序号后面使用句号,而汉语中则阙如。

---

① Section 28, Division 2.3.2, Part 2.3, Chapter 1, Criminal Code 2002 (Australia).

例1 Sec. 3. Officers and employees

第一条 为了推动全社会节约能源,提高能源利用效率,保护和改善环境,促进经济社会全面协调可持续发展,制定本法。

(《中华人民共和国节约能源法》)

从例1可以看出,按照英美法系的书写规范,条款可以使用缩写形式"Sec",再加上一个句号;或者使用全称形式Section,但后面的序号后面都得加上一个句号。而在汉语中,条款序号后空一格,不使用句号。在翻译时应注意到该差异。

例2 §191. The examination must be completed at one session, unless the magistrate, for good cause shown, adjourn it. The adjournment cannot be for more than two days at each time, nor more than six days in all, unless by consent or motion of the defendant.

(The Code of Criminal Procedure of the State of New York)

58. Variation of registered scope of council

(Labour Relations Act 66 of 1995)

从例2可见,除了在条款名称(section heading/subsection heading)与条款序号之间使用句号外,有时即便不出现section/sec./§等表示"条"的符号,即直接用阿拉伯数字(或英文字母)引出"条"的名称时,也会在该数字(或英文字母)与条款名称之间使用句号。① 这一点也与汉语法律法规中的表述迥异,在英译汉时可省略该句号,汉译英则应补充一个句号。

七、引号

在汉语中需要强调论述的对象时,用引号(quotation marks)标示;对于具有特殊含义的词语也用引号标示。在法律法规中,引号常用于术语定义条款中。须注意的是,在英美法系中,所有被定义的术语或概念都使用引号。

例1 Section 18720. (a)..."Agricultural wastes" means solid wastes of plant and animal origin, which result from the production and processing of farm or

---

① 需要注意的是,有些英美法系国家并不在序号后使用句号。

agricultural products, including manures, orchard and vineyard prunings, and crop residues, which are removed from the site of generation for solid waste management…

(California Code of Regulations)

而法律汉语中,被定义项是否使用引号在不同法律中的用法并不一致。

例 2 **第四十七条** ……本法所称公共机构,是指全部或者部分使用财政性资金的国家机关、事业单位和团体组织。

(《中华人民共和国节约能源法》)(注:未使用引号)

第一百五十三条 本法所称的"不可抗力",是指不能预见、不能避免并不能克服的客观情况。

(《中华人民共和国民法通则》)

为何会有这种差异,我们姑且不论。但在汉译英时,务必顾及英文的表述习惯。以上述《中华人民共和国节约能源法》第四十七条的译文为例:

译法 1 Section 47. …For the purposes of this Law, public institutions include the government departments, institutions and public organizations that completely or partly rely on government funding.

(中国版)

译法 2 Section 47. …For purposes of this Law, Public Organizations shall mean State organs, public-service institution and group organizations that totally or partially use public financial capital.

(美国版)

上述译文中都未使用引号,显然不符合英文的表述习惯。① 细心的译者应

① 在译法 1 中,除了 public institution 未使用引号外,画线处的 the 系属多余,completely 与 partly 并非表示部分与整体的同一性质的词汇。对于 public institution 的意思,参见 42 CFR §435. 1010—Definitions relating to institutional status 的规定:Public institution means an institution that is the responsibility of a governmental unit or over which a governmental unit exercises administrative control. The term public institution does not include—(a) A medical institution as defined in this section;(b) An intermediate care facility as defined in §§440. 140 and 440. 150 of this chapter;(c) A publicly operated community residence that serves no more than 16 residents, as defined in this section; or (d) A child-care institution as defined in this section with respect to—(1) Children for whom foster care maintenance payments are made under title IV-E of the Act; and (2) Children receiving AFDC-foster care under title IV-A of the Act.

关注这些小细节,否则会给读者带来阅读障碍。中国香港特别行政区的中文法例在处理释义条款时,均采用对被定义条款加引号的做法,颇符合英文表述习惯。不妨改译为:

Section 47. …For the purposes of this Law, "<u>public institution</u>" means any governmental organ, public-service institution, and public organization that are totally or partially funded by public financial capital.

八、括号

括号(brackets)包括圆括号"( )"、方括号"[ ]"、六角括号"〔 〕"和方头括号"【 】"。在法律法规中常见的是圆括号,故在此主要介绍圆括号。根据我国标点符号使用标准,行文中注释性的文字,常用括号标明;注释句子里某些词语的,括注紧贴在注释词语之后;注释整个句子的,括注放在句末标点之后。[①] 在法律法规中,不乏这类用法。

例 1　**第三十八条**　……如果纳税人不能提供纳税担保,经县以上税务局(分局)局长批准,税务机关可以采取下列税收保全措施……

(《中华人民共和国税收征收管理法》)

括号内的分局乃是补充信息,因有的地方设立税务局,有的地方设立税务分局,从而使立法更加准确。在翻译时,应考虑到英文的表述习惯而将其译为"bureau or sub-bureau"。

例 2　**第四条**　(由 1998 年第 26 号第 5 条废除)

(《香港法例》第一章《释义及通则条例》)

在英文中,brackets[②] 常用于插入一个重述结构,即对某个句子提供补充信息或进行解释。一般认为,只有当被解释说明的句子是一个完整句子,即无须该插入成分亦符合英语语法,使用该括号才是正确的。换言之,该圆括号内的

---

① 例如,中国猿人(全名为"中国猿人北京种",或简称"北京人")在我国的发现,是对古人类学的一个重大贡献。再如,写研究性文章跟文学创作不同,不能摊开稿纸搞"即兴"。(其实文学创作也要有素养才能有"即兴"。)

② 在美国英语中,brackets 引导的成分一般称为 parentheses,而且我们所说的方括号(square brackets)在美国一般用括号(brackets)表示。在英美法系其他国家如英国、加拿大,都区分了圆括号与方括号。

信息并非文本的必备成分。①

例 3 Section 24 of the Forestry Act, 1887, (which provides for applications to be made to the Minister) shall apply to an application made under section 6 of this Act.

上例主要涉及第 24 条的适用范围,而括号内的信息与此无关,即谈及的是向部长提起申请的有关程序问题,省略该部分也不影响实质性规定。上述例 2 也可依照原文对译为"Section 4 (Repealed 26 of 1998 s. 5)"。有时,如上述例 1 一样,括号内所附加的信息是为了使立法更为严谨时,可根据具体情况进行处理。

例 4 8 Delayed application of ch 2 to certain offences

(1) Despite section 7, the provisions of this chapter (other than the applied provisions) do not apply to a pre-2003 offence unless—

(a) the offence is omitted and remade (with or without changes); or

(b) an Act or subordinate law expressly provides for the provisions to apply to the offence...

[Criminal Code 2002 (Australia)]

该例中的括号也属于补充信息,可依照原文格式翻译。此外,在合同文本中,也常月圆括号增加信息做补充说明。例如,在"The undersigned (herein 'Purchaser') hereby offers to purchase from the owner (herein 'Seller') the real estate located at No 3 Oxford Street, London, UK."和"Purchaser agrees to pay $500.00 at time of closing."中,圆括号将受让方和转让方的简称(Purchaser/Seller)标注出来,以便下文指示。只是要注意,该简称须使用引号,类似于定义条款中的用法,但在下文提及该简称时,不再使用引号。

圆括号的另一个重要用途就是用于法律法规的序列标注。在英文中,除条以外的款、项、目等下级单位,均应使用圆括号,如 Section1(a)(1)(A)(I)(i);

① 例如,在"The Minister may (by legislative instrument) make Regulations."中,括号的使用就有失妥当,因其前面的成分并非完整句子。可改为:The Minister may, by legislative instrument, make Regulations。See V. C. R. A. C. Crabbe, *Legislative Drafting* (Volume 1), Cavendish Publishing Limited, 1993, p. 94.

而在汉语中，项、目等次级单位均应使用圆括号。对此，可参见“法律法规的宏观结构”有关章节的内容。在翻译时应按照各自的格式进行处理。

至于方括号，尽管在法律法规中很少见到，法律英语写作中常用其来调节引述材料的格式。例如：

The court ruled that “[e]xistence of the subject matter of the contract precluded a finding of force majeure”.

其中的方括号用以标示在原文中本来大写的字母现在去使用小写形式。在翻译时可省略该括号（法院认为，因合同标的物尚在，故不可抗力的辩解不成立）。

此外，英美法系国家在援引案例或法律法规时，也常使用圆括号或方括号标注案件判决的时间、法律通过的年代、审理案件的法院等信息（参见本书第一章的有关内容）。

九、符号组合

在法律汉语中，标点符号组合（combination of punctuation marks）出现的情况极其少见。而在法律英语中，这种情况却非常普遍，大致可分为下列几种情况：

1. 句号+破折号（period-dash）

前面提及句号与破折号在英美法系国家与我国法律中表述略有差异，而使用“句号+破折号”的模式可谓是英美法系法律法规中特有的表达方式。这种组合使用常用于条（款项）名称（section heading 或者 subsection heading 或者 paragraph heading）后面，以引出条（款）的下级单位或某条款具体的内容。例如：

35 USC Sec. 3.　Officers and employees

(a) Under Secretary and Director. —

(1) In general. —The powers and duties of the United States Patent and Trademark Office shall be vested in an Under Secretary of Commerce for Intellectual Property and Director of the United States Patent and Trademark Office (in this title referred to as the “Director”), who shall be a citizen of the United

States and who shall be appointed by the President, by and with the advice and consent of the Senate. The Director shall be a person who has a professional background and experience in patent or trademark law...

(35 USC Patent)

在上例中,a 款的名称后使用了"句号+破折号"的组合,第 1 项名称后也使用了该组合。这种句号与破折号并用的情况在《美国法典》中尤为明显。这种表述法在译为汉语时可按照原文格式处理,这在我国众多汉译作品中颇为常见。① 如前所述,我国法律法规中几乎不使用条款名称,仅在"节"才有名称,故在翻译这种表述时也可参照我国立法法对"节"的表述所作的规定,即不在"节"名称的表述里使用标点符号,故在译文中不再出现原文中的"句号+破折号"组合。试译:

第三条 官员与职员

专利商标局官员与职员

(一)一般规定

美国专利商标局的职责由知识产权贸易次长和美国专利商标局局长行使(在本编中称为"局长"),该局长和次长应为美国公民,经参议院提议和批准并由总统任命。局长应具备相关专业背景且精通专利法或商标法……

2. 冒号+破折号(colon-dash)

这种组合与冒号或破折号的功能一样,都是为了引出详细的细节,故有人认为该组合纯属多余。② 尽管如此,这种组合在英美法系颇为普遍。例如:

67 Interpretation of Part IV.

In this Part of this Act, except where the context otherwise requires, the following expressions have the meanings hereby respectively assigned to them, that is to say: —

· "general search" means a search conducted during any number of

---

① 如徐昕翻译的《英国民事诉讼规则》(中国法制出版社 2001 年版)以及其他一些法律法规文中,都采用了原文的序列编号。

② See V. C. R. A. C. Crabbe, *Legislative Drafting* (Volume 1), Cavendish Publishing Limited, 1993, p. 92.

successive hours not exceeding six, without the object of the search being specified;

· "incumbent" has the meaning assigned to it by section fifty-four of this Act...

[Marriage Act 1949 (UK)]

在该例中,"that is to say:—"引出下面几个并列部分,与冒号或破折号的作用相似。而在汉语中,冒号具有类似的功能。有趣的是,在加拿大的现代立法中,并不使用破折号,或者不存在冒号与破折号并用的情况。

第三节　本章小结

在点号、标号以及符号组合的使用上,英汉语法律法规之间存在差异,故在英汉互译过程中,应考虑到该差异,以符合目的语的标点符号使用规范。正如古诗词里说的,"一枝一叶总关情",小小的标点符号有时能"一点值千金",关乎诉讼的成败,故不可不慎。

The unit of communication by means of language is the sentence and not the parts of which it is composed. The significance of individual words is affected by other words and the syntax of the whole…

— Lord Hoffman, in *R v. Brown* [1996]1 All ER 545, 560.

第四章　英汉法律语言的差异

发生学理论认为，语言总是因需要而产生。语言与人的本质联系在一起，与人在一定物质生活条件下的社会活动联系在一起，语言是文化的产物；语言同时又是一切理智活动的工具，人类的任何文化活动都离不开语言，语言结构便成为人类文化结构和社会结构的基础和原型，因此，语言又是文化的条件。故语言体现文化，文化又反过来构成语言的理据。同时，思维方式、思维特征和思维风格是语言生成的哲学机制，即语言实际上附着于思维这个有无限纵深的基础之上的结构体，受思维的支配，是处在交际中的人的思维载体。故，语言作为人类交际的最重要的工具，既是人们思维的表达符号，也是民族文化的代码。在漫长的历史过程中，人们对客观现实的认识凝固成经验和习惯，借助语言形成思想，又赋予思维一定的模式，进而形成一种思维形态。各民族不仅彼此民族文化各异，其思维方式、思维特征和思维风格也迥然不同。这种思维上的差异反映了操某一种语言的民族群体千万年以来形成的语言心理倾向，[①]也决定了语言表达形式的特异处，也就给翻译活动带来了诸多障碍。有学者就以教学实践为例，揭示学生在翻译中会过于受原文的束缚，在努力传达原文的意思时，不敢摆脱原文的结构模式，只好照原文的句式进行处理，从而造成翻译家们

① 吕艳梅：《英汉思维差异在语言上的表现》，载《河南大学学报（社会科学版）》1999 年第 4 期。

所谓的“翻译体”。① 目前,有学者对语言与文化的关系问题进行了多角度、多方位、多层面的研究,还有学者在谈及英汉法律语言在语音、词汇、句法和语篇层面的差异,但就法律法规翻译而言,尚未有学者就法律语言文化与法律法规翻译之间的关系进行系统的研究。仅分析语言表达方式间的差异是不够的,忽略语言表述背后隐藏的文化和思维等因素,必然使法律翻译中碰到的诸多问题不能得到有效解决。因此,本章将对英汉两种语言进行宏观对比,以揭示英汉语言文化和思维上的差异;而后从微观层面(包括类型/谱系、词汇、句法、语篇等方面),对英汉语言进行对比分析,以揭示英汉语文化和思维上的差异是如何体现在英汉语法律的句子和语篇层面,最终为有效地进行语码转换奠定基础。

第一节　英汉语言的差异概述

中国文化植根于农村,传统上是一个内倾型农耕文化。中西文化是两种根本不同类型的文化,属于平行发展、各有偏重、各具特色,没有本质冲突,可以交流的两大文化系统。中国传统的生活方式是安守故土、自给自足、不求空间的扩张、“唯望时间的绵延”,人民安定守成、沉着稳健、质朴厚重、崇尚和平,中国文化是一种内倾性文化。② 而西方文化起源于内在不足,传统上是一种外倾型商业文化,所以需要不断地向外征服,以“吸收外面来营养他自己”,属于“唯求富强”的外倾型海洋商业文化,比较注重空间的拓展与武力的征服,有强烈的战胜欲,崇尚竞争、内部团结,富有战斗性、侵略性和财富观念。具体而言,英汉民族的差异体现在下列四个方面:

一、直觉与理性

汉语民族的思维方式更注重直觉。古人将宇宙视为混沌的整体,认识事物

---

① 刘树阁:《英汉差异与动态对等——学生英汉翻译错误简析》,载《郑州工业大学学报(哲学社会科学版)》1997 年第 2 期;陈群:《从英汉思维差异看汉语对非英语专业英语写作的影响》,载《广西大学学报(哲学社会科学版)》1999 年第 S2 期。

② 参见费孝通:《乡土中国》,三联书店 1985 年版,第 1~10 页;冯天瑜、何晓明、周积明:《中国文化史》(下),上海人民出版社 2005 年版,第 5~14 页。

往往通过“设象喻理”，描述事物时“刻意神似”，交流中比较含蓄，讲究“只可意会、不可言传”“知者不言、言者不知”。这种思维上的模糊性也就导致了中文中存在大量“道”“气”“神”“理”等模糊概念，大量的主题句或无主句（非主谓句）即为一个显著的例子。而西方民族的思维具有理性的传统。从亚里士多德的形式逻辑到后来的理性主义都强调形式论证和科学实验，表现在语言上就是强调形式的完整性。法律英语中大量结构完整的主谓句即为明证。

二、具象性与逻辑性

汉语民族注重具象，即通过形象思维而形成的意象（pictures formed in the mind），故而有所谓的“观物取象”“立意于象”“得象而忘言”等说法。中国传统思维注重用形象的语言指称抽象意义和本体意义。汉语的文字具有象形、会意和形声的特征。例如，“人”字像顶天立地的人的形象，“从”字表示另有一人相随，“雨”中的四点表示雨滴；从构词法上看，汉语中很多词均与物体的形象有关（如回形针、马鞍山、蚕食、鲸吞），且以某个词为基础而衍生出其他的词（如诉、本诉、反诉、上诉）；在造句方面也非常注重形象生动，如大量的四字格表述就极富形象之美（如顺水推舟、失之交臂以及前面所述的联合、动宾、主谓等四字格表述）。而西方人则注重逻辑，讲究科学，追求准确、系统的分析和实证，如西方形式逻辑中有三大定律（同一律、矛盾律、排中律），在演绎推理中则有三段论（大前提、小前提和结论）。此外，英语极度重视语言的形式，如人称要一致、单复数有讲究、时态有要求、主语和谓语要配合、介词讲究搭配等。这就造成汉语与英语重义与重形的区别。

三、主体意识与客体意识

汉语民族的主体意识比较强，传统思维就把主体作为宇宙的中心。“万物皆备于我”“物便是我，我便是物”“天人合一”“主客不分”。而西方人的客体意识比较强，将自然作为认知对象，因而与中国人的思维方式很大的不同就在于主客二分，天人对立，把主体作为“旁观者”，对本质世界进行探索，但探索的前提是保持物我之间的距离。这就导致英汉语言在动作句(action-sentence)[①]、人称句[②]、被动句、处所词和时间词[③]等方面存在差异。

四、整体思维与个体思维

汉语民族比西方民族更把握总体,更强调群体,把宇宙视为一个整体,并善于归纳。形象思维和顿悟是汉语连句成篇的内因,而句子成分功能和层次往往被放在次要地位,在有的描述中前后主语跳跃性很大,故从英语的语法标准而言,汉语中很多语句都有语病。[④] 而西方人则长于条分缕析,精于分门别类,善于演绎,强调个体,更具有科学头脑。这种差别导致的后果首先就体现在汉语中有表示种类的偏旁部首,表示种类的词语比英语的多;[⑤]其次,汉语的对称性[⑥]以及"周遍性"行文方式,[⑦]与英语也有着显著区别;[⑧]最后,是以单数还是

---

① 汉语里动作句的主语一般是人,而英语中则可以是人或物。故英语中以物作主语的动作句常常需要进行相应的转换。例如:His bonhomie often brought him many friends. 按照直译则为:"他的和蔼经常给他带来很多朋友";如要表达为地道的汉语则可译为:"他为人和善,因而朋友很多。"再如,Astonishment, apprehension, and even horror oppressed her. 尽管可直译为"惊恐和焦虑让她喘不过气来",但译为"她感到心情抑郁,甚至惊恐不安"似乎更符合汉语中动作句的表述习惯。

② 汉语中常用人称句,而英文中则可表述为非人称句,一种冷静客观的叙述。在英译汉时往往须转换为以人为主语或隐含人的句子。例如:It was a difficult time for them. 可译为"当时,他们处境艰难"。再如:It is necessary for us to have some exercise every day. 可译为"我们有必要每天适量运动一下"。

③ 处所词在英汉语里都可以做句子主语。时间词在英语中能做主语,如"Last decades <u>saw</u> the rise of Chinese economy"(中国经济在过去的几十年迅猛发展),但在汉语中不能成为主体,不能做句子主语;此外,在英语复合句中,表示时间的从句可以在主句之前或之后,位置比较灵活,而在汉语中一般根据事情的发展顺序进行叙述,因此在英译汉时应做相应地调整。例如:Nothing has happened since we parted(不能译为"什么都没发生,自从我们分别后",只能译为"自打我们分手后,一直没发生什么事"。)。

④ 例如,"知彼知己,百战不殆;不知彼而知己,一胜一负;不知彼不知己,每战必殆"中并无一个连接词,但却浑然一体,语义连贯;再如:"享有外交特权和豁免权的外国人的刑事责任,通过外交途径解决",则为隐性的倒装结构的被动句。

⑤ 例如,由"木"可造出"树",而后造成一系列与"木"有关的字和词。如松树、李树、树干、树枝,这些在英语中则分别为 pine、plum、trunk、branch 等,而这些词在形式上看并未有丝毫的联系。

⑥ 例如,"风声雨声读书声,声声入耳;家事国事天下事,事事关心""人过大佛寺,寺佛大过人",以及大量对联和四字格术语或表述方式,均体现出汉语的对称性。这在英语中很少见,且译为英语后也无法体现出这种对称性。法律汉语中大量的并列结构也属显例,参见本书相关内容。

⑦ 周遍性指意义上表示无一例外,常为动词的受事,后面的谓语里有"都"或"也"。例如:"什么他都知道"。此外,还表现为同指性双层加合型复句句式,如:"这年头什么都要送礼,生要送礼,老要送礼,病要送礼,死要送礼"。这种周遍性重复是语言诗性与工具性相结合的产物。参见刘鹏:《周遍性重复现象研究》,载《三峡大学学报(人文社会科学版)》2012 年第 2 期。

⑧ 对于英汉语言的差异,参见潘文国:《汉英语对比纲要》,北京语言文化大学出版社 1997 年版,第 189~209 页。

复数形式做主语引导句子,也是这种差异的体现(参见后面有关章节)。

综上所述,英汉民族在心理和文化上存在差异,该差异势必体现在英汉法律语言的语音、词汇、句子和语篇等层面上。由于汉语是声调语言,而英语使用的是拼音文字,二者在语音层面定然存在差异。但由于语音层面与本书所探讨的法律法规翻译关系不大,故在此予以忽略,而主要就词汇、句法和语篇层面的一些体现进行探讨,为后面的英汉语法律法规翻译奠定基础。

第二节　英汉语差异在法律法规词汇层面的体现

潘文国先生曾指出,中国汉字受整体思维影响,故每一个汉字并非孤立的存在,而是一个系统的一部分,故汉字造词体现出整体观;英语造词的特点则是"原子主义",即一个事物一个名称,没有从整体和事物的联系进行命名的习惯。相比较而言,中国人更长于总体把握,善于归纳,更强调群体,把宇宙看作一个整体。因此,英汉语言差异首先体现在法律词汇的构成方式上,即法律中存在大量以某个基本术语通过复合法而构成其他术语,从而形成一个开放的群的现象。例如:

"诉":"本诉、反诉、上诉、申诉、抗诉"等;

"刑":"减刑、缓刑、判刑、徒刑、死刑"等;

"法院":"一审法院、二审法院、终审法院"等;

"裁决":"一审裁决、终审裁决、终局裁决"等。

在翻译时,应根据西方人"长于条分缕析、精于分门别类,善于演绎、强调个体"的特点进行处理,切忌如汉语一样通过在基本词基础上增加修饰语的方式进行处理。例如,上述例子中,"本诉、反诉、上诉、申诉、抗诉"应分别译为"claim,counter-claim,appeal,petition,appeal by the prosecution";"减刑、缓刑、判刑、徒刑、死刑"应分别译为"commutation,reprieve,sentence/conviction,imprisonment,death penalty/capital punishment";"一审法院、二审法院、终审法院"则可分别表述为"court of first instance/trial court/district court,court of second instance/appellate court,court of last resort";而"一审裁决、终审裁决、终局裁决"应分别译为"judgment of court of first instance,judgment of last resort, final judgment”。

此外，在词类层面，英汉语也存在如下差异（见表4-1）：

表4-1　英汉语在词类层面的差异

汉语		英语	
实词	虚词	实词	虚词
名词、动词、形容词、副词、代词、数词、量词	介词、连词、叹词和助词	名词、动词、形容词、副词、代词和数词	介词、连词、叹词、助动词、冠词

从表4-1中可以看出，汉语中有量词，而英语中则无该词类；英语中有冠词，汉语中却缺乏该词类。这就为我们提出了警示：在汉译英时应注意不能随便增加冠词；而英译汉时则应适当地补充量词。但目前的法律法规翻译中，忽略该差异的误译不乏少数。

例1　**第一条**　为保证食品安全，保障公众身体健康和生命安全，制定本法。

第二条　在中华人民共和国境内从事下列活动，应当遵守本法：

（一）食品生产和加工（以下称食品生产），食品流通和餐饮服务（以下称食品经营）；

（二）食品添加剂的生产经营；

（三）用于食品的包装材料、容器、洗涤剂、消毒剂和用于食品生产经营的工具、设备（以下称食品相关产品）的生产经营……

（2009年《中华人民共和国食品安全法》）

译文　Article 1.　This Law is enacted to ensure the food safety and guarantee the safety of the lives and health of the general public.

Article 2.　Those engaging in the following activities within the People's Republic of China shall abide by this Law:

1. food production and processing (hereinafter referred to as food production), and food circulation and catering services (hereinafter referred to as food business operation)…

2. the production and business operation of food additives;

3. the production and business operation of packing materials, containers, detergents and disinfectants for food and utensils and equipment for food production and business operation (hereinafter referred to as "food-related products")...

冠词 the 在语篇衔接中的作用与指示代词相似,不同之处是 the 不能单独使用,须与名词连用(作定语)方能起到指示作用,而译文中的 the production 结构并不能指示前面的某个实体或行为,故属于误用。而第二条第一项中的 food 前未使用 the,但在另两项中却使用 the,令人费解。此外,在条款序号的标注也与原文亦步亦趋,显然违反标点符号使用规范。《中华人民共和国食品安全法》的英译本中不乏类似的例子。此外,在本该使用"the+名词"表示照应的情况下,不少译文却并未添加 the。

例 2 **第十五条** 国家实行固定资产投资项目节能评估和审查制度。不符合强制性节能标准的项目,建设单位不得开工建设;已经建成的,不得投入生产、使用。政府投资项目不符合强制性节能标准的,依法负责项目审批的机关不得批准建设。具体办法由国务院管理节能工作的部门会同国务院有关部门制定。

(《中华人民共和国节约能源法》)

译文 Article 15 The State applies an energy conservation assessment and examination system to fixed-asset investment projects. If a project fails to meet the mandatory energy conservation standards, the developer shall not start construction; where construction of such a project has been completed, it shall not be put into production or to use. The authority responsible for approval of projects as prescribed by law shall not give approval for the construction of any state-financed project that fails to meet the mandatory energy conservation standards. The specific measures in this regard shall be formulated by the department in charge of energy conservation under the State Council in conjunction with the relevant departments under the same.

该译文中,if 与 where 引导两个并列结构,if 引导的句中提及"建设"(start construction),在后面的 where 从句中再提及该"建设"时,就应使用定冠词,以凸显其照应功能,但该 where 从句中并未使用定冠词,显属不当。类似忽略定冠词的照应功能而未增加 the 的例子在法律法规英译本中不乏少数。

此外,在语义层面,英汉语词汇存在空缺,抑或在语义模糊度、内涵、感情色彩、搭配意义等方面均存在差异,进而对法律词汇的翻译造成障碍(参见本书有关章节的内容)。

第三节　英汉语差异在法律法规句子层面的体现

英汉民族在心理和认识上的差异,导致了英语和汉语在句子结构上的差异,即英语是树式结构,汉语是竹式结构。英语句子中主干结构(主谓宾)突出,犹如一棵树的主干,先把句中的主语和主要动词这两个巨栋竖起来,然后再运用各种关系词把定语从句以及其他短语往这两根巨栋上挂钩。而汉语中动词使用频率高,在表达一些复杂思想时,往往借助动词,按照动词发生的顺序或逻辑顺序,逐步交代……其句子结构犹如一根竹子,一节一节连下去。① 这种特征在包含多个复句的长句情况下更是如此。句子结构差异在英汉语法律法规的句法中则体现为下列七个方面。

一、简单句

就简单句而言,法律英语中多用主谓句,几乎不用非主谓句;而法律汉语中则主谓句和非主谓句兼用。

汉语中主语的地位不如英语中重要。赵元任曾在《汉语口语语法》一书中指出,“即使把被动句和“是”字句也算在内,汉语中 SV 结构的句子所占比例并不大,可能不足 50%”,②故用主谓结构来分析句子是不够的,因汉语中许多句子以说话者谈论的事物开始,即以“话题”启动全局,而非从主语开始(即便有时话题可以被认定为是主语),句子其他用来谈论话题的部分被视为“述题”。因此,汉语句子中的话题与英语句子中的主语一样,在句子的组织中起着主导

① 参见潘文国:《汉英语对比纲要》,北京语言文化大学出版社 1997 年版,第 198 页。
② 赵元任:《汉语口语语法》,商务印书馆 1979 年版,第 123 页。

作用。但主语是一个语法单位，而话题主要是一个语义概念。这可从英汉语句子主语的结构上看出。从语义层面而言，英语句子的主语包括施事主语、受事主语、形式主语和主题主语四大类，而汉语的主语则包括施事主语、受事主语、形式主语、主题主语、存现主语、地点主语、工具主语、方式主语、时间主语、关系主语等十几类。[①]

进一步对比分析后发现，决定英语主语的其实是与动词间的一致关系。就词性而言，英语中只有具有名词性的结构才能担任主语，其他词类要想做主语，必须变化词性（零转换的词除外，即有的词既是动词也可做名词，无须词性变化），即须转换为分词或动名词结构、名词或指代某实体的代词等之后，才可担任名词。相对而言，汉语中可担任主语的情形远远多于英语，即除了前四类主语能与英语的主语相对应外，其余的几类实际上都属于非主谓句。这种无主语句或零主语句是“汉语语言中独一无二的句子结构”。[②] 但无主句在英语中是特例。这就为汉英语转换提出了警示：汉语中大量的形容词、主谓结构、动宾结构等可作为主语，译成英语时则须变换词性；此外，在翻译汉语中无主句时亦须特别留心。

法律法规的严谨性和确定性特点，决定了在英汉语法律中均存在大量的主谓句。但由于法律规定的施为性，法律表达的是国家的意旨，加之汉语重义的特点，故而法律汉语中常不标明主语，即大量使用非主谓句。而法律英语形式结构上的严谨性使得其句子建构在“主谓轴”上，其谓语是句义的核心，故而几乎不使用非主谓句。由于法律法规主要表达授权、命令、禁止等，其中由动词或动词性短语构成的非主谓句也就为祈使句。

例 1　**第二条**　实行婚姻自由、一夫一妻、男女平等的婚姻制度。保护妇女、儿童和老人的合法权益。实行计划生育。

（《中华人民共和国婚姻法》）

第九条　……禁止任何组织或者个人用任何手段侵占或者破坏自然资源。

（《中华人民共和国宪法》）

---

① 参见潘文国：《汉英语对比纲要》，北京语言文化大学出版社 1997 年版，第 213 页。

② 吕瑞昌等编著：《汉英翻译教程》，陕西人民出版社 1983 年版，第 95 页。

上述例子表现出汉语强调语义,具有突出的"以意统形"的特点,尽管隐藏了主语,但并不会影响读者理解这些无主句的大意。由于英语中的主语是"一句之主",故在汉译英时,就应该补充出相应的主语,套用英语中的SVO句型或基于该句型而产生的其他句型,即将受事作为主语,使用省略施事的被动句式进行处理,从而与原文不凸显施事的功能保持一致。可将上述《中华人民共和国婚姻法》第二条译为:

Section 2. A marriage system based on Freedom, Monogamy and Equality between man and woman shall be implemented. The lawful rights and interests of women, children and old people shall be protected. Birth control policy shall be implemented.

在翻译这类非主谓句时应注意其成分间的逻辑关系,否则会造成误译。

例2 **第六十一条** 对于犯罪分子决定刑罚的时候,应当根据犯罪的事实、犯罪的性质、情节和对于社会的危害程度,依照本法的有关规定判处。

(《中华人民共和国刑法》)

译文 Article 61. When sentencing a criminal, a punishment shall be meted out on the basis of the facts, nature and circumstances of the crime, the degree of harm done to society and the relevant provisions of this Law.

译文中使用主动语态(when sentencing)来翻译原文的假定结构,致使sentencing与主句的主语punishment构成一种"悬垂分词"(dangling phrases),① 即punishment并不能发出sentencing这个动作,故可添加与sentencing有主谓逻辑关系的主体(如法院)。改译:

Section 61. When sentencing a criminal subject to relevant provisions of this Law, the court of competent jurisdiction shall take into consideration relevant facts surrounding the offense, the nature and seriousness of the offense, and the level of harm done to society.

抑或仍沿用原文隐藏施事的表述结构,即仍译为被动句。试译:

---

① 有关在同一句子或段落内部改变语态形式的悬垂修饰结构(dangling structure or modifier,包括悬垂的分词、不定式、介词短语),参见Janet S. Dodd, *The ACS Style Guide*: *A Manual For Authors and Editors*, 2nd edition, Oxford University Press, 1997。

Section 61. A criminal shall be sentenced in accordance with relevant facts, the nature and seriousness of the offense, the level of harm done to the society, and the provisions of this Law.

二、复合句

如前所述,英汉语法律规范的逻辑结构都体现为“假定—行为—处罚”模式,其中的假定在法律英语中一般为条件句或其他短语结构,在法律汉语中则表现为大量的“的”字句、“如果……”、“主谓结构”、“当……时”等引导的条件句式,从深层次结构而言,都可表达成“if X,then Y can/may/be Z”模式。但在法律英语中,主句与从句的位置并不固定,因此 if 条件句既可以前置(preposed),也可后置(postposed)。[①] 例如:

35 USC Sec. 21. Filing date and day for taking action

...(b) When the day, or the last day, for taking any action or paying any fee in the United States Patent and Trademark Office falls on Saturday, Sunday, or a Federal holiday within the District of Columbia, the action may be taken, or the fee paid, on the next succeeding secular or business day. (状语前置)

35 USC Sec. 376. Fees

...(b)...The Director may also refund any part of the search fee, the national fee, the preliminary examination fee, and any additional fees, where he determines such refund to be warranted. (条件后置)

此外,由 whenever 引导的伴随状语、由 if 引导的条件句、由 except 引导的排除状语从句、原因状语从句等,都可前置或后置。

受汉语民族心理和思维影响,法律汉语中的假定结构一般采用“从—主”结构,即条件句一般前置,将行为人享有权利和履行义务的前提条件明确列

---

① 卡普兰(Kaplan)就曾从句法学的层面,对被继承人的书信中从句的位置进行统计分析,发现前置和后置的从句在数量上大致相当,无益于解决问题,只好从语用层面分析,才解决了遗嘱中的语义歧义问题。See J. P. Kaplan,“Pragmatic Contributions to the Interpretation of a Will”, *Forensic Linguistics* 5,1998. 潘文国:《汉英语对比纲要》,北京语言文化大学出版社 1997 年版,第 242~245 页。

出，这也符合汉语民族倾向于按照事情和行为的先后顺序而行文的特点。例如：

第三条 法律明文规定为犯罪行为的，依照法律定罪处刑；法律没有明文规定为犯罪行为的，不得定罪处刑。

（《中华人民共和国刑法》）

从上例可以看出，条件句乃是后面行为模式的依据和基础。而在表达例外情形时，法律汉语中既可前置，亦可后置。例如：

第六条 凡在中华人民共和国领域内犯罪的，除法律有特别规定的以外，都适用本法……

（《中华人民共和国刑法》）

第八条 在中华人民共和国领域内的民事活动，适用中华人民共和国法律，法律另有规定的除外……

（《中华人民共和国民法通则》）

对于这类引导但书（proviso）的解除条件句，可参见本书的有关章节的内容。鉴于条件句在位置上的差异，在英汉语转换时，尤其是英译汉时，应遵循目的语的表述习惯。例如：

...Neither the carrier nor the ship shall be responsible in any event for loss or damage to or in connection with the transportation of the goods if the natuce or value thereof has been knowingly and fraudulently misstated by the shipper in the bill of landing.

(46 U. S. C. § 1304(5).)

译文 ……承运人和船舶均不对该货物的灭失或损坏，或与该货物有关的灭失或损害负责，如果托运人在提单中故意或欺诈性地误述了货物的性质或价值。①

原文中的“if”引导的结构作为假定，其后置是符合英语句法规则的。但是，译文与原文亦步亦趋，将该条件句后置则与汉语的表述习惯相悖。如果在引导解除条件句的情况下，是否前置则可灵活处理。例如：

---

① 四川省经贸委提供的英译本。

35 U. S. C. 100. Definitions.

When used in this title unless the context otherwise indicates—

the term"invention"means invention or discovery...

上例中的解除条件句前置,此时可译为前置结构:"本卷所述的'发明',除另有规定外,包括发明和发现",亦可译为后置结构:"本卷所述的'发明'包括发明和发现,但文意另有所指的除外",均符合汉语的表述习惯。汉译英时,该解除条件句的位置也比较灵活。例如:

第八条 在中华人民共和国领域内的民事活动,适用中华人民共和国法律,法律另有规定的除外……

(《中华人民共和国民法通则》)

译法 1 Section 8. Unless/(Except as) otherwise provided by law, civil acts within the territory of the People' s Republic of China are subject to the law of the People' s Republic of China...(前置)

译法 2 Section 8. The law of the People' s Republic of China applies to civil activities conducted within the People' s Republic of China, except as/(unless) otherwise provided by law...(后置)

对于英汉语法律中的其他句型,参见本书后面有关章节的内容。

三、句类

就句类而言,法律汉语中大量使用祈使句,而法律英语中很少使用该句类。如前所述,句类是根据语气和功能而对句子所做的分类。由于在立法语言中要明确清楚地说明法律规范,为人们的行为提供指南,故法律语言中陈述句的使用频率比一般语体高得多,而疑问句与感叹句甚为少见。在"句型"那一小节中,我们谈及了法律汉语中大量使用非主谓句。由于句类和句型在分类上会出现重合,因此前面所述的主谓句和非主谓句(如祈使句)的论述在此也适用于陈述句,其中的非主谓句的祈使句在法律汉语中尤其突出,但祈使句在法律英语中极为罕见。因此在汉英转换时应注意增加相应的主语或将受事升格为主语,以符合英语的表述习惯。对此,可参见前面的有关内容。

四、被动句

就被动句的使用情况而言,法律汉语较之法律英语更少。

如前所述,英汉民族的思维习惯和思维定式会对语言产生影响,其直接后果就是英语中包含大量的形态词,说明英语语言十分重视动词;而汉语中没有形态,故汉语不注重动词而以名词为重点。刘宓庆教授曾对1980年颁布的《中华人民共和国婚姻法》中的词类进行统计,发现该文件的1158个词中,名词有422个,占36.4%;动词302个、助动词30个、不定式动词0个,三者合计332个,占28.7%。而对美国总统肯尼迪1960年的一篇演讲词进行统计后发现,该文件总词数为1360个,其中名词356个、介词160个,二者合计516个,占26.3%;动词110个、不定式动词58个、助动词18个,三者合计186个,占13.7%。[①] 从上述数据可见,尽管英语在理论上以动词为中心,而实际上名词仍占优势;汉语尽管在理论上以名词为重点,而实际是以动词为优势,这也就部分解释了为何法律英语中多使用名物化结构而法律汉语中多使用非主谓句。名物化结构偏多的一个直接后果就是造成大量省略了施事的被动句。较之法律英语中大量的显性被动句,法律汉语中的被动句要么数量更少,要么是更多地采用隐性的表达方式。

对于这种受事的凸显,相关文献中提到最多的就是强调、投射论。一旦主语位置上最有资格的备选论元即施事受到了压制,那么通常是受事,即意念宾语上升为等级最高的论元。而一个论元必须是所有题元中最凸显的论元时才能充当外论元。LCS模型也认为,如果论元在动作层和题元层上都是最凸显的论元,它就只能被投射到外论元。但有学者认为,尽管这些分析有一定的道理,但用"图形-背景"逆反理论来分析更加简洁。[②] 因感知者对感知对象并不会给予同等重视,而会更加关注其中的某部分,简言之,受到最大关注、凸显出来的即为图形,其余的则为背景。哈利勒(Khalil)也指出,篇章表层语言结构的相对凸显度与视觉感知组织上的图形背景对立颇为类似。当主语占据认知

① 参见蔡基刚:《英汉写作修辞对比》,复旦大学出版社2006年版,第281~282页。

② 参见邱贤、刘正光:《现代汉语受事主语句研究中的几个根本问题》,载《外语学刊》2009年第6期。

上的图形位置时，对谈话双方而言，它都是最凸显的成分，因此获得最大关注。[①] 托米(Talmy)则通过变换句子语序，从反面论证了主语的图形位置。[②] 柴谷(Shibatani)也指出，一个命题的主语就是在说话者的头脑中最凸显且最希望听话者注意力聚焦其上的对象。[③] 主语位于句首，处在"优先的成分"所放的位置，从时间上看是第一可及点。[④] 受事位于最凸显的主语位置也即图形位置，自然获得凸显。

这些认知语言学的理论都认为：受事提前说明状态发生改变或受到影响，因此成为最受读者/听者关注的对象。这种概念化方式体现了语言使用者的主观意图：欲凸显受事的性质状态而非动作事件。故而在翻译时应体现出这种意图。

例 1　The enumeration in the Constitution, of certain rights, shall not be construed to deny or disparage others retained by the people.

(the Constitution of the USA, Amendment IX)

译文　本宪法对某些权利的列举不得被解释为否定或轻视人民保有的其他权利。

该句中的名物化结构 enumeration 在句中作主语，与后面的 of certain rights 构成一个动宾关系(被动关系)。原译文将源语译为显性的被动句，即原文的 enumeration of…也被译为汉语的名词结构，实则不符合汉语重视动词的特点。不妨译为主谓句或非主谓句：

本宪法列举某些权利，不得视为否认或轻视人民拥有的其他权利。/本宪法仅列举某些权利，并不意味着否认或轻视人民拥有的其他权利。

这样在译文中将受事提前也是符合汉语表述习惯的。

---

① See E. N. Khalil, "Grounding between Figure-ground and Foregrounding-backgrounding", *Annual Review of Cognitive Linguistics* 3, 2005.

② See L. Talmy, *Toward a Cognitive Semantics* (Volume Ⅰ and Ⅱ), Cambridge, MIT Press, 2000, pp. 313-315.

③ See M. Shibatani, "On the Conceptual Framework for Voice Phenomena", *Linguistics* 44, 2006, pp. 217-269.

④ See F. Ungerer and H. J. Schmid, An *Introduction to Cognitive Linguistics*, London, Longman, 1996, p. 172.

例 2 If two or more applicants apply for registration of identical or similar trademarks for the same kind of goods or similar goods, the trademark whose registration was first applied for shall be given preliminary examination and approval and shall be publicly announced; if the applications are filed on the same day, the trademark which was first used shall be given preliminary examination and approval and shall be publicly announced, and the applications of the others shall be rejected and shall not be publicly announced.

该例中的 registration 和 applications 与前面或后面的修饰语分别构成了动宾(被动)关系;此外,applications 用作主语,与 file、reject 及 announce 等搭配,衔接顺畅。在译成汉语时,可将这些名物化结构译成独立的汉语小分句,将原文的显性被动句译为主动句或隐性被动句。试译:

两个或者两个以上的申请人,在同一种商品或者类似商品上,以相同或者近似的商标申请注册的,初步审定并公告申请在先的商标;同一天申请的,初步审定并公告使用在先的商标,驳回其他人的申请,不予公告。

如此一来,隐蔽的条件、时间等逻辑关系均在译文中表达出来了。

例 3 **第十一条** 享有外交特权和豁免权的外国人的刑事责任,通过外交途径解决。

(《中华人民共和国刑法》)

第四百三十七条 违反武器装备管理规定,擅自改变武器装备的编配用途,造成严重后果的,处三年以下有期徒刑或者拘役……

(《中华人民共和国刑法》)

例 3 中动词"解决"和"处"的宾语前置,采用的是隐性方式表达被动意义,而施事均未出现,这种表述模式在法律汉语中极为常见,在翻译时可处理为英语的被动句。试译:

Section 11. Issues, pertaining to responsibility of foreigners enjoying diplomatic privileges and immunities, shall be resolved by diplomatic means.

Section 437. Whoever violates the provisions for control of weapons and equipment and changes without authorization the arrangement and purpose of weapons and equipment shall, if serious consequences are caused, be sentenced to fix-term imprisonment of not more than three years or criminal detention…

五、援引法律及其条款时的顺序

语序是指各级语言单位的排列次序。由于语素的语序与本书研究关系不大,而我们在后面将会谈及句子的语序,故本节只介绍英汉语法律中在援引法律及其条款时的顺序。

受不同民族思维方式影响,地点和时间状语呈现出“在汉语中按从大到小顺序排列、在英语中则按从小到大顺序排列”的特点。此外,即便在时间的排序上,英美法系内部也存在差异。例如:

An Act to amend the law of England and Wales by abolishing the division of crimes into felonies and misdemeanors and to amend and simplify the law in respect of matters arising from or related to that division or the abolition of it; … and for purposes connected therewith.

[21st July 1967]①

即在表达法律的颁布日期时,英国法中的做法是“从小到大”排列,即“×日×月×年”顺序;美国与加拿大则采用“×月×日×年”的排列顺序。例如:

FEDERAL RULES OF CRIMINAL PROCEDURE

DECEMBER 1, 2010

法律汉语中时间表述模式则为“从大到小”,即“×年×月×日”排列。例如:

《中华人民共和国刑法》已由中华人民共和国第八届全国人民代表大会第五次会议于1997年3月14日修订,现将修订后的《中华人民共和国刑法》公布,自1997年10月1日起施行。

中华人民共和国主席　江泽民

1997年3月14日

在援引有关法律法规及其条款时,英汉语法律中的表述模式也存在差异。法律汉语仍呈现“从大到小”的排列模式。例如:

---

① Criminal Law Act 1967.

第二百六十七条 抢夺公私财物，数额较大的，或者多次抢夺的，处三年以下有期徒刑、拘役或者管制，并处或者单处罚金；数额巨大或者有其他严重情节的，处三年以上十年以下有期徒刑，并处罚金……携带凶器抢夺的，依照本法第二百六十三条的规定定罪处罚。

（《中华人民共和国刑法》）

即先指出应依据的法律名称，而后是具体的条、款、项、目等，呈现依次降级的排列模式。法律英语中则比较灵活，既可采取“从大到小”的逐次降级的排列模式，也可采取“从小到大”的逐渐升级的排列模式。例如：

“Doctor of Acupuncture” means a person who has been licensed under the provisions of Chapter 5-37. 2 of the General Laws of Rhode Island, as amended, to practice the art of healing known as acupuncture.（从小到大排列，用 of 分别将条款、章节和法律名隔开）

“Mediation communication” means any statement that is made or any writing that is prepared for the purpose of, in the course of, or pursuant to a mediation or a mediation consultation, as defined in Evidence Code section 1115.（从大到小排列，法律名称后直接接条款）

WHEREAS Section 223. 1 of the Municipal Act, R. S. O. 1990, c. M. 45, as amended by section 56 of the Planning and Municipal Statute Law Amendment Act, 1994 authorizes the Council of a local municipality to pass by-laws for prohibiting or regulating the placing or dumping of fill and the alteration of the grade of land in the Municipality…①［从小到大排列，“条款”与“被引用的法律名称”用 of 连接，最后接“法律汇编名称及其在该法律汇编中的位置”（在本例中为 M45 章）］

从上述例子可以看出，法律英语中的整体与部分的排列位置颇为灵活，不如法律汉语中的表述那样固定，在翻译时可选择适当的排列方式。

六、主语单复数的选择模式

在法律法规中，行为人作主语时，法律汉语中常使用概括性词汇，法律英语

① Model Site Alteration By-law for Ontario Municipalities.

中却往往使用单数形式,在翻译时应做相应的调整。

例 1 **第十八条** ……监护人不履行监护职责或者侵害被监护人的合法权益的,应当承担责任……

(《中华人民共和国民法通则》)

译文 Section 18. ...If a guardian does not fulfill his duties as guardian or infringes upon the lawful rights and interests...

违反第二款构成犯罪者,一经定罪,(就每项罪名)处 25,000 美元以下罚金。

· A person/Every person who contravenes subsection (2) is guilty of an offence and, on conviction, is liable to a fine of not more than $25,000 for each offence.

· A person convicted of an offence under subsection (2) is liable to a fine of not more than $25,000 for each offence.

法律汉语中的"的"字句在表意上应为概括性,但译为英语时也应调整为单数意义。对此可参照加拿大安大略省的立法指导手册。

例 2 **第三十三条** 凡具有中华人民共和国国籍的人都是中华人民共和国公民……

(《中华人民共和国宪法》)

译文 Article 33 All persons holding the nationality of the People's Republic of China are citizens of the People's Republic of China...

改译 Section 33 Anyone who holds the nationality of the PRC is...

上例中的"凡"表示"所有"或"任何",为典型的汉语式表述,译为 anyone 更符合英语表述习惯。

例 3 ...Whenever a mistake has been made in a registration and a showing has been made that such mistake occurred in good faith through the fault of the applicant, the Director is authorized to issue a certificate of correction, or...

(15 U. S. C. § 1057)

译文 注册中出现失误但有证据表明该错误系申请人的善意过失所致时,局长可颁发更正证明书,或……

原文的画线处均表示单数,但在译文中应处理为一个概括性表达(译文的画线处)。可见,切忌按照原文单复数表述模式进行对译。

七、主语或谓语是否采取否定式

对于主语或谓语是否采用否定形式,英汉法律语言也存在差异。在法律英语中,主语与谓语均可采用否定形式,而法律汉语中的常态是谓语采取否定形式。例如:

No person may conduct operations that require a deviation from this part except under a written waiver issued by the Administrator. ①(否定主语)

Subject to section 35 of this Act, a superintendent registrar shall not issue a licence for the solemnization of a marriage in a registered building which is not within his registration district. (谓语为否定式)

英语可否定主语和谓语,但在英译汉时不可将 No person 译为"没有人……",而应译为"任何人不得……",即否定谓语;反之,汉译英时可选择否定主语或谓语。例如:"……不符合强制性节能标准的项目,建设单位不得开工建设……"(《中华人民共和国节约能源法》第十五条),原文的画线处可灵活处理为:"Where the construction of any projects is not in conformity of statutory standards for energy conservation, the construction entities shall not commence the construction."或"No construction entity shall/may commence construction if the construction of any projects is not in conformity of statutory standards for energy conservation."这两个译文均符合英语的表述习惯。对此,详见本书第八章的有关内容。

第四节 英汉语差异在法律法规语篇衔接手段上的体现

衔接手段可分为语法衔接手段和词汇衔接手段。② 有学者认为,目前国内

① § 103. 5 Waivers, Federal Aviation Regulations.

② See M. A. K. Halliday and R. Hasan, *Cohesion in English*, London, Longman, 1976, p. 13.

的法律翻译研究大多停留在词句层面,很少谈及语篇。① 而语篇语言学者伯格兰德(Beaugrande)等人认为,语篇作为一种"交际活动",应满足有关文本性的几个标准,即衔接性、连贯性、意向性、可接受性、语境性、信息性和互文性。② 这七项标准中,衔接和连贯是最重要的,因为这是实现其他标准的基本手段。其中衔接也称为"粘连",是语篇的有形网络,而连贯则是语篇的无形网络,二者均体现以文本为中心的理念。基于此,本节将探讨我国法律法规与英语法律法规中语篇衔接手段上的差异及其翻译策略。

一、语法衔接手段

语法衔接包括照应、替代、省略和连接词,在语篇中起到纽带作用。

(一)照应

照应(reference)通过使用代词等语法手段来表示予以关系,包括人称照应(如我、我们、她;he,she,him 等)、指示照应(如 this,that,the;这、那等)、比较照应(如使用 equal,such,differently,otherwise,以及"差不多"和"类似的"等表示比较意义的形容词或副词)。而根据形式的不同可分为有形照应(包括名词照应和代词照应)和零形照应。零形照应是指照应的成分即需要被解释的成分空缺,即以零形式存在,是语篇中一种常见的语言现象和重要的语篇衔接手段。

研究表明,就照应类型而言,英汉语言并无明显差异。而从具体的照应手段的出现频率来看,英语使用人称代词和指示代词的频率高于汉语,而汉语通过零形指代和名词的重复使用来表达照应关系的现象则远远多于英语。③ 这种差异的存在与英语重形合、汉语重意合有关,对英汉互译具有重要的指导意义。名词照应[霍伊(Hoey)所谓的"重复"④]将在后面的词汇衔接部分进行探讨,故这里主要探讨零形照应和代词照应。

---

① 参见熊德米:《英汉现行法律语言对比与翻译研究》,湖南人民出版社 2011 年版,第 240 页。

② See R. de Beaugrande and W. Dressler, *Introduction to Text Linguistics*, London, Longman, 1981, p. 3.

③ 参见朱永生、郑立信、苗兴伟编:《英汉语篇衔接手段对比研究》,上海外语教育出版社 2001 年版,第 120 页。

④ M. P. Hoey, *Patterns of Lexis in Text*, London, Oxford University Press, 1991.

1. 零形照应

目前,研究汉语零形回指的专著和论文数量众多。总体而言,与非零形回指不同的是,零形回指没有实在的词语表现形式可供辨认,如何判断取决于全句的语义和语法格局,所指对象的强连续性是使用零形回指的必要条件。目前的研究都表明该指代形式在汉语中的出现频率高过英语。[①] 零形照应包括零形上指和零形下指,前者指回指形式的参照点在上文之中,后者则指回指形式的参照点要从下文中寻找。

例1　**第十八条**　监护人应当履行监护职责,ø保护被监护人的人身、财产及其他合法权益,除为被监护人的利益外,ø不得处理被监护人的财产……

（《中华人民共和国民法通则》）

在上例中,整个句段都围绕一个大话题,[②]但后面分句要讨论的对象只有回到前面第一个分句才能找到。相反,如果整个句段也是围绕一个大话题,但其中第一个分句或前面的几个分句并不出现要讨论的对象,该参照点要到最后的某个分句才出现,这样就形成前部分话题即先行词的空缺;对于前面空缺的部分,该句段的叙述点(话题)实际已经转移到了后面而形成"后行词",前面空缺的部分则成了其零形式的照应对象。这种语法现象在我国的传统语法中被称为"蒙后省略"。尽管先行词空缺,前面空缺的话题部分(零形式的所指),可以从后面出现的参考点而准确无误地推断出来。这种情况在法律汉语中也颇为常见。

例2　**第一百一十七条**　侵占国家的、集体的财产或者他人财产的,应当返还财产,不能返还财产的,应当折价赔偿。损坏国家的、集体的财产或者他人财产的,应当恢复原状或者折价赔偿。受害人因此遭受其他重大损失的,侵害人并应当赔偿损失。

（《中华人民共和国民法通则》）

此外,法律法规中还包括既有零回指又有零后指的情况。

---

① 参见陈平:《汉语零形回指的话语分析》,载《中国语文》1987年第5期。

② 句段指由多个独立的小句构成、结构上互不依赖、只有一个句终标号的汉语的形式句子。这是由于汉语本身的特征和事实,在研究汉语文本的句际关系的话语结构时,就不像英语那样完全从标点原则出发,只研究句子与句子之间的话语组织,而是更多地从语义原则出发,以意义相对连贯为着眼点来选取话语组织的研究单位。

例3 **第一百零八条** 债务应当清偿。ø暂时无力偿还的，经债权人同意或者人民法院裁决，可以由债务人分期偿还。ø有能力偿还拒不偿还的，ø由人民法院判决强制偿还。

（《中华人民共和国民法通则》）

这种零形照应在词性和结构上，可由名词、代词以及偏正、联合结构等短语构成。有学者曾对我国法律法规中的先行词和后行词的类型和分布情况进行了粗略统计（见表4-2）：①

表4-2 先行词与后行词的类型、位置和数量分布情况

法律名称②	总数的使用频次	名词的使用频次	代词的使用频次	联合短语的使用频次	偏正结构的使用频次	同位短语的使用频次	主谓短语的使用频次	承前主语的使用频次	承后宾语的使用频次
《中华人民共和国劳动合同法》	36	26	0	10	0	0	0	33	1
《中华人民共和国民法通则》	48	33	0	10	2	2	1	37	7
《中华人民共和国民事诉讼法》	253	206	3	18	25	1	0	194	23
《中华人民共和国宪法》	92	49	0	12	31	0	0	90	4
《中华人民共和国刑法》	77	56	1	12	9	0	0	57	10
《中华人民共和国刑事诉讼法》	174	104	0	35	35	0	0	128	26
《中华人民共和国行政诉讼法》	51	35	0	10	6	0	0	44	5

从表4-2可以看出，在零形照应中，承前主语占绝对优势，主语零形非常突出，这主要源于法律规定常围绕一个大话题平行推进，故大量使用零形回指

① 杨晓蕴：《法律语体零形回指分析——兼与文艺语体零形回指比较》，浙江大学外国语学院2009年硕士学位论文，第44~59页。

② 该表格中的法律为截至2012年12月31日施行的最新版本。

方式来铺排语句,符合明晰性和经济性原则。此外,使用代词回指的情况比较少见,这是因为法律中人和事物指称对象是泛指的,不具有特指性,故不适用代词回指。

总之,零形照应是汉语的一大特色,在语法结构上并未使用表示逻辑关系的词或标号,而是靠读者的积极参与来理解各小句间的关系。该照应形式充分体现出汉语重义的特点,与英语广泛使用显性照应手段(如指示代词和人称代词)的表达方式形成鲜明的对比,即英语中的代词通常不能省略,故不能使用零形式。因此,须按照英汉语言的表述习惯进行处理。上述的几个例子就可分别译为:

Article 18.　A guardian shall fulfill his fiduciary duties to protect the person, property and other lawful rights and interests of the ward. A guardian shall not handle the property of the ward unless it is in the ward' s best interests…

Article 117.　Any person who misappropriates State or collective property or the property of another shall return the property; failing which, the person shall pay the amount of pecuniary loss. Any person who damages State or collective property or the property of another shall restore it to its original condition, or pay the amount of pecuniary loss. The person under proceeding paragraphs shall also pay for other severe losses incurred to the aggrieved party hereunder.

Article 108.　Debts must be repaid. When the debtor is temporarily unable to repay, he may repay by installments, with the creditor' s consent or a ruling of a court of competent jurisdiction. A debtor who is able to repay but obstinately refuses to do so may be compelled to repay by a ruling of a court of competent jurisdiction.

上述译文中添加下划线的部分为补充出的照应。增补出该部分后,译文的逻辑关系更为明确,也更符合英语的衔接需求。

2. 人称照应

除零形照应外,英汉法律语言照应手段上的另一个区别就是人称照应。由于法律语言力求准确,故而慎用代词。有学者曾指出,“避免使用人称代词有助于减少使用带有性别歧视的语言,让真正的行为人隐身,因此也就显得更为公平和具有权威性”。[①] 尽管如此，代词在法律法规中的使用频率并不如人们所预料的那么低，只是表示物的第三人称代词在法律汉语中使用频率极低，但在法律英语中却极高（参见第二章的表 2-2 至表 2-5）。故在翻译时可使用对应的人称代词进行处理。只是在翻译法律英语的“it”时可考虑使用汉语的替换形式（如“该”“其”），或使用词汇重复这一衔接手段，毕竟汉语中的“它”在法律法规中使用频率几乎为零。

例 1　Whoever, not being recognized to practice before the Patent and Trademark Office, holds himself out or permits himself to be held out as so recognized, or as being qualified to prepare or prosecute applications for patent, shall be fined not more than $1,000 for each offense.

(35 USC Sec. 33.)

译文　未获专利与商标局认批准而自称或者使他人误认为已经核可，或者自称或使他人误认为有资格办理专利申请的，对每一违反行为处一千美元以下的罚款。

原文中的 whoever 引导的句子包含一个假定条件，被处理为汉语的“的/者”字句，而其中的反身代词也可译为汉语的反身代词。

例 2　If two or more independent and distinct inventions are claimed in one application, the Director may require the application to be restricted to one of the inventions. If the other invention is made the subject of a divisional application which complies with the requirements of section 120 of this title it shall be entitled to the benefit of the filing date of the original application.

(35 USC Sec. 121.)

译文　同一个申请中就两个或两个以上独立和不同的发明提出权利要求的，局长可要求只能对其中某一项发明提出申请。其他发明因符合本卷第 120 条规定的要件而可以提起分案申请的，（该其他发明）可享有原申请日利益。

原文中“it”的出现频率极高，法律汉语中却鲜用“它”，故采用法律汉语中

---

① 西方国家普遍使用中性的名词与不定代词 any 一起指代前面出现的实体。例如，“‘relevant person’ means any person who, in the course of his official duties…”。See Criminal Justice and Immigration Act 2008.

使用频率较高的词汇重复这种衔接手段进行处理或予以省略。

例 3 Members shall ensure that their central government standardizing bodies accept and comply with the Code of Good Practice for the Preparation, Adoption and Application of Standards in Annex 3 to this Agreement (referred to in this Agreement as the "Code of Good Practice"). They shall take such reasonable measures as may be available to them to ensure that local government and non-governmental standardizing bodies, within their territories, as well as regional standardizing bodies of which they or one or more bodies within their territories are members, accept and comply with this Code of Good Practice...①

上例大量使用人称照应(they,them,their)和指示照应(this),凸显法律英语中人称照应的普遍性。有的译本按照源语的人称和指示照应进行对译,②显然与汉语的表述规范相悖。故不妨采用词汇重复或替代手段,以确保指代明确。试译:

各成员国应确保其中央政府的标准化机构接受并遵守本协议附件3中的《关于制定、采纳和实施各标准的良好行为规范》(本协议中简称《良好行为规范》)。各成员国应采取力所能及的合理措施,以确保其各自领域内的地方政府的和非政府的标准化机构,以及各成员国所加入的或其领域内的机构所加入的区域性标准化组织,均接受并遵守该《良好行为规范》。

除了人称代词外的其他的照应类型,如指示代词(this,that,these;这、那、这些等)、地点和时间指示词(there,now,then 等),在法律语言中颇为少见,故不赘述。

(二)替代

替代(substitution)指用替代形式(pro-form)去替换上下文出现的某个成分,其目的是避免重复但使上下文连贯。替代的具体语义取决于被替代成分,可分为下列三类:

(1)名词性替代,即替代名词或名词词组中的中心词。前面的章节中已谈

---

① Article 4, Agreement on Technical Barriers to Trade.

② 参见熊德米:《英汉现行法律语言对比与翻译研究》,湖南人民出版社2011年版,第260页。

及法律语言中较为常见的替代形式，如“one，ones，so，that，those，the same，said+名词，the aforementioned+名词，the sort，the kind，all，both，some，any，none，mine，yours；该、其、此”等；以及由古英语词“there/here+介词”引导结构。只是“the same”“said+名词”“the aforementioned+名词”等结构因有定冠词限定而具有指示照应的特点。就替代形式的数量而言，法律英语比法律汉语更多，相比较而言，法律汉语更常用词汇重复方式（参见本书前面的统计数据）。

（2）动词性替代，即用 do 或其变化形式如 does、did、doing 等去代替动词、动词短语或分词短语，后面常与 so 连用。该种形式在法律英语中也更为普遍，而法律汉语中仍倾向于使用词汇重复方式。

（3）小句型替代，如在英语中常使用 so、this、not 等去代替小句，在法律汉语中则倾向于使用重复的方式。

鉴于英汉法律语言中存在差异，在翻译时可根据语法及行文表达的需要而采用直译、重复或省略等方法酌情处理。

例 1　35 USC Sec. 10.　Publications

(a) The Director may publish in printed, typewritten, or electronic form, the following:

1. Patents and published applications for patents, including specifications and drawings, together with copies of the same…

译文　35 USC 10.　公布

(a) 局长可规定以印刷、打印或电子方式公布下列事项：

1. 专利和已公布的申请专利（包括发明说明书和附图），及其副本……

原文的 the same 为“patents and published applications for patents”的替代形式，使表述简练，译文中也采用法律汉语中的替代形式（其）译之。

例 2　…The successor judge may grant a new trial if satisfied that:

(A) a judge other than the one who presided at the trial cannot perform the post-trial duties; or

(B) a new trial is necessary for some other reason.

(Rule 25, Federal Rules of Criminal Procedure 2010)

译文　有下列情形之一者，接任法官可准予重审：

（A）主审法官以外的法官不能履行审案后相关职责的；

（B）因其他理由而有必要进行重新审理的。

上例中的 one 就为 judge 的替代形式，遂使用法律汉语中的重复形式处理之，是符合"汉语喜重复，英语则尽量使用替代形式以避免重复"的特点。

例 3　Article 36.　A bank assumes no liability or responsibility for the consequences arising out of the interruption of its business by Acts of God, riots, civil commotions, insurrections, wars, acts of terrorism, or by any strikes or lockouts or any other causes beyond its control.

A bank will not, upon resumption of its business, honor or negotiate under a credit that expired during such interruption of its business.

(UCP 600)

译文　**第三十六条**　银行对由于天灾、暴动、骚乱、叛乱、战争、恐怖主义行为或任何罢工、停工或其无法控制的任何其他原因导致的营业中断的后果，概不负责。

银行恢复营业时，对于营业中断期间已逾期的信用证，不再进行承付或议付。

如前所述，法律英语中的 such 和 said 等替代词常用作形容词，以对前面提及的实体或行为进行限定而具有照应的功能。故使用汉语中相应的重复形式处理。

例 4　Article 37　Disclaimer for Acts of an Instructed Party

A bank utilizing the services of another bank for the purpose of giving effect to the instructions of the applicant does so for the account and at the risk of the applicant…

(UCP 600)

译文　**第三十七条**　关于被指示方行为的免责

银行可为执行申请人的指示而接受其他银行的服务，因此而产生的费用和风险由申请人承担…

该例包含动词性替代形式，即用 does so 代替分词短语 utilizing the services。在翻译时则用汉语中的替代形式（因此）替换之。

例5 Article 10 Amendments

…b. An issuing bank is irrevocably bound by an amendment as of the time it issues the amendment. A confirming bank may extend its confirmation to an amendment and will be irrevocably bound as of the time it advises the amendment. A confirming bank may, however, choose to advise an amendment without extending its confirmation and, if so, it must inform the issuing bank without delay and inform the beneficiary in its advice…

(UCP 600)

在上例中，so 代替"A confirming bank may, however, choose to advise an amendment without extending its confirmation"这个小句，此时，可使用汉语中的"此时、在这种情况下"等进行表述。句中的其他照应形式也可做相应处理。试译：

第十条 修订件

……b. 开证行自发出修订件之时起即负有不得撤销该修订件的义务。保兑行可将其保兑承诺扩展至修订件，并自通知该修订件时，即负有不得撤销的义务。但是，保兑行可将修订件通知受益人而不对该修订件加具保兑承诺。在这种情况下，保兑行须及时告知开证行，并在其通知中及时告知受益人……

(UCP 600)

在汉译英时，也应做适当变更，以符合目的语的表述习惯。

例6 **第九十三条** 没有法定的或者约定的义务，为避免他人利益受损失进行管理或者服务的，有权要求受益人偿付由此而支付的必要费用。

(《中华人民共和国民法通则》)

译文 Anyone who, under no legal or contractual obligations, carries out management or provides service in order to prevent harm to the interests of others, has the right to request from the benefiting party reimbursement for the necessary expenses incurred thereby/the resulting expenses.

原文中的"此"表示"管理或服务"，可译为 thereby(there 回指 service 等)。

(三)省略

省略(ellipsis)是为了避免重复而略去有关成分，从而保持语义连贯并衔接

得当的一种方法。对英语而言,省略并非常态,而是对形合的补充,具体可分为下列几种形式:①

(1) 所有格后面的名词省略。例如,"His wife is bright and generous, so is Johnson's (wife).",在译成汉语后,其中的 wife 就不能省:"……约翰逊的太太也一样"。此种情况在法律语言中比较少见。

(2) 最高级形容词后的名词省略。例如:"I have tried my best (efforts)." 译为汉语时,其中的 efforts 也不能省:"我已尽了最大努力了。"此种情况在法律语言中比较少见。

(3) 保持主谓一致的前提下主语或谓语省略。这种情况在排比句式中常见。例如,"By birth he was an Englishman; by profession, a sailor; by instinct and training, a rebel."(省略了主语和谓语)②//Reading makes a full man; conference (makes) a ready man; and writing (makes) an exact man.(省略了谓语)。③

省略主谓语或省略谓语的情况在法律语言中较为少见。但在主谓一致情况下,省略主语的情况在英汉法律语言中均较为普遍。例如:

第七条 ……国务院和省、自治区、直辖市人民政府应当加强节能工作,合理调整产业结构、企业结构、产品结构和能源消费结构,推动企业降低单位产值能耗和单位产品能耗,淘汰落后的生产能力,改进能源的开发、加工、转换、输送、储存和供应,提高能源利用效率……

(《中华人民共和国节约能源法》)

35 USC Sec. 1. (a) …In carrying out its functions, the United States Patent and Trademark Office shall be subject to the policy direction of the Secretary of Commerce, but otherwise shall retain responsibility for decisions regarding the management and administration of its operations and shall exercise independent

---

① 对于英文中省略结构的有关内容,参见潘文国:《汉英语对比纲要》,北京语言文化大学出版社 1997 年版,第 342~346 页。

② 由于汉语是以动作为主,故可省略主语,但绝不能省略谓语。故译为汉语时应补充出主谓部分,即"就出生而言,他是个英国人;就职业而言,(他)是个海员;就本性和所受教育而言,(他)是个叛逆者"。

③ 同上例,汉语绝不能省略谓语,故应补充谓语后译为"读书使人充实,讨论使人机智,笔记使人准确"。

control of its budget allocations and expenditures, personnel decisions and processes, procurements, and other administrative and management functions in accordance with this title and applicable provisions of law…

上述两个句子均由一个主语引导几个动词,故而可省略除一个动词外其余动词的主语。在翻译时也可按照原文的表述模式处理。

(4) 介词后名词可省略。例如"Shall I write my name on (the line), above (the line) or below the line?"汉语中则不能省,"我把名字写在线上,还是线的上方或下方呢?"介词并列时,省略中心词的情况在法律英语中亦颇为常见。例如:

Any dispute or claim arising out of ø or in connection with the Contract, shall be submitted to and settled by the ×× International Economic and Trade Arbitration Commission located in ×××.

Neither a carrier nor a ship is in any event liable for loss or damage to ø, or in connection with goods if the nature or value of the goods was knowingly and fraudulently misstated by the shipper in the contract of carriage.

其中的 ø 表示省掉的中心词而形成的空位。但在翻译成汉语时,一般应补充出介词短语的中心词,即上例中第一句中应为"凡因本合同发生的或与本合同有关的一切争议,可提交设在×××的××国际经贸仲裁委员会仲裁。"而上例中第二句中的画线部分则为"对该货物的灭失或损害负责,或与该货物有关的灭失或损害负责"。

(5) 助动词后面的主要动词省略。例如,"He didn't go, nor did I (go)."中可以省略 go,但汉语中不省略:"他没去,我也没去。"此类情况在法律语言中比较罕见。

(6) 不定式标记后的动词可省略。例如,"Would you come in and have a look? —Yes, I'd love to (have a look)."。在汉语中无类似表述,但一般不省略,故可译为"进来看看,咋样?——好的,我倒想看看"。这种口语化表述并不常见于法律语言中。

(7) 联系动词后的表语省略。例如,"Are you a student? —Yes, I am (a student)"。汉语中主语和表语都省略或都不省略,即可译为"对/是的"或者

“对,我是学生”。这种口语化表述亦不常见于法律语言。

上述省略结构的一些类型(如第3类和第4类)以及前面所述的“缩略结构”(whiz deletion)(参见本书前面的章节)均可适用于立法语言。上述省略可概括为主(谓)省略和结构省略,可为法律法规翻译提供借鉴。

1. 主(谓)省略

英语是重主语的语言,主语决定谓语动词的人称、数等形态,对全句极为重要,故很少出现主语省略的情况。如省略,必须确保不会导致歧义。而汉语中的主语与谓语关系松散,故可有可无,这也导致了英汉语法律法规中主谓句和非主谓句的差异(参见本书前面的论述)。谓语动词的承前省略在法律英语中常见,但在法律汉语中却少见。

例1 **第一条** 为保证食品安全,保障公众身体健康和生命安全,制定本法。

(2009年《中华人民共和国食品安全法》)

译法1 Article 1. This Law is enacted to ensure the food safety and guarantee the safety of the lives and health of the general public.

(中国版)

译法2 Article 1. This Law is formulated to assure food safety and safeguard people's health and life.

(美国版)

上例的原文为省略了施事的非主谓句,在译文中须补充主语。两个译文都采用的是以原句的宾语为主语但仍省略施事的表述方式,切合英语的表述习惯。

例2 **第十二条** 任何组织或者个人有权举报食品安全违法行为,依法向有关部门了解食品安全信息,对食品安全监督管理工作提出意见和建议。

(2018年《中华人民共和国食品安全法》)

译文 Article 12 Any organization or individual has the right to report any act that violates this Law, inquire food safety information from relevant agencies subject to law, and provide comments and suggestions about food safety regulation.

原文中画线部分的主语相同，与英语并列结构中相同的谓语可省略这一规则（谓语动词的承前省略）相符合，故可采用直译的方法处理。

例3 **第三十九条** 被判处管制的犯罪分子，在执行期间，应当遵守下列规定：

（一）遵守法律、行政法规，服从监督；

……

（五）离开所居住的市、县或者迁居，应当报经执行机关批准……

（《中华人民共和国刑法》）

译法1 Article 39. A criminal who is sentenced to control must abide by the following rules during the term in which his control is being carried out:

(1) abide by laws and administrative regulations, submit himself to supervision...

(5) report and obtain approval from the organ executing the control for a change in residence or departure from the city or county...

译法2 Article 39 A criminal who is sentenced to public surveillance shall, within the period of execution, comply with the following provisions:

1. to observe laws and administrative regulations and to accept supervision...

5. when intending to leave from the county or city where he lives or to change his residence, to obtain approval of the executing organ...

上述两种译法都严格按照原文重复动词的表述模式进行处理（见画线处），从而导致“the following rules/provisions”（名词结构）与其同位的5个并列结构（动词结构）在逻辑上并不恰当。此时，可考虑省略“遵守下列规定”这类在汉语中颇为常见的赘语。试译：

Section 39. A criminal sentenced to public surveillance, while serving his sentence, shall—

(1) abide by laws and administrative regulations and submit himself to supervision...

(5) ...

2. 结构省略

由于汉语语法呈隐性、意合的特点，句式结构往往不依赖结构词，而是靠句子本身的内在联系，故结构省略尤其是复句中结构词的省略就颇为常见；而英语语法呈显性、形合的特点，故在建构句式时往往借助关系代词、副词、介词、连接词等，以构成严谨的搭配程式并体现明确的逻辑关系。[①] 在翻译时须注意英汉语之间的差异。

例1 **第三十九条** 被判处管制的犯罪分子，在执行期间，应当遵守下列规定……

（《中华人民共和国刑法》）

对“被判处管制的犯罪分子”，无论是北大法律英文网还是全国人民代表大会官方网站上均译为“A criminal who is sentenced to…”。如前所述，法律语言中分词短语做后置定语进行修饰的结构特多，即便用定语从句，也该使用完成时态，即“A criminal who has been…”。故建议使用“whiz deletion”模式而译为“A criminal sentenced to…”，以体现法律英语中“修饰语常后置”这一特点。

例2 **第三十五条** 中华人民共和国公民有言论、出版、集会、结社、游行、示威的自由。

（《中华人民共和国宪法》）

译文 Citizens of the People' s Republic of China enjoy the freedom of speech, of the press, of assembly, of association, of procession, and of demonstration.

该例中只用了一个表示从属关系的“的”字结构修饰中心词“自由”，极尽省略的能事。但其译文中却在表示从属关系的地方都增加“of”，有人认为这样增加修饰才符合英语语法，是法律语言“冗余性”特点的反映，在客观上达到语用学家所谓的“言外之力”。[②] 其实，法律语言另一个特点就是简洁明了，在并

---

① 尽管在非正式体中也有结构省略情况，如在“I' ll see you (on) Monday.”/“We' re delighted (that) you can come.”中，可省略介词 on 和关系词 that，但一般限于亲密体中。See R. Quirk, et al., *A Comprehensive Grammar of the English Language*, London, Longman, 1985, p. 78. 由于立法性文本属于正式文体，故而这种情况极少发生。

② 胡庚申、汪敬钦：《英文法律语言的“冗余”性表征及其汉译对策》，载《中国科技翻译》2002 年第 3 期。

列结构中常省略相同结构。试译：

Section 35.　Citizens of the People' s Republic of China enjoy the rights to freedom of speech, press, assembly, association, procession, and demonstration. [①]

毕竟在语言应用过程中，人们往往会舍繁求简，[②]即马丁内特（Martinet）所谓的“在保证完成交际功能的前提下，人们会自觉不自觉地对言语活动中的消耗做出合乎经济要求的安排”。[③]

（四）连接词

汉语与英语中都大量使用关联词语，还有一些句间连接手段，还有一些诸如“首先、其次、总而言之、这样看来、无论如何”等语言单位，相差不大。[④] 从总体而言，该结论具有一定的合理性。但根据洪堡特（Wihelm von Humboldt）的能动的反映论，语言从“精神”出发，再反作用于“精神”，[⑤]故而语言与世界观交互影响，其中思维方式、思维特征对语言的影响更为直接和明显。英语民族的思维重理性，而汉语民族的思维重悟性，这种哲学上的差异导致了英汉语言在表达上是汉语重意合而英语重形合。王青、秦洪武就曾使用语料库分析方法，对汉译词汇的特征进行系统研究，发现原创英语文本中使用频率高的连词（但、如、而且、如果、才、虽然、所以、因而、然而、于是、而是）在译语文本中也具有较高的使用频率。这就表明：因受源语语言形式影响，译者不自觉地套用了英语的形合表达式；而在用其母语汉语进行创作时，其思维模式和语言表达不会受外语因素干扰，因此能自觉地采用地道的汉语意合表达式，将一些可外显

---

① 美国《联邦宪法》修正案中就有类似的如“Freedom of expression consists of the rights to freedom of speech, press, assembly and to petition the government for a redress of grievances, and the implied rights of association and belief.”的表述，可见省略也是常见的。

② 例如，英美立法语言中大量使用名词并列做前置修饰语的情况，如“a one court entry system, a new case flow management system, leave entitlements, a new in-court arbitration system, the new small claims arbitration limit”，并不使用诸如“a system of entry into one court, a new system of management of the flow of case”等结构；法律汉语中也大量使用类似的名词词组构成的偏正结构，如“上诉法院”（审理上诉案件的法院）。

③ 常宝儒：《论汉字属性》，载陈原主编：《现代汉语用字信息分析》，上海教育出版社 1993 年版，第 62 页。

④ 参见潘文国：《汉英语对比纲要》，北京语言文化大学出版社 1997 年版，第 342 页。

⑤ 参见［德］洪堡特：《论人类语言结构的差异及其对人类精神发展的影响》（1963 年），伍铁平、姚小平节译，载胡明阳主编：《西方语言学名著选读》，中国人民大学出版社 1988 年版，第 42 页。

的虚词结构(包括连词)内隐,于是乎连词在汉语原创文本中使用得较少而在翻译文本里却呈外显特征。①

从语句衔接手法上看,英语多用"形合法",需要借助大量有形的语法和词汇手段来体现语篇中语义的关联,以求达到深层语义上的连贯。例如:

35 USC Sec. 104.　(a)(2) Rights. —If an invention was made by a person, civil or military—

(A) while domiciled in the United States, and serving in any other country in connection with operations by or on behalf of the United States,

(B) ...that NAFTA country, or

(C) ...that WTO member country, that person shall be entitled to the same rights of priority in the United States with respect to such invention as if such invention had been made in the United States, that NAFTA country, or that WTO member country, as the case may be...

上例中表达假定的条件句用 if 引导,其中的几个表示并列的情形用 and、while 和 or 等引导,而后是法律规范的行为部分,如是一来,句子之间的逻辑关系非常明确。

而汉语多用"意合法",即靠意义上的衔接而不一定依赖词语连接,注重隐性连贯,注重逻辑顺序,注重以神统形。汉语句子的"流水句法",即少用乃至不用连接词仍行文流畅,读者不难从上下文加以推测,但译为英语后,若不使用连接词,则会使译文存在结构松散、意义连贯不紧密、逻辑关系不明晰等问题。故在法律英语中确实有表示各种关系的连接词,而法律汉语中没有类似关联词的表述则不乏少数。

例 1　**第十条**　当事人订立合同,有书面形式、口头形式和其他形式……

(《中华人民共和国合同法》)

第十三条　……省、自治区、直辖市制定严于强制性国家标准、行业标准的地方节能标准,由省、自治区、直辖市人民政府报经国务院批准……

(《中华人民共和国节约能源法》)

① 参见王青、秦洪武:《基于语料库的〈尤利西斯〉汉译词汇特征研究》,载《外语学刊》2011 年第 1 期。

例1中的画线部分均为假定条件句，即表示“当事人在订立合同时，可采取书面或其他形式”以及“如果省、自治区、直辖市制定的标准严于国家标准或行业标准时，应报国务院批准”，但条款中并未使用类似的连接词，个中关系只有靠译者自己去确定。在译为英语时应补充出相应的表示“假定”的连接词如 if、when、where 等，以凸显英语的形式特征。

例2　**第一百零七条**　……调查食品安全事故，除了查明事故单位的责任，还应当查明有关监督管理部门、食品检验机构、认证机构及其工作人员的责任。

（2018年《中华人民共和国食品安全法》）

画线部分的动宾结构实为一种内隐式“假定条件句”，而在法律英语中，假定条件句都由连接词或介词等引导，常为显性表述。故在汉译英时须补充相应的逻辑关系词。对此，可参见本书“法律规范的逻辑结构”的有关内容。

二、词汇衔接手段

词汇衔接指篇章中出现的一部分词汇相互之间存在语义上的联系；或重复、或由其他词语替代、或共同出现。[①] 霍伊认为语篇中词汇衔接手段比其他手段更为重要，故欲研究语篇结构，首先应研究语篇词汇衔接手段，因语篇作者想传递的细节及信息传递的方式都是通过词汇衔接手段得到实现的。霍伊甚至认为，韩礼德等归纳的五类衔接手段，除连接词外，都具有词汇复现的性质。因此，语篇中的词汇衔接模式可分为九大类，它们对语篇结构分析至关重要。[②] 本节将对下列几类词汇衔接及其所表达的语义联系进行探讨：

（1）重复（reiteration）。重复主要分为两种情况：一是原词的重复，又称原词复现，即同一主题词或关键词的重复出现；二是同义或近义词的衔接，又称同义复现，即同义词、近义词重复出现在语篇中，语篇中的句子通过这种关系达到了相互衔接。

（2）坐标词与下义词（hyponyms）。坐标词指那些意义较概括的词，其词义

---

① 参见胡壮麟编著：《语篇的衔接与连贯》，上海外语教育出版社1994年版，第112页。

② See M. P. Hoey, *Patterns of Lexis in Text*, London, Oxford University Press, 1991, p. 56.

包括了下义词，从而形成"部分—整体"关系。

(3)共现(co-occurrence)。又称为搭配性衔接，指一系列相关的词项在篇章中经常共现。搭配性衔接对语言信息的生成和解释均有一定的指导作用，有助于对篇章潜在的语义演进做出预测和推测。

上述衔接方式可形成词汇链(lexical chains)，进而将语篇各部分连接起来。例如：

A package of six draft laws for 1995 that the government submitted to the State Duma became the subject of discussion in the "Interaction" reform club. Deputy Minister of Finance Sergey Aleksashenko, who represents the cabinet's point of view, said that "the main task of tax reform is to reinforce the legislative and income base of the budget.

在该例中，"Government—cabinet—Minister of Finance"就形成词汇链，进而构成词汇衔接关系：因 minister 是 government 的成员，而政府一般都会组建内阁。此外，"draft laws—legislative"也形成词汇链并而构成词汇衔接关系，因"起草法律"与"立法"具有类似的性质，而且这种衔接不仅局限于句子，而且将各句子的主位也衔接起来。可见识别语篇的衔接关系是识别主位和话语结构的重要环节。

有学者认为，英汉语在衔接手段上有差异，即汉语更常用原词重复和省略，而英语则更常用照应和替代。[①] 法库尔德(Fakuade)等人则认为，在英美法系立法性文本中大量重复某些名词，表明词汇衔接手段也非常普遍，只是这些重复的词汇因与"the"并用(如 the defendant，the traditional evidence 等)而具有了照应的特征，指示先前出现的信息，这就足以证明照应手段确实是最突出的衔接特点。[②]

笔者对法律语篇进行统计后发现，在法律英语中，除了修辞需要外，很少重复同一个词或结构，不能省略的成分往往使用人称代词或指示代词来表达语义关系，或用同义词、近义词以及替代句型来替代前文出现的词语和结构；而法律

① 参见左岩：《汉英部分语篇衔接手段的差异》，载《外语教学与研究》1995 年第 3 期。

② See G. Fakuade and E. C. Sharndama, "A Comparative Analysis of Variations in Cohesive Devices in Professional and Popularized Legal Texts", *British Journal of Arts and Social Sciences* 4, 2012, p. 300.

汉语中重复现象更明显，即常用零式指代和名词的重复来呼应前文出现过的词语或结构，与学者“英语语篇的衔接倾向于依赖语言形式来实现，而汉语语篇的衔接则多通过语义关系”的结论相吻合。①

例 1 …“Applicant” means the party on whose request the credit is issued…

“Confirming bank” means the bank that adds its confirmation to a credit upon the issuing bank’s authorization or request…

(UCP 600)

例 1 中被定义的术语 Confirming bank 与其释义部分都含有 bank，体现为一种词汇重复，但由于受到定冠词 the 的修饰而具有照应的特征。被定义项 Applicant 与其释义部分的 party 为等值关系，即申请人就是当事人，也因受到 the 的修饰而具有照应功能。这类原词重复、上下义关系词重复或共现的词汇重复，在英美法系的立法规范的定义类条款中比较常见，但因受冠词修饰而具有了照应的特征；而在汉语中，常使用原词重复。

例 2 **第二十条** 为了使国家、公共利益、本人或者他人的人身、财产和其他权利免受正在进行的不法侵害，而采取的制止不法侵害的行为，对不法侵害人造成损害的，属于正当防卫，不负刑事责任……

(《中华人民共和国刑法》)

上例中重复使用了 3 次“不法侵害”，从而使“正当防卫”与“不法侵害”之间的关系明确化，说明法律汉语中常用原词重复来实现句子间的语义衔接。而在法律英语中，在被重复的词汇前如果使用了定冠词 the，看似是词汇重复，实则具有指示的功能。故，可根据英汉语衔接手段的不同而将例 1 译为：

“申请人”指要求开立信用证的一方当事人。“保兑行”指应开证行的授权或请求，对信用证加具保兑的银行。②

同理，可将例 2 译为：

Section 20. Any act performed in self-defense by a person to protect the state’s interests or public interests, or the personal rights, property rights, or other

① 王玉英、张莲：《汉英语篇指称衔接对比一例》，载《解放军外国语学院学报》2006 年第 6 期。

② 原文中的“an offense”后面有两个修饰结构，如果将原文处理为前置定语，则略显太长，故不妨在译文中重复处理，以凸显汉语的词汇重复的特点。

rights of said/the person or of other persons, against immediate injury or harm, while causing bodily harm to the aggressor, is justifiable defense (and not liable for criminal responsibility)...

原文中三次重复“不法侵害”,在译文中却只译为一个“injury or harm”,并使用共现(co-occurrence)手段,即利用与“injury or harm”和“aggressor”(原文为不法侵害人)相关的词项而形成语篇衔接链,这样既避免了重复,又使该语篇信息衔接起来。此外,既然是正当防卫,自然就不会承担刑事责任,故译文中括号内的部分可省略。

第五节 英汉语差异在法律法规语篇推进模式上的体现

卡普兰通过对比修辞方法研究了不同文化和思维模式对篇章的组织方式的影响,认为英语的篇章组织模式为直线型,而汉语的篇章组织模式多为螺旋形。[①] 张明林认为汉语的谋篇布局模式颇具灵活性,可表现为所谓的螺旋形,亦可表现为由里到表的直线型。[②] 这种表述颇为抽象,陈安定则打了一个更为形象的比喻,“在英语中,主干结构突出,即主谓宾结构突出,犹如一棵树的主干。英语在表达较为复杂的思想时,往往开门见山,先把句中的主语和主要动词这两根巨栋竖起来,然后再运用各种关系词把定语从句以及其他短语往这两根巨栋上挂钩。有人把英语长句子比作一棵枝叶繁茂的参天大树,其道理就在这里”。[③] 英语的这种树状结构体现在:无论句子结构如何复杂,其基本主干仍体现为夸克(Quirk)等人所归纳的“主+谓+(其他成分)”的“SV、SVO、SVC、SVA、SVOO、SVOC、SVOA”等七类句型。[④] 其中的主语和谓语是主干成分,“宾语、补语、定语、状语”等其他成分乃是分支,而后再生出细枝,如是周而复始,使得句子枝叶茂盛。在立法文本中尤其如此。例如:

---

① See Robert B Kaplan, “Cultural Thought in Inter-cultural Education”, *Language Learning*16, 1966, pp. 1-20.

② 参见张明林:《语篇分析与汉英翻译》,载《外语与外语教学》1999 年第 12 期。

③ 潘文国:《汉英语对比纲要》,北京语言文化大学出版社 1997 年版,第 198 页。

④ See R. Quirk, et al., *A Comprehensive Grammar of the English Language*, London, Longman, 1985, p. 53.

35 USC Sec. 154. Contents and term of patent; provisional rights

…(b) Adjustment of Patent Term. —

(1) Patent term guarantees. —

(A) Guarantee of prompt patent and trademark office responses. —Subject to the limitations under paragraph (2), if the issue of an original patent is delayed due to the failure of the Patent and Trademark Office to—

(i) provide at least one of the notifications under section 132 of this title or a notice of allowance under section 151 of this title not later than 14 months after—

(I) the date on which an application was filed under section 111 (a); or…

the term of the patent shall be extended 1 day for each day after the end of the period specified in clause (i), (ii), (iii), or (iv), as the case may be, until the action described in such clause is taken…(SVA 句型)

上述例句中句子成分叠床架屋、层层套叠,但句子的基本主干并未改变。因此,首先找出句子的主干,而后再厘清其细枝,是理解句子语义并进行翻译的前提和基础,即须经历一个"从结构到语义"的过程。

而汉语中的句式结构并非树式而是竹式:第一,汉语不存在一个主干结构,没有主干和细枝之分。尽管有人认为汉语句子的基本形式为主谓句,①但有学者做过粗略统计后发现,汉语中主谓句和非主谓句约各占一半,因此,以主谓结构作为句子的基本形式也就没有了意义。② 法律汉语中的情况也大致如此。如前所述,法律法规中大量的假定结构和行为模式就是由非主谓句来担任的。第二,汉语句子界限不定,犹如竹节一样。汉语中动词用得多,在表达一些较复杂的思想时往往借助动词,按照动作发生的顺序或逻辑顺序逐步交代、层层铺开,给人以舒缓明快的感觉。其句子结构犹如一根竹子,一节一节连下

① 参见胡裕树主编:《现代汉语》(修订本),上海教育出版社 1979 年版,第 292 页。

② 参见潘文国:《汉英语对比纲要》,北京语言文化大学出版社 1997 年版,第 204 页。

去。[①] 第三，不存在主干句的汉语句子在扩展时会引起结构的不断变化，[②]这一点与法律汉语关联不大，因法律法规中的句式因调整的对象或事项的明确性而一般采用格式化表述（采用“假定—行为—处罚”的模式），故而扩展的频率与其他语体存在显著差异。例如：

第三十六条　食品生产加工小作坊和食品摊贩等从事食品生产经营活动，应当符合本法规定的与其生产经营规模、条件相适应的食品安全要求，保证所生产经营的食品卫生、无毒、无害，食品安全监督管理部门应当对其加强监督管理……

（2018 年《中华人民共和国食品安全法》）

上例中讲了四个团块：主谓结构“小作坊摊贩从事食品生产经营活动”作为假定条件，并列动宾结构“应当符合……要求……”和“保证……食品……卫生无害”作为行为模式，主谓结构“部门……加强……管理”则表明意思未完，须从另外一个角度对有关管理机构的职责作出规定。直到把所有的意思表达完了，方称其为一个句子。而这四个团块间的联系并非靠关联词，而是依仗其间的次序来实现的。

对比分析了英汉句式的结构特征后，下面将重点探讨英汉语篇的推进模式，因其事关翻译过程中句子表述模式的选择。

一、英汉语篇推进模式概述

目前学界在探讨英汉语篇推进模式时常提及主语—谓语型（S—P）（subject-predicate）、主位—述位（T—R）（theme-rheme）、话题—评述（T—C）（topic-comment）。如前所述，英汉语句法结构差异很大。由于英语受 SVO 结构的要求必须有一个主语，是重视主语的语言（subject-prominent language），造

---

① See Po-Ching Yip, “Linguistic Dispositions: A Macroscopic View of Translating from English to Chinese”, *Journal of Chinese Language Teachers' Association* 28, 1993, p. 69.

② 例如，在二月河的小说《康熙大帝》中，高士奇与陈氏兄弟的对联“春海棠—带叶春海棠——枝带叶春海棠—江南红粉佳人鬓边斜插一枝带叶春海棠；夏山药—连须夏山药—半根连须夏山药—关西黑麻大汉腰下别着半根连须夏山药”，便清楚展示了这种“名词短语—定中短语—主谓宾结构”在结构上的扩展变化。

句断然不可缺少主语；相对而言，汉语缺少形态变化，主语、谓语没有句法形式标记，因此语序是汉语表达意义的关键，而汉语语序的特点正是“话题—说明”结构，即汉语是“注重主题的语言（topic-prominent language）”。[①] 主题语在大量汉语句子中作为基础性结构被固定下来，形成“主题—评论”型句子，只有很少几种作主语的主题结构才与英语句子的主语相吻合。故有学者认为，汉语中只存在“T—C”，采用“S—P”模式来对比英汉语篇是因为概念没弄清楚。毕竟英语的主谓关系句中，大约不到10%可以在主谓间停顿，之所以停顿，往往是因为定语太长或者使用了其他修饰语或插入语（参见前面的论述），故而不能形成话题。而汉语的主语后都有潜在的停顿，因此都是潜在的话题。显性的汉语体系的主语说存在致命的弱点，不利于与外语间的转换，故“T—C”是汉语语篇推进的模式，因该框架采用的是语义标准，可避免主谓型和主题—评论型这种采用形式和语义双重标准的框架所导致的分类上的重叠和混乱等问题。[②]

但也有学者根据吕叔湘先生所归纳的SVO、SOV、OSV、VS及VO[③]结构对主语和主位进行比较后发现，汉语句子也可分为主位和述位，且主位总是出现在句首，之所以如此，并非因为汉语句子近几十年来受到英语的影响，而是因为主位—述位结构其实就是汉语固有的构成话语的方式，且建议采纳“施事者（Doer = logical subject，即按照施事和受事关系或者语义的逻辑关系而划分的主语）、主语（Subject = grammatical subject，即语法结构上的主语）和主位（Theme = psychological subject，即按照前后位置划分的主语）”的划分法来解读句子的主语和主位结构。[④] 例如（见表4-3）：

---

① 林彦：《浅谈对主位、主语和话题的理解》，载《现代语文（语言研究版）》2008年第4期。

② 参见潘文国：《汉英语对比纲要》，北京语言文化大学出版社1997年版，第211页；Yuen-Ren Chao，*A grammar of Spoken Chinese*，Berkeley，Los Angeles，London，University of California Press，1968，pp. 69-70.

③ 参见吕叔湘：《汉语语法论文集》（增订本），商务印书馆1984年版，第447~465页。

④ 方琰：《试论汉语的主位述位结构——兼与英语的主位述位相比较》，载《清华大学学报（哲学社会科学版）》1989年第2期。

表 4-3　以施事、主语和主位划分法解读句子结构系列

例　句	说　明
The duke gave my aunt this teapot.	The duke: psychological subject grammatical subject logical subject
This teapot was given to my aunt by the duke.	This teapot: psychological subject my aunt: grammatical subject by the duke: logical subject

尽管“T—R”模式与“T—C”模式存在相似点：(1)都将句子分为两个部分；(2)切分的基础均为语义，即两个部分都由语义连接；(3)二者都可由多种词性来表示(如主位可由名词词组、副词、介词、助动词、疑问词等；话题则可由名词、动词、形容词、数量词等担任)，但英汉语的结构存在下列本质区别：

第一，英语的 T—R 结构，语义靠形态机制连接，即主位和述位受形态机制的制约；汉语的 T—C 结构，语义连接是非形态的，即注重内容的意会性，体会句子的意思须依靠语境。

第二，在 T—R 结构中，除了少量的省略主位的标记述位句外，主位都是必需的；而汉语的 T—C 结构中，话题虽然重要，但可以省略，故而汉语中无主句多。

第三，主位总在句子的开头部分，述位紧随其后，二者顺序固定，即便倒装句也是如此；而话题可在句首，也可在句中或句尾。

第四，主位有单项主位(其为独立的整体，不可以再分为更小的功能单位，主要表现为一个名词词组、副词词组或介词短语)和复项主位(由多个语义成分构成)。复项主位总含有一个表示概念语义的话题成分(topical elements)，①还可能有语篇成分(textual elements)②或人际成分(interpersonal elements)，③

① 该话题成分又称为“主题主位”。一般来说，充当语篇成分的是那些在传统语法中相当于“主题—述题(topic-comment)”这对术语中的“主题(topical theme)”。

② 包括 yes、no、well、oh、now 等语篇开始提示成分；and、yet、well、so、even、if、however 等连续成分；therefore、in other words、as far as that is concerned 等结构成分以及连接成分等。

③ 包括 certainly、to be frank、broadly speaking 等情态成分；一般疑问中的限定成分以及称呼成分等。

这些成分均为主位的一部分。而当该三个成分都出现时,其排列顺序通常呈“语篇成分—人际成分—话题成分”的排列顺序,即形成“语篇成分+话题成分”“人际成分+话题成分”“语篇成分+人际成分+话题成分”等几种表达模式。之所以如此排列,是因为充当语篇成分的词或词语一般是一些在传统语法中称为功能词(function word)或虚词(empty word),这些词从表达的概念意义角度来说没有实际的内容,它们不指代物质世界中的某个存在物(entity),只表达一种逻辑语义的衔接关系;充当人际成分的词或词语是一些表达个人评判或态度或情态及称呼类的词,这类词是对人的精神或内心世界的描述,因而应归属于传统语法中所说的实词类(lexical word),而充当话题成分的词或词语理所当然应归属于实词类。很显然,从信息的重要性而言,话题成分重于人际成分,而人际成分重于语篇成分。从人的认知规律和句子的顺序象似的角度来看,主位结构中“复项主位”的排列模式:语篇成分+人际成分+话题成分这种排列顺序符合人的认知规律和句子的顺序象似性,因为这种模式是一种按内容重要程度来排列的,符合信息结构的尾重原则(end-focus)。复项主位这种结构排列与小句(clause)的排列顺序是一样的,即小句成分的排列规律是内容或信息从最不重要的到最重要的。而汉语中话题结构强调人的思维过程,常以动作或事件的先后顺序为依据,而后才做出评介或解释,故话题通常只有一个。

总之,在语篇功能上,主位的作用有两点:首先是回指前文,保持语篇连贯;其次是作为小句信息的出发点,向前推进信息,以与下文连接,即前引后指,因此,句子间的黏着性很强。然而,由于话题寓意覆盖面广,加之汉语的意会特点,话题尽管可以覆盖下文的主题,还可对上文进行渲染和影响,但“与全句实无密切联系,只是一个被涉或被陈述的对象”,①故而句子间的黏着性弱。本书将依据主位—述位以及吕叔湘先生归纳的模式,对英汉语法律语篇的推进模式进行详细探讨。

二、英汉语法律法规语篇的主位—述位结构对比

主位可分为无标记性主位和有标记性主位。在一般情况下,句子的主语和

① 刘宓庆:《新编汉英对比与翻译》,中国对外翻译出版公司2006年版,第86页。

主位重叠，即句子的主语就是主位，这种主位为无标记性主位。但英汉语中也有不按正规语序排列的主位，即把原来属于述位的部分提至主位，为了突出信息或其他目的，从而有助于增加语言的表现力和交际效果，此时就形成有标记主位性前置。除了句子的主语外，其他句子成分都可以成为主位性前置的主位，即标记主位。[①] 非标记性主位一般与各种语气结构的第一个成分相重叠。小句中哪个成分可以用来充当非标记性主位，取决于该句的语气。

如前所述，英语是一种主语显著的语言（a subject-prominent language），所以英语陈述句中的非标记性主位理所当然就是那些充当主语的名词性词组。[②] 由于英语法律法规中最常用的是陈述句，故英语中七种基本句型（SV，SVC，SVO，SVA，SVOC，SVOA，SVOO）采用的都是非标记性主位。倘若将这些基本句型中的非标记性主位转换为标记性主位，就必须有足够充分的理由，否则，句子中的标记性主位结构可能会让英语本族语者感觉不自然。

与英语陈述句中的主位不同的是，汉语是主题显著的语言（a topic-prominent language）。主位为非标记性的汉语陈述句的句型很可能不止上述提到的七种。因此，有些在汉语本族语者看来是非标记性的或常态的主位结构，在英语本族语者眼中可能是标记性的或反常的，反之亦然。因此，在英汉互译的过程中选择合适的主位作为信息的起点非常重要。下面将以吕叔湘先生所归纳的 SVO、SOV、OSV、VS 及 VO 句型为主，[③]探讨英汉语法律法规语篇中的主位述位句型结构。

（一）英汉语法律法规语篇中主语与主位重合的情况

只有汉语中的 SVO 和 SOV 句型才有可能与英语中的句型在主位和主语上重合，而由于 SOV 句型这种倒装结构在法律汉语中比较少见，故在此处不作探讨。SVO 句型乃是典型的英汉语句型，也是法律规范中常用的句型。尽管主位不等于主语（主位属于语用而非语法范畴，并与语义有紧密联系），但在该句型中，主位与语法主语重合，即 S = T，此时形成无标记主位，在翻译时可不做

---

① 主位性前置中的主位和语法倒装中的主位不同，后者为无标记主位，即句子的语序是按正规语序排列的，是强制性，句子不倒装就不符合语法规则。

② 参见王岚：《前景化及其在翻译中的应用》，载《西南科技大学学报》2011 年第 1 期。

③ 参见吕叔湘：《汉语语法论文集》（增订本），商务印书馆 1984 年版，第 447～465 页。

太大的调整。

例 1　Section 3. He (S, T)//shall from time to time give to the Congress information of the State of the Union, and recommend to their Consideration such Measures as he shall judge necessary and expedient; he may, on extraordinary Occasions, convene both Houses, or either of them, and in Case of Disagreement between them, with Respect to the Time of Adjournment, he may adjourn them to such Time as he shall think proper; he shall receive Ambassadors and other public Ministers; he shall take Care that the Laws be faithfully executed, and shall Commission all the Officers of the United States.

（美国《联邦宪法》第二节）

译文　**第三条**　总统应经常向国会报告联邦的情况，并提请国会考虑其认为必要和适当的措施；在特殊情况下，总统可召集两院或其中一院开会，并在两院就休会时间意见分歧时，有权将两院休会时间延至适当时间；总统应负责接见大使和公使；总统应确保法律得以切实的贯彻执行，并负责合众国军官的任命。

上例中，主位与主语相同，且呈现为主位同一型，即所有的句子（除第四个分句外）都是以 he/president 作为主位（述位则各不相同），且上述句子均为主谓结构，故而在翻译时以汉语中类似的主谓结构处理。

例 2　**第九条**　任何单位和个人（S1，T1）//都应当依法履行节能义务，有权检举浪费能源的行为（R1）。新闻媒体（T2，S2）应当宣传节能法律、法规和政策，发挥舆论监督作用（R2）。

（《中华人民共和国节约能源法》）

译法 1　Article 9　All entities and individuals shall perform their obligations for energy conservation according to law and shall have the right to report on acts of energy waste.

The press media shall publicize laws, regulations and policies for energy conservation to give full play to the role of the media for supervision.

译法 2　Article 9　All units and individuals shall, in accordance with law, fulfill their obligation to conserve energy and have the right to report against any waste of energy.

The media shall propagate the laws, regulations and policies on energy conservation and bring into play the role of public opinion for supervision.

上例中两款的主位发生了变化(T1—T2),但第二款的述位与第一款的述位在语义上有相关性,即涉及"节能",且两款均属于主语与主位相同的主谓句。两个译本都采取了保留原文主位述位的推进模式,从而在一定程度上确保了原文所欲表达的语用功能。

例3　**第二条**　在中华人民共和国境内从事下列活动(S,T1),应当遵守本法:

(一)食品生产和加工(以下称食品生产)(T2),食品流通和餐饮服务(以下称食品经营);

(二)食品添加剂的生产经营(T3)……

(2009年《中华人民共和国食品安全法》)

译法1　Article 2　Those engaging in the following activities within the People's Republic of China shall abide by this Law:

1. food production and processing (hereinafter referred to as food production), and food circulation and catering services (hereinafter referred to as food business operation);

2. the production and business operation of food additives...

译法2　Article 2　The following business activities carried out within the territory of the People's Republic of China shall abide by this law:

(1) Food production and processing (hereinafter referred to as "Food Production"); food distribution and catering service (hereinafter referred to as "Food Trading");

(2) Production and trading of food additives...

上例中主位和主语——"在中华人民共和国境内从事下列活动(T1)"为一个复合主位,即由表语篇和概念功能的成分构成,其中的中心词为动宾结构"从事下列活动",下面的几款并列结构(T2,T3……=T1)可视为是T1的同位语,在语义关系上系等值关系。尽管译法1采取与原文相同的主谓结构,但原文的动宾结构“从事活动”被译成了“从事该活动的人”,原句的信息结构因而发生变化,导致“人”与下面各项“活动”并不匹配而衔接失当。此外,在序号的标注上也有失规范。故相比较而言,译法2更佳。上述译文具有代表性,为法律翻译提出了警示:在结构相似的情况下,译文应尽量采用与原文相似的主位推进模式。

(二)英汉语法律法规语篇中主语与主位不重合的情况

汉语的其他句型中主位与主语都不重合。其中VS句型在法律汉语中少见,不予赘述。下面将重点探讨OSV和VO句型。

1. OSV句型

OSV(Object Subject Verb)指宾主谓结构,这是一种相当罕见的语序,但在英汉语中均可接受。该结构很少适用于法律英语中,但常用于法律汉语中。

例1 **第三十二条** 合伙人投入的财产(O1,T1),由合伙人(S1)统一管理和使用。合伙经营积累的财产(O2,T2),归合伙人(S2)共有。

(《中华人民共和国民法通则》)

译文 Article 32. Property invested by the partners shall be administrated and utilized jointly by the partners. Property accumulated through the business activities of a partnership is owned jointly by the partners.

在例1中,主语与主位并不一致,即宾语前置充当主位,形成倒装句式,故可译为英语的被动句式。

例2 **第四十四条** ……企业法人分立、合并(T),它的权利和义务(O)由变更后的法人(S)享有和承担(R)。

(《中华人民共和国民法通则》)

例2中的主位为一个省略了逻辑关系词的条件句,述位部分为OSV结构。这种句型在法律汉语中极为常见。在翻译时可将主位译为一个假定条件句,述位部分译为被动结构。试译:

Section 44. …When an enterprise as legal person is divided or merged, its rights and obligations shall be enjoyed and assumed by the new legal person resulting therefrom.

2. VO 句型

如前所述,法律语句主要分为主谓句和非主谓句,而法律汉语中有一半以上为非主谓句,即 VO 句型。有人认为 VO 是 SVO 的省略形式,其主语泛指或可从上下文推断出来而不必挑明,故有时没有主位;有时则以时间状语等其他结构形式置于句首而成为主位;有时可能是句子本身就没有主语,动词作为句子的起点或陈述对象,故而成为标记主位。①

例 1 **第七十三条** 国家财产(T,O)/属于全民(S)所有(V)。

国家财产(T1,S1)神圣不可侵犯(R1),禁止(T2,V2)任何组织或者个人(O2)侵占、哄抢、私分、截留、破坏。

(《中华人民共和国民法通则》)

该条的第一款属于 OSV 句型,"为……所有"就表明可译为被动句。可将第二款第一个分句视为 SV 句型;第二个分句则可视为一个 VO 句型,由于没有主语,可采用英语的"it 作形式主语、动词结构作真正主语"的句型。故而可译为:

Article 73. State property shall be owned by the whole people.

State property is sacred and inviolable; and it is forbidden for any organization or individual to occupy, fraudulently seize, privately divide, withhold or damage State property.

译文中的"it"为主位,其后指的"to 不定式"为真正主语,正好与汉语中动词为主位的结构相契合,即凸显原文所强调的信息。此外,也可把上述第二款的结构作如下划分:

国家财产(T1,S1,O2)神圣不可侵犯(R1),禁止(T2,V2)任何组织或者个人(S2)侵占、哄抢、私分、截留、破坏(V2)。

即将第二个分句视为一个承前省略宾语的 OSV 句型,即"任何组织或个人不得哄抢……(国家财产)",T2 成为标记性主位,"国家财产"为 V2 的宾语。此时,可考虑使用主语的否定式进行处理,凸显出因话题主位不同而产生不同

① 参见方琰:《试论汉语的主位述位结构——兼与英语的主位述位相比较》,载《清华大学学报(哲学社会科学版)》1989 年第 2 期。

的意义和表达效果。试译：

Section 73. …. State property is sacred and inviolable; and no organization or individual may occupy, fraudulently seize, privately divide, withhold, or damage State property.

如此一来，法律主体与法律行为都因移至主位而得到凸显。

例2 **第一条** （全国人民代表大会，S）为了保障公民、法人的合法的民事权益，正确调整民事关系，适应社会主义现代化建设事业发展的需要，根据宪法和我国实际情况，总结民事活动的实践经验（T），/制定（V）本法（O）（R）。

（《中华人民共和国民法通则》）

例2与例1中的第二款类似，前面的五个结构为主位，“制定本法”为述位，该条中既无先行词，也不出现回指或下指的形式，全都成了空缺的形式，但语义上这个话题是清楚的，即省略了动词的主语：“全国人民代表大会”。这种特殊的零形格式在翻译时处理为类似的省略施事的被动结构。尽管很多译例都采用“This Act is enacted with a view to…”结构，但为了使原文的信息结构不受损害，不妨按照原文的主位—述位结构进行处理。试译：

Section 1. With a view to protect the legal rights and interests of citizens and juristic persons and to regulate civil relations so as to safeguard the building up of socialist modernization, in accordance with the Constitution and the actualities of the PRC, and on the basis of the experience drawn from civil activities (T), /this Law is hereby enacted (R).

三、英汉语法律法规语篇推进模式上的差异

尽管从功能语法角度探讨的主位—述位切分是以英语为基础的，但主位述位结构与功能语言已经应用于其他种语言的研究。在翻译领域，已有一些学者运用这种分析方法来观察语际转换现象。哈提姆（Hatim）以英语和阿拉伯语为例讨论过主位推进模式对语篇的连贯和理解的作用。① 贝克（Baker）也指出

---

① See B. Hatim, *Communication Across Cultures Translation Theory and Constructive Text Linguistics*, Shanghai Foreign Language Education Press, 2001, pp. 76-88.

原文的主位推进模式应该在译文中以某种适宜的方式加以再现,否则可能造成译文信息流动不畅的问题。[①] 戚雨村在谈及主位推进模式与语篇分析的关系时曾指出,主位述位的推进模式有助于研究句际的语义联系,以及语段中主题的展开形式。[②] 国内学者刘士聪等提出以主述位结构作为英汉语翻译的基本单位。[③] 此外,陈用仪[④]、贺志刚[⑤]等学者都讨论了主述位切分与翻译的准确和流畅。这些研究无疑为法律法规的英汉互译提供了理论上的指导。如前所述,语篇推进模式可大致分为下列几类:

(1) 前句主位中的某个内容发展出一个新的主位,即 T1→ T2(=T1)。也称为平行型,即主位相同,述位不同,用公式表示为 Tn(=T1)—Rn;

(2) 前句述位中的某个内容发展出一个新的主位,即 R1→ T2(=R1)。也称为延续型,表示为 Tn(Rn-1)—Rn;

(3) 前句主位和述位共同发展出一个新的主位的新颖型,即 T1+R1→ T2(=T1+R1);

(4) 前一句的主位是后一句的述位 T1→R1,也称为交叉型,可表示为 Tn—Rn(Tn-1);

(5) 主位不同,但述位相同,也称为集中型(述位同一型),可表示为 Tn—Rn(=R1)。

由于法律规范的程式化,即英汉语法律规范有着极强的逻辑结构,每一个法律条款中几乎都包含法律主体(legal subject)、其有权或必须实施何种行为(及有关的权利或义务)(action)以及实施行为所适用的前提或情形(case or condition),故而应根据需求(在哪些情况下应凸显哪个组成部分),采取不同的推进模式。对英美法系三部法律和我国的三部法律进行粗略统计后发现,法律

---

① See M. Baker, *In Other Words: A Course Book on Translation*, Foreign Language Teaching and Research Press, 2000, 1992, p. 172.

② 参见戚雨村:《布拉格学派和马泰休斯的语言理论》,载《外国语(上海外国语学院学报)》1993年第5期。

③ 参见刘士聪、余东:《试论以主/述位作翻译单位》,载《外国语(上海外国语学院学报)》2000年第3期。

④ 参见陈用仪:《主述位切分与翻译的准确和流畅》,载王福祥、白春仁主编:《话语语言学论文集》,外语教学与研究出版社1989年版,第176~189页。

⑤ 参见贺志刚:《主、述题误置——一个翻译中应注意的问题》,载《现代外语》1995年第3期。

语篇常采用下列模式：

(一)平行型推进模式

例如：

Section 3. New States may be admitted by the Congress into this Union; but no new State shall be formed or erected within the Jurisdiction of any other State; nor any State be formed by the Junction of two or more States, or Parts of States, without the Consent of the Legislatures of the States concerned as well as of the Congress…

(美国《联邦宪法》第四节)

该例中主位都为 new state，其中第一分句概括地规定国会有权批准新州加入联邦，第二分句则规定了新州成立的要件(须经国会及相关州的许可)，而第三分句也是有关新的州成立的禁止性规定(不得在两个或两个以上的州内成立新州)。由于法律英语中常用否定主体的模式表达禁止性规定，该例的平行型推进模式就从肯定和否定方面凸显法律主体的有关权利和义务。美国《联邦宪法》第二节第二条、第三条、第四条共13个小句，其中77%(10个小句)的小句都是采用主位同一型，即以“美国总统”(he-the president)作为主位，突出语篇的话题即已知信息，引出其相关的权利和义务。法律汉语中也不乏类似模式。例如：

第三十五条 ……合伙人对合伙的债务承担连带责任(T1)，法律另有规定的除外。偿还合伙债务超过自己应当承担数额的合伙人(T2=T1)，有权向其他合伙人追偿。

(《中华人民共和国民法通则》)

第十条 国务院管理节能工作的部门(T1)主管全国的节能监督管理工作。国务院有关部门(T2=T1)在各自的职责范围内负责节能监督管理工作，并接受国务院管理节能工作的部门的指导……

(《中华人民共和国节约能源法》)

(二)交叉型推进模式

由于法律规范一般会首先规定个人或机构应实施的行为，而后对具体的实施程序或例外情形会作进一步补充规定，故而也常使用交叉型语篇推进模式。例如：

Section 1.　Full Faith and Credit (T1) shall be given in each state to the public Acts, Records, and judicial Proceedings of every other State. And the Congress (T2) may by general Laws prescribe the Manner in which such Acts, Records, and proceedings shall be proved, and the Effect thereof (R2 = T1).

（美国《联邦宪法》第四节）

上例首先规定“各州对于所有其他州的公共法律、案卷和司法诉讼，应给予充分的尊重和信任”，进而对如何认定其效力、例外情形等问题作出补充规定，从而使有关权利和义务非常清晰。法律汉语中也不乏类似例子。例如：

第八十二条　对于犯罪分子的假释(T1)，依照本法第七十九条规定的程序进行(R1)。非经法定程序(T2 = R1)不得假释(R2 = T1)。

（《中华人民共和国刑法》）

第一条　……社会主义制度是(T1)中华人民共和国的根本制度……禁止任何组织或者个人破坏社会主义制度(R2 = T1)。

（《中华人民共和国宪法》）

（三）延续型推进模式

这种情况与交叉型推进模式的功能类似，只是后者以某行为为信息出发点，而前者是以法律主体为信息出发点，但结果都是反复强调行为的有关要件。该模式使语篇结构严密清晰、上下衔接得当，法律主体的相关权利义务也非常明确。例如：

Section 3.　… The Congress (T1) shall have power to declare the Punishment of Treason (R1), but no Attainder of Treason (T2 = R1) shall work Corruption of Blood, or Forfeiture except during the Life of the Person attainted (R2).

（美国《联邦宪法》第三节）

该例先规定“国会有权宣布对于叛国罪的惩处”，进而对惩处应满足的要件进行补充规定（因叛国罪而被褫夺公权者，其后人的继承权不受影响，且只

能在其本人生存期间没收其财产)。法律汉语中类似例子也不乏少数。例如:

第十八条 国家对家用电器等使用面广、耗能量大的用能产品,实行能源效率标识管理(R1)。实行能源效率标识管理的产品目录和实施办法(T2=R1),由国务院管理节能工作的部门会同国务院市场监督管理部门制定并公布。

(《中华人民共和国节约能源法》)

在该例中,首先规定对哪些产品要进行标识管理,进而规定具体标识管理的实施办法的制定与公布,从而使有关事项之间的关系非常明了。至于其余的语篇推进模式,如集中型和新颖型,在法律语篇中则相对较少,在此不赘述。

前面提及主位大都是小句最左边的成分,但在法律语言中,句子最左边的成分并不总是语法主语。当陈述句的主位往往并非语法主语,即句子的语法主语与主位不重合时,就形成有标记主位。由于法律语言的程式化特点,多数法律规范都是有标记性主位,具体可分为单项主位(如由名词性词组、状语词组或介词短语承担)和复项主位(如由句子作为主位,或者短语和句子的组合作为主位)。[①] 由于主位的位置决定了信息在句中的重要程度,在翻译过程中应尽量尊重原文的信息结构,并适当考虑目的语的语篇推进或衔接特点。

例 1 **第八十二条** 对于犯罪分子的假释(T1),依照本法第七十九条规定的程序进行(R1)。非经法定程序(T2=R1)不得假释(R2=T1)。

(《中华人民共和国刑法》)

译法 1 Article 82 Parole (T1) shall be granted to a criminal through the procedure prescribed in Article 79 of this Law (R1). No parole (T2=T1) shall be granted without going through legal procedure (R2=R1).

译法 2 Article 82 An offender (T1) shall be released on parole in accordance with procedures as provided in section 79 of this Act (R1). Except through such legal procedures (T2=R1) no offender shall be released on parole (R2).

---

① 韩礼德将主位区分为单、复、句项主位,而朱永生认为从功能角度而言,主位只有单项和复项主位之分。参见朱永生、严世清:《系统功能语言学多维思考》,上海外语教育出版社 2001 年版,第 63 页。

根据学者的研究,在语言的实际应用中,由于思想表达的复杂性,通常是几种主位推进模式互相搭配、交替使用。且有的推进模式还呈跨句推进形式,"前句与后句不一定紧挨着进行衔接,可容许间隔"。① 值得注意的是,"后一句使用前一句的主位或述位,不一定要完全重复原来的词(可以部分重复或释义),或使用概括词、近义词、上坐标词或代词(pronoun)去替代"。② 即当上一句的主/述位用作下一句的主/述位,往往只取其中一部分语义内容,通常并非其完整形式的照搬。从这个意义上说,原文采纳的是"交叉型"和"延续型",第一分句是一个无主句,画线部分为话题,即一个标记性主位;第二分句也是一个无主句,画线部分为标记性主位,由状语"非经法定程序"担任,两个分句因词汇复现而实现句间的衔接。译法1采用的是同一型,T1→T2(=T1)模式,R2与R1在语义上也有联系。这种推进在语篇衔接上并无不妥,且对于本条所涉及的主题"假释"而言,该推进模式起到了凸显作用,但因改变了原文的主位—述位结构而破坏了原文的信息结构。译法2采用的是延续型,即R1→T2(=R1)模式,即旧述位成为新主位,部分遵照了原文的主述位结构而传达了原文的语法意义和语义意义,但对保留和发挥原文的语用功效而言,译法2中信息发出点(T1)并不是"假释",因而改变了原文的信息结构。可改译如下,以凸显原文的信息结构:

Section 82. The release of a prisoner on parole (T1) shall be granted pursuant to Section 79 of this Act (R1). Except as provided in Section 79 (T2=R1), no parole shall be granted (R2=R1). ③

此外,在英译汉时也可使用与原文句子相同的主位结构。如是一来,相同的主位结构在原文和译文中发挥的功效几乎相近。

例2 Section 3 …Where the goods to which a ship's delivery order relates form a part only of the goods to which the contract of carriage relates, the liabilities to which any person is subject by virtue of the operation of this section in relation to that order shall exclude liabilities in respect of any goods to which the

① 胡壮麟编著:《语篇的衔接与连贯》,上海外语教育出版社1994年版,第145页。

② 黄衍:《试论英语主位和述位》,载《外国语(上海外国语学院学报)》1985年第5期。

③ Release of Prisoner on Parole; Procedure-Mich. Comp. Laws Section 791, 235.

order does not relate...

(Carriage of Goods by Sea Act 1992)

本例属于法律条款中比较常见的时间状语或条件句作主位,其功能分别是"围绕时间或情景的变化而组织话语"和"为随后主句新信息的呈现建立一个框架,发挥组织语篇的作用"。Where 引导的分句只是信息的发出点,整个句子的信息中心为后面的主位。在翻译时可依据原文的主述位结构进行处理。

但是,译者在某些情况下必须调整译文中某些句子的主位结构,以使译文在目的语读者的眼中显得更加自然顺畅以及更加符合目的语的语用原则。因此,在翻译时,译者须充分了解关于主、述题的知识,也须明白主、述题位置倒置将影响译文质量,即应认识到原语和译入语在语言结构和表达习惯上存在差异,故而不可盲目地将原文的主、述题在译文中原封不动地保留下来。这一点在汉译英时尤其应引起重视。

例 3 **第八十一条** 被判处有期徒刑的犯罪分子,执行原判刑期二分之一以上,被判处无期徒刑的犯罪分子,实际执行十三年以上,如果认真遵守监规,接受教育改造,确有悔改表现,没有再犯罪的危险的(T1),可以假释(R1)。如果有特殊情况,经最高人民法院核准(T2),可以不受上述执行刑期的限制(R2)……

(《中华人民共和国刑法》)

译法 1 Section 81. A criminal sentenced to fix-term imprisonment who has served more than half of the term of the original sentence or a criminal sentenced to life imprisonment who has served not less than thirteen years of the term (T1) may be granted parole if he consciously observes prison regulations, accepts education and reform through labor, shows true repentance and no risks of the the continuation of criminal activity (R1). If special circumstances exist (T2), upon verification and approval of the Supreme People ' s Court, the above restrictions relating to the term served may be disregarded (R2)...

译法 2 Section 81. An offender may be released on parole if he has served more than half of the original sentence in case of fixed-term imprisonment or served not less than thirteen years in the case of life imprisonment and has consciously observed prison regulations, accepted education and reform through labor, showed true repentance and no risks of the the continuation of criminal activity (R1). The above restrictions (T2=R1) related to the term served may, in exceptional situations, be disregarded upon verification and approval of the Supreme People's Court…

原文采用的是 T1→T2 模式,其中的第二分句"如果有特殊情况"为一个标记性主位,但该主位与第一句中的主位与述位之间并无联系。由于汉语是一种意合的语言(parataxis),连句成章往往凭借作者的综合思维,所以汉语本族语者可根据主观直觉解读几个小句之间的连贯与关联。但是,英语强调形合(hypotaxis),句子中各成分之间或句子与句子之间的连贯必须从形态上体现出来。译法 1 按照原文的格式译为标记性主位,从语篇衔接角度并不流畅;相反,译法 2 却译为无标记的主位,并用"the"修饰而具有照应的功能,有利于增强句子之间的衔接与连贯。可将译法 2 改译如下,使译文更加精练和准确,并凸显法律英语的特点:

Section 81. An offender who is serving a fixed-term sentence and has served more than half of his sentence, or an offender who is serving life sentence and has served a minimum of 13 years imprisonment, may be released on parole, if he has observed prison regulations, accepted education and reform through labor, showed true repentance and poses no risk of reinvolvement in criminal activities (R1). The above conditions of parole (T2 = R1) may, in exceptional circumstances, be disregarded subject to the verification and approval of the Supreme People's Court…

第六节 本章小结

与其他语类的衔接手段相比,照应在立法语篇中的使用频率相对更少:只有在其先行词在同一个句子中不存在歧义的情况下才会使用代词;替代、省略以及其他语法衔接手段,在法律语篇中的使用频率也相对更少。由于词汇重复具有明确指称的功能,可避免因使用代词替代前指(pronominal anaphor)而可能产生的歧义重复,故以准确性或精确性为显著特征的立法语言亦常通过词汇重复来实现衔接。亨利·威霍芬(Henry Weihofen)就曾强调"不要害怕重复正确的词语"。[①] 在立法实践中,为了确保基本资讯准确和避免歧义,法律起草者都不厌其烦地重复各种语句成分,如词汇、短语等。因此,"重复"已成为英语立法语言的一个基本特征。

但就"重复"而言,英汉法律语言存在差异。有学者就曾通过语料库分析方法考察了汉语原创文本和汉语翻译文本之间的关系,又考察汉语翻译文本和英语源语文本之间的关系。统计结果表明,就类符/型符比(Types/Tokens Ratio,TTR)[②]而言,汉语原创文本的 TTR 比汉语翻译文本的 TTR 要低 2.3 个百分点,但都高于英语原创文本的 TTR,这就说明汉语翻译语言在用词丰富程度上低于英语源语,但又高于汉语原创语言。一般说来,语库规模越大,类符/型符比越小。若语库规模相同,类符/型符比越大,就说明用词越丰富。[③] 该结论也适合立法语言,即就词汇衔接而言,法律英语中更常用同义、上下义和具有指示特征的原词重复而实现语义衔接;法律汉语则更趋向于使用原词重复和复现等词汇衔接手段,大量的原词重复也就导致法律汉语中的类符/型符比要低于法律英语。由于在语言结构上,英语有一定的形态变化,重"形合",而汉语没有形态变化,重"意合",所以法律英语的衔接体现出显性的特征,即主要借助形态变化和形式词,以标明词语之间或小句之间的语法和逻辑关系。相对而言,汉语的语法衔接则呈现隐性的特征,即以意统形,较少使用语法衔接手段,而主要靠词语与句子本身意义上的连贯与逻辑顺序实现衔接,[④]或者较多地使用词汇重复而实现语篇的衔接功能。

此外,英语较之汉语对句子结构有着更严格的语法要求,主语或谓语不管有无实际意义,都须出现在句子中,以满足语法形式的要求,且主谓之间人称、数等应保持一致。汉语句子因属语义型句子而不如英语句子那样严格受到语

① Henry Weihofen, *Legal Writing Style*, Minnesota, West Group, 1978, p. 99.

② 参见梁茂成等:《语料库应用教程》,外语教学与研究出版社 2010 年版,第 58 页。

③ 参见王克非、秦洪武:《英译汉语言特征探讨——基于对应语料库的宏观分析》,载《外语学刊》2009 年第 1 期。

④ 参见赵宏、邵志洪:《英汉第三人称代词语篇照应功能对比研究》,载《外语教学与研究》2002 年第 3 期。

法的限制,只要能表达出一个完整的意思就可以构成一个句子。因此,说话人可根据想要达到的交际效果而选择不同的表达方式,特别是为了强调某个主要的、新鲜的信息时,往往会先说出这个信息,再对这个信息进行补充说明。这种话题主位结构更是汉语的一大特征。因此,尽管汉语中既有和英语使用习惯相仿的"主语+谓语"结构,也有"话题+评论"结构,相比而言,"话题—评论"更为常见;英语中同样存在这两种结构,但"话题—评论"结构极为少见,属于标记性句型。这种结构上的差异和不平衡就给译者带来相当大的挑战。

翻译活动乃是一种交际活动,其处理的并不是孤立的词句,而是由互相关联和制约的词、句子有机组成的语篇,①不仅涉及语言层面上的转换,且事关不同文化与思维方式的转换问题。故译者既须把握原文脉络,正确理解原文,又须使用符合英汉语表达习惯的衔接手段和语篇推进模式,②以提高译文的质量。

---

① 参见李运兴:《语篇翻译引论》,中国对外翻译出版公司 2001 年版,第 78 页。

② 参见赵春华:《语法衔接在英汉互译中的差异与处理》,载《外语与外语教学》2007 年第 7 期。

Though it is not always possible to find an exact correlation between linguistic resources—both lexico-grammatical and discursive—and the functional values that they assume during the communicative process, it is much easier to do it through genres than through any other concept explaining linguistic variation.

— Bhatia V. K., *Analyzing Genre: Language Use in Professional Settings*, London: Longman, 1993: 13.

第五章　法律文本类型与功能及法律法规翻译

法律文本翻译可谓是世界上最古老和最重要的人类活动之一。时至今日，翻译理论家仍极为关注法律文本翻译的理论和策略等问题。从翻译的发展史可以看出，为了尽可能再现源语文本的内容，即保留法律的字面含义（the letter of the law），[①]法律文本翻译一直奉行的忠实原则（the principle of fidelity），"对等""形式对等""动态对等""语用对等""忠实"等翻译理论先后流行。[②] 随着文本翻译实践中摘译、节译的出现，传统语言学派的翻译理论为文化学派所取代，翻译的重心也就从语言层面转到了文化层面。文化学派试图将翻译研究从传统范式的对字、词、句结构的静态研究中解放出来，强调翻译不仅是语言模式的转换，同时也是文化模式的转换，尤其涉及译者及译入语文化语境中的诸多因素，强调翻译研究不仅要探究两种文本在语言形式上是否对等，同时还要研究与翻译活动直接或间接相关的文化问题。但文化学派对翻译的语言学派采取全盘否定的态度也受到了学者的批判。[③] 概言之，上述翻译理论忽略了法律文本所属的体裁及其功能层面。体裁是根据文本的特定模式和

---

① 原文为"we must understand the difference between the spirit of the law and the letter of the law."

② M. Nord, *Text Analysis in Translation: Theory, Methodology and Didactic Implications of a Model for Translation-oriented Text Analysis*, Amsterdam, Rodopi, 1991, p. 47.

③ 参见郭建中:《当代美国翻译理论》，湖北教育出版社 2000 年版，第 172 页；W. Wilss, *Knowledge and Skills in Translator Behavior*, Amsterdam, John Benjamins, 1996, p. 37.

结构进行的分类。[①] 体裁的重要性在于建构文本图式，进而有助于读者理解某特定体裁的各类文本。[②] 故本章将对文本的类型及其功能作简要介绍，进而从信息论和翻译目的论的视角对法律法规的翻译进行探讨。

第一节　体裁与文本类型及功能

对于 Genre 一词，学界有不同的译法，如“体裁、类型、风格、文体、文类”等。[③] 本书采用“体裁”这一通用译法。这种对文本进行分类的做法可远溯至古希腊时代。在翻译史上，文本分类的标准或依据可分为下列两类：

(1) 以主题、话题等为标准。这是早期的文本分类，如西罗尼姆斯(Hieronymus)把文本区分成圣经类(biblical texts)和非圣经类(non-biblical texts)。后来文学翻译受到重视，翻译家们又把作品区分成文学类和非文学类。还有学者根据作品主题将文本分为特殊目的类、美学诗意类、宗教类和民族志等四类。这种笼统但有概括力的区分直到今天还有着强大的生命力。这一点可以从中外翻译界对文学翻译持续不断的热情以及各种文学与非文学翻译理论著作、论文和翻译组织的名称中看出一些端倪。但该划分标准比较混乱，对法律法规翻译无所助益。

(2) 以文本的功能为标准。随着社会语言学、语用学、功能语法的出现，学者意识到了语言功能的重要性，故尝试根据语言功能对翻译文本进行分类。例如，容佩尔特(Jumpelt)按学科把特殊用途文本划分成技术类、自然科学类、社会科学类以及其他类别，其中社会科学类包括社会学、经济学、政治学、财政和法律，并认为所有特殊用途类文本的功能都是提供信息。[④]

---

① See N. K. Duke and V. Purcell-Gates, “Genres at Home and at School: Bridging the Known to the New”, *The Reading Teacher* 57, 2003, pp. 30-37.

② See R. C. Anderson, J. W. Pichert and L. L. Shirey, “Effects of the Reader’s Schema at Different Points in Time”, *Journal of Educational Psychology* 75, 1983, pp. 271-279.

③ 钱志熙：《再论古代文学文体学的内涵与方法》，载《中山大学学报(社会科学版)》2005 年第 3 期。

④ See Susan Šarčević, *New Approach to Legal Translation*, The Hague, Kluwer Law International, 1997, p. 57.

瑞布(Reib)把文本分成传达信息类、表情达意类和呼吁类,并就这三类文本的翻译标准提出建议,进而对各文本类型的次类进行划分,将通知、报告、法律、合同等归为传达信息类,即认为法律文本的主要功能是传达信息。[①]

纽马克(Newmark)则认为法律、法规的主要功能不在于提供信息,而在于呼吁、命令,进而将这种功能划分为指引和命令两类,后来又将法律看作表情达意类下面的权威类文本。[②] 由于某些文本的功能并不单一,例如法律文本的功能除了提供信息外,主要是规范和指引人类行为,故而上述分类受到了学者的批判。例如,科勒(Koller)和斯内尔-霍恩比(Snell-Homby)等人认为瑞布对文本类型的划分及对各类型文本的翻译方法的论述是规定主义的,其定位极端狭窄,因此是极端错误的,毕竟大多数文本并非只具有单一功能性,而是具有多种功能的混合体。[③] 萨尔切维奇(Šarčević)也认为,瑞布等人的"法律文本的主要功能是提供信息"这一观点是错误的。

斯内尔-霍恩比依据格式塔心理学的"翻译研究的综合途径",在批判前人翻译模式的基础上,提出了一个自上而下的文本分类方法,并就各文本的翻译标准提出建议。她的文本分类和翻译模式既考虑到文本之间的共性和差异性,又考虑到各文本功能与文本类型的不完全对应性,还在综合考虑各文本类型特点的基础上确定了各类文本的翻译标准,具有可操作性和指导性。其分类和翻译标准分五个层次,如表 5-1 所示:

表 5-1 文本类型与翻译标准

翻译领域	文学翻译				普通文本翻译	特殊用途文本翻译
文本类型	圣经	影剧	诗歌	现代文学	报纸及广告等信息类文本	法律、经济、医学、科技
	古典文学	1900 年以前的文学	儿童文学	通俗小说	—	—

① See M. Snell-Hornby, *Translation Studies: An Integrated Approach*, Amsterdam, John Benjamins Pub. Co., 1988, p. 32.

② See P. Newmark, *A Textbook of Translation*, New York, London, Tronto, Sydney, Tokyo, Prentice Hall, 1988, p. 39.

③ See M. Snell-Hornby, *Translation Studies: An Integrated Approach*, Amsterdam, John Benjamins Pub. Co., 1988, p. 31.

续表

翻译领域		文学翻译	普通文本翻译	特殊用途文本翻译
非语言学科		文化史/文学研究	社会/区域文化	特定学科研究
翻译过程与评估标准	源语	对语言规范的创造性理解	阐释范围渐小	概念的同一
	译文	语言层面的再创造	区分度	对等标准的相关度不变
	精确度	视角转换	交际功能	信息功能
语言学领域		篇章语言学		
		历史语言学	对比语法与对比语义学	LSP 句法、术语、写作规范
		方言学	社会语言学 语用语言学 心理语言学	—
韵律		语音、节奏	语音效果	—

从表 5-1 可以看出，斯内尔·霍恩比从宏观到微观的原型模式中划分出为翻译目的服务的文本类型，概念、标准、方法等之间并无严格的界限。最高一层是翻译领域，再分为“文学、普通文本和特殊用途文本翻译”三个翻译领域（第二层），这三个领域文本的原型分类包括“文学文本”（包括圣经等八种）、“普通文本”（包括报纸等大众信息类文本）以及“特殊用途语言文本”（包括法律等）。第三层表示这三大类翻译所涉及的非语言专业知识（语言外现实）。第四层列出的是制约翻译过程的各个方面和翻译标准，凸显出该模式的动态性和针对性。第五层涉及与翻译有关的语言学各学科。①

综上所述，尽管学者对法律文本的功能在认识上存在分歧，但均把法律文本归为特殊用途语言或专业语篇这一大类中。② 本书前面的章节中就曾提及，法律法规在词汇、句法、语篇层面都呈现区别于其他体裁的特点，这就足以证成法律文本是一种特殊类型的文本。

---

① See Mary Snell-Hornby, *Translation Studies: An Integrated Approach*, Amsterdon, John Benjamins Pub. Co., 1988, pp. 33-34.

② V. K. Bhatia, *Analysing Genre-Language Use in Professional Settings*, London, Longman, 1993, p. 67.

第二节　文本功能及其翻译策略概述

布勒(Bühler)、雅可布逊(Jakobson)、韩礼德等学者对语言的功能进行了论述,强调语言的信息、表情等功能。翻译界学者莱斯(Reiss)将布勒等人的语言功能观移植入翻译,并将文本类型、功能和翻译方法联系起来,将讨论的视点从语言功能提升到文本功能,提出文本功能的四大类型,即"信息型"、"表达型"、"祈使型"和"视听型"文本,进而提出相应的翻译方法。德国学者诺德(Nord)随后提出"应酬功能"或曰"寒暄功能"替代了布勒的"视听功能",并根据文本功能和翻译目的的关系提出了"纪实翻译"(documentary translation)和"工具翻译"(instrumental translation)两大翻译策略。而纽马克则在此基础上又增加了"审美功能"和"元语功能"两大功能,将莱斯的文本功能扩展为六大类,并总结出翻译的三种基本文本形式,即"表达型文本"、"信息型文本"和"呼唤型文本",还提出了"语义翻译"和"交际翻译"两大翻译手法。其他学者也提出了各自有关文本功能与翻译策略的观点(见表 5-2):

表 5-2　不同学者的语言及文本功能观①

学者	功能分类			
布勒	信息功能 informative	表情功能 expressive	感染功能 appellative	
雅可布逊	信息功能 representational	表情功能 expressive	意动功能 conative 寒暄功能 phatic	诗学功能 poetic 元语言功能 metalingual
韩礼德	概念功能 ideational	人际功能 interpersonal	语篇功能 textual	
莱斯	信息功能 informative	表情功能 expressive	感染功能 appellative	视听功能 audio-medial
诺德	信息功能 informative	表情功能 expressive	感染功能 appellative	寒暄功能 phatic function
纽马克	信息功能 representational	表情功能 expressive	呼语功能 vocative 寒暄功能 phatic	美学功能 aesthetic 元语言功能 metalingual

① 参见张美芳:《翻译研究的功能途径》,上海外语教育出版社 2005 年版,第 68 页。

学者们认为,信息型文本的主要功能是告知读者真实世界中的事物或现象,语言形式和语言风格的选择都从属于这个功能。译者则须力图准确、完整地再现原文的内容,在文体方面应以译语语言文化的主导规范为指导。表情型文本的审美部分是对信息部分的补充,可对读者产生一定的美学效果,翻译时则不能忽略该效果。如果不希望改变原文的属类(排除似诗歌双语版本的情形),译者在翻译表情型文本时,就须力图塑造相似的文体效果。感染型文本从内容和形式都从属于文本所要达到的言外效果,若译文仍需为感染型,译者则须以读者的同等反应这一总体目标为指导原则,虽然这可能要改变原作的内容和文体特征。如表 5-3 所示:

表 5-3　文本的功能及翻译方法的关系①

文本类型 Text type	信息型 Informative	表情型 Expressive	实施型 Operative
语言功能 Language function	信息的(表达事物与事实) Informative (representing objects and facts)	表情的(表达情感) Expressive (expressing sender's attitude)	感染的(感染接受者) Appellative (making an appeal to text receiver)
语言特点 Language dimension	逻辑的(Logical)	审美的(Aesthetic)	对话的(Dialogic)
文本焦点 Text focus	侧重内容 (Content-focused)	侧重形式 (Form-focused)	侧重感染作用 (Appellative-focused)
译文目的 TT should…	表达其内容 (Transmit referential content)	表现其形式 (Transmit aesthetic form)	诱出所期望的反应 (Elicit desired response)
翻译方法 Translation method	简朴的白话文,按要求做到简洁明了(Plain & explicit as required)	忠实原作者("Identifying" method, adopt perspective of ST author)	编译,等效 ("Adaptive", equivalent effect)

这些研究将翻译活动与文本功能紧密切合在一起,从语言功能的角度阐明

① See J. Munday, *Introducing Translation Studies: Theories and Applications*, London, Routlege, 2001, p. 74.

了文本类型与翻译策略的关系，对如何选择翻译原则与策略具有一定的借鉴作用。

第三节　法律文本的分类及功能

文本类型是经过长期使用而规约化、模式化的语言产品，每一种文本类型都表达特定语用者的语用意图或特定文本的主要功能。法律文本作为一种文本类型自然也有其特定功能。但在探讨法律文本的功能前，有必要简要介绍法律文本的分类。

一、法律文本的分类

对法律文本的类型，主要存在如下几种分类观点：

(一)丹妮特的二分法

丹妮特就把法律语篇视为一个连续统(continuum)，将书面法律文本分为两类，即冰冻体(frozen)或庄重体(包括保险单、合同、遗嘱等程式化较强的法律文件)和正式体(formal，包括制定法、诉讼当事人或其律师就其案件所提出的权利请求及相关理由、判决书等)。具体如表 5-4 所示：

表 5-4　丹妮特的文本分类

Mode	Style			
Written	Frozen	Formal	Consultative	Casual
	Documents	Statutes		
	insurance policy	Briefs		
	contracts	Appellate opinions		
	landlord tenant leases			
	wills			

续表

Mode	Style			
Spoken-composed	Marriage ceremonies	Lawyers examination of witness in trial and deposition	Lay witness's testimony	
	Indictments	Lawyer's arguments, motions in trials		
	Witness' oath	Expert witness's testimony		
	Pattern instructions			
	Verdicts			
Spoken-spontaneous			Lawyer-client interaction	Lobby conference
			Bench conferences	Lawyer-lawyer conversation

由于该分类将具有普适性和针对个人的法律文本混为一谈，故不为本书所采纳。

（二）蒂尔斯马的三分法①

美国法律语言学家蒂尔斯马将法律文本分为下列三类：

（1）实施性文件（operative documents）：其目的是创设或调整法律关系，包括立法文件（如 acts，orders，statutes）、司法文件（如 pleadings，petitions）、判决书（judgment）、私人法律文件（如 contract，will）等。

（2）阐述性文件（expository documents）：具有客观解释法律的功能和作用，包括律师给被代理人出具的信函（letter to a client）、律师事务所备忘录（office memorandum）、法学著述和法学教育类材料。

（3）说服性文件（persuasive documents）：主要指律师的辩护意见。

---

① See P. M. Tiersma, *Legal Language*, Chicago, The University of Chicago Press, 1999, pp. 139-141.

蒂尔斯马认为后两种文件在性质上并非“特别正式的法律语言”。[①] 该分类尽管是以文本的功能为依据，但各小类的分类标准有重叠（如属于实施类的“诉辩状”与“律师的辩护意见”都属于说服性文件），故亦不为本书采纳。

在此，有必要厘清一个概念，即法律语言。从作者的教学实践得知，在讲授法律英语时，教师或学生们一般都将“法律语言”译为“legal language”或“the language of the law”，反之亦然。其实二者存在区别。法律语言学家们均认为，[②]“legal language”通常用于表示法律语境下各种信息交流，包括口头和书面法庭话语、法律汇编、法律类学术性论著、律师之间以及律师与其当事人之间的交流[③]以及具有普遍约束力的规范性法律文件；而“the language of the law”传统上指规范性法律文本，包括法律、条约、条例等以及不具有普遍约束力的合同和遗嘱。这类文本涵盖范围甚广，可大致分为两类文本：一是由立法机构制定的法律文件，如国际条约、议会立法以及行政性立法；二是对个人关系进行规范的文件，例如商业或保险合同、雇佣合同、买卖合同、遗嘱等。通常而言，前一类文本较之后者更易发生变化。[④] 可见，“legal language”较之“the language of the law”范围更广。故本书提及“法律语言”时均指 legal language，即包括各种法律文本，但主要探讨的是 the language of the law，即“各类规范性法律文本”。

（三）哈格德的三分法[⑤]

哈格德（Haggard）将法律文本分为下列三类：（1）论述性文件（discursive writing），即论文、专著等法学著述，按其内容和风格可分为“教义性”

---

① John Gibbons, *Forensic Linguistics and Introduction to Language in the Justice System*, Oxford, Blackwell Publishing, 2003, p. 15.

② See Yon Maley, “The Language of the Law”, in John Gibbons, ed., *Language and the Law*, London, Longman, 1994, pp. 11-13; Christopher Williams, *Tradition and Change in Legal English: Verbal Constructions in Prescriptive Texts*, 2nd revised edition, Bern, Peter Lang, 2005, pp. 23-25.

③ 例如，陪审团的审判语言就为“legal language”的一种变体，即法律专家与普通公众之间的交流。有学者将这种由法律职业者发送、由非职业者接受的话语交流定义为“法律人—非法律人话语”（legal-lay discourse）。See Chris Heffer, *The Language of Jury Trial: A Corpus-Aided Analysis of Legal-Lay Discourse*, Basingstoke, Palgrave Macmillan, 2005, p. 35.

④ 克里斯托弗·威廉姆斯指出，近几十年来，具有普遍约束力的立法性文本较之合同类文本经历了更多的变革。See Christopher Williams, “Functional or Dysfunctional? The Language of Business Contracts in English”, in *Rassegna Italiana di Linguistica Applicata* 3, Anno XLII, 2010, pp. 217-227.

⑤ See T. R. Haggard, *Legal Drafting*, Beijing, Law Press, 2004, pp. 10-12.

(doctrinal)和"理论性"(theoretical)两大类。前者主要分析具体案例,阐述和理论法律条文及其适用情况等。后者起源于20世纪60年代,一般从边缘学科的角度对法律等进行抽象的理论分析和阐述。在英美法系,这类文件是一种法律渊源,即"说服性法律渊源"(persuasive legal resource);(2)"诉讼类文件"(litigation writing):包括诉状、答辩状、动议书、证据开示申请等诉讼文书;(3)"规范性文件"(normative writing),即法律法规。该分类将法律法规单独划分为一类,具有一定的合理性。

(四)二分法

1. 规范性法律文本(normative language of law):多为明确的、强制性的法律文件,又可分为:具有普适性的法律法规,包括制定法,如议会法律(act)、命令(order)、先例(precedent)、条例(ordinance)、地方法规(by-laws)、规定(regulations)、指示(direction)、行政法规(decree)、令状(warrant)、惯例(customs)、司法学说(judicial doctrines)以及具有相对效力的各类合同(contract)或协议(agreement)、证券(securities)、发票(invoice)、信用证(letter of credit)等。

2. 法学著述(literature):也称为"法学家语言"(language of jurist)。包括法律评论文章(law review articles)、法学论文(treatise)、专著(monograph)、法官判决意见(judge's opinion)等。

上述第(三)种和第(四)种分类与我国学者沈宗灵的二分法颇为相似。沈宗灵教授使用的是狭义的法律文件(不包括法学著述类),将法律文件划分为具有普遍约束力的规范性法律文件(如宪法、法律法规、规章等)与对特定当事人具有约束力的规范性文件(如诉讼文书、律师文书、合同等)。[①] 国内多数学者也认为,法律书面文本主要包括立法和其他法律文件(如公约、章程、协议、合同等)。[②] 这种分类是从法律文本的体裁和功能的角度进行的分类,具有一定的合理性,故而为本书所采纳。

---

① 参见沈宗灵主编:《法理学》,北京大学出版社2001年版,第315页。

② 对于法律语言的类型,可参见吴伟平:《语言与法律——司法领域的语言学研究》,上海外语教育出版社2002年版,第67~86页;王洁:《法律语言学教程》,法律出版社1997年版,第79~98页。

二、法律文本的功能

布勒采用三分法(tripartite classification),将语言的功能分为下列三类:(1)信息功能,主要"以客观事实为中心",如法律法规、合同或诉状中的案情陈述部分;(2)表情功能,侧重点为信息发送者及其发送形式。语言表达功能的核心在于说话者或作者运用这些话语表达其思想感情,不会考虑读者的反应,如法律法规文献,公认的权威人士撰写的科学、哲学和学术著作;(3)感染功能,旨在感染或说服读者并使其采取某种行动,以读者和效果为导向,如法律、合同、诉状,旨在感染法官和陪审员。

该分类并不能充分说明法律法规这种特殊类型文本的特征,因"法律法规"同时也可以是"以受话人为中心的"。毕竟"法律法规"首先是一种规范性文件,这就意味着法律包含大量的行为规范,其指向的对象要么有义务实施或不得实施某个行为,要么有权利实施某个行为。因此,布勒的三分法已然为法学界的两分法(bipartite classification)所取代,即语言的主要功能是规范功能(regulatory)和信息功能(informative)。前者是规定性的(prescriptive),后者是描写性的(descriptive)。[①] 很多法律文本是混合型的,即有些文本同时具有信息和规范功能。萨尔切维奇就认为法律文本是混合型的,包括:(1)主要是规定性的文本,如法律、法规、合同和条约等;(2)主要是描写性的但也有规定性成分的,如司法决议、判决书、答辩状等;(3)纯描写性的文本,如法律教科书,论文等。[②] 本文主要探讨的是第(1)类文本。

由于法律法规主要是规定性的文本,故不妨依据言语行为理论对文本进一步进行探讨。尽管奥斯汀和赛尔对言语行为理论进行了详尽的阐述,但哈贝马斯(Habermas)认为其分类并不妥当,故提出了自己的分类:调节类(regulatives)、表达类(expressives)和述事类(constatives)等三类言语行为。鉴于法律言语行为和一般言语行为之间的区别,所有法律言语行为都划归"调节

---

① H. Kelsen, *General Theory of Norms*, Oxford, Clarendon, 1991, pp. 149-155.

② Susan Šarčević, *New Approach to Legal Translation*, The Hague, Kluwer Law International, 1997, p. 11.

性法律言语行为"范畴。[①] 也就是说,法律言语行为就是调节性言语行为。调节性法律文本的主要作用就是通过制定法律法规以指导或约束人们的社会行为,告诉大家什么事可以做、什么事不能做,以达到一定的法律目的。

因此,立法文本属于具有法律效力、能带来法律效果的法律言语行为,其主要功能是实现法律的规范调节作用,以便确立公民的权利与义务。这种法律言语行为主要包括颁布、废止、修正、命令、要求、授权、允许、禁止、承诺、判决和enact、command、repeal、entitle、amend、shall not do、may do、may not do等。从言语行为理论的角度来讲,这些动词及其所表达的言语行为绝大多数是指令性的(包括命令、授权、允许、禁止;shall,may),也有宣告性的(如颁布、废止、修正、判决)和承诺类(主要用于条约与合同之中,如承诺,promise)。这些言语行为在立法文本中的重要性在于:它们不仅是说出来或写下来的话语,更主要是这些话语一经说出或写出,就已经实施了这些法律行为。

尽管赛尔等人认为言语行为包含陈述、宣告、指示、承诺、表达等类型,但法律文本中最常见的是指示类和承诺类法律言语行为。赫福特(Hurford)等人就曾指出,"众所周知,若没有一系列的指示类(directive)和承诺类(commissive)行为,人类社会是不可能存在的"。[②] 在表现形式上,这些指示和承诺类常根据施为用意标示语(illocutionary force indicating device,IFID[③])的有无及强弱分为显性和隐性法律言语行为,凸显相关的权利和义务。对此,详见第八章的相关内容。

第四节 功能、目的、信息论视角下的法律法规翻译

本书主要探讨的是跨法系的法律法规翻译,故法律法规翻译毋庸置疑是一种跨语言、跨文化的翻译活动。

---

① See Susan Šarčević, *New Approach to Legal Translation*, The Hague, Kluwer Law International, 1997, p. 135.

② See J. Hurford and B. Heasley, *Semantics: A Coursebook*, Cambridge, Cambridge University Press, 1996, p. 264.

③ See G. Yule, *Pragmatics*, Oxford, Oxford University Press, 1996, p. 49.

从前面的分析可以看出,文本功能和翻译策略之间有着密切的联系,并形成了一定的规律性。有学者认为,文本功能不是决定翻译策略和方法的唯一因素,因为翻译语境中的其他因素都有可能对其产生制约或影响,如译者意图、翻译目的、读者层次等,特别是在文学翻译中,这种不确定性更加复杂。[①] 莱斯也曾指出,任何一种翻译类型(如逐字翻译、按字面意思直译或者教学翻译),都是在特定环境中为特定的翻译目的服务的。法律法规的翻译也不例外,应考虑到不同的法律文化、原文与译文的功能、翻译目的等因素的影响。下面将首先探讨信息论中的有关概念,对译语和原语之间功能上的差异进行探讨,进而借鉴国际上法律翻译的成功经验而总结出法律法规翻译的有关原则和策略。

一、翻译标准和原则概述

对于翻译原则或标准,中外翻译理论家提出了各自的见解。严复提出了“信、达、雅”(faithfulness, expressiveness, elegance)标准,该标准至今还被翻译界视为圭臬。还有鲁迅的“信与顺”翻译原则,林语堂的“忠实、通顺、美”的翻译标准,傅雷先生的“传神“论,钱钟书先生的“化境”观,张培基、孙致礼等提出的“忠实、通顺”标准,等等,不一而足。上述标准几乎都强调忠实于原作的内容或保持原作的风格,以及译文语言必须通顺易懂、符合规范等。

西方也涌现出诸多翻译理论和翻译流派。如以雅可布森(Jakobson)、列维(Levy)、维内(Vinay)等为代表的布拉格学派认为,翻译必须考虑语言的各种功能(包括认识功能、表达功能和工具功能等),且必须重视语言的比较(包括语义、语法、语音、语言风格以及文学体裁的比较),这些对翻译实践具有重要的指导意义。雅可布森将翻译分为语内翻译、语际翻译和符际翻译。该理论对法律翻译有一定的指导价值。

以弗思和卡特福德(Catford)为代表的伦敦学派强调语言分析是翻译的基础,完全的翻译不等于完美的翻译;并认为在翻译中,一种语言的某些意义的表达方式不可能译成完全对等的另一种语言。尤其是卡特福德的“描写性”翻译理论对翻译实践具有重要的贡献:第一,翻译被定性为“把一种语言(原语)的

---

① 贾文波:《文本功能对应用翻译的策略主导》,载《中南大学学报(社会科学版)》2004 年第 3 期。

文字材料转换成另一种语言(译语)的对等的文字材料”;第二,翻译被划分为“全文翻译”(full translation)和“部分翻译”(partial translation)两大类型,即在语言层次上可分为“完全翻译”(total translation)和“有限翻译”(restricted translation),而在语言结构的等级上可分为“级受限”翻译和“级无限”翻译,即传统意义上的“逐字译”和“意译”,而“直译”介于两者之间;第三,翻译的对等包括两个方面,一方面,翻译对等是一种以经验为依据的现象,是基于对两种语言的比较而发现的;另一方面,翻译对等的产生必须看译文和原文是否具有相同或部分相同的实质性特征;第四,翻译转换中将原文变成译文时偏离形式对应,包括层次转换和范畴转换(分为结构转换、词类转换、单位转换和系统内部转换四种);第五,翻译的限度是指不可译性。但描写性翻译并不适合法律法规这种特殊文本的翻译。

交际翻译理论则认为所有的语言都具有同等表达能力,而翻译的首要任务就是使译文读起来一目了然。因此,翻译的性质就是“指从语义到文体(风格)在译语中用最切近而又最自然的对等语再现原语的信息”。其中包含三个关键点:一是“顺乎自然”,译文不能有翻译腔;二是“最切近”,在“自然”的基础上选择意义与原文最接近的译文;三是“对等”,这是核心。所以,翻译必须达到四个标准:达意、传神、措辞通顺自然、读者反应相似。而就翻译的功能而言,该理论从社会语言学和语言交际功能的观点出发,认为翻译必须以读者为服务对象。该理论对法律翻译也具有一定的指导意义。

而奈达等人在研究原语和译语在词法与句法上的一系列对应和转换规则后,提出应追求原文和译文的“功能对等”或“动态对等”。该学派以结构主义语言学和转换—生成语法对语言结构所作的严密分析为基础,只注重原文和译文在语言上的对等,忽视了话语的交际功能以及翻译活动与社会文化之间的关系。

而率先对翻译原则进行探讨的翻译理论家泰特勒认为,翻译应该完全再现原作的思想,译文的写作风格和行文方式应该同原文如出一辙,且译文读起来应该同原作一样自然流畅。[①] 该翻译三原则同严复的三字标准基本上是相

---

① 参见仲伟合编:《西方翻译理论》,广州外语音像出版社 2001 年版,第 77 页。

同的。

以德里达为代表的解构学派并未提出任何翻译原则，其认为原文并不存在，文本中并没有什么深层结构或预先决定的意义。该学派拒绝任何类似于“原文”与“译文”、“语言”与“意义”的划分，认为“在翻译中，可以看到语言并不指向任何外在的事物，而是指向它自身，因此，原文和译文之间存在的符号指意链是一条可以无穷无尽地向后追溯的链子，即译文是更早的译文的译文……”[①]解构学派的价值在于告诫人们应当避免用任何先见来阐释和评价译文，但其在彻底否定原文的同时也从本体论的意义上否定了翻译自身，故不足取。

总之，国内外翻译家对翻译原则的相关论述见解各异，有些观点停留在经验层次上，带有明显的主观印象式和评点式特征，而有些观点则忽略了某些因素（如文本特征、功能、翻译目的），故其中任何一个都不足以作为法律法规翻译的指导原则。本书将采纳文本功能、翻译目的以及信息论的相结合的路径，对法律法规的翻译原则进行探讨。

二、信息论简介

从信息论的角度来看，翻译活动涉及下列因素：

（1）信息发出者：作者与译者；

（2）文本因素：原文（document）与译文（text）；

（3）信息：原文信息（message）与译文信息（intention）；

（4）信息接收者：原文读者（包括作为原文第一读者的译者和作者拟指向的读者，primary readership）与译文读者（secondary readership）；

（5）其他因素：沟通原文作者与原文接受者的交际渠道（包括具体的交际场景、交际媒介和宏观的社会文化环境）与语言代码等。本书主要讨论前四个因素。如图 5-1 所示：

① E. Gentzler, *Contemporary Translation Theories*, London & New York, Routledge, 1993, pp. 145-149.

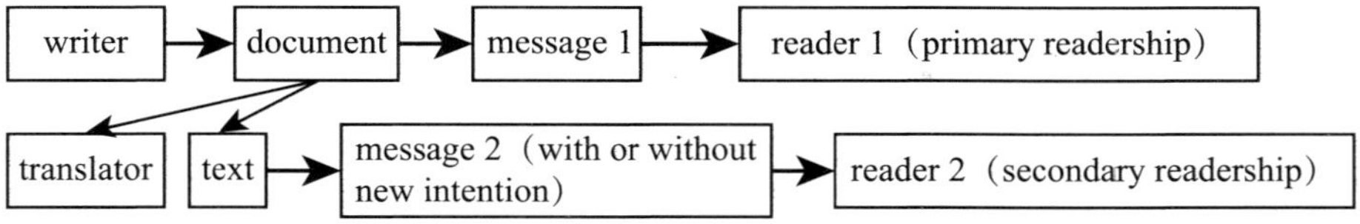

图 5-1 相关概念示意

其中的 document 是指具有一定形式与内容、体现作者意图而具有交际功能的文本,其针对的读者为作者拟传递信息的对象(primary readership),其他的读者都称为次要读者。"message 1"就是在语用交际情景下的"document";相对而言,text 可能是一个只具形式和内容的文本,如果译者在该文本中附加了新的意图,那么其针对的读者与作者针对的读者会存在差异。足见作者或译者的意图可对文本的信息起着指导作用,进而影响到读者。如果作者与读者相互了解,还有可能存在作者的意图与读者的期待相吻合的情况,但在译者代替作者时,作者的意图与读者的期待相吻合的情况极为罕见。

在翻译时,译者首先得决定自己面对的文本究竟是包含了作者意图和特定对象的文本,还是其针对对象和应用范围并不明确的文本。由于译者并不了解文本的相关背景,因此对不能通过语言表达方式凸显的意图并不清楚,故而须对意图进行建构以充分理解原文本。此外,在接受委托后,译者还得决定原文本的意图是否与译文的意图相吻合,而后采取相应的策略。在多数情况下,原文与译文的意图并不相同,故而译者往往会依据委托人规定的意图,并考虑到读者的期待对原文进行处理。因此译者有两个选择:要么按照原文的意图对文本进行处理,由此将读者降格为次要读者;要么对原文进行修正,以满足次要读者的需求。由于在实践中,译文读者处于极为不利的境地,因其并不了解原文的内容和意图,不能按照自己的需求对文本的相关性作出判断,而对于译者能否帮助自己获得所需的信息,也无法作出判断。因此,对译者而言,区分主要和次要读者极为重要,这将决定其拟采取的翻译策略。

此外,译者在整个信息传递过程中扮演着双重角色:须根据原文本及译本所提出的要求扮演不同的角色。即当面对原文本时,他们得扮演主要读者的角色以理解文本的内容和意图,实际上他们从性质上而言属于次要读者;在翻译过程中,译者是新文本的创作者,同时,对于原文信息是否适合于目的语读者，以及是否有必要适当变更原文信息，他们得进行分析并作出判断。因此，较之机器翻译中无法变更原文的意图和信息而言，译者会更多地考虑到信息传递过程中的诸多因素，从这个意义上说，译者在翻译过程中是一个更为理想的信息中介，其在适当时候改变文本的意图，可更利于信息的传递和文本意图的实现。

三、翻译目的论概述

在20世纪很长一段时间里，翻译研究中的语言学取向非常盛行，独霸译坛的是结构主义刻板模式。但是，言语交际是一种有目的、有意图的活动，传递着说话人的意图。在意图、意义、语言三者的关系上，意图赋予语言以意义，意义是意图和语言相结合的产物，语言则是联结意图和意义的中介或纽带，即是二者的外化或物化手段。因此，要确定话语意义，就必须充分考虑说话人的意图、交际场合以及听话人的背景知识、信念、态度等语境因素。就翻译而言，它们是一种“三元关系”间（作者—译者—译文读者）的明示推理过程。[①] 在该过程中，译者既须通过原文语境关联推理认知原作意图和意义，与原作者达成认知上的共识而构成交际的一方，又得通过译文将自己所认知的原作意图及其相关信息与译文读者交流而形成交际的另一方，以完成这种“三元关系”间的跨文化语言交流。但是，由于文化环境、思维方式、表达习惯上的差异，原作意图及其语篇形式与译文读者的认知能力可能存在一定的差距，原语与译语的语篇功能在很多情况下往往也难以一致。

针对这种情况，德国功能派提出了翻译目的论（skopos theory），认为为了适应译文文本功能、新的交际环境和译文读者的要求，译者在翻译过程中应将自己放在译文读者的位置上，根据译文的预期功能来决定自己的翻译策略，使译文既能连贯自如地传达原作内容又符合目的语规范和文化标准。此外，译者还可根据需要对原文进行适当调整、删减甚至改写。由于该理论注重翻译的互动及语用层面，强调译者的目标（skopos）决定翻译行为过程，也就是图里

---

① 贾文波：《原作意图与翻译策略》，载《中国翻译》2002年第4期。

(Toury)所说的“目的论……为一种可供选择的以目的语为中心的翻译策略”①,即译者采用的翻译策略是由其翻译目的决定的,并认为目的并非固定不变,而是随着接受者的不同而变化。该理论属于一种对翻译的外部研究,重点关注翻译过程中各种目的的选择,因此无疑能弥补传统翻译研究的不足,尤其是解决翻译界争议颇久的翻译策略的优劣问题,为译者顺利实施其翻译策略提供了理论依据,并为翻译的多学科探索增加了一个崭新的研究视角,“以开先河者的姿态为译界注入了一股对经院派迂腐之气具有祛除力的清流”。②

该理论完全可适用于法律法规翻译实践。无论是源文本的形式还是内容的选择,无论是翻译的过程还是性质,无论翻译者采用的是直译还是意译、归化抑或异化,都将受到法律翻译目的的制约。这可以从法律法规制定目的及文本功能与其译文在文本功能及翻译目的之间的差异上得以证实。

有学者认为法律文本的功能是传递信息而非规范功能,因“真正起规范作用的是法律本身,而非成文法文本,后者只是法律内容的文字记载和语言载体,其本身并不具有规范功能”。③ 但是,该观点忽略了下列事实:

...But over time, the written document, instead of being simply a record of what had already been accomplished orally, that is, of the performative act, came to constitute the performative act itself, although it took a long time and in some areas of the law, like the British marriage ceremony for instance, the spoken word still retains its pre-eminence...④

即在文字发明以前,人们所说的话(言语)具有施为效力,而自从有了文字后,用于记录言语的文本本身就取代了言语而具有了施为效力,此后,法律与法律文本本身就不可分割。正如约瑟夫(John E. Joseph)所说,与宗教文本一样,包括法律英语在内的法律语言属于一种准神赐(quasi-divine)语言,具有隐名性(authorlessness)和权威性(authority)。也就是说,法律法规的作者是隐形

---

① G. Toury, *Descriptive Translation Studies and Beyond*, Shanghai, Shanghai Foreign Language Education Press, 2001, p. 25.

② 范祥涛、刘全福:《论翻译选择的目的性》,载《中国翻译》2002年第6期。

③ 滕超、孔飞燕:《英汉法律互译:理论与实践》,浙江大学出版社2008年版,第36~37页。

④ M. Coulthard and A. Johnson, *An Introduction to Forensic Linguistics: Language in Evidence*, London and New York, Routledge, 2007, p. 36.

的，而这种隐名性恰好体现出法律语言的权威性。① 法律作为一种行为规则，是由立法机关代表人民行使立法权而制定的，每一个法律规则都有其目的。德国学者耶林发表《目的法学》，批评概念法学"玩概念游戏，忘记了法律的目的"。耶林将法律目的比喻为在茫茫大海上指引航船方向的"导引之星"，足见法律的目的性的意义：学习每一个法律制度或法律规则时，不仅要理解和掌握每一个法律规范的构成要件、适用范围和法律效果，正确理解和正确解释所使用的概念，还要准确把握这一法律规则或法律制度的目的。简言之，法律文本制定的目的就是要起着指引、教育、规范等功能。

但是，法律翻译的目的却与此不同。以我国的法律法规英译为例。早在2003年，国务院办公厅就在《做好行政法规英文正式译本翻译、审定工作的通知》（国办发〔2003〕10号）中做了明确指示："为了规范行政法规的翻译和审定工作，保证行政法规英文正式译本的质量……各级人民政府和国务院各部委、各直属机构须做好行政法规英文正式译本翻译审定工作……准确、及时地将行政法规翻译成英文，对于宣传我国社会主义法制建设取得的成就，方便国内外各方面更加全面、系统、准确地了解我国的法律制度，履行我国加入世界贸易组织所作的有关承诺，具有重要意义"。即行政法规英译的重要目的是让外界了解我国法制建设的成就，信息功能十分明显。而我国进行的大规模外国法汉译，不外乎也是了解国外的有关立法。总体而言，法律规范的功能或目的是提供信息、规范、预防等，常表现为施为性。

基于原文与译文在功能目的上的差异，应该注重翻译过程和翻译目的的互动与沟通，根据不同的接受者及翻译目标而采取相应的策略。例如，究竟是将solicitor/barrister译为状师或沙律师/事务律师或巴律师、crown court译为"皇家法院"还是"英国刑事法院"、"法制"究竟译为"*fa zhi*"还是"legal system"等，都将受到翻译目的的制约。简言之，由于我国法律法规英译的目的是对外宣传，其读者为外国人，故应采用符合其语言表述习惯的表达方式，借鉴外国的平行文本则自不待言。法律法规的译文在文本类型上属于特殊类型的法律类

---

① J. E. Joseph, *Indeterminacy*, *Translation and the Law*, Amsterdan, John Benjamins Publishing Co., 1995, pp. 19–20.

文本,故法律文本的特征也应凸显,如程式化、准确性、表述上的施为性等特征也就应当显著,以区别于其他体裁的文本。

四、欧盟翻译总署的翻译质量标准和原则简介

欧盟翻译总署(European Commission Directorate-General for Translation, DGT)是全球最大的翻译机构之一,翻译所涉及的文本类型或体裁比较广泛,包括与立法各阶段有关的文件(诸如议案、立法财政决议等)、立法文件、适用指南、报告、个人或机构间往来信件、海报陈述或介绍、信息小手册以及网络文本等,其中法律翻译占所翻译文献的60%左右。① 其所执行的翻译标准,尤其是其有关立法文本翻译的标准,对于法律法规翻译具有一定的指导意义。该机构首先规定了自己的使命:

We provide the European Commission with high quality translation and other language services. Our job is to respect the European Union's multilingual character by making sure the Commission produces clearly written documents in all the official languages, and in others as well.

即该总署的使命是为欧盟各国提供高质量的翻译文本,以及提供其他语言服务。而对于立法性文件的翻译质量,该总署做了如下的界定:

Quality: the totality of characteristics of an entity that bear on its ability to satisfy stated or implied needs.

§ Note 1: "entity" = product, service, process, etc.

§ Note 2: quality is relative to needs: there is no absolute quality

§ Note 3: needs may be implied, too

所谓质量,是指某个产品或服务所具有的、能满足明示或默示需求的特征之总称。② 对于何为"高质量译文",欧盟翻译总署认为很棘手,因为翻译质量总与特定情境相联系(situation-specific),即译者往往会针对不同的文本或体裁

---

① E. Wagner, "Translation in the EU Machinery", *Perspectives: Studies in Translatology* 9, 2001, pp. 263-270.

② 我国国家标准GB/T19000-2016(类似于国际标准ISO9001-2015)对质量定义是:客体的一组固有特性满足要求的程度。

而采取不同的翻译策略,故不同的情境会对质量的各特征提出不同的要求。换言之,翻译质量问题在某个情境下可能微不足道,但在另一个情境下却可能是致命的。

针对其中60%的法律文件翻译,欧盟翻译总署认为,由于受到语言系统间的差异、各成员国语言之间的关系存在差异、欧盟法与各成员国法之间的关系存在差异、因欧盟历史及各成员国地理和政治文化等因素而导致各成员国之间的差异等诸多方面的影响,法律文件翻译是一项严重的挑战。故要想提高翻译质量,须符合特定的规范和原则,满足下列三个方面的要求:第一,就形式要件而言,译文须与原文的立法规范相吻合,即在立法模式(format)上符合一定的技术要求,以具有同样的法律效力,并且各译文间应严格满足等值要求;第二,在术语层面上,译文中的术语应意义明晰和准确,并保持译名的连贯性和同一性;第三,在语言层面上,译文的语言应避免受到源语语言的影响。因此,欧盟翻译总署认为,针对法律法规这种文体,应采纳以目标语为导向(target-oriented approach)的翻译策略,并同时须满足透明度和开放性、合法性、提高立法技术等要求,以保证法律翻译的质量。[①] 如图5-2所示:

图5-2 翻译质量管理

欧盟总署在法律翻译实践中所推行的经验对我们的法律法规翻译极具指导价值。以"等值(equivalence)"为例,尽管该原则备受诟病,但欧盟翻译总署仍关注译作与译作间的等值,即关注同一文件的所有官方语言文本是否等

---

① 参见 http://ec. europa. eu/dgs/translation/workwithus/candidatecountries/documents/quality_assurance_legislative_translation_en. pdf,最后访问日期:2020年1月25日。

值，且该“等值”不仅有共时的，还有历时的，即新译作与老译作的等值。欧盟的实务翻译鼓励和要求继承前人的译法，这样做有两个好处：一是有利于保持专业术语和固定说法的同一性；二是可减少重复翻译，故能加快翻译速度，节省翻译成本。自20世纪90年代以来，欧盟的翻译部门全部使用电脑工作，译者不仅可以查看网络词典和数据库，翻译记忆系统还会自动显示已有的相同词句或段落的现成译文，从而方便译者直接引用。如果法律文献的某些段落已有现成的译文，译者更是必须与原来的译文保持一致；如果译者首创了一种译法，那么该译法又可以为以后的翻译提供便捷，故能收到等值的效果。[1]

这一点对我们的法律法规翻译极有参考价值。在翻译过程中，我们不妨参照译语中近似法律文本的表达方式，即参考斯内尔-霍恩比所谓的译文范本（model-translation），[2]这样可大大地降低翻译难度，并译出符合译语表述规范的译语文本。例如：

第一百三十三条　违反交通运输管理法规，因而发生重大事故，致人重伤、死亡或者使公私财产遭受重大损失的，处三年以下有期徒刑或者拘役；交通运输肇事后逃逸或者有其他特别恶劣情节的，处三年以上七年以下有期徒刑；因逃逸致人死亡的，处七年以上有期徒刑。

（《中华人民共和国刑法》）

译文　Section 133.　Whoever violates regulations governing traffic and transportation and thereby causes a serious accident resulting in serious injuries or deaths or heavy losses of public or private property, shall be sentenced to fixed-term imprisonment of not more than three years or criminal detention. Whoever runs away from the spot after he has caused a traffic accident or is involved in other especially flagrant circumstances shall be sentenced to fixed-term imprisonment of not less than three years but not more than seven years; if his escape results in the death of another person, he shall be sentenced to fixed-term

① See Cay Dollemp, "Translation and 'Power' at the European Union", *Current Writing: Text and Reception in South Africa* 14, 2002, pp. 192-202.

② See Marry Snell-Hornby, *Translation Studies: An Integrated Approach*, Shanghai, Shanghai Foreign Language Education Press, 2001, p. 86.

imprisonment of not less that seven years.

对于"道路交通管理法规"的表述,不妨参照"The Road Traffic and Transport Regulations,2001"的表述。画线部分的"因而发生重大事故"与"致人重伤、死亡或者使公私财产遭受重大损失"系重述,在翻译时没有必要都译出来;"致人死亡"中的"人"只限定于"another",理解显然有失狭隘;后面的条款中有关刑罚的表述也颇具汉语特色。对照一下加拿大《刑法典》第431条第2款的规定:

...explosive or other lethal device"means an explosive or incendiary weapon or device that is designed to cause, or is capable of causing, death, serious bodily injury or substantial material damage; or...

再对照一下加拿大《刑法典》第249条第3款和第4款的规定:

Every one who commits an offence under subsection (1) and thereby causes bodily harm to any other person is guilty of an indictable offence and liable to imprisonment for a term not exceeding ten years; Every one who commits an offence under subsection (1) and thereby causes the death of any other person is guilty of an indictable offence and liable to imprisonment for a term not exceeding fourteen years.

最后再对比一下2006 Louisiana Laws有关驾车逃逸的有关规定:

§ 100. Hit-and-run driving

...(2) Whoever commits the crime of hit-and-run driving, when death or serious bodily injury is a direct result of the accident and when the driver knew or should have known that death or serious bodily injury has occurred, shall be fined not more than five thousand dollars or imprisoned with or without hard labor for not more than ten years, or both...(RS 14: 100)

可见有许多地方值得借鉴。为了更符合目的语的表述习惯,试译如下:

Section 133. Whoever violates the Road Traffic and Transport Regulations and thereby causes death or serious bodily injury to any other person or substantial material damage to public or private properties, shall be sentenced to imprisonment for a term not more than three years or criminal detention. Whoever commits the crime of hit-and-run driving and is otherwise involved in other especially flagrant circumstances shall be sentenced to imprisonment for a term of less than seven years but three or more years; [1] where death is a direct result of the hit-and-run driving, the driver shall be sentenced to imprisonment for a term not less than seven years.

除了借鉴平行立法的有关表述外,欧盟翻译总署对“遵守译语文化规范”这一要求的定位对法律法规翻译也不无启发。遵守译语文化规范乃是翻译实践的普遍要求。但由于欧盟是个超越国界的组织,许多文件中的概念为欧盟所特有,在民族语言中并无对等项。欧盟的法规适用于所有成员国而不是针对某一个国家。因此,起草文件时往往尽量避免所用的语言中出现民族文化特色,而选用超越具体国家的词汇(supranational concepts);翻译时需要面向欧盟这个跨国文化,而不是成员国文化。欧盟的翻译既要与原文保持一致,又要与其他语言版本保持一致,而不需要遵守译语文化规范。因此,从某种程度上说欧盟总署的翻译政策其实是以脱离具体文化的交际为目标的。[2] 这一点对法律法规翻译也颇具参考价值。由于译文的目的与作为源语的法律文本具有不同的意图或目的,译文的目的是向原文的次要作者表达信息,即应凸显文本的信息功能,在译语中应凸显源语的文化,而非以译语的文化为导向,这也是为何在法律法规翻译时使用饱含源语文化因素的表述。该策略选择也就体现了欧盟翻译总署在翻译实践中所倡导的“捍卫语言权”这一初衷。

第五节　本章小结

针对特殊交际中的跨文化和跨学科差异,语言学家们曾提出了多种研究方法或理论框架,但其中最为行之有效的当属体裁分析。由于语篇体裁特征约定俗成,体裁分类对功能翻译有重要意义,故有必要把文本概念、文本类型和翻译目的联系在一起。而各种类型又可基于说话人的意图(如威胁、请求、命令等)

---

① 18 USC §3559—Sentencing classification of offenses.

② Kaisa Koskinen, “Institutional Illusions: Translating in the EU Commission”, *The Translator* 6, 2000, p. 57.

而分为不同的小类,言外之的(illocutionary point)相同,都是影响受话人,但所表达的言外之力(illocutionary forces)却不同,哈提姆和梅森(Mason)在论及翻译时采纳的就是该模式。[①] 此外,每种文本类型都可能涉及多种不同的体裁,而一种体裁不一定只涉及一种文本类型,且其功能有可能有所不同,例如,情书可为表情文本,商务书函可为传意文本,求助信可为使役文本,同属于法律文本的法律法规表达的规范功能,而结案陈词则可能更多的是感染功能。法律法规属于特殊类型的文本,其功能主要体现为规范功能,具体可分为指引、评价、教育、预测、强制等功能。[②] 因此,有必要对同属于特殊功能语篇的法律文本的各类型进行区别,厘清规范类和信息类法律文本之间的差异,进而利用言语行为理论,揭示法律法规这种法律文本的功能,最终为英汉语法律法规的转换提供理论和实践方面的支撑。

但应注意的是,法律文本与其译文在文本功能上存在差异,即后者主要体现为信息功能,但译文作为一个特殊类型的文本,也应体现出法律法规的相应特点。原文与译文在信息、意图和读者群方面均存在差异。在该信息传递过程中,为了有效地实现原文和译文的文本功能,作为信息传递者的译者应满足下列两方面的要求:

(一)力求译文的准确性

无论是文学翻译还是其他文体翻译,无不要求译文的准确性。然而,对法律文体翻译而言,译文准确具有特别重要的意义。法律文体通常规定或隐含相关当事人的权利义务及相应法律后果,因此,要求译文词义确切、意思高度完整、表达清楚明晰。如果译文失真,则不仅难以正确有效地传递原文的信息,而且可能产生较为严重的后果。可以说,译文失真,是法律文体翻译的大忌。这也是几千年来法律翻译一直奉行字面翻译(literal translation)的原因所在。

这种准确性首先体现在词汇层面。法律词汇包含本域、借域以及其他公用型词汇,尤其是那些在公共领域中常用,但在法律语境下具有特殊含义的词汇应尤其注意其准确性。例如,collection、confirm、acceptance、tolerance、more or

---

① See B. Hatim and Ian Mason, *Discourse and the Translator*, Routledge, 2014, p. 126.

② 参见沈宗灵主编:《法理学》,北京大学出版社 2001 年版,第 81~82 页。

less 的普通含义分别为“收集”“确认”“接受”“承受”“大约”，但在国际贸易领域中，这些词应分别理解为“托收、保兑、承兑、公差、溢短装”。试想：如果同一个词汇在文本中有不同的译名，那准确性何以体现？此外，准确性也体现在句子和语篇层面。目前研究法律文本翻译时常强调词汇的准确，很少有人谈及句式和语篇层面的准确。但这种句式和语篇层面的不准确性，包括有意无意造成的漏译或省译，以及因句子结构理解有误而造成的错译等，却时常存在，不可不引起重视。

（二）力求体现法律文体的特征

如前所述，尽管译文与原文在功能上有所差异，但其作为法律体裁的特征并不因此而较弱。法律翻译同其他翻译一样，也是一种交际活动。但是，法律翻译不仅仅是一般翻译理论意义上的跨语言、跨文化的交流活动。法律翻译不同于其他翻译的一个显著特点是在这种跨法系交际中，译者不仅要在语言文字层面操作，更重要的是要对语言表象背后的、没有用文字表述出来的法律文化和法律规约要有清醒的认识。怀特就指出：“……在理解上最大的绊脚石不是法律里面使用的字词句，而是语言赖以操作的没有说出来的（法律）规约。”[①]萨尔切维奇也认为法律翻译既是一种法律转换（legal transfer），也是一种语言转换（language transfer）。[②] 可见，法律体裁最重要的特征首先体现在法律宏观结构和法律规范微观结构的程式化特点，其次体现在法律体裁的施为性特点。故在译文中也应体现出原文的法律结构特征（包含法律名称、章、节、条、款、项、目等内容）和法律规范的言语行为效力特征（如使用“有权、有义务”等显性手段以及使用包括 shall、may 等在内的隐性手段来表示权利义务），并基于两种语言的差异以及法律翻译的目的，在语言层面适当转换，即在句式、句型和句类的选择、语篇的推进模式等方面应以译文读者为导向，适当地体现源语文化内涵，以符合法律文体的表述规范。该要求是对涵盖其他学者所倡导的“专业化原则”和“语言规范化原则”的进一步细化。

---

① J. B. White, *Heracle' s Bow: Essay on the Rhetoric and Poetics of the Law*, Madison, University of Wisconsin Press, 1985, p. 423.

② See Susan Šarčević, *New Approach to Legal Translation*, The Hague, Kluwer Law International, 1997, p. 12.

Most of the disputes in the world arise from words.

— Lord Mansfield

A very great part of the mischiefs that vex this world arises from words.

— Edmund Burke

第六章 英汉语法律法规的词汇特点及其翻译

法律语言在法律词汇、句法结构、语体风格等方面都凸显出自己作为一个独立的语域而应具有的特征，而法律词语又是法律语言中最具特色和最为重要的部分，故但凡谈及法律翻译，必然涉及法律词汇的翻译。[①] 而目前大多数学者是从对比语言学的视角进行研究的，从而给人的印象就是法律术语翻译似乎仅是一个语码的转换过程，即在目的语中找到一个对等词汇去代替源语词汇。[②] 尽管文本已成为译界公认的翻译单位，取代了传统的词汇这一翻译单位，但是在法律翻译中，人们还是强调字面翻译的重要性。从翻译实践中的教训可知，法律词汇翻译不当将导致非常严重的后果。例如，在托雷斯海峡一个岛民[③]被控谋杀一案中，伊迪斯（Eades）曾担任专家证人（expert witness），就控方将被告人使用的“killem”解释为“kill”的说法，从语义学的视角进行了分析并指出：

...killem, ...has much wider semantic range than the Standard English word “kill”, which the uninformed readers or hearers might think was an equivalent. In fact, the range of meanings for “killem” can include “hit”, thus the use of this

---

① 肖云枢：《英汉法律术语的特点、词源及翻译》，载《中国翻译》2001 年第 3 期；黄燕红：《法律术语翻译的关联理论视角》，载《广东外语外贸大学学报》2008 年第 4 期；陈文玲：《试论英汉法律术语的不完全对等现象与翻译》，载《山东外语教学》2004 年第 3 期。

② Susan Šarčević, *New Approach to Legal Translation*, The Hague, Kluwer Law International, 1997, p. 229.

③ 托雷斯海峡岛（Torres Strait Island）是位于澳大利亚与巴布亚新几内亚之间的一个岛屿。

word by the accused, when he was describing a fight with a man who subsequently died, could not be taken to mean that he had necessarily confessed to manslaughter. ①

也就是说,killem 的语义范围比 kill(杀人)要宽泛得多,因 killem 还包括"hit"(打)。因此,被告人即便在陈述中使用了 killem 一词,也未必就表明其承认实施了他杀行为,或承认对其提出的谋杀罪的指控。其他的类似错译亦为数不少。如联合国大会中曾讨论"未婚妈妈"(a neglectful parent,unwed mother)这一问题,但阿拉伯语中根本无该概念,译者只好将其译成"即将结婚的妈妈"(mother to get married);此外,将"父权停止"(deprivation of parental rights or right to custody)译成"父亲暂时不照顾孩子"(failure of parents to take care of children),以及林巧英案件中口译员的失误等,均凸显出法律词汇翻译的重要性,也说明法律词汇翻译并非简单的语码转化,尚须考虑源语和目的语各自的文化因素。故本章将首先探讨法律词汇的分类,然后简要介绍其特点,进而从英汉法律文化的视角探讨有关的翻译技巧。

第一节　法律法规中的词汇分类概述

分类是"广泛规定的分级的科学",是根据语义对词语进行有序化、系统化的相似特征群组类聚的工作。分类是人类认识世界的一个基础。词汇分类有助于厘清法律语言与日常语言之间那种"剪不断、理还乱"的若即若离关系,进而剥离专属法律领域的义项,以实现法律词汇的准确翻译。②

根据原型范畴理论,原型范畴具有下列特点:(1)决定范畴内涵的属性及数目是不确定的,相对于人的认知需要而有所变化;(2)特征也是有中心的,重要的特征与边缘的、非重要属性相区别,而中心属性更是区别于其他属性,边缘属性与临近范畴属性会存在交叉;(3)范畴成员之间具有互相重叠的属性组

---

① Dianna Eades,"Forensic Linguistics in Australia: An Overview", *International Journal of Speech Language and the Law* 1,1994,pp. 112-132.

② 参见王东海:《古代法律词汇语义系统研究:以〈唐律疏议〉为例》,中国社会科学出版社 2007 年版,第 128 页。

合，即所有成员享有部分共同属性，形成家族相似性；(4)成员之间的地位不是平等的，具有中心成员和边缘成员之分，具有更多的共同属性的成员是中心成员。依据原型范畴的类别边界模糊的特点，我们可将法律词汇与日常词汇视为一个关系的连续统(continuum)，即日常词汇与法律词汇形成两极。其中法律词汇又可分为法律本域专门术语、边缘本域多义项术语、典型借域通用术语、边缘借域通用术语[①]和法意表达功能词(如图6-1所示)。下面就分别对这些法律词语进行详细探讨。

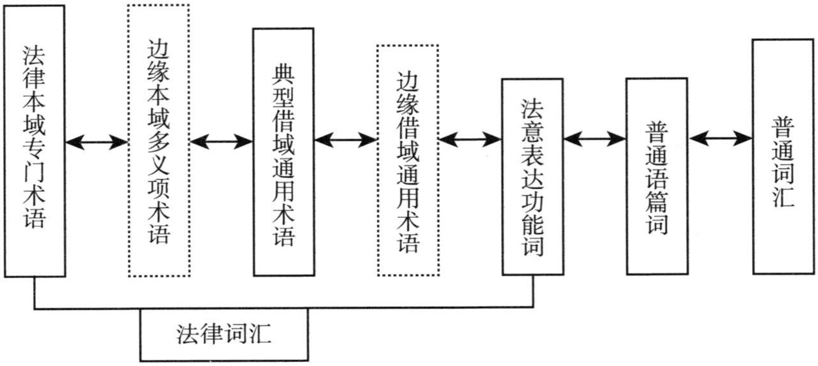

图6-1　法律术语原型范畴[②]

第二节　法律本域专门术语

分析法学家以及那些受语言分析哲学影响的法学家，如奥斯汀、霍菲尔德等，都对法律术语作了大量有价值的分析。[③] 根据《法学大辞典》的解释，“法律专门术语”是法律工作者在理论和立法、司法等实践中所使用的、按照法学家的意愿形成的一种可与医学或工程学的词汇相比的精确的技术词汇，以有助于进行明确的思维和推理并提高法律效能。[④] 而根据《中华法学大辞典》的定

---

① 其中本域专门术语、局域通用术语是根据借用义位和本域义位二分的标准进行界定。

② 王东海、王丽英：《立法规范化、科学化视角下的法律术语分类研究》，载《语言文字应用》2010年第3期。

③ 参见张文显：《二十世纪西方法哲学思潮研究》，法律出版社1996年版，第91~107页。

④ 参见邹瑜、顾明主编：《法学大辞典》，中国政法大学出版社1991年版，第1039页。

义,法律专门术语是法律文件文本中表述某一概念的文字(词或词组),是创设规范、规范性文件的基本材料。法律专门术语属法律技术,有其特殊的含义,是说明法的内容的技术手段。法律术语在法律技术中具有普遍的、基本的、不可少的意义,是在法律上反映立法者意志的初始环节。①

而在英美法系中,法律术语有多个称谓,如"legal terms of art, word art, legal terms, jargon, argot, cant",即用于专门的法律语境且其意义与通常意义有别的单词或短语,或者是"具有特定意义的专门词汇"(a technical word with a specific meaning)。②

总之,法律术语系专用于法律领域的词汇或表达方式,或者是具有法学专门含义的词语,是法律词汇的核心部分,是在法律本域中生成的、独立而固定的并可以存贮进法律词典或者百科词典、综合性语文辞典的独立法律义位,也称本域生成的法律义项,具有明确的法律概念指称功能。③ 这类专门术语相当于根据内容而划分的"基本的法律概念和非基本的法律概念"中的基本法律概念,可分为单义项和多义项的法律本域专门术语。

一、单义项的法律本域专门术语

一切科学术语最突出的特点是词义单一而固定,即在某一个学科领域,一个术语只表达一个概念,同一个概念只用同一个术语来表达。这种特点也必然反映在法律术语上,即有的法律术语只有一个法律义项。法律专业术语的这种单义项性主要表现在两个方面:

(一)某个专业术语所表示的都是一个特定的法律概念,不能为其他任何词语所替代。例如:

拘役:剥夺犯罪人短期人身自由,就近实行强制劳动改造的刑罚方法。

---

① 参见孙国华主编:《中华法学大辞典》(法理学卷),中国检察出版社 1997 年版,第 118 页。

② 参见 http://en.wikipedia.org/wiki/Technical_terminology,最后访问日期:2020 年 1 月 25 日。

③ 法律概念是对各种法律现象或法律事实加以描述、概括的概念。法律概念,其本身不是法律规则或法律原则,而是表述规则和原则之内容的工具。故法律概念并非完全独立的法的要素,而总是依附于法律规则或法律原则,而后者也总是和独特的法律文化相联系,故而法律概念也要受到法律文化的影响。参见[德]卡尔·拉伦茨:《法学方法论》,陈爱娥译,台北,五南图书出版股份有限公司 1996 年版,第 86 页。

缓刑：对社会危害性较小的罪犯有条件地暂缓执行所判处的刑罚，在一定期限内予以考验并保留执行的可能性，以达到刑罚目的的一种执行制度。

刑期：刑法规定的刑罚的期限，或指法院判决宣告刑的时限。

被告人：刑事诉讼中与“原告人”相对的诉讼当事人之一。是指被指控犯有罪行并被依法提起刑事诉讼的人。

防卫过当：非法防卫行为的一种，因防卫行为明显超过必要限度造成重大损害从而应负刑事责任的犯罪行为。①

在我国古代法律中，常使用单音词（如“刑”“法”“罪”等），但这些单音词常为多义词。现在，这类单音词往往被双音词（如“刑罚”“法律”“犯罪”等）所取代，大多数罪名都是由“×××罪”或者“非法××罪”等双音法律词素构成。

在法律英语中，这类单义项性的法律专门术语也不乏少数，例如：

Murder: the killing of a human being with malice aforethought;

Manslaughter: the unlawful killing of a human being without malice aforethought;

Force majeure: an event or effect that can be neither anticipated nor controlled。②

（二）某一个专业术语即使在民族共同语中属多义词，一旦进入法律语言作为专业术语出现时，就只具有一个义项而成为单义项性法律专门词汇。例如：

“同居”：（1）若干人同住一起；（2）夫妻共同生活；（3）男女双方没有办理结婚登记手续而共同生活。但只有第三个义项才是法律所调整的“同居”，故可视之为单义项的法律专业词汇。再如，英语中的 suit 也有几个义项，③但只有其中的“civil legal proceedings or lawsuit”才与法律有密切联系，因而也可归为

① 中国社会科学院法学研究所《法律辞典》编委会编：《法律辞典》，法律出版社 2003 年版，第 56 页、第 363 页、第 674 页、第 792 页、第 1606 页。

② 对于上述三个术语的定义，参见 Bryan A. Garner, ed., Black's Law Dictionary, 8th edition, p. 565, p. 891, p. 937。

③ 例如：（1）set of articles of outer clothing of the same material; ...（4）request; ...（6）lawsuit。See *Longman English-Chinese Dictionary of Contemporary English*, 1st edition, Longman Group Ltd., 1988, p. 1432.

单义项的法律专业词汇。

单义项的法律专门术语是最典型、最核心的法律术语，体现着法律这个领域的专业性、权威性、单义性、准确性、指称明确性等特点。此类单义项专业词汇不能用其他词汇来代替，否则会导致表达不准确，甚至造成其他严重后果。①

二、多义项的法律本域专门术语

这类术语拥有多个法律义项，分别表述或指代不同或有联系的法律概念。由于术语应符合“单义性”和“单参照性”要求，故这种多义项的法律术语实为一种例外，在法律中也为数不多。例如：

加重处罚：(1)在法定的最高刑罚以上适用刑罚，只限于主刑；(2)我国治安管理也有加重处罚的规定，指在行政处罚标准以上加以处罚，但属限制加重性质。

共犯②：(1)“共同犯罪”；(2)指共同犯罪中的罪犯。③

进一步而言，共同犯罪简称“共犯”。是相对于单个人的犯罪而言的，二人以上共同故意犯罪。具有较大的社会危害性。④ 可见，“共犯”既可指一种犯罪行为，也可指实施犯罪行为的人，具有两个法律上的义项。法律英语中也存在多义项专门法律术语。例如：

discharge: (1) any method by which a legal duty is extinguished; esp., the payment of a debt or satisfaction of some other obligation; (2) bankruptcy; (3) the dismissal of a case; (4) the cancelling or vacating of a court order; (5) the release of a prisoner from confinement. ⑤

即该术语有“履行、破产、驳回案件、撤销、释放囚犯”等诸多与法律有密切联系的义项。

---

① 如将“抢劫罪”改成“抢夺罪”，那就改变了罪名，其惩罚力度也随之改变，可见不得随意变更。

② 例如，《中华人民共和国刑法》第一百五十六条关于走私罪共犯规定：“与走私罪犯通谋，为其提供贷款、资金、帐号、发票、证明，或者为其提供运输、保管、邮寄或者其他方便的，以走私罪的共犯论处。”《全国人民代表大会常务委员会关于惩治骗购外汇、逃汇和非法买卖外汇犯罪的决定》规定：“明知用于骗购外汇而提供人民币资金的，以共犯论处。”

③ 《法学词典》编委会编：《法学词典》(增订版)，上海辞书出版社 1984 年版，第 499 页、第 501 页。

④ 参见《中华人民共和国刑法》第二十五条的规定。

⑤ See Bryan A. Garner, ed., Black's Law Dictionary, 8th edition, Thomson West, 2004, p. 418.

第三节 边缘本域多义项的法律专门术语

该类术语有一个或多个普通义项,也有一个或多个法律义项,而且其法律义项专用于法律领域,但由于法律领域与人们日常生活紧密相连,故而该术语为人们所熟悉并被借用到日常语域而被冠之以“术语词”的称号。这类术语相对于专门的法律领域而言,是被边缘化的法律专门术语,更体现出一种普通性。例如:

初犯:再犯的对称。指第一次实施犯罪的行为人。①

1. 法律上指第一次犯罪,相对于累犯、再犯而言。2. 指第一次犯(错误)。

证人:指除当事人外以自己所见闻和感知的事实向司法机关陈述的诉讼参与人。②

1. 法律上指除当事人外能对案件提供证据的人。2. 对某种事情提供证明的人。

供认:1. 法律用语。当事人陈述或招认有关案情的事实。2. 泛指承认。

律法:1. 法律。2. 律吕的法则。3. 指格律。4. 规律。

法绳:1. 以法律制裁。2. 捆绑犯人的绳子。

漏网:1. 指法律条文的疏漏之处。2. 比喻侥幸逃脱法网。3. 鸟兽鱼虾等从网中漏掉。多指逃过了搜查、追捕或歼灭。

非法:1. 违反法律。2. 指不合规范。

裁判:1. 法院根据事实,依照法律,对诉讼案件加以裁定和判决。2. 泛指对事情的是非曲直进行评判。3. 根据体育运动的竞赛规则,对运动员的竞赛成绩和在竞赛中发生的问题做出评判。4. 指在体育竞赛中执行评判工作的人。

法理:1. 法律;法律原理。2. 相术家谓骨法及皮肤纹理。3. 佛教语。佛法

---

① 中国社会科学院法学研究所《法律辞典》编委会编:《法律辞典》,法律出版社 2003 年版,第 157 页。

② 中国社会科学院法学研究所《法律辞典》编委会编:《法律辞典》,法律出版社 2003 年版,第 1872 页。

的义理。[①]

在法律英语中,这类词也为数不少。例如:

warrant:(1) a writ directing or authorizing someone to do an act, esp. one directing a law officer to make an arrest, a search, or a seizure. (2) to promise or guarantee;(3) to authorize;(4) to justify. 其中的第 2 个义项为一般义项。

injury: (1) the violation of another' s legal right, for which the law provides a remedy; a wrong or injustice; (2) Scots law. anything said or done in breach of a duty not to do it, if harm results to another in person, character, or property; (3) any harm or damage. 其中第 1 个和第 2 个义项为法律专门术语,在法律语境中具有特定含义,[②]而第 3 个义项则为普通义项。

上述法律汉语和法律英语术语在义项的排列上,均采纳的是“先法律义项、后一般义项”的做法。在词典编纂中,一般遵循“先出现的义项先排列”的规则,由此说明这类专门术语的语义发展上由“法律义项向普通义项引申或演变”的特点,也揭示出某些专属于法律上的义项经由人们的日常使用而推广到其他领域的,从而使这些法律术语被边缘化。

梅林科夫认为,此类法律术语属于专门术语(terms of art),通常不为非法律专业人士所了解。[③] 法律英语中就包括大量拉丁文和法语等外来法律词汇以及英语法律术语,如 waiver(弃权)、restraint of trade(贸易管制)、restrictive covenant(禁业条款)、promissory estoppel(允诺禁反言)等;还包括在法官、律师之间大量使用的一些法律行话。例如:on the bench(担任法官职务)、take silk(担任王室法律顾问)、adhesion contract(附合合同,订不订由你的合同,定式合同)、case at law(法律案件)、blue sky law[证券交易控制法或蓝天法(《公司证券欺诈防治法》的俗称)]、case in chief(主要证据)、cloud on title(所有权的缺陷)、court below(下级法院)、new comers of the document(全部文件)、

---

① 对于其中的例子,参见王东海、王丽英:《立法规范化、科学化视角下的法律术语分类研究》,载《语言文字应用》2010 年第 3 期。

② 在法律语言中,injury、tort 和 wrong 意思相同,均表示一种侵权行为。Injury 一词源于拉丁文 *injuria*,其一般意思为“损害”,但在特定情况下,其确切含义应为“不法致损行为”。参见王卫国:《过错责任原则——第三次勃兴》,中国法制出版社 2000 年版,第 67 页。

③ D. Mellinkoff, *The Language of the Law*, Boston, Little, Brown and Company, 1963, pp. 16-22.

reasonable man(理性之人)。

而在法律汉语中,这类术语除了包括本土法律术语外,还包括大量的外来法律概念,如合同法里的预期违约(anticipatory breach of contract)、辩诉交易(plea bargaining)等。据统计,仅从日语引进的政法类外来词就超过50个。①

第四节　借域通用术语

由于法律的效力及于全社会各个领域,因此,法律体系必然与其他语域融合交叉,也必然借用其他领域的词汇,方能更好地调整或约束各领域的行为主体及其行为。这类从其他领域借来的词语在法律语域中被称为"借域法律术语",其特点是跨域通用性,即既适用于借出领域,也适用于目标领域。这类术语与"边缘本域多义项的法律本域专门术语"相比较,其区别在于后者在义项的演进或排列上是先法律义项,而后向日常通用领域发展,其法律义项呈淡化趋势;而前者则恰好相反,是先日常通用义项而后是法律义项,即从其他领域向法律领域的贴近。根据其法律义位的独立性,有学者采纳与原型范畴分类相类似的分类标准而将其分为典型借域通用术语和边缘借域通用术语,②以体现法律术语类别及分布的梯度差异。

一、典型借域通用术语

如前所述,典型借域通用术语是从全民语域借用的,且须为多义词,只是其中一些义项为法律语域所采纳,即其本义为普通义项,被借用到法律语域后方产生一个或多个法律义项。例如:

回避:1. 顾忌。2. 避让、躲开……9. 法律用语。指司法人员由于对某案有利害关系或其他关系而不参加该案的侦察、检察、审判等活动。③

异议:1. 不同的意见。2. 持不同意见。3. 法律用语。指法官对狱案判断有

---

① 王健:《输出与回归:法学名词在中日之间》,载《法学》2002年第4期。

② 王东海、王丽英:《立法规范化、科学化视角下的法律术语分类研究》,载《语言文字应用》2010年第3期。

③ 参见《中华人民共和国刑事诉讼法》第二十九条至第三十二条的规定。

不同意见者,得提出另行讨论。

当事人:1. 跟事情有直接关系的人。2. 法律用语。指民事诉讼中的原告、被告,刑事诉讼中的自诉人、被告等。

证据:1. 证明事实的根据。2. 证明、考证。3. 法律用语。据以认定案件的材料。

辩护:1. 谓能治事管理。2. 为维护自己或别人的利益而辩解。3. 法律用语。法院审理案件时,被告人和辩护人根据事实和法律对控告的事实所作的申辩和解释。

驳回:1. 反驳回绝。2. 掉转、回转。3. 法律用语。指法院对诉讼当事人提出的要求认为无理,不予处理的批复。①

从这些义项排列的顺序可以看出,上述例子的法律义位都是从普通义位引申发展来的。

二、边缘借域通用术语

这类术语是从其他领域借用的,从义项排列上,也是先有其它领域的义项,而后再派生出法律义项,即因法律调整某些领域而被借用于法律领域,与法律语境吸附、渗透、融入后而具有法律语义上的指称功能,但其法律化的程度不高,与法律专业的联系也不是很密切。这类术语大多没有独立的法律义位,而是将源域的义项与法律义项进行融合,形成一种源专科域与法律语域混合的学科义位二值变体,可称为混合型法律义位。② 但是,其法律指称功能与法律意义为法律语境中所专有,即这类术语依附于法律语境并与之共存,脱离了该法律语境,其词义就会发生变化,其法律指称功能亦随之丧失而还原成源域义项。这类术语也有其他任何法律术语具有的鲜明的时代特征,一旦获得了某个法律语义,该类术语就会于某个时期在法律系统中占据一席之地并具有相对的稳定性。

---

① “驳回”不仅用于司法事务(法院对诉讼当事人提出的要求认为无理而不予处理的批复),也用于行政事务,参见《中华人民共和国商标法》第三十条、第三十一条的规定。上述例句均出自罗竹风主编:《汉语大词典》,汉语大词典出版社 1990 年版。

② 王东海、王丽英:《立法规范化、科学化视角下的法律术语分类研究》,载《语言文字应用》2010 年第 3 期。

在某些特殊领域的立法中,法律条文中均会包含一个释义条款(definition, interpretation),对其中的某些术语进行解释,而这类术语多半就属于边缘借域通用术语。例如:

Definitions. —In this Act, unless the context otherwise requires, —

(a) "common carrier" means a person engaged in the business of collecting, storing, forwarding...

(e) "goods" includes—

(i) containers, pallets or similar articles of transport used to consolidate goods; and

(ii) animals or livestock;

(f) "goods forwarding note" means the document executed under section 8;

(g) "goods receipt" means the receipt issued under section 9;

(h) "person" includes any association or body of persons, whether incorporated or not, a road transport booking company, contractor and an agent or a broker carrying on the business of a common carrier...

(j) "registering authority" means a State Transport Authority or a Regional Transport Authority constituted under section 68 of the Motor Vehicles Act, 1988...①

上例中的如 common carrier, goods forwarding note, goods, goods receipt, person 以及 registering authority 等,都是源于其他领域,因受法律调整而具有了法律上的含义。再如:

承保:是指保险人承诺投保人的保险要约的行为。承保为保险人的单方法律行为,构成保险合同成立的要件。②

国际货运代理人:指根据客户的指示,并为客户的利益而揽取货物运输的人,其本身并不是承运人。国际货运代理人也可以依这些条件,从事与运输合

① Carriage by Road Act, 2007.

② 该释义先解释其在保险业中的专门含义,而后说明其在法律中的含义,足见其法律含义源于保险业。

同有关的活动，如寄存、储货、报关、验收、收款等。[①]

上述例子都说明其均源于其他行业（如保险业和海洋运输业），但这些行业受法律规范时，其中的专门词汇就被纳入相关法律部门中而获得了法律指称功能，但仍需由专门的释义条款予以明确。

按照梅林科夫的分类，上述借域通用术语属于"Use of ordinary words in apparently peculiar contexts"，即一般词汇在法律语境下具有了特殊含义。如表6-1所示：

表6-1　一般词汇在法律语境中的特殊含义

词汇	一般含义	法律文体含义
assignment	任务	权利或财产转让
deed	行为	契约
satisfaction	满意	清偿
execution	执行	签署、执行（刑罚）、订立（合同）
counterpart	对方、对手	文书（副本）
consideration	考虑	对价
alienation	疏远	转让
hold	把持、握住	（法院）判决
finding	发现	（法院）对事实问题所做的认定
party	党派、晚会	当事人
information	消息	告发
bar	栏杆、条	法庭的围栏、法庭，律师职业、律师界（bar association 律师协会，be called to the bar 取得律师资格）
instrument	仪器、手段、乐器	证券、契约、文件、流通证券、法律文件
affirmation	维护	维持原判

在法律汉语中亦不乏日常词汇进入法律框架后其义项发生改变的情况。例如：

① 参见 International Federation of Freight Forwarders Associations（FIATA）中的定义。

死亡:一般指自然死亡,但在法律中却根据一种立法手段即“法律拟制”[①]而将一种长时间的下落不明视为死亡,即“死亡”包括“宣告死亡”。[②]

善意:一般指好心肠、好意,但在法律语言系统中专指不知情的主观心理状态,如民法中常提到的“善意第三人”。

作为:一般指“行为、所作所为,建树,可以做的事,当作”等。但在法律语境中,尤其在刑法中,指以积极的身体举止实施刑法所禁止的行为。

不作为:指行为人在能够履行自己应尽义务的情况下不履行该义务。“不作为”是行为的一种特殊方式,与“作为”相对。

此外,随着社会生活的飞速发展,法律关系调整的范围日益扩大,门类划分日趋细密,经法律人的再创造而诞生了大量新词,如跟单信用证(documentary credit)(源自金融学)、反暴乱法(Riot Act)、洗钱(launder money)等,进而充实了现有的法律词汇系统。

第五节　法意表达功能词

功能词在法律语言中除了连接作用以外,对于词语或语句意义的表达起着不可忽视的作用。这一点早在古代律学研究中就备受重视,其中最典型的法意表达功能词包括被称为“律母”的“以”“准”“皆”“各”“其”“及”“若”“即”等八个字,以及被称为“律眼”[③]的“但”“同”“俱”“依”“并”“从”“例”“杂”“从重论”“累减”“递减”“听减”“得减”“罪同”“同罪”“并赃论罪”“折半科罪”“坐赃致罪”“坐赃论”“六赃图”“收赎”等。律母是古代刑律的关键字,律眼是古代刑律的关键词。[④] 这些程式化表述用语,在古代法典中具有明确的法律表达

① 其特点是将原本不符合某种规定的行为也按照该规定处理。如《中华人民共和国刑法》第二百六十九条规定:“犯盗窃、诈骗、抢夺罪,为窝藏赃物、抗拒抓捕或者毁灭罪证而当场使用暴力或者以暴力相威胁的,依照本法第二百六十三条的规定定罪处罚。”即为法律拟制。

② 参见《中华人民共和国民法通则》第二十三条的规定。

③ 律母与律眼学说被称为我国古代律学的瑰宝,在律学中占有十分重要的地位,也是除对律条的个别性解释以外最具方法论意义的原理。

④ (清)王明德:《读律佩觿》,何勤华等点校,法律出版社2001年版,转引自王东海、王丽英:《立法规范化、科学化视角下的法律术语分类研究》,载《语言文字应用》2010年第3期。

用途。钱大群认为“如之”可用于表述同条后项的犯罪,虽情节有差异但性质及处罚应与前项犯罪相同。[①] 如《唐律疏议》第395条规定“即卖药不如本方,杀伤人者,亦如之”,即“医”与“卖药”“不如本方”的犯罪性质相同,处罚也相同,用“如之”进行比照量刑。“如之”在此表达了特殊的法意。

在现代立法文本中,也不乏类似的表达法意的功能词,如“遵照”“建议”“处以”“可能”“可以”“应该”“应当”“给予”“予以”“不准”“不得”“另行”等,它们既不如法律术语那样有固定的法律事物指称对应性,也有别于普通语篇词,在法意表达方面具有类型化的、特殊而稳定的功能。

例1　**第九十九条**　公民享有姓名权,有权决定、使用和依照规定改变自己的姓名,禁止他人干涉、盗用、假冒……

(《中华人民共和国民法通则》)

第二十一条　企业发行企业债券,应当由证券经营机构承销……

(《企业债券管理条例》)

其中的“禁止”“应当”就明确表述了立法者的意愿、态度、命令,即该法律规范的指向性。在立法文本中,有时会省略情态动词,但其功能并未减弱。

例2　**第二十四条**　单位和个人所得的企业债券利息收入,按照国家规定纳税。

(《企业债券管理条例》)

上例可视为省略了“应当”或“必须”等情态动词,但其法意功能并未削减。

功能词在法律语言中除了连接作用以外,对于词语或语句意义的表达起着不可忽视的作用,这些词语本身的意义也较为明显,如:“除了……以外”“所有”“凡”“对……的”等。“凡”常用于立法文本中,较多出现在规范总则部分。

例3　**第六条**　凡在中华人民共和国领域内犯罪的,除法律有特别规定的以外,都适用本法……

(《中华人民共和国刑法》)

“凡”表达了包括一切的词语意义,对于法律规范的概括性起了保证作用。“所有”从语气上看次之。“除了……以外”“但”则引出例外的情况。法律汉

---

① 钱大群:《唐律研究》,法律出版社2000年版,第138页。

语中，经常在立法文本中使用"……的"表示对事物、情况等的罗列，往往形成排比结构，多出现于详细的条款中。这些词语与"凡"等词语相反，具有具体化的意义和功能，与前一种相辅相成。这些功能词在古代法律文本中备受重视，至今仍受到学者关注。①

第六节　法律词汇的诗性特征

学界对法律词汇的探讨不可谓不翔实。例如，宋雷从"法律词语的构成和变迁，法律词语语义变迁，法律英语长词、大词、生僻词、古词的应用，词汇信息密集性，词汇禁忌，词语的名词化倾向，生造新词，边沿介词的使用"等方面探讨了法律词语的特征和属性，②熊德米则从准确性、模糊性和专业性等几个方面阐述了法律词汇的特征。③ 故本节将主要探讨法律词汇的诗性特征，不再赘述法律词汇的其他特征。

在中西法律史上，"法之美"或"法之丑"长期以来为学者所忽视，人们通常只探究法之真和法之善，很少谈及法之美或法之丑。"法之真"追求"合规律性"，"法之善"追求"合目的性"；"法之真"代表了科技理性，"法之善"代表了伦理理性。④ 由于在传统法学中人们一直囿于"法之真"与"法之善"，缺乏对二者的综合和超越，其结果造成了法学"不美"的现象。

其实，这种"法之美"很早就为人们感知。"人类最早产生的法多是以诗歌的形式保存和流传的……以诗歌的形式表现的法，被称为诗体法。"⑤其中"德拉古之酷律，如秋霜烈日，其法规自优美之诗句而成；梭伦之法，如春风骀荡，称为宽仁之法。梭伦者，诗圣也……梭伦之法典，亦自诗篇而成者也。"⑥英国著

---

① 参见周赟：《"可以"的语义及其在立法中的误用》，载《语言文字应用》2009 年第 1 期。

② 参见宋雷、张绍全：《英汉对比法律语言学：法律英语翻译进阶》，北京大学出版社 2010 年版，第 103~119 页。

③ 参见熊德米：《英汉现行法律语言对比与翻译研究》，湖南人民出版社 2011 年版，第 28 页。

④ 李庚香：《法美学的学科建构与"法之美"的呈现》，载《河南大学学报（社会科学版）》2008 年第 1 期。

⑤ 葛洪义主编：《法理学》，中国政法大学出版社 1999 年版，第 14 页。

⑥ ［日］穗积陈重：《法律进化论》，黄尊三、萨孟武、陶汇曾、易家钺译，中国政法大学出版社 1997 年版，第 99~100 页。

名法学家梅特兰也曾指出,“只要法律是不成文的,它就注定要被戏剧化和富于表演性。正义必须呈现出生动形象的外表,否则人民就看不见她”。[①] 在法美学看来,“法之美,美在何处? 在法中,处处有美”。[②] 在此,我不拟对法律的正义与人性化等美学因素进行探讨,而主要就梅林科夫所概括的法律术语大量使用同义复叠(doublets,triplets)的现象,探讨法律词汇的诗性特征。

为何法律会具有诗性特征? 这与诗歌的语用功能有关。诗歌是一种话语形式,自然就有其语用功能。柏拉图曾认为诗歌只是对表象世界的模仿,徒有躯壳而没有灵魂,只起蛊惑人心、乱人心智的不良作用。尽管亚里士多德也认为诗歌是模仿的艺术,但他肯定了诗歌艺术的现实性和真实性,并能“寓教于乐,既劝谕读者,又使之喜爱,方不负众望”。[③] 而从历史实践和经验观之,诗歌语用目的从来就是多维的:或教化,或怡情,或模仿,或生命直觉的自我表达。诗歌一般可分为讲究外在音乐模式的格律诗以及现代派只注重内在音乐性的非格律诗。其中其内在和外在的音乐性,契合了人心灵深处的和谐音乐篇章,读者得到的是心灵情感上的震撼,而非只是知识的理解和接受。

在古代法律中,人的道德观念即人们应彼此理解与信任,将人类置于一种复杂的境地中,神明裁判制度往往与宣誓裁判制度相结合。这种方式既与道德观念相一致,又与人类共同体的实际需要相符合,因而相当流行。从英美法系的法律发展史观之,法律拘泥于证明的程式性以及程式化所具有的戏剧性特征,与法律几乎完全口头化这一事实是密不可分的。[④]

如前所述,法律语言作为社会变体,除了其专业性特征外,还具有时代性、民族性。从发展顺序而言,英美法系经历了一个从风俗习惯(customs)—习惯法(customary or common law)—判例法(case law,judge-made law)—成文法(written law,statute)的一个漫长的发展过程。其间,法与宗教、道德等互相掺

---

① [美]哈罗德·J. 伯尔曼:《法律与革命》,贺卫方等译,中国大百科全书出版社 1993 年版,第 69 页。

② Desmond Manderson, *Songs Without Music: Aesthetic Dimension of Law and Justice*, California, Berkeley, Los Angeles, London, University of California Press, 2000, p. 76.

③ 罗益民:《诗歌语用与英语诗歌文体的本质特征》,载《外语教学与研究》2003 年第 5 期。

④ 在当时,尽管有了某种程度上的法律秩序,但在 11 世纪之前,西欧各国法律秩序中使用的法律规则和程序,在很大程度上与社会习惯、政治制度和宗教制度并无差异,没有人试图将当时的法律和法律制度组成一种特殊的机构,因而法律也极少是成文的。

和在一起,共同起着调整人与人之间关系的功能。时至今日,法律与宗教之间仍然有着甚深的渊源。在中世纪,西方并不存在现代意义上的法律体系。伯尔曼就曾经指出,“有那么一个时期,人们今天通称为法律体系——被有意识地加以系统化、独特的、完整的法律体系——的东西,在西欧各民族中并不存在,只是在 11 世纪末和 12 世纪早期及此后,各种法律体系才首次在罗马教会和西欧各王国、城市和其他世俗政治体中被创立出来”。[①] 可见古代法律的语言表达模式被深深地打上了时代的烙印。

因此,当时的法律要采用诗歌这种戏剧性表现形式,是与当时法律不成文的时代背景以及与诗歌所具有的特定语用功能相契合的。故用诗歌的形式表达法律规则,有助于人们将法律规则铭刻于心。于是,普通法系的法律就包含在大量的格言之中,最早的爱尔兰法就是用诗歌的形式表达的。在日常的法律语言中,通常可以见到下列具有戏剧性的措辞:

“unbidden and unbought, so I with my eyes saw and with my ears heard”(我亲眼所见,亲耳所闻,非受人指使,非受人安排)、foulness or fraud(卑鄙或欺诈)、from hence or thence(从这儿或那儿)、right and righteous(正确的和正当的)、house and home(房屋和家)等。

由于那时尚未有现代意义上的法律机构,故当时的法律机构从事的法律实践也体现出戏剧化特点。故在诺曼征服前,所谓的“法官决定法律”纯属子虚乌有:

Judges were unknown. There were courts, but they were composed of lay persons called suitors, who answered questions of “law” on the basis of their knowledge of local customs... Law was not yet a specialized body of knowledge that needed professional judges. [②]

可见,尽管当时也有所谓的“法院”(court),但其不过是由一些被称为“suitors”的非法律职业人士(lay persons)组成,并根据当地习惯对“法律问题”

① [美]哈罗德·J. 伯尔曼:《法律与革命》,贺卫方等译,中国大百科全书出版社 1993 年版,第 49 页。

② [美]菲特烈·G. 坎平:《盎格鲁——美利坚法律史》(英文版·第 3 版),法律出版社 2001 年版,第 22 页。

(question of law)做出答复(answer)。

在英美法系国家中一般由法官或陪审团对事实进行审判。但在中古时期,事实审判的方式与现在迥然不同,且对刑事和民事案件也区别对待。如对于债务纠纷,双方得采取宣誓断讼法(wager of law),对于"重罪自诉案"(private accusations of felony)和"土地纠纷案件"(contested titles to land),则采取"trial by battle"的审判方式,其中获取证据和审判的方式颇为滑稽且极具戏剧性。[①] 此外,尚有很多类似的颇具戏剧性的做法。例如,向窃牛者(cattle-stealer)提出给付赔偿金(damages)的一方当事人常发誓说:

"By the Lord, before whom this relic is holly, so I prosecute with full folkright, without fraud and without deceit, and without any guile, as was stolen from the cattle [designating them'] that I claim, and that I have attached with [the defendant]. "[②]

而另一方则对该权利主张予以否认并发誓:

"By the Lord, I was not at rede nor at deed, neither counselor nor doer, where were unlawfully led away [the complainant' s] cattle..."[③]

这类预先宣誓、否认宣誓、最终宣誓和支持宣誓,若要获得审判者的支持,宣誓者都必须无懈可击地加以重复,"没有任何遗漏和结巴"。要充分利用押头韵的表达手法,用诗歌的形式予以表达。例如,用于主张土地所有权的一种誓言,是用下列方式表达并予以朗读的:

So I hold it as he held it, who held it as saleable, and as I will own it—and never resign it—neither plot nor ploughland—nor turf nor toft—nor furrow nor foot length—nor land nor leasow—nor fresh nor marsh—nor rough ground nor

---

① [美]腓特烈·G. 坎平:《盎格鲁——美利坚法律史》(英文版·第3版),法律出版社2001年版,第49页。

② 其意思是:"我向上帝起誓,他面前的这一圣物是神圣的,因此,我以完全的民俗权利并且毫不欺骗、毫不欺诈、毫无阴谋诡计地指控,我所主张并连同被告一道扣留的牛(此时,应手指着牛和被告——译者注)是从我这里偷走的。"

③ 其意思是:"我向在什么地方非法牵走(原告的)牛这件事,我没有教唆,也没有行动,既不是教唆者,也不是行为人……"对于上两段引文,参见 George W. Rightmire, *The Law of England at the Norman Conquest*, Comumbus, Ohio, 1932, p. 37。转引自[美]哈罗德·J. 伯尔曼:《法律与革命》,贺卫方等译,中国大百科全书出版社1993年版,第68页。

room—nor wold nor fold—land nor strand—wood nor water. ①

该段表述采用了押头韵(plot—ploughland, turf—toft, furrow—foot, land—leasow, rough—room, wood—water)或押尾韵(fresh—marsh, wold—fold, land—strand)的方式,读起来朗朗上口。

法律语言和法律制度的戏剧性和诗歌性因素,即其模拟因素,导致了一个必然的后果,那就是法律语言须高于日常语言,进而使法律与日常生活之间有了距离,最终使法律成为一项专门职业。

随着法律从口头形式到书面形式的转变,古代法律的诗性特点也随之发生变化,有的已消失殆尽,从某种程度上也反映了法律词汇的时代特征。但有的被保留了下来,②且在词汇层面,这种诗性特征也十分显著。为了避免重复而大量使用不同的词汇来表达同一个意思,或许是所有语言或某些语域的共核。但在法律英语中,由 and/or 引导大量成对的近义词,或同义复叠(doublets, triplets),③即在一个句子中并列使用两个或三个近义词,或者"……如果能串上六个词,似乎从不肯用一个字",④可谓是法律语言的独有特色。例如:reputation and goodwill(商誉、信誉)、buy or purchase(采购)、"bargain, sell and convey"(交易、销售和转移)、property or chattel or goods(动产、私人财产)、pardon and forgive(宽恕)、complete and final understanding(全部和最终的理解)、full force and effect(有效)、null and void(无效、失效)、decree or order(法令)、own and possess(占有或拥有)、due and collectible(应收取的)、larceny or theft or stealing(盗窃)、constable or sheriff(长官)、assault and battery(殴打或打

---

① Sir Francis Palgrave, *The Rise and Progress of the English Common-Wealth Volume 2: Anglo-Saxon Period. Containing the Anglo-Saxon Policy, and the Institutions Arising Out of Laws and Usages Which Prevailed Before the Conquest*, London, 2012-3, p. CXXXV。该段话的大意是:"因此,我持有这块土地,就如同他过去持有这块可以出售的土地一样。我拥有它,决不放弃。它既非小块土地亦非耕地,既不用于种草也不用于盖房,既非以沟长亦非以英尺丈量,该地既非新开垦地亦非沼泽地,既非荒地也非空地,既非丘陵亦非山坳,是土地而非海滨,是旱地而非水域。"

② 现在法庭上举证时仍然采用宣誓的做法(pledge of evidence)以及由那些毫无法律知识的门外汉(lay man 即 juror)来审理事实性争议的做法,都无疑是源自中古时期的法律实践。此外,后文中所谈及的同义词重复现象也可谓是该特点的延续与保留。

③ David Melinkoff, *The Language of the Law*, Boston, Little, Brown and Company, 1963, p. 78.

④ 董晓波:《略论英语立法语言的模糊与消除》,载《外语与外语教学》2004 年第 2 期。

击)等。

除了上述列举的来自不同语源的并无诗性特征的同/近义词并列使用外,法律英语中尚有大量押头韵和押尾韵而颇具诗性特征的同/近义词并列使用。例如:safe and sound(安然无恙)、adopted by me or bore to me(为我所收养)、do hereby give and grant(给予)、part and parcel(重要的部分)、fixtures and fittings(附属物)、"rest,residue and remainder"(剩余的)、"remise,release and forever quitclaim"(放弃对财产或权利的请求)、aid and abet(教唆、帮凶)、keep watch and ward(小心关注)、customs fees and duties(关税)、losses and damages(损坏)、provision and stipulation(规定)、breaking and entering(破门而入、闯入)、privileges and immunities(外交特权和豁免)、full and final(决定性的)、abide by the laws and regulations(遵守法律规章制度)、misuse or abuse(滥用)、rights and interests(权益)、transferable or assignable(转让)、interpreting or constructing(解释)、goods and chattels(非不动产资产)等。

上述押头韵和尾韵的并列词汇,可分为同义词并列或近义词并列。前者指由源于不同源语的词汇所构成的并列结构,包括英语与法语词的组合(如acknowledge and confess, breaking and entering, fit and proper, lands and tenements,goods and chattels)、英语与拉丁语的组合(如 deed and act,will and testament)英语本域词汇的组合(如 let and hindrance,have and hold)以及外来词的组合(如 null and void,其中的 null 来自古法语词 nul 和拉丁语 *nullus*,而 void 来自拉丁语 *vocivus*)。[①] 就其功能而言,"这些词语,一些是为了进一步阐明词义,一些是为了强调,而另一些则是为了符合当时使用两种语言的习惯。这些外来词汇融入了英语语言并带来了语意上的重复。"[②]

后者则包括存在细微差异的近义词,如 libel and slander、[③]solicits or accepts、[④]

---

① David Crystal,*The Stories of English*(Part 7.4),New York,Penguin Books,2004,p. 125.

② David Mellinkoff,*The Language of the Law*,Boston,Little,Brown and Company,1963,p. 121.

③ 尽管都表示名誉诽谤,但在普通法中二者有区别:libel 是以书面的文字或图像等对他人的名誉造成损害,而 slander 是以口头方式对他人的名誉造成损害。在中国香港特别行政区律政司的双语立法中,slander 为言辞诽谤,其译文为"短暂形式诽谤";libel 为书面形式的诽谤,其译文为"永久形式诽谤"。参见 Linda L. Edwards,J. Stanley Edwards and Patricia Kirtley Wells,*Tort Law for Legal Assistants*,Cengage Learning,2008,p. 390。

④ 参见中国香港特别行政区《防止贿赂条例》的第三条。其中的 solicits 和 accepts 就分别表示索贿和受贿,为两种不同的情节,对此可参考《中华人民共和国刑法》第三百八十五条的规定。

assault and battery 等。这些词之所以并列,是为了实现词义互补,从而使法律表述更为完整与准确。例如:

Section 19 Custom not to be a defense

In any proceedings for an offence under this Ordinance, it shall not be a defence to show that any such advantage as is mentioned in this Ordinance is customary in any profession, trade, vocation or calling. ①

对"行业"的表述,立法中使用了 profession、trade、vocation 和 calling 四个近义词。profession 一般特指神学界、法律界、医学界与军界人士的职业,trade 特指商人与熟练的手工艺人的职业,calling 与 vocation 有神职、神圣事业的含义。近义词堆积之目的乃是为了防止因法律条文措辞不够明确而产生的漏洞。

除了术语的并列使用外,介词、动词性的短语并列使用也不失为法律词汇的一大特点,如"by and between""the contract is made, concluded and executed…""amendment to and revisions of this contract"等,在合同领域中尤其常见。

同/近义词之所以并列使用,自然有其历史背景。② 在司法实践中,英美法系的法官会经常利用立法上的漏洞行使自由裁量权,对成文法进行司法解释。为了杜绝因滥用自由裁量权带来的诸多弊端,立法者不得不把法律语言像网一样收紧,真正做到法网恢恢(the long arms of the law),而同/近义词堆积不失为一条行之有效的途径。例如:

Every gift, grant, conveyance of lands, tenements, hereditaments, goods, or chattels, or of any rent, common or profit out of the same, by wrting or otherwise; and every bond, suit, judgment, or execution, had or made and contrived, of malice, fraud, covin, collusion, or guile, to the intent or purpose to delay, hinder, or defraud creditors of their just and lawful actions, suits, debts, accounts, damages, penalties, forfeitures; or to defraud or to deceive those who shall purchase the same lands, tenements, or hereditaments, or any rent, profit, or commodity out of them, shall be deemed and taken, only as against the person, such person ' s heirs,

① 参见中国香港特别行政区《防止贿赂条例》第十九条的规定。

② 参见何勤华主编:《英国法律发达史》,法律出版社 1999 年版,第 34~37 页。

successors, executors, administrators, and assigns, whose debts, suits, demands, estates, or interest, by such guileful and covinous practices, shall or might be in any wise disturbed, hindered, delayed, or defrauded, to be clearly and utterly void; any pretense, color, feigned consideration, expressing of use, of any other matter or thing, to the contrary notwithstanding. ①

上例中大量堆砌同/近义词,从而让一项关于不得妨碍权利行使的法律规定多达 160 字。再如,“sexual harassment”(性骚扰)的定义也极其繁复,②其中也包含大量近义词并列结构。

尽管有学者批判说“……法规是镶嵌物、拼凑物,是由几十个琐碎的词语组成的”,③但在立法中使用繁复的立法语言,已成为英美法系的一个传统。即便像美国《合同法重述》这类没有约束力的文本,其行文措辞亦是极其细致复杂,与大陆法系国家合同法的概括性风格截然不同。传统的力量是十分强大的。这些自中世纪遗存下来的同/近义词,对当今英美法系国家司法制度的运作而言,似乎已毫无存在之必要,但它们仍充斥于法律、法规和遗嘱、契约、信托协议等之中。

总之,同/近义词并列在法律语言中具有十分重要的意义:首先,提升法律表述的准确性。法律语言的目标之一就是力求准确,而重复恰能有助于实现该目标。律师或其他法律工作者都坚信“when in doubt, say it twice”,即当存有疑问时,可借助重复而消除疑义。故而“区别性的技术越细致,文件起草得就越详细。每一个区别都用更多的词来反映,而每一个词的使用都会带来进一步的区别,现在印刷出来以为未来的律师进行再创造做好准备。这种情况就如是周而复始”。④ 其次,增强语言的美感。古代法律语言所具有的戏剧性特点,并未随着时间的推移而完全消失,相反,这种特点在立法领域得以保留并发扬。重

---

① Tennessee Code Title 66. Proterty, § 66-3-101.

② Sexual harassment is any kind of sexual behavior that is unwelcome and/or inappropriate for the work place. Sexual harassment can embrace verbal harassment, visual harassment, physical harassment, and sexual favors. In the work place sexual harassment can come from the owner, supervisor, manager, lead person, foreperson, co-worker and/or customer.

③ Peter Goodrich, *Reading the Law: A Critical Introduction to Legal Method and Techniques*, Oxford, Basil Blackwell, 1986, p. 49.

④ David Mellinkoff, *The Language of the Law*, Boston, Little, Brown and Company, 1963, p. 178.

复的同/近义词一般采取押头韵或尾韵的方式，故读起来朗朗上口，富有诗歌的韵味。这就为法律语言平添了一分美感，故时至今日仍在使用。这种做法反映了英美法系法律人士那种强烈的保守或沿袭传统的情结，[①]也凸显出古代法律语言的诗性特征给现代术语特征打上的烙印。

相对而言，诗性特征在法律汉语中并不那么明显，但类似结构仍不乏少数。例如：

第四条 民事活动应当遵循自愿、公平、等价有偿、诚实信用的原则。

（《中华人民共和国民法通则》）

第七十三条 ……国家财产神圣不可侵犯，禁止任何组织或者个人侵占、哄抢、私分、截留、破坏。

（《中华人民共和国民法通则》）

第七十五条 ……禁止任何组织或者个人侵占、哄抢、破坏或者非法查封、扣押、冻结、没收。

（《中华人民共和国民法通则》）

第一百零一条 公民、法人享有名誉权……禁止用侮辱、诽谤等方式损害公民、法人的名誉。

（《中华人民共和国民法通则》）

第一百一十八条 公民、法人的著作权（版权）……和其他科技成果权受到剽窃、篡改、假冒等侵害的，有权要求停止侵害，消除影响，赔偿损失。

（《中华人民共和国民法通则》）

第十三条 一切危害国家主权、领土完整和安全，分裂国家、颠覆人民民主专政的政权和推翻社会主义制度……侵犯公民的人身权利、民主权利和其他权利……都是犯罪……

（《中华人民共和国刑法》）

第十四条 明知自己的行为会发生危害社会的结果，并且希望或者放任这种结果发生，因而构成犯罪的，是故意犯罪。故意犯罪，应当负刑事责任。

（《中华人民共和国刑法》）

---

① 参见［英］S. F. C. 密尔松：《普通法的历史基础》，中国大百科全书出版社 1999 年版，第 78 页。

第二十条　……对正在进行行凶、杀人、抢劫、强奸、绑架以及其他严重危及人身安全的暴力犯罪,采取防卫行为,造成不法侵害人伤亡的,不属于防卫过当,不负刑事责任。

（《中华人民共和国刑法》）

第二十六条　组织、领导犯罪集团进行犯罪活动的或者在共同犯罪中起主要作用的,是主犯……

（《中华人民共和国刑法》）

第二百八十条　伪造、变造、买卖或者盗窃、抢夺、毁灭国家机关的公文、证件、印章的,处三年以下有期徒刑、拘役、管制或者剥夺政治权利……

（《中华人民共和国刑法》）

上述由“和”或“或”引导的二字词组和四字格短语堆砌使用,包括:动词词组并列(如“行凶、抢劫、绑架”)、形容词并列(如“自愿、公平”)、名词结构并列使用(如“人身权利和民主权利”)以及动宾结构并列使用(如“停止侵害、消除影响、赔偿损失”)。只是在法律汉语中,这类由“或”连接的并列使用的词汇多半是近义词,其目的是实现词义互补,增强法律表述的严密性和准确性。在翻译这类结构时,当慎之又慎。

第七节　法律概念与法律术语:对等与空缺

术语是通过语音或文字来表达或限定专业概念的约定性符号。术语可以是词,也可以是词组。术语是用来表达或限定专业概念的,因此,现代术语学极度重视概念或概念系统的研究。在了解了法律术语的分类后,下面将对法律概念及其与术语的关系做进一步分析。

一、法律概念概述

法律概念是对各种法律现象或法律事实进行描述、概括的概念。在法律三段论中,概念的定义是涵摄推论的大前提;确认系争客体具备定义中提及的全部要素后,即得结论系争客体属于此概念所描述的客体种类。[①] 法律概念可分

---

① 参见[德]卡尔·拉伦茨:《法学方法论》,陈爱娥译,台北,五南图书出版股份有限公司1996年版,第355页。

为不同的种类。根据其内容可以分为基本的法律概念和非基本的法律概念。基本法律概念为前面所说的法律本域术语，如合同、正当防卫等；非基本概念为前面所说的借域类法律概念，如放火、杀害。也可根据其所描述的对象而分为时间概念、空间概念、涉人概念、涉事概念和涉物概念等。建构合理的法律体系需要包含一整套符合逻辑的、和谐而无矛盾的法律概念体系，故法律概念对于法律的制定、执行和适用均极其重要。

从理论上说，在同一种语言内，一个名称与一个概念之间的关系应该是单参照性的。故对任何一个术语来说，一个名称应该与一个并且只与一个概念相对应。但实际上，即便在同一种语言中，一个概念往往具有几个不同的名称，这就产生了术语的同义现象，导致术语使用及含义混乱。法律领域也不例外。由于广义的法律术语并非都具有单义性，大量的借域性术语使术语与概念之间并不存在一一对应关系。法律术语名称与概念的非单义性，以及法律概念与法律体系的相关性，为法律术语理解和翻译带来诸多困扰。① 为此，有必要从语义学的视角探讨法律术语及法律概念的指称意义。

二、符号—概念—指称对象

法学界人士在讨论“什么是法律”时一般采取两种模式：一是形而上学式模式，即直接问“法律的本质是什么”（what is the nature of law）；二是概念分析模式，即并不直接问法律的本质是什么，而是探讨“法律的概念是什么”（what is the concept of law）或者“法律”这个字的意义是什么，从而将“法律的本质是什么”这一形而上的问题转化为一个语义学的问题，其理据是：一个词的意义（meaning）决定了其指称（reference）。哲学研究的语言学转向，无疑对法律术语的翻译具有借鉴和指导作用。

在语言学界，对概念、指称和符号的关系进行探索者不乏少数，如皮尔斯（Peirce）、奥格登和理查兹（Ogden & Richards）、弗雷格（Freg）等。其中皮尔斯

---

① 黛博拉·曹（Deborah Cao）在其“Translating Law”中指出，“Legal concept plays an important role in delineating each branch of the law, and legal translation involves specialized or technical language, the technical nature of legal language stems largely from the extensive use of concepts. So translators must face up to the challenge of translation of legal concepts which are legal system-bound”，即强调法律概念与法律体系之间的密切联系。

提出了符号三重性理论，认为“符号”（代表项）是在某种程度上向某人代表某一样东西，代表项（representment）、指涉对象（object）和解释项（interpretant）三者合一，构成了不可分割的符号化过程。如图 6-2 所示：

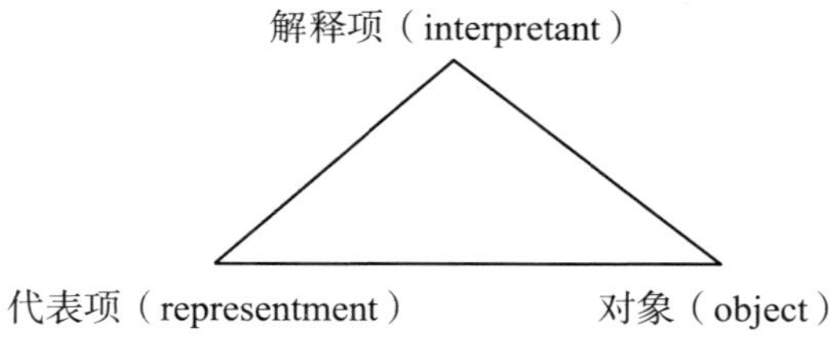

图 6-2　皮尔斯的符号三角

一般认为，语言与所指对象之间并无直接的联系，而须通过概念层面（或意义）起作用。例如，“鲁迅”这个名字是记号或符号，鲁迅本人是对象，而“被意指的事物”是我们用以把握一个共存实在的概念。

在现实生活中，常出现符号、概念与对象并不吻合的情况。例如，“启明星”和“长庚星”指同一颗行星，但“启明星”和“长庚星”的意义不同，在大多数场合不能互相替换，例如，“他天还没亮就起身，迎着启明星向东走去”，其中“启明星”不能说成“长庚星”。[①] 又如 common law，一般情况下可译为“普通法”，但针对不同的参照物可译为：

（1）非衡平法（针对 equity）；

（2）非制定法（包括判例、习惯法等）（针对 statute）；

（3）不成文法（针对 written law）；

（4）英美法（针对 Roman law system 或 civil law system 的法律）；

（5）世俗法（针对 canon law 或 ecclesiastic law）；

（6）普通法（针对特别法）。[②]

---

① 每天傍晚太阳落山，天快黑的时候，西南方就会出现一颗很亮的星，出现得最早，而且很亮，这就是金星，又叫长庚星、启明星。金星比太阳落得晚，所以叫长庚星，因为它出来的比太阳早，所以又叫启明星。由于金星是有时是晨星，有时是昏星，中国史书上称晨星为“启明”，昏星为“长庚”。

② 此时的“普通法”指“any positive law, juristic theory, and ancient custom which is of universal application”即具有普遍约束力的法律；而“特别法”（special or local rules or custom），指适用于特定时间、特定空间、特定主体（或对象）、特定事项（或行为）的法律规范，如《中华人民共和国香港特别行政区基本法》《中华人民共和国预防未成年人犯罪法》等。

类似的例子还有很多。这就说明:即便是在同一种语言系统中,指称与意义之间并不存在一一对应关系。因此,在涉及不同语言的转换时,不妨考虑使用语义三角这一分析方法(因法律术语也包括三个层次:语言、概念和指称),考察源语与目的语是否在这三个层面上存在对应。

三、法律概念中的不对等情形

就基本内容和所描述的对象而言,各个法系中有不同的法律概念。任何法系均要借助其特有的一些概念来构建其法律体系,因这些概念本身就承载了其问题性思维(problem denken)的功能。历史与文化发展不同、法律体系构成要素上的差异以及隶属不同的法系,必然导致不同法系间存在法律概念不对等或空缺现象,①进而给跨文化翻译造成障碍。例如,如将"The suspect is assisting police with their enquiries"直译为"嫌犯在帮助警察问讯",肯定让人无法理解,也表明译者并不了解英美法系的证据规则,即犯罪嫌疑人有权保持沉默,无须自证其罪,否则有违无罪推定原则(presumption of innocence)。其实上句话的意思是"the police are interrogating a suspect",即警方在讯问嫌犯。足见了解法律文化对文本理解的重要性。

如前所述,一个语言文化系统的词汇几乎不能在其他文化系统中实现完全对应(exact equivalent)。法律术语翻译也面临这个问题:某些概念在其他语言中并无对等词汇,在翻译时就会发生偏差,导致这些概念的固有功能被忽略;有些概念即便在其他语言中存在对应概念,但其内涵或外延存在差异,进而对这些概念的理解构成障碍。具体而言:

(一)不对等源于语言方面(符号)的空缺

符号方面的空缺大多体现为不同法系之间存在的术语空缺。例如,plea bargaining、solicitor、deposition、stalking(跟踪罪)等都是英美法系的概念,在法

---

① See Rene David and John Brierley, *Major Legal Systems in the World Today*, London, Stevens & Sons Ltd., 3rd edition, 1985, p. 16. Susan Šarčević, *New Approach to Legal Translation*, The Hague, Kluwer Law International, 1997, p. 13.

律汉语中并无类似表述。又如,法律汉语中有“抢夺罪”与“抢劫罪”之分,法律英语中却只有抢劫罪(robbery),并未规定抢夺罪。某些地方发生的飞车抢夺他人财物的行为,在刑法上构成“抢夺罪”,但在英美法中被称为snatch theft,即构成盗窃罪。

有时,这种空缺在普通法系内部也会存在。例如assembly、assemblyman、president、Congress、Senator、lynch(私刑)等词并不出现在英国法律体系中;相反,Lords、Lord Chancellor、Court of King's Bench、Privy Council、Suitor、Chancellor等词并不出现在美国法律体系中。甚至连同一个国家的不同地区也有不同的法律制度和文化。例如,英国的苏格兰地区(Scotland)和英格兰地区(England)各自拥有一套不同的法律体系,所使用的法律术语自然有别;美国的路易丝安纳州也因受西班牙、法国的统治而沿用大陆法系的法律体系,故该州所使用的术语与美国其他州所使用的术语也迥异,即便有相同的概念,其内涵或外延也未必相同,故不可不慎。

(二)不对等源于符号方面的差异,即同一个指称有不同的表述方式

此为法律术语地域性的一种体现。有学者曾对法律术语的地域性进行了研究,认为其为术语语言变体的一种表现形式。① 例如,我国大陆的“刑事警察”、“夫妻”和“再婚”,在我国台湾地区却分别被称为“刑事”、“翁某”和“接脚”。② 这种因地域差异而造成术语称谓不同的情况,在属于同一个法系的英国和美国也不例外。例如:

民事诉状(英“statement of claim”;美“complaint”);

慈善信托(英“charitable trust”;美“charitable corporation”);

大监狱(英“penitentiary”;美“large prison”);

有限责任公司(英“Ltd.”;美“Inc.”);

执法官(英“law man”;美“policeman”)(在美国,lawman refers to an American law-enforcement officer,primarily sheriff or marshal);

---

① 参见齐沪扬、陈昌来主编:《应用语言学纲要》,复旦大学出版社2004年版,第206页。

② 参见潘庆云:《中国法律语言鉴衡》,汉语大词典出版社2004年版,第17页。

判决或裁决(在民事领域常用 judgment,而刑事判决则用 sentence,陪审团对事实问题作出的决定用 verdict 表示,法院作出的决定或裁决亦可用 ruling);

公司章程(在英国及加拿大法律中为 articles of association,即含公司章程细则或内部管理规则;而在美国则为 certificate of incorporation);

原告(离婚诉讼中的原告称为 petitioner,一般民事诉讼中称为 plaintiff 或 complainant)。

可见,在不同国家或不同法律部门或诉讼中,有时会使用不同的词汇表达类似概念。因此,须根据不同语境确定其含义,切不可望文生义。

(三)不对等源于同一个符号指称不同的对象

这种情况是法律术语具有多义项性的一种体现,即同一术语有时在不同的法律部门中会有不同的含义。例如:

dominion (民法:完全所有权;国际法:主权);

estoppel (合同法:不得反悔、允诺禁反言;刑事诉讼法:禁止翻供);

turnover (英:营业额;美:资金等周转金);

Bar Association (英:巴律师协会;美:律师协会);

By-law (英:地方法规;美:公司章程);

Marshal (英:海事法院执行法官;美:法官执行法官);

table a motion (英:提出动议以供讨论;美:将动议搁置,留日后讨论);

court of common pleas (英:高等民事法庭;美:中级刑事或民事法庭)。

这种情况在中国香港特别行政区双语裁判中颇为明显。有学者指出,法院的裁判在中英文中并不具有对等性。在中国香港特别行政区双语立法里,表示"裁判"(judgement)的系列术语包括"裁定"(hold, convicted)、"裁决"(determine, verdict)、"判决"(judgement, conviction)、"裁断"(find, finding)以及"裁判"(magistracy)。但在双语裁判中,中文"裁决"的对等词常为"decision"、"verdict"和"award";而"decision"则为"决定"、"裁决"和"判决"的对等词。如图 6-3 所示:

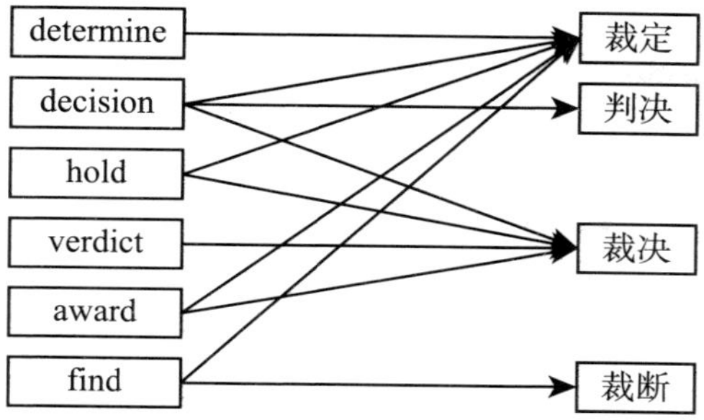

图 6-3　英汉法律术语的不对称现象

可见,中国香港特别行政区判决中的中英文词汇并非一一对应。此外,在中国香港特别行政区的双语裁判中,judgment 与 judgement 存在区别:省略了"e"的 judgment 特指庭审后的判决书(the concluding writing for a court trial),而 judgement 则指一般的判决或决定。后一种写法为英国、澳大利亚、南非等国所接受,但美国、新西兰、加拿大等国只认可前一种写法。①

(四)不对等源于概念上的差异

有时,在两种法律语言系统中即便有类似的指称物(equivalent),但该类似指称在两种语言中并不具有对等的概念或意义功能,即在意义层面存在偏差。

以中文的"法律"与普通法系的"law"为例。就造法的过程看,我国的司法解释与立法机构的制定法具有相同的功能,因此,"法律"与"law"具有相似性。但英美法系的法官可依据先例进行判决,其中的判决理由(ratio)还会对以后类似案件具有拘束力。如是一来,判例就具有法律效力而成为法律的一部分;但在我国,判例并不具有法律效力。可见,由于法律发展的独特性,二者也只能是部分对等,即在语言层面可以视为对等,但在概念和指称物上均有差异。

又如,大陆法系的 *bona fides*(诚实信用)与普通法系的 good faith(诚实信用)存在下列区别:前一概念包括过失,而后一概念却不包括过失;前者范围更

---

① Chu-Ren Huang, et al., "The Sinica Sense Management System: Design and Implementation", *Computational Linguistics and Chinese Language Processing* 10, 2005, pp. 417-430.

广,包括信任关系以及商业交易中的最低的行为道德准则,[①]这可能是因大陆法系国家的“法律”与政治和道德关系密切之故。

再如,英美法系中的theft指“the dishonest appropriation of property belonging to someone else with the intention of keeping it permanently”,但在德国法里,盗窃指“if somebody takes away movable property belonging to another with the intention of appropriating it unlawfully”。可见,二者在财产的种类(一个是动产,另一个是任何财产)与财产占有的时间(一个是永久性的,另一个没作规定)的规定上存在差异。这些都表明:类似的符号可能意义迥异。

第八节 法律词汇的翻译对策

从法律翻译史观之,在法律词汇翻译过程中,学者们都认识到法律词汇翻译并非简单的语码转换,即强调简单的“对等”并不能有效地实现法律翻译的目的。毕竟在很多情况下,各法系之间,甚至同一法系内部,都存在词汇空缺或内涵外延不一致的情况。因此,作为信息传递者的译者,应对源语与目的语中相关术语之间存在的各种情况了然于胸,进而分别采取措施,以尽可能使译语具有与原语一样或类似的交际效果。

一、法律词汇翻译策略详解:针对词汇空缺

由于英汉文化及法律文化发展程度的差异,汉语中定然存在有关法律词汇空缺的情况,即兹古斯塔所谓的“定名称上的空缺”(onomasiological gaps),从而对法律英语翻译造成一定的障碍。在这种情况下,创造新的法律词汇的做法便应运而生,即翻译界众所周知的“定名翻译”法,但该做法有待进一步标准化和理论化。本节将对相关问题作进一步讨论。

对于词汇空缺,一种可行的方法就是用解释性方法来翻译术语(简作“解释翻译”法)。这种做法在翻译界有不少追随者,但注释连篇累牍又会让人觉

---

① 即商业行为准则(Standards of Business Conduct,SBC),旨在规范员工遵守职业操守,对员工个人约束、如何维护合作伙伴关系、关联交易、不公平竞争等众多问题都进行了细致的规定。例如吃回扣、性骚扰、恶性竞争、行贿受贿等行为,在该准则里是明确禁止的。

得"...reading a heavily annotated novel would seem to me rather like trying to play tennis in chains"(……读起来有如"戴着镣铐打网球")。[1] 尽管如此,一般译者在翻译过程中遇到有关术语或典故时常用加注释的方式进行处理。这种方法在以严谨和准确著称的法律翻译中自然更是不可或缺,尤其是"在采用归化或异化都行不通时,可使用译注方法抹去原文的民族特征,直接向译语读者解释原语词句在上下文中的意味,译出其含义,从而避免引起文化方面的混乱,使译文明白易懂。"[2]该方法既能保存原文的信息,又能给译者表达上提供较大的自由,因此特别适用于"文化空缺"(cultural vacancy)现象的处理和翻译。例如:

escape clause:免责条款(指在合同中规定,当事人可在某些情况下免责);

fore-dated cheque:倒填日期的支票(指支票上的出票日期早于实际出票日期);

harmless error:无害的过错(指上诉法院认为下级法院的审判失误对上诉人无害而无须改判)。[3]

尽管释义翻译法在术语翻译中运用广泛,但并不能真正解决法律术语翻译问题。上述的几例中,"倒填日期的支票"和"无害的过错"都在汉语表达上存在问题,而且并没能准确反映出原文的内涵。再如,"deferred compensation"一词在国内的大型英汉词典(包括陆谷孙主编的《英汉大词典》)中均未被收录。根据《布莱克法律词典》,Deferred Compensation 意思是"Compensation that will be taxed when received and not when earned. An example is contributions by an employer to a qualified pension or profit-sharing plan on behalf of an employee."如按照解释翻译法,可译为:"延期付酬,例如雇主向雇员支付的养老金或按分红计划向雇员支付的其应得份额。"此举无疑会使读者望文生义,从而产生译者不希望看到的误解,而且也有违法律语言简明精练特点的要求,足见释义方

---

① Xueqin Cao, *The Story of the Stone* (Volume Ⅱ), Translated by David Hawks, the Penguin Group, 1977, the Preface, p. 18.

② 柯平编著:《英汉和汉英翻译教程》,北京大学出版社 1993 年版,第 56 页;例如 pumpkin eater 从字面上看是"吃南瓜的人",但应将其含义予以补足:该词源于一个典故,出自童谣(nursery rhyme),意思是"养不活老婆的人"。

③ 夏登峻主编:《英汉法律词典》(第 3 版),法律出版社 2008 年版,第 356 页。

法具有某种“硬伤”。以释义方法进行术语翻译的另一个典型的例子，就是“tort”一词的释义：

《新英汉词典》中的译文：民事的侵权行为（不包括违背契约）。

《英华大词典》中的译文：民事侵权行为（罪）（不包括违背契约）。

《布莱克法律词典》给出的定义是：A legal wrong committed upon the person or property independent of contract. It may be either (1) a direct invasion of some legal right of the individual; (2) the infraction of some public duty by which special damage accrues to the individual; (3) the violation of some private obligation by which like damage accrues to the individual。

《朗文当代英语词典》给出的定义是：(law) a breach of duty, other than a breach of contract, for which the offender will be subject to legal responsibility。

《牛津高阶英汉双解词典》中的定义：private or civil wrong (other than breach of contract) for which the wronged person may claim damages 侵权行为（受害者可要求获得损害赔偿）。

可见，大多数词典都采用了解释性翻译法，但上述定义备受学者的批判。如威格莫指出，“从未有一个概念能如此妨碍人们对事物的正确理解。使我们陷入这种困境的原因在于，人们对侵权行为下定义时最爱采用的方法，是莫过于断言它不是合同。正如一个人给化学下定义时，仅仅指出它不是物理或数学一样”。[①] 迈尔斯也指出，“概而言之，没有抽象的英国侵权法，只有具体的英国侵权法，即一揽子可依一定条件对之提起诉讼的作为或不作为。任何加以进一步概括的尝试，不管按纯理论的观点看来是怎样的饶有趣味，要拿来作为实践的指南都是不可靠的。”[②]可见，解释性翻译存在如下弊端：如果文献要求译文给出定名称翻译的说法，翻译者就只好“望词兴叹”了。“Torts”与上述的“Deferred Compensation”是美国某学院法学专业学生必修的两门专业课程，如采用解释性翻译方法进行翻译，结果势必难以令人满意。因此，在目的语中创造符合其表述规范的新词汇的做法，即“定名翻译”法，值得推荐。该法有助于

---

① John Henry Wigmore, *Select Cases on the Law of Torts*, Little, Brown & Co., 1912, p. vii.

② John C. Miles, et al., *A Digest of English Civil Law*, *Book* Ⅱ, London, Butterworths, 1910, pp. xiv-xv. 转引自尹志强：《侵权行为概念分析》，载《比较法研究》2005 年第 4 期。

丰富目的语、方便和促进翻译工作。例如,采用意译法将 tort 和 plea bargain 分别译为“侵权”和“辩诉交易”,均不失为经典之作。

基于法律文本所具有的特殊地位和法律语言庄重、严谨等特点,法律翻译一般强调对原文的忠实性,对术语的翻译当然也是如此。如果汉语中确实没有对等词但又须忠实原文,此时不宜采用“归化”即“入乡随俗”的方法,而应借鉴荷兰比较法学家格鲁特(Gerard-rend de Groot)基于传统方法论而归纳出的三种方法,即不译、创造生词(neologism)和意译。由于该分类有重复之嫌,故本书作者将主要对音译、直译和意译等方法进行分析。

(一)音译

音译与“翻译”相对,属于“不译”。在处理文化空缺时,音译或照抄原文可谓是最有效的方法。据统计,现代汉语中的外来词多达数万,仅音译词就有 2000 多个。[①] 在法律翻译中,照抄原文的方法一般只限于专有名词以及案例名称等少数情况,如 WTO(世界贸易组织)、NGO(非官方组织)、UCC(美国《统一商法典》)以及 *Brown v. State*(布朗诉州政府一案)等。相比之下,音译比原文照抄的概率要高。如汉语的“政法”,无论把它译成 politics and law、political science and law,还是 government and law,似乎都无法与其原意对等,由此有人建议把它按读音译成 *zheng-fa*,期望将其作为我国独有的词语直接向外国人推出。同样,我国古代法律思想中的“法”和“礼”被译成了“*fa*”和“*li*”;起源于苏联的“法制”被翻译成 fo-chih,然后再加上诸如 socialist legality 作为注释。英译汉时也可如法炮制。如英国律师有 solicitor 和 barrister 之分,其内涵十分丰富,绝非一两句话可阐述清楚。无论将其译成“事务律师”(或“小律师”“诉状律师”)和“出庭律师”(或“大律师”“辩护律师”)都会出现语义亏损,在一定程度上误导译文读者。不如按其读音和意义,将它们分别译为“沙律师”和“巴律师”。对于完全无对等概念的词汇,不妨按照字面意思音译后再加上注释,可解决有关意义漏失的情况,对丰富目的语的法律词汇将起到积极的作用。

(二)直译

据《现代汉语词典》的解释,直译“指偏重于照顾原文字句的翻译,意译则

---

① 参见田娟:《论现代汉语外来词的类型》,载《重庆职业技术学院学报》2008 年第 1 期。

是“根据原文的大意来翻译,不作逐字逐句的翻译”。对此,我国著名作家茅盾做了进一步的解释:“……所谓‘直译’,并非一定是‘字对字’,一个不多,一个不少,因为中西文字结构的不同,这种‘字对字’的翻译,在实际上是不可能的。直译的意义就是不要歪曲了原作的面目。”[①]萨尔切维奇也认为直译是创造新词或赋予旧词新意的一种方法,并归纳出在双语或多语法域中创造新词的三种基本方法:(1)普通词汇或其他领域的词汇被赋予新的意义;(2)使用目的语和源语外的其他法律体系中的词汇;(3)创造新的词汇。[②] 在目标语中缺乏对等词汇的情况下,直译可谓是最佳选择,也是创造新词的一种方法。但须注意:在直译时应添加注释,否则非业内人士难以理解,毕竟译文的读者群甚为广泛,其专业知识参差不齐。在不少期刊论文中,大多新造的词汇后面都引注了原文,不失为行之有效的做法。

以 beyond reasonable doubt 为例。这是英美法系特有的、在法律汉语中缺乏的证据标准,故不妨按照字面意思对译为“超出合理怀疑的范围”,也就是在港剧法庭戏里常听到的“毫无合理疑点”。此时,须考虑受众对该译法的认可度。若法学界都认可“排除合理怀疑”,那译为“超出合理怀疑的范围”就不妥了。

再以 reasonable person 为例。该概念系一种法律拟制,不少文献均按字面意思将其直译为“合理人、理性人”。“合理人”这一概念最先出现在侵权法课程中。当然,这里的语境就是过失侵权,“合理人”概念常被用以定义“注意的标准”,以确定对哪些非故意的伤害要追究其责任。“合理人”的概念不仅限于侵权法,还适用于刑法、合同法以及其他领域。《布莱克法律词典》将合理人界定为一般谨慎人(the ordinarily prudent man),其行为理智、妥当,处事公允,符合当时社会的一般要求。罗马法将合理人表述为像“善良家父”所应表现出的诚信和勤谨注意的人。现代民法认为,合理人源于社会一般理智人的塑造。他不是圣人,而只具有一般的认识能力和判断能力。合理人的行为是社会普通人

---

① 中国翻译工作者协会《翻译通讯》编辑部:《翻译研究论文集(1949—1983)》,外语教学与研究出版社 1984 年版,第 17 页。

② See Susan Šarčević, *New Approach to Legal Translation*, The Hague, Kluwer LawInternational, 1997, p. 259.

正当的行为模式,是公众认可的行为规范。依据不同的群体和行业,合理人也有差异,因此,合理人是一定范围的平均化。需要明确的是,合理人与理性人存在区别:理性人(rational person)是经济意义上的人,追求自己利益的最大化;而合理人是道德意义上的人,具有谨慎、善良、正直、尊重他人等品格,不损害他人的人身和财产权利。合理人源于对人的本性的认知,植根于人类对正义的追求。合理人标准是客观的裁判标准,是法官拟制的正义偶像,也是公正裁判的参照物。法官在裁判案件时应当拟制一个合理人,通过合理人的眼光分配当事人的权利义务,平衡其利益,检查裁判结果。因此在翻译该词时不妨加一个注释:合理人(尽到合理的注意、勤勉、审慎义务的人),否则非法律人士(lay person)会觉得难以理解。类似地,例如:

nervous shock:"精神刺激、精神打击、震惊损害、精神受惊吓、精神损害";

peremptory day:"绝对审理日",指由法院确定的不可推迟的审理或听审日期;

peremptory challenge:"无因回避",指诉讼的一方当事人无须提供理由而提出要求某陪审员回避案件审理的申请;

exhaustion of local remedies:"充分使用当地补救方法",即外国人的权利在受到侵害时,应当首先寻求所在国法律规定的补救方法,只有在使用了所在国的各种补救方法仍无效果时,才能寻求外交保护或提出国际索赔的要求;

entrapment:"官诱民犯""钓鱼执法";

access to justice:"走近正义",即"公民在受到侵害时应当得到司法机关给予各种救助,让自己得以享受公平救济";"司法救济权";

amicus curiae(英文译文为 friend of the court):"法庭之友",即指一个与案件没有利害关系、以协助法院为目的而向法院提供案件的情况或理由的人。

对于法律汉语中的某些具有中国特色的词汇,也不妨采用直译法。例如,"法制"和"理"在英语中就无法找到有相同内涵的对等词,可直译为"*fa zhi*"和"*li*",然后通过脚注的方式加以详细说明。须注意的是,由于法律体系和法律文化背景不同,须避免译文在文化习俗或法律规定上产生冲突或矛盾。

(三)意译

意译(paraphrase)又称为释义,是指舍弃源语中的具体形象,直接用译入语将其意图内涵表达出来。在翻译那些具有鲜明国家或民族特色的法律术语时，如果直译不能使译入语读者明白或者容易造成误解，而通过注解的方式又会使译文冗长烦琐时，就可采用释义法。这是处理对等词缺失的可行之举，既能使译本表达简练，又不会减损源语信息。当译者采用释义的方法进行翻译时，实际上是在扮演一个法律起草者的角色。故译者需谨慎，正确理解源术语的真正含义。

释义法有助于译文读者更好地理解源术语的意思，而非如直译那样停留在字面意思，故而可提升译本的可读性。以 civil prisoner 为例。有人因将其译为"民事犯"而受到抨击，理由是"民事"和"罪犯"原本是不能混为一谈的；《英汉法律词典》的新版本更正了其第一版中将该术语译为"民事犯"之谬误，将其改译为了"普通罪犯"，然而该词典援引的是陈忠诚先生所著《法窗译话》之解释，即"普通犯"是"与政治犯、国事犯、军事犯、战犯等对称时使用"，故亦为不妥；还有学者将其意译为"普通服刑犯"，其中的"普通"两字表示"罪行较轻"之意。[①] 但由于"罪犯/犯人/××犯"在我国的法律中单指因违反刑法的规定而受惩罚者（如教唆犯、从犯、正犯、实行犯等），故该译法亦不妥。实际上，A civil prisoner is someone who is in prison because of a non-criminal matter, for example, they haven't paid their council tax，意即非因违反刑法而入狱者，比如未支付地税也可导致入狱，故不能用"罪犯"这一具有特定含义的词汇，不妨将其意译为"非因违反刑法而被监禁者"。之所以出现将"民事"与"罪犯"连用的现象，与我国和英美法系国家的法律结构差异有关。很多国家规定，藐视法庭可构成犯罪。如在加拿大，藐视法庭罪（contempt of court）是现存的唯一一种普通法上的犯罪（contempt of court is the only remaining common law offence in Canada），而在英国和美国，藐视法庭既可以是一种刑事犯罪，也可为一种违反行政规定的违法行为。因此，在翻译涉及 civil 引导的术语时，务必小心，civil 不一定就仅涉及民事，在加拿大尤其如此。例如，civil court 在英国和美国等国指"民事法院"，但在加拿大却表示具有一般管辖权（包括具有简易审判程序）的刑事法院，与民事无任何关系，civil 的意思是 ordinary，故应译为"普通刑事

---

① 参见宋雷：《法律英语同义、近义术语辨析和翻译指南》，法律出版社 2004 年版，第 79～80 页。

法院"。类似地，将 power of attorney 意译为"授权委托书"（其字面意思是"律师的权力"，该权力来自委托人的授权）、将 plea bargaining 意译为"辩诉交易"①、将 diversion② 译为"控路转换"、将 pleadings③ 译为"诉答程序"、将 gating 译为"立放立捕"④、将 quiet possession 译为"安静占有权"（其字面译文为"安静占有"）等，都很好地传达了源语的意义，可谓是一种创造性的译法，并为法学界所认可。

在汉英语翻译中，遇到词汇空缺时亦可采取类似的处理方法，尤其是针对那些带有明显时代烙印并颇具中国特色的术语。例如，陪审团制与参审制是民众参与裁判制度的两种基本模式，我国的人民陪审员制度本质上属于参审制，但该陪审员的资格、选任、任期、职责（陪审员只与法官组成合议庭进行审理，不得担任审判长）等方面，均与西方的 juror 不同。故不宜译为 people's juror，因 people's juror 中的 juror 和英美法系中的 juror 存在天壤之别，即我国的人民陪审员仅听审，无权对事实问题作出裁决，这一点与英美法系的陪审员的职权迥然不同。故可译为 people's assessors 或 lay assessor 并加注释：i. e. lay person participating in the trial，together with the professional judges。

再以抢夺为例。如前所述，法律汉语中有"抢夺罪"与"抢劫罪"之分，英美法系中对"抢劫"（robbery）有规定，但并无专门的术语来表示"抢夺"。我国发生过一些抢匪骑摩托车抢夺他人财物的犯罪案件，即我国刑法上的"抢夺罪"，但这类行为在东南亚（如马来西亚）常被定性为 snatch theft，即属于盗窃罪，其犯罪构成要件与我国的抢夺罪并不相同。对于"抢夺罪"，我国的权威译法为 forcible seizure/forcible possession。但该译法在法律英语中并不常见，故不妨译为 snatching 或 robbery by sudden snatching，方符合译语读者的期待。再

---

① 陈忠诚教授采用释义法将其译为"关于（被告如何）认罪与（司法当局如何）处置的谈判"，较全面地包含了该术语的基本含义，但不如"辩诉交易"简洁和具有概括性。

② "转换"是一种司法妥协或仁慈，即当被告人没有犯罪前科且所犯罪行并不严重时，可将其移交社区进行工作培训或教育，如果改造成功，则可能取消指控或者不保留犯罪记录。

③ 指普通法诉讼中，为确认和缩小诉争问题的范围，原告、被告双方在诉讼之初，通过向法院提交书状阐明各自主张的一种司法程序。我国法律中没有该程序，汉语中也无表达此种概念的词语，因而 pleadings 应当被视为是"绝对空缺"范畴的法律词语。

④ 即警方为达到延长拘押犯罪嫌疑人的目的，故意将被拘押者释放，待其一走出看守所大门马上又将他重新拘捕的行为。尽管汉语中缺乏类似的专门术语，但司法界却不乏类似做法。

如,可将行政规章中的“挂职干部”一词意译为 cadre serving in a lower level unit for a period while retaining his position in the previous unit。

针对概念上的词汇空缺,“创造新词”为一条有效解决途径,我国的法律发展史,尤其是近现代的法律发展史即为明证:除了清末大量出现的外来法律术语外,我国当代法律中也不乏新创的词汇,如 1999 年《中华人民共和国合同法》中就增加了“无权处分”“同时履行抗辩”“不安抗辩”“代位权”“撤销权”等。

二、法律词汇翻译策略详解:针对符号、指称和概念存在差异

在这些情况下,应厘清符号、指称和概念在不同法律体系中的差异,尽量使用功能对等词(functional equivalents),即使用“……译入语法律体系中与源语法律体系某一个特定概念有相同功能的概念”。[①]

以 lien、mortgage、pledge 的译文为例。法律词典中收录的上述词汇都具有“质权、留置权、抵押权”的释义;[②]而《英汉法律词典》的 lien 为“留置权”;mortgage 为“(英美法中包括动产并转移所有权之)抵押”,[③]究竟这些定义是否准确呢?先看看这三个术语在《布莱克法律词典》中的解释:

<u>Lien</u>: A legal right or interest that a creditor has in another' s property, lasting until a debt or duty that it secures is satisfied; typically, the creditor does not take possession of the property on which the lien has been obtained. In the USA, a lien characteristically refers to non-possessory security interests.

即,不占有担保物,具有我国物权法中的“抵押权”的特征。

<u>Mortgage</u>: a conveyance of title to property that is given as security for the payment of a debt or the performance of a duty and that will become void upon payment or performance according to the stipulated terms.

---

① Susan Šarčević, “Conceptual Dictionaries for Translation in the Field of Law”, *International Journal of Lexicograhpy* 2, 1989, pp. 277-293.

② 参见夏登峻主编:《英汉法律词典》(第 3 版),法律出版社 2008 年版,第 465 页。其他的英汉法律词典也作了类似的解释。

③ 英汉法律词典编写组编:《英汉法律词典》,法律出版社 1985 年版,第 493 页;彭金瑞编著:《(最新)英汉法律词典》,中国法制出版社 2001 年版,第 682 页。

即,担保物须转移,以保证债务的履行,具有《中华人民共和国担保法》中“质权”与“留置权”的某些特征。

Pledge: the act of providing something as security for a debt or obligation. A bailment(the delivery of personal property in trust by the bailor to the bailee)of personal property to secure an obligation of the bailor (a person who retains ownership of goods but entrusts possession of them to another under a bailment). A pledge is something more than a mere lien and something less than a mortgage.

即,转移担保物的占有但保留其产权,一般适用于动产。

根据《中华人民共和国物权法》的规定,抵押权不用转移担保物,故须办理登记等手续,而适用抵押权的往往为不动产以及相对价值大的物体;质权[①]要转移担保物的占有,所以不用办理登记等相关手续,转移占有就具有公示效力,可以适用质权的物体范围也更广泛;[②]留置权则是一种法定的权利,是在特定的合同中,当债务人不履行债务的时候,债权人可以依照法律规定留置标的物,并给予一定宽限期。如果过了宽限期仍然不履行,则债权人享有对标的物的优先受偿权。它只发生在保管、雇佣等特定的移转占有的合同中。可见词典中的释义都与我国物权法中的相应概念在内涵上并不对等。此时,不妨使用一个表种类的上位概念,即采用萨尔切维奇所谓的使用一个中性词(neutral term)的做法,将其分别译为:

Lien:(英美法系中)一种不占有标的物之担保物权;

Mortgage:(英美法系中)(包括动产在内)转移所有权之担保物权;

Pledge:质押。

再以 final judgment 为例。迄今为止,几乎所有词典都将该词译成“终审判

---

① 质押分为动产质押和权利质押(债务人或第三人将其动产移交债权人占有,将该动产作为债权的担保)。债务人不履行债务时,债权人有权依照本法规定以该动产折价或者以拍卖、变卖该动产的价款优先受偿。《中华人民共和国担保法》第七十五条列举了诸如汇票、本票、支票、股票、专利权等四类可以质押的权利。

② 抵押权与质权的区别是:抵押权以不动产为标的物,而质权则以动产为标的物。抵押不同于质押的特点主要是抵押权只设定于不动产同时不转移占有。

决”。[①] 该译名在我国法律中有对等词，但二者的含义差异甚大：我国的“终审判决”指“终审法院按照法律规定的程序，经对案件审理，就案件的实体问题所作的决定。终审判决一经宣告，即成为发生法律效力的生效判决，当事人不得提起上诉”。[②] 但在普通法中，final judgment 指法官对案件实体进行审理后所作的终结性判决，当事人可对此提起上诉，故此处的 final 所指的不是整个诉讼的彻底终结，而是指案件在某个审级终结后作出的判决。此外，当事人就 final judgment 提起的上诉是一种权利上诉，上诉法院不得无故拒绝受理。有学者认为，由于法律汉语中没有与 final judgment 相对等的术语，不妨将其译为“（可提起上诉的）最终判决”。[③] 其实，在我国法律中，存在一个与该词完全对等的术语：

终局判決，係於其審級以終結訴訟全部或一部為目的之判決（民訴三八一、三八二），亦即關於訴或上訴所為最後終結之判決。如於訴訟進行中，僅先就中間之爭點（達於可為裁判之程序者）為判決；或就各種獨立之攻擊、防禦方法（達於可為裁判之程序者）為判決；或於請求之原因及數額俱有爭執時，法院以其原因為正當者所為之判決；凡此以為終局判決之準備，而非以終結訴訟為目的者，則為中間判決（民訴三八三）。法院為終局判決，須訴訟事件之全部或一部達於可為裁判之程度。所謂達於可為裁判之程度，係指法院依法律上之理由，足認其訴訟毋庸更行辯論，而應與以保護權利或拒絕保護而言。亦即法院審理之結果，關於訴或上訴之有無理由，已達於得為終局判斷之狀態是。訴訟事件之全部或一部經法院為終局判決後，該訴訟事件之全部或一部在該審級即告終了。但訴訟繫屬並非隨同終局判決而立即消滅。例如第一審為終局判決後，於上訴期間屆滿前，其訴訟仍認為在第一審繫屬中。上級法院廢棄原判決，將該事件發回或發交下級法院時，該事件一面脫離上級法院，一面又因而復繫屬於下級法院。對於終局判決，得獨立上訴，對於中間判決則不得獨立上訴，惟得隨其後之終局判決受上訴法院之審判（民訴四三八）。終局判決中，以終結訴訟之全部為目的者，謂之全部終局判決。如以一訴主張數項標的，或被

---

① 参见夏登峻主编：《英汉法律词典》（第 3 版），法律出版社 2008 年版，第 311 页。

② 《法学词典》编辑委员会：《法学词典》，上海辞书出版社 1980 年版，第 484 页。

③ 宋雷：《法律词语空缺及翻译对策》，载《西南民族大学学报（人文社会科学版）》2006 年第 1 期。

告提起反訴,法院非就該數項標的或本訴、反訴之全部,為終結訴訟之判決,不得謂為全部終局判決。其僅以終結訴訟之一部為目的者,謂之一部終局判決,法院得為一部之終局判決,其情形有三:一、訴訟標的之一部,達於可為裁判之程度者;二、以一訴主張數項標的,其一達於可為裁判之程度者;三、本訴或反訴達於可為裁判之程度者。如為一部之終局判決,僅終結訴訟之一部,未經判決之訴訟繫屬,並不隨之消滅,法院對之仍有繼續進行及裁判之義務。(李學燈)①

根据学者的解释,"终局判决"是某审级的法院就事实问题审理后对诉讼标的所做的处理,对该处理结果不服的还可以上诉。终局判决又有全部终局判决和一部终局判决之分。全部终局判决是就诉讼的全部标的所作出的判决。一部终局判决是对诉讼标的的一部分所作出的判决,即"将诉讼事件之一与他部分分离,先予终结之终局判决也",②即《中华人民共和国民事诉讼法》第一百五十三条规定的部分判决。可见,"终局判决"与英美法系的 final judgment 对等。"终审判决"应为 judgment of the court of last resort 或 judgment of last resort。③

综上所述,在目的语与源语之间存在很多"非完全对等词语",即在概念意义及语法意义相近,但内涵意义却不对应或基本不对应。如前所述,不同法系在概念的内涵和外延上存在差异,这会增加翻译的难度。例如,英国法和德国法中的财产的定义存在差异,而由于我国的法律制度受大陆法系影响,该差异遂致使英汉互译与"财产"有关的权利时存在障碍。在大陆法系的财产法立法中常使用 ownership(所有权)和 property(财产权),而在英美法系中,尤其是在

① "中国文化大学中华学术院"编,张其昀监修:《中华百科全书》(1983 年典藏版),台北,"中国文化大学"出版部,载 http://ap6. pccu. edu. tw/Encyclopedia/data. asp? id = 5707;http://baike. baidu. com/view/542635. htm,最后访问日期:2020 年 1 月 25 日。

② 参见王甲乙、杨建华、郑建才:《民事诉讼法新论》,台北,三民书局股份有限公司 1998 年版,第 436 页。

③ Philip R. Bilancis, *Dictionary of Chinese Law and Government*, Stanford California, Stanford Uniersity Press 1981, p. 121.

表达与土地有关的权利时,法律人通常更倾向于使用另一个不同的术语 title。[①]又如,律师(lawyer)概念在不同国家有所不同。counsel 在英语中的含义包括律师和非律师,但在英国,barrister 有时被称为 counsel,如上面提到的 Queen's Counsel (a barrister appointed to the British crown and when the sovereign is a woman),因此,在英国,counsel 必须是通过 bar examination(司法考试)的律师,而在其他大陆法系国家,凡获得法律学位的人均可被称为"律师"(a person who possesses a degree in law is called"lawyer"),即无须如英美法系那样通过司法考试。所以 lawyer 在"英美法系中指律师,大陆法系为获得法学学位的人";相应地,counsel 在英国为巴律师(barrister),在其他国家为"顾问"(不一定是"律师");此外,lawyers 在英美法系国家中都属于法庭职员(officers of the court),这一点也与其他国家有所区别,个中差异不可不辨。

这类不完全对等的词语隐含不确定意义,最容易受到异域法律文化干扰,从而导致误解和误译,众多《英汉法律词典》中的诸多误译就可见一斑。有学者认为,个中原因是从事法律翻译的人,目前多为"法律人"而非"语言人",而这些法律人对法律词语的文化层次认识不足,对词语的意象区别缺乏了解。为迎合读者的语言文化价值观以及追求译文的通达性,译者经常会借助"归化"手段,即用目标语中"相同"或"近似"的词语去套译外语词语,结果使译文的意象与原文的意象差之千里。故,须针对不同的法域,采取不同的措

---

① 该词表达了两层意思:(1) the union of all elements (as ownership, possession and custody) constituting the legal right to control and dispose of property. The legal link between a person who owns property and the property itself. 即那些能构成控制或处分财产的法律权利的所有元素(如所有权、占有、保管),以及财产所有人与财产之间的法律联系;(2) legal evidence of a person's ownership rights in property; an instrument (such as deed) that constitutes such evidence. 即人们对其财产的所有权的法律证据,或能构成此类证明的法律文件,如蜡封契据(deed)。可见,该 title 的定义中负载了相对性(relativity)的特征,使英美法借以实现了"比较各方的主张、依其高下给予保护"的法律运作方式,而汉语的语法是一种最不合逻辑性的语言,故而始终找不到一个固定的概念来完全对译 title,这就导致在财产法的不同场合,人们分别将 title 译为"所有权、财产权、权利、产权",因 title 除了包括财产权得以建立的依据外,还包括土地上的利益(interests)、财产权(property)的某一项或者等同于完全财产权(complete property)。可见其可以在集合意义上和个别意义上使用。例如,A 为某土地的所有人,因此可自由持有该块土地;B 后来租赁该土地,成为该土地的租赁持有人;后来 B 向 C 借款而以该土地做抵押,于是 A、B、C 三人对该土地享有 freehold estate/leasehold estate/mortgage。由于我们现有的法学体系中所有权、财产权和权利均有其相对固定的对译方式,即分别为 ownership、property 和 rights,故不妨将其译为产权。

辞,在必要时加以注释。[①] 窃以为这种翻译策略对这种非完全对等的情况颇为有效。此外,针对前述的相同概念在各部门法中有不同表述的情况,应先弄清楚各术语所处的语境,进而进行选择。例如,在英译"原告"时,应考虑到在英美法系中的"原告"有诸多表达方式,包括 the party of the first part / plaintiff / prosecutor/petitioner/complainant 等,"被告"则可用 the party of the second part/defendant/accused/respondent/defendant 等表示。但应注意的是,在美国的家庭婚姻诉讼以及上诉案件中,"原告"一般用 petitioner 表示,而被告也相应地由 respondent 表示,而不能一概使用 plaintiff 去翻译离婚诉讼或上诉案件中的一方当事人。

三、法律词汇翻译策略详解:针对具有诗性特征的并列结构

如前所述,法律语言的显著特点首先表现在词语层面,尤其是其中的并列结构,包括同/近义词或其他并列结构。在翻译时,务必分清并列的成分究竟是同/近义词还是其他结构。

(一)针对法律英语中同义词并列结构

在汉译这类结构时,可只翻译其中一个词,尤其是第一个词汇的意义,就足以表示整个并列结构的意思;或选择一个概括性的上位词进行表达;或者使用某个程度性副词以表示强调。

由于同义词并列结构采取的是同义反复(tautology),即表述不同但并无实质差异,如法律英语中的外来词组合(如法语词、拉丁语),英语本域词汇与外来词的组合等。[②] 在英语中,重要的词汇一般放在前面,[③]第二个或第三个词乃

---

① 宋雷:《法律词语空缺及翻译对策》,载《西南民族大学学报(人文社会科学版)》2006 年第 1 期。

② 正如贝弗里奇(Beveridge)所说,"这些同义词或近义词大多数是对词使用,有时也有若干词组合使用",如 last will and testament, terms and conditions, goods and chattels, cease and desist, null and void, save and except, breaking and entering, free and clear, peace and quiet, force and effect, 等等。参见 B. Beveridge, "Legal English—How it Developed and Why It Is not Appropriate for International Commercial Contracts", in S. Heikkie, ed. , *The Development of Legal Language*, Kauppakaari, Mattila Pub. , 2000, p. 6。

③ 例如,从牧师在宣布某二人结为夫妻时的措辞"I now pronounce you man and wife"中,就可窥探出中文和英语语序的表达习惯:最重要的放在首位(the most important is almost put in the first or prominent place)。类似的例子很多:old (长, superior) and young (幼, inferior); parent (长, superior) and child (幼, inferior),汉语中的"父母子女";dominant and subordinate; good and bad (褒—贬); rich and poor 等。

是因情势变迁而对第一个词的补充,[①]故在汉译时,第一个词汇的意义往往起着决定性的作用。国外学者在翻译同义反复的并列词汇时,就往往选取并列结构中第一个词汇的意义,以表达整个并列结构的意思。

例 1 without let or hindrance

上例中的词组属于同义反复,其意思是 without any impediment whatsoever, absolutely unimpeded,此处使用并列的意图在于强调,故在翻译时不妨凸显出该强调的语气而采用增加修饰词的方法。本例中,可增加一个表示强调的形容词或副词,以突出其概括性或一般性。试译:

丝毫不受阻挠地……

例 2 …the arbitration award is final and conclusive.

画线处的词组也属于同义反复,可选择一个更具有概括性的词语进行处理。[②] 相比较而言,前者更具概括性,故只须翻译前者即可:

……该仲裁裁决为终局裁决。

例 3 No marginal note placed at the side of any section or provision to indicate the subject, contents, or effect of such section or provision and no heading or cross-line placed at the head or beginning of a Part, section or provision or a group of sections or provisions to indicate the subject, contents, or effect of such Part, section, provision, or group shall be taken to be part of the Act or instrument or be considered or judicially noticed in relation to the construction or interpretation of the Act or instrument or any portion thereof.

根据《布莱克法律词典》的解释,construction 与 interpretation 存在区别,[③]

---

① 徐赛颖:《法律英语的历时演变及其翻译标准》,载《宁波大学学报(人文科学版)》2009 年第 3 期。

② 有学者称为 silent simplification, i. e., by dropping the less general term, or simple reproduction。See E. Alcaraz and B. Hughes, *Legal Translation Explained*, Shanghai Foreign Language Education Press, 2008, p. 121.

③ Interpretation means examination of the meaning and intent of an operative text so as to make the text clear and unambiguous 即对立法文本的含义和意图进行考察,以消除文本中存在的歧义;而 Construction, as applied to law, is the art or process of discovering and expounding the meaning and intention of the authors of the law with respect to its application to a given case 即在适用立法文本时挖掘立法者的意图的一门艺术或过程。

即前者是在法律条文中出现分歧或歧义时而消除该歧义的解释活动，后者则是任何人在阅读过程中都须进行解读的一个过程，或者为了理解立法者的意图而进行的解读过程，①因此有人将其归类为近义词并列结构，并分别翻译为"意图解释"和"文意解释"。还有学者从语言学和法学两个层面对二者的区别进行了分析，认为 interpretation 是一种思维过程或状态，并非一种言语行为，而 construe 则是"法院对某些法律语言的权威性诠释做出宣告的一个过程"，这种宣告就表明 construction 是一种典型的言语行为，而对某个意思的诠释进行宣告的行为在法律语境中颇为普遍，并常产生某种法律效果，其真实性或正确性并非该宣告过程关注的重点，该过程关注的是其有效性。如此一来，"法官通常不能通过推测立法文本中立法者的意图而对成文法进行解释，换言之，这种解释常常行不通，故只好"越过解释的限度而对立法时并不存在的意义做出宣告"。②

上述译文和表述都过分强调语言层面的分析，却忽略了司法界的做法或惯例。从二者的词源（etymology）看，construe 一词源于拉丁语，而 interpret 一词系英语本域词，故该并列结构属于英语与外来词的组合。司法界并未区别二者，③在成文法的释义条款或解释中，常交替使用 construe 和 construction。例如：

---

① Some writers treat interpretation as something which is only called for when there is a dispute about the meaning of statutory words, while speaking of construction as a process to which all statutes, like all other writings, are necessarily subject when read by anyone. Others treat interpretation as something which is mainly concerned with the meaning of statutory words, while regarding construction as a process which mainly relates to the ascertainment of the intention of the legislature. See Bryan A. Garner, *ed.*, *Black's Law Dictionary*, 8th edition, West Publishing Co., 2004, pp. 941-943, 2398-2400.

② Peter Tiersma, "The Ambiguity of Interpretation: Distinguishing Interpretation from Construction", *Washington University Law Quarterly* 73, 1995, pp. 1094-1101.

③ 大多数词典都认为二者无区别，但也有人说二者有区别。如果说有区别，那就在于：some scholars treat interpretation as something which is only called for when there is a dispute about the meaning of statutory words, while speaking of construction as a process which all statutes, like all other writings, are necessarily subject to when read by anyone. 即 interpretation 指存在歧义时应参照立法文本的意图而进行解释，以消除歧义；而 construction 是任何人在阅读文本时的一个阐释过程；此外，Others treat interpretation as something which is mainly concerned with the meaning of statutory words, while regarding construction as a process which mainly relates to the ascertainment of the intention of the legislature。

SECT 15A Construction of Acts to be subject to Constitution

Every Act shall be read and construed subject to the Constitution, and so as not to exceed the legislative power of the Commonwealth, to the intent that where any enactment thereof would, but for this section, have been construed as being in excess of that power, it shall nevertheless be a valid enactment to the extent to which it is not in excess of that power.

(Acts Interpretation Act 1901)

PART 5—CONSTRUCTION OF ACTS AND INSTRUMENTS

31. Acts and instruments to be construed so as not to exceed the legislative power of Parliament.

32. Instruments to be construed so as not to exceed the powers conferred by the Acts under which they are made...

可见该结构实际上属于同义词并列，即从立法意图这一层面，对成文法的某些表述进行解释，即学者们所谓的“诠释”。[①] 在英美法系，interpretation 与 construction 具有相同含义，尽管在 *Williams v. Humble Oil & Refining Company* 一案中，[②]第五巡回法庭认为，interpretation 指对文件中所使用词语的含义进行确定的过程，该过程通常是陪审团履行其职责的过程；而所使用词汇的含义一旦得以明确，确定该词汇的法律后果的过程就是 construction，该过程是法院履行其职责的一个过程。[③] 但在英国的 *Chatenay v. The Brazilian Submarine Telegraph Co. Ltd.* 一案中，[④]法院认为，construction 一词在英国律师眼中包括两层含义：首先指确定所使用词语的含义，其次指确定其法律后果，足见 construction 与 interpretation 同义。刘易森（Kim Lewison）也指出，区分二者没

① 有学者认为，interpretation 适合于加达默尔（Gadamer）的阐释学语境下的理解，在社会科学哲学中都会涉及这一主题，故译为“诠释”比较合理，因该译文包含了“个体式的、移情的理解”“文化或符号意义的沟通”等意思。参见王果纯：《现代法理学——历史与理论》，湖南出版社 1995 年版，第 368 页。

② *Williams v. Humble Oil & Refining Company*, 432 F. 2d 165 at p. 179 (5 Cir. 1970).

③ E. A. Farnsworth, *Contracts*, 3 Ed., para. 7. 7, 1999:453.

④ *Chatenay v. The Brazilian Submarine Telegraph Co. Ltd.* [1891] 1 Q. B. 79 at p. 85 (C. A.).

有意义,因在司法实践中二者常交替使用。①

总之,无论是在学术性研究、立法中,还是在成文法解释中,二者常交替使用,故可使用一个上位概念而译为“诠释”,或者从目的论或从目的解释法的视角,可译为“目的解释”。②

例4 The sellers and the buyers agree that amendment to and revisions of this contract may be made to the relevant terms and conditions as and when the need arises.

画线部分除了使用不同的介词搭配外,在意义上并不存在区别,故可使用其中一个意义进行翻译:

……同意在必要时对本合同的条款进行修订。

例5 The client agrees to furnish and provide the lawyer with relevant information such as…

上例中的 furnish 与 provide 意思一样,故可选择其中一个词语的意思既可。试译:

委托人同意向律师提供诸如……等相关信息。

例6 This Agreement and any rights or obligations hereafter are not transferable or assignable.

尽管有人认为 transferable 范围更广,涉及各种权利和利益的转让,而 assignable 一般表不动产或不动产权利证书的转让,但根据《布莱克法律词典》,二者其实并无区别。如前所述,放在第一位置的词语往往是更重要的词汇,因此,其区别也正好印证了“可只翻译第一个词语而达到代替翻译整个并列结构的目的”这一规则的正确性。亦可添加一个表示程度的修饰词,以示强调。试译:

不得擅自转让本协议及其项下的权利和义务。

上述同义词为汉译英提出了警示:在法律汉语词汇英译时,须考虑到法律

---

① Kim Lewison, *The Interpretation of Contracts*, 2 Ed., para. 1. 01, note 2, 1997, p. 2.

② 从目的论视角观之, purposive construction/purposive interpretation(目的解释法)是现代成文法解释的原则(the modern principle in construction),即成文法和宪法解释的方法。See E. A. Driedger, *Construction of Statutes*, 2nd edition, Toronto, Butterworth & Co. (Canada), 1983, p. 83.

英语多使用并列结构的特点,以使译文更符合目的语的表述习惯和文体特征。

例 7 **第九十九条** ……法人、个体工商户、个人合伙享有名称权。企业法人、个体工商户、个人合伙有权使用、依法转让自己的名称。

(《中华人民共和国民法通则》)

译法 1 Article 99 …have the right to use and, in accordance with the law, to transfer their own business names.

(CCH)

译法 2 Article 99 …have the right to use and, in accordance with the law, to transfer their names.

(CLR)

译法 3 Article 99 …shall have the right to use and lawfully assign their own names.

(LAB)

译法 4 Article 99 …An enterprise-legal person, proprietorship or partnership has the right to bear or legally assign its name.

(陈忠诚译)[①]

改译 Section 99. …have the right to use and transfer and assign the trade name thereof subject to appropriate laws and regulations.

原文中的"转让"一词分别被译为 assign 或 transfer。如果 assign 和 transfer 二者确有语义上的差异,那么上述译文中选择性地将"转让"译为 transfer 或 assign,都会导致语义缺损。故笔者参照英美法系中的 and 和 or 引导的并列结构进行改译,以实现词义的相互补充。

例 8 本公司特此解除甲方对已修正协议的进一步履行义务,并免除其依据该修正协议而应承担的所有义务和责任。

在翻译本例时,可采用同/近义词并列将"解除"译为 discharge and release,而"义务"与"责任"为不同概念,[②]亦应分别处理。试译:

---

① 参见陈忠诚:《〈民法通则〉AAA 译本评析》,法律出版社 2008 年版,第 122 页。

② "法律责任"是与法律义务相联系的,指行为人违反或不履行法律义务而引起的一种法律后果或法律状态。参见刘亚平:《试论我国公司的能力与责任》,载《政法论坛》1987 年第 3 期。而"法律义务"是指法律所规定的法律关系主体所承担的某种行为的必要性,参见孙国华主编:《法学基础理论》,法律出版社 1982 年版,第 354 页。

The Company hereby releases and discharges Party A from further performance of, and any duties, obligations, or liabilities under, the amended Agreement.

(二)针对法律英语中的其他并列结构

如前所述,非同义词并列使用是为了在语义上相互补充,增加法律规范的调整范围。因此,如果并列结构中的各词有明显的区别,可采用字面翻译方法(literal rendering)进行翻译;但分别翻译会略显啰唆时,亦可用该并列结构的一个上位词进行翻译。

例 1　Assignor hereby irrevocably assigns, conveys, and otherwise transfers to Devco, and its respective successors, licensees, and assignees, all right, title and interest worldwide in and to the Work and all proprietary rights therein, including, without limitation, all copyrights, trademarks, design patents, trade secret rights, moral rights, and all contract and licensing rights, and all claims and causes of action in respect to any of the foregoing, whether now known or hereafter to become known.

上例中的画线部分为近义词并列,可选择其中一个意思翻译即可;而其他为不同意义的词汇并列,应分别翻译。试译:

转让人在此将作品和与作品有关的所有权利不可撤销地转让给迪威公司及其继承人、被特许人和受让人,包括但不限于版权、商标、外观设计专利、商业秘密、作者精神权利、一切承包和特许权利,以及与此有关的一切诉权,不论其是现在已为人所知还是在缔约后方为人所知。

通过区别对待并适当调整,译文更符合目的语的表述规范。

例 2　The criminal justice system is not the solution to all public safety problems effectively, efficiently, and fairly.

The mission of the Stone Mountain Judicial Circuit is to act expeditiously in a manner that instills public trust and confidence that the Superior Court operates fairly, efficiently, effectively and satisfyingly.

上述并列结构中的 effectively 与 efficiently 源于商业领域,系借域类法律词汇,二者的差别在于“前者指做正确的事情,而后者指以正确的方式做事情”

(Being effective is about doing the right things, while being efficient is about doing the things in the right manner),而 fairly 意为“公平公正地”。故可将该结构译为：

刑事司法制度并不能有效地、高效地且公正地解决所有的公共安全问题。

例 3 Right to dispose of property by will

3 (1) Any person may devise, bequeath or dispose of by will, executed as in this Act provided, all real property and all personal property to which the person is entitled, either at law or in equity, at the time of the person' s death and which if not so devised, bequeathed or disposed of would devolve upon the person' s heirs-at-law or representatives...

(Wills Act, CHAPTER 505 OF THE REVISED STATUTES, 1989)

上例中的 devise 与 bequeath 在现代立法中分别表示“不动产遗赠”与“动产遗赠”,[①]二者并列可实现语义互补。对于这类彼此有差异但相互补充的概念,可采用一个概括性的上位词,即选择“不动产遗赠”与“动产遗赠”的一个上位概念“财产遗赠”来翻译该并列结构：

以遗嘱方式处理方式的权利

3 (1) 任何人可依照本法规定订立遗嘱赠与或处分其依据普通法或衡平法而获得的所有动产和不动产;未订立遗嘱时,上述动产和不动产由其法定继承人继承或由遗产管理人根据法律规定进行分配……

例 4 assault and battery

一般认为,任何威胁,只要足以使被威胁者感到恐惧,就构成 assault,即刑法中的“企图伤害罪”,亦可指侵权法中的“威胁、恐吓”;而 battery 是指无正当理由、未经他人同意而故意以武力攻击他人身体或造成他人身体的伤害,要件是触碰到受害人的身体,虽然这种触碰可能是不法行为人间接造成的,例如,向原告投掷物体,用拳头击打某人身体,击落某人头上的帽子,不当的外科手术,不当的身体接触,如拥抱、接吻、威胁他人的动作等,均可构成英美侵权法上

① 传统上认为 devise 仅限于不动产继承,而且现在英国法仍有如此规定,但在美国,作为动词时,devise 的意义更为宽泛,不限于不动产,而包括所有财产的处分,但 devise 作为名词时仍仅用于不动产。See Bryan A. Garner, ed., *Black' s Law Dictionary*, 8th edition, Thomson West, 2004, p. 483.

的 battery，也可构成刑法中的重罪（felony）或轻罪（misdemeanor）即殴打罪。[①] 二者的区别在于前者是一种企图或可能性（并未接触到），而后者已然实际实施了接触行为。由于 assault 在实践中很难证明，法院也倾向于对那些实际已经实施了伤害行为的人进行审理，故一般很难单独提起 assault 之诉，即受害人常将其与 battery 一起作为诉因，由于 assault 被更为严重的 battery 所合并，故实践中不再对其 assault 进行处罚。[②] 二者的关系就如一首歌中所唱道的："assault and battery go together like love and marriage"，故在翻译时可选择其中更具有概括性的词（battery）的意思即可，即译为

殴打（罪）、人身伤害（罪）。

例 5 **第一百一十一条** ……对违约责任没有约定或者约定不明确，依照本法第六十一条的规定仍不能确定的，受损害方根据标的的性质以及损失的大小，可以合理选择要求对方承担修理、更换、重作、退货、减少价款或者报酬等违约责任。

（《中华人民共和国合同法》）

译法 1 Article 111 … Where the liabilities of breach were not prescribed or clearly prescribed, and cannot be determined in accordance with Article 61 hereof, the aggrieved party may, by reasonable election in light of the nature of the subject matter and the degree of loss, require the other party to assume liabilities for breach by way of repair, replacement, remaking, acceptance of returned goods, or reduction in price or remuneration, etc.

译法 2 Article 111 … Where there is no agreement in the contract on the liability for breach of contract or such agreement is unclear, nor can it be determined in accordance with the provisions of Article 61 of this Law, the damaged party may, in light of the nature of the subject matter and the degree of loss, reasonably choose to request the other party to bear the liabilities for the breach of contract such as repairing, substituting, reworking, returning the goods, or

① See Bryan A. Garner, ed., *Black's Law Dictionary*, 8th edition, Thomson West, 2004, p. 483.

② See Bryan A. Garner, ed., *Black's Law Dictionary*, 8th edition, Thomson West, 2004, p. 123.

reducing the price or remuneration.

译法 3 Article 111 ... If the liability for breach of contract is not stipulated or is not clearly stipulated, nor can it be determined pursuant to the provisions of Article 61 of this Law, the party suffering the loss may, with reference to the nature of the targeted matter and the degree of the loss, choose in a reasonable manner to demand that the other party bear the liability for breach of contract in such form as repair, replacement, redoing, return of the targeted matter, discount in payment or remuneration.

上述三个译法中,“修理、更换、重作、退货、减少价款或者报酬”的译法各不相同,尽管都采用了并列的结构,但在语篇上有对译之嫌,不妨改译如下:

Section 111. ...the aggrieved party may require the seller to repair, replace or remake the goods, may return the faulty goods to the Seller, or may require the Seller to reduce the purchase price of the goods or the remuneration for services.

即采用押头韵的方式,读起来朗朗上口,可凸显法律英语的诗性特征。

例 6 **第七条** ……国务院和省、自治区、直辖市人民政府应当加强节能工作,合理调整产业结构、企业结构、产品结构和能源消费结构,推动企业降低单位产值能耗和单位产品能耗,淘汰落后的生产能力,改进能源的开发、加工、转换、输送、储存和供应,提高能源利用效率……

(《中华人民共和国节约能源法》)

画线部分为求异型并列结构,可将各并列项译出来:

...improve the development, processing, conversion, transmission, storage and supply of energies, and improve energy utilization efficiency...

例 7 **第四条** 民事活动应当遵循自愿、公平、等价有偿、诚实信用的原则。

(《中华人民共和国民法通则》)

译法 1 Article 4 ...the principles of voluntariness, fairness, making compensation for equal value, honesty and credibility

(LAB)

译法 2 Article 4 ...the principles of voluntary participation, equity, compensation at equal value and honesty and trustworthiness

(CCH)

译法 3　Article 4　...the principles of voluntariness, fairness, compensation for equal value and good faith

(CLR)

译法 4　Article 4　...the principles of voluntariness, fairness, *quid pro quo*, and full-faith-and-credit

(陈忠诚译)①

本例中的“自愿、公平、等价有偿、诚实信用”可谓是典型的非同义的词组并列。这些高度理性化的表达方式是大陆法系高度理性思辨的表现，在法律英语中几乎没有类似的表达法可供参考。上述几种表述均表达了原文的内容，但有进一步改进的必要。首先来看看下列规定：

California Rules of Court

Rule 3. 853.　Voluntary participation and self-determination

A mediator must conduct the mediation in a manner that supports the principles of voluntary participation and self-determination by the parties. For this purpose a mediator must:

(1) Inform the parties, at or before the outset of the first mediation session, that any resolution of the dispute in mediation requires a voluntary agreement of the parties;

(2) Respect the right of each participant to decide the extent of his or her participation in the mediation, including the right to withdraw from the mediation at any time; and

(3) Refrain from coercing any party to make a decision or to continue to participate in the mediation.

(Rule 3. 853 amended and renumbered effective January 1, 2007; adopted as rule 1620. 3 effective January 1, 2003.)

---

① 参见陈忠诚：《〈民法通则〉AAA 译本评析》，法律出版社 2008 年版，第 6 页。

对上述规定,顾问委员会(Advisory Committee)的评价是"the principles of voluntary participation and self-determination are fundamental principles of mediation that apply both to mediations in which the parties voluntarily elect to mediate and to those in which the parties are required to go to mediation in a mandatory court mediation program or by court order",即自愿参与和自决原则至为重要,这不仅适用于调解,也适用于民事活动。根据有关解释,自愿原则"requires that people not be coerced into participating in research, and that they be fully informed about the procedures and risks involved in research and give consent",与科研领域一个广为接受的前提的"voluntary informed consent"原则为同一个意思,即出于自愿并对拟进行的活动内容有所了解。因此,不妨将"自愿原则"处理为"the principle of voluntary participation and self-determination"或者"the principle of voluntarism"。①

其次,由于大陆法系所谓的公平与普通法系的"衡平"即公平在内涵与外延上均颇为契合,将"公平原则"译为 principles of equality 或 equity and fairness 则可体现法律英语词汇的诗性特征。

至于"诚实信用",陈忠诚先生将其译为 full-faith-and-credit,实则是对英美法系中有关原则的误解。美国《联邦宪法》第四节涉及"the Full Faith and Credit Clause":"…Full Faith and Credit shall be given in each State to the public Acts, Records and judicial Proceedings of every other State…"即各州应该承认和执行其他州所作的判决,即便各州的法律规定存在差异,故不妨译为"the principle of good faith"。

再看看"等价有偿"的译文。在民法中,"等价有偿"的意思是指除法律另有规定或合同另有约定外,取得他人的财产利益或者得到他人的劳动服务就应当向对方支付相应的价款或酬金,其实质是等价交换。有学者认为,在商业交往中人们形成了诸多交易惯例或商业道德,其中有一个黄金规则(golden rule):

---

① Voluntarism 指利用或依赖自愿行为(voluntary action)来建立某机构、执行某个政策或实现某个目标。其中的自愿行为指以自由意志为基础的行为,即不受任何限制或强迫。

...the ethic of reciprocity—*quid pro quo*: value for value—mutually beneficial interaction in which all parties gain. This principle is the foundation, the *sine qua non* of civilized society.

上述规则道出了“等价有偿”的实质：即孔夫子所说的“仁”(己所不欲，勿施于人)[①]、基督教的“你希望别人如何对待你，你就如何对待别人”(Treat others as you want them to treat you)以及其他一些哲理，与英美法系合同领域中的“good and valuable consideration”(合理的对价)的意思相同。因此，“compensation for(or at)equal value”并未体现出其中隐含的哲理。陈忠诚先生的译文中使用了“the principle of *quid pro quo*”颇为恰当，与“principle of reciprocity”有异曲同工之妙。

第九节 本章小结

近年来，随着CAT(computer-assisted translation)技术的应用，术语数据库日益完善，如欧盟就有欧洲自动化字典(Eurodicautom：European Automated Dictionary)，但对术语的研究也只是停留在术语层面，并未涉及概念层面。应注意的是，术语的比较是以概念和术语为基础的。因此，了解术语背后的法律体系和法律文化可以更好地进行比较分析进而顺利进行法律翻译。法律英语与法律汉语在语言结构和文化背景上均存在区别，两者在概念、术语及指称上必然也存在空缺或不一致的现象。针对术语或概念空缺，可采取音译或直译的方法并提供注释，或者增加一定的冗余因素，以缓解语义过载和形式过载问题，以实现功能上的对等。例如，将peremptory day译为“绝对审判日”而非“绝对日”、将bank acceptance译为“银行汇票或信用证承兑”而非“银行兑付”，[②]都在字面翻译基础上增加源语中没有出现的字眼，无疑会再现源语的意象，进而为读者提供源语未明示的信息，减少了阅读障碍。类似地，将discovery、

---

① 参见《〈论语〉12.2》“仲弓问仁”一文中的有关内容。

② 本票、支票和汇票这三种票据中，只有汇票才有承兑制度，本票是见票即付，故可译为“银行汇票或信用证承兑”。该译文因补充了相关信息而更为准确和明确。

divisional system、knowledge 及 attempt 分别译为“证据开示”[①]“分级服刑制”“知情”“图谋罪”就因在译文中增加了“证据”、“服刑”、“情”(情况)和“罪”等词,从而使译文意义更为明确而利于读者理解。[②]

对于概念或术语表述不一致的情况,须厘清译入语和目的语在文化内涵上的差异,进而将有关信息补足。例如,将 indictment 和 complaint 译为“诉状”,势必会导致语义亏损,因“诉状”一词并未表明是刑事诉讼还是民事诉讼,明显比 indictment 和 complaint 的内涵及范围更大。因此,应根据其实际意义分别译为“刑事公诉状”和“民事起诉状或刑事自诉状”,即实际上采用了缩小译入语词义范围的做法,使译文更加准确。再如,很多词典都将 unjust enrichment 直译为“不当得利”,但法律英语中的 unjust enrichment 的法律含义却比《中华人民共和国民法通则》中的“不当得利”宽泛得多,即,unjust enrichment 不但包含了《中华人民共和国民法通则》第九十二条中的“不当得利”、第九十三条中的“无因管理”,还包括因违反信托义务(fiduciary duty)和侵犯知识产权而取得的利益。故译文看似与源语十分契合,二者其实并不吻合。再如 interview 一词,可用于证人和嫌疑人,如 interview the suspect (witness),能否译为“询问嫌犯(证人)”呢? 根据我国法律的规定:

第一百二十四条 侦查人员询问证人,可以在现场进行,也可以到证人所在单位、住处或者证人提出的地点进行,在必要的时候,可以通知证人到人民检察院或者公安机关提供证言……

(《中华人民共和国刑事诉讼法》)

第二百八十一条 对于未成年人刑事案件,在讯问和审判的时候,应当通知未成年犯罪嫌疑人、被告人的法定代理人到场……

(《中华人民共和国刑事诉讼法》)

第五十六条 讯问、审判未成年犯罪嫌疑人、被告人,询问未成年证人、被

---

① discovery 一词最初被译为“要求告之”“告之程序”“发现程序”等,这些译文的内容负载与源语词语的内容相差甚远,无法使读者获得相关信息,属于语义严重亏损情况,不利于读者的理解和认识。而“证据开示”这一译法则是从法学、法律语言学及翻译学之视角对概念意义、法律文化内涵以及适用范畴等进行了综合考虑而补足了上述语义亏损。

② 宋雷:《法律词语空缺及翻译对策》,载《西南民族大学学报(人文社会科学版)》2006 年第 1 期。

害人,应当依照刑事诉讼法的规定通知其法定代理人或者其他人员到场。公安机关、人民检察院、人民法院办理未成年人遭受性侵害的刑事案件,应当保护被害人的名誉。

(《中华人民共和国未成年人保护法》)

从上述法律规定可以看出,“讯问”与“询问”的对象并不相同:前者适用于嫌犯,而后者适用于受害人、证人等。故应根据我国法律的规定,将 police interview 译为“警察讯问(嫌犯)/询问(证人等)”,而不能简单地译为“警察询问”或者“警察讯问”,①否则会造成语义亏损。

法律术语翻译之所以棘手,是因为一方面要顾及语义的亏损,另一方面还得兼顾译语的简洁通达。为了实现这种源语与目的语的功能对等,首先可勤查文献和权威法律词典,正所谓“工欲善其事,必先利其器”。此外,可利用框架语义学的有关知识,将有关的概念纳入相关法律框架中,以准确界定术语的含义。在教学中,笔者曾以下面的例子说明框架语义学和法律知识的重要性:

28. Retirement from partnership at will

(1) Where no fixed term has been agreed upon for the duration of the partnership, any partner may determine the partnership at any time on giving notice of his intention to do so to all the other partners.

(2) …

在翻译中,很多学生都将 at will 与 retirement 搭配,即理解为“可自由退伙”,几乎没有人将 partnership 与 at will 搭配,即“不定期合伙”。其实,从该条

---

① Technically, an interview occurs before an arrest and an interrogation takes place after an arrest, but things don't always work out that way. An interview is when law enforcement has not made a determination about your involvement in a crime. You might merely be considered a witness, or it may be that you are a suspect or person of interest. A police interview is a fact-finding interaction and not adversarial or accusatory like an interrogation. Still, it is always best to have a witness present when speaking with law enforcement in reference to a crime in which you may be at risk of arrest. Be aware that statements made by you during an interview OR PRIOR TO AN INTERVIEW are just as likely to end up in court as a statement you make at any other time. When you are being regarded as a suspect in a crime, the police DO NOT enter into idle chit-chat with you. Each action and every sentence has the goal of getting you to admit to a crime. 此外,还有两类讯/询问:examine 和 interrogation,前者的目的是“揭示事实真相”,后者则为了“找到定罪的事实”。See John Gibbons, *Forensic Linguistics: An Introduction to Language in the Justice System*, Oxford Blackwell Publishing, 2003, pp. 203-204.

的第一款"Where no fixed term has been agreed upon for the duration of the partnership..."的规定就可以看出,该款关乎合伙的存续期限,故应将其置于合伙的分类(定期合伙与不定期合伙)这一语义框架中,从而避免因逻辑关系不清而造成的误译。

对于同/近义词和其他并列结构的翻译,最大的问题是分不清哪些结构属于同/近义词或其他并列结构?此时,可广泛查阅权威的法律词典,并参考国外类似或平行文本的表达方式。如果实在不能确定,则最好采用字面对译(后面再附上原文),这样可为读者留下思考和斟酌的空间。但如是一来,英美法系的诗性特征可能难以保全。但正所谓"翻译诗歌丧失的是文采,解释诗歌丧失的是诗意",①言下之意是无论采取何种方法,都不大可能在源语与目的语之间实现绝对的对等。但只要注意个人修为,就有可能兼具法律语言学家、比较法学家和翻译家的才智和知识,那在译语中再现源语的语义特征亦非难事。②

---

① 原文为:Poetry is what is lost in translation. It is also what is lost in interpretation。See E. A. Nida, *Language and Culture*: *Contexts in Translating*, Shanghai Foreign Language Education Press, 2001, p. 186.

② 不少译例可说明这种可能性。一般认为双关是不能译的,但有人将"Order, Please! — Beer!"译为"吆喝(要喝)什么!——啤酒!",堪称绝译。类似地,escrow arrangement 的译文由"待完成条件后由第三人转让其所代管物品之担保协议"—"在条件实现前暂将物品交第三人保管之协议"—"代管协议"—"第三人代管协议"的演进过程,以及 pyramid scheme 的译文从"宝塔式销售"—"金字塔式销售法"—"多层次销售法"和"多层次转销"—"传销"的演变,都说明译文是可以渐入佳境的。

A statutory text/macrostructure can be defined as an event that transforms the state of reality by giving rise to a course of successive events, i. e. changes in the state of reality.

— by Elisabetta Zuanelli, in *Pragmatic Macro-Structure and Interactive Models in Statute Law*

第七章　英汉语法律法规的宏观结构及其翻译

第一节　结构主义视角下的法的宏观结构

结构主义理论源于瑞士语言学家索绪尔(Ferdinand de Saussure)的结构语言学,之后结构主义文学评论家把索绪尔语言学理论应用到文学评论中,试图用结构语言学的方法和手段分析和评论文学作品。他们认为文学作品同语言一样是一系列符号按一定规律构成的结构系统,通过研究系统内部各组成部分之间的关系就可以研究作品的意义。他们通过对同一体裁的不同作品的研究去探讨这一文学体裁的特点,从而找出这一体裁的结构系统。法国结构人类学家列维-斯特劳斯(Levi-Strass)就吸收了索绪尔的现代语言学理论中关于结构关系和共时性的观点,对各国的神话故事进行了深入的研究并提出了神话故事内在系统结构,认为只有结构才使繁杂的社会事实变得明晰起来,结构构成了一切社会事实的基础。[①] 罗兰·巴特(Roland Barthes)则认为现实生活中存在各种各样的叙事形式,而每一种叙事形式都有其共同的模式。[②]

宏观结构指某个特定体裁的主要框架或组织结构,即该体裁的各组成部分

---

① 参见[法]克洛德·列维-斯特劳斯:《结构人类学》,张祖建译,中国人民大学出版社 2006 年版,第 225 页。

② See Roland Barthes, "An Introduction to the Structural Analysis of Narrative", *New Literary History* 6, 1975, pp. 237-272.

是如何排列而使其成为一个有机整体的。[1] 结构并非只为语言和文学类作品所特有，其他任何形式的话语类型（discourse genre）诸如论证、说明、会话、电影、新闻、法律等，都具有其语义上的宏观结构，即一个语篇的主题或话题有层次的组织和安排。该语义宏观结构决定了哪些是该语篇的最重要信息，它包括主题和次主题以及话题和话题之间的关系。[2] 法律与其他话语一样，也有自己的体系和结构。从逻辑上来说，法的结构可从两方面来理解：

（1）法的宏观结构，即一个国家众多的法律是按照什么样的结构模式组成一个有机整体的。从层级上讲，法的宏观结构大体上可以划分为法律体系、法律部门和具体法律三个层级；

（2）法的微观结构，即每一部具体法律是由哪些要素构成的，这些要素又是按照什么样的结构组成一个统一整体的。法的微观结构包含四个层级的要素，即法律概念、法律规则、法律制度和法律原则。

了解和掌握法的结构，对于学习、制定、理解和运用法律都具有重要意义。本章将主要探讨法的宏观结构及其翻译。对于法的微观结构及其翻译，则留待下一章讨论。

第二节　英美法系法律法规的宏观结构

法律旨在规范、指导或调整人们的行为，故所有的法律都包含共同的要素，以体现权利和义务。例如，哈特（Hart）将法律规范的功能分为赋予义务（duty-imposing）和授予权利（power-conferring）。还有学者也认为，所有立法都有一个共同点，即由一个句子担任立法陈述（legislative statement）。该立法陈述分为基本的（substantive）立法陈述（创设权利和义务的表述）和附属性（adjective）立法陈述（该陈述并不创设法律，而只是帮助读者了解有关立法的

① E. Alcaraz and B. Hughes, *Legal Translation Explained*, Shanghai Foreign Language Education Press, 2008, p. 103.

② See T. A. van Dijk, *News Analysis*, New Jersey, Lawrence Erlbaum Associates Publishers, 1988, p. 73.

内容,例如法律的简称、条款名称以及注释等描述性语言)。[①] 通常而言,普通法系的现代立法都包含下列主要的结构和要素:法律的名称(Title)、法律颁发日期(Date)、序言(The preamble)、颁布语(The enacting words)、法律的主体部分(包括条、款、项等)(Substantive body:the parts, articles or sections)及附录(Schedules or forms)。下面将对这些要素详细解读。

一、法律法规的名称

根据《布莱克法律词典》(第8版,第1524页)的解释,"title"(法律法规的名称)指制定法或其他法律文书(如合同)的名称(the heading of a statute or other legal document)。换言之,是据以为人所熟知并与其他法律法规名称相区别开来的那部分。[②]

与我国法律名称不同的是,英美法系的法律法规名称分为两类,即 short title 和 long title。在英美法系历史上,最初的议会立法都没有名称,直到1495年才第一次在议会立法上使用名称。法律法规的名称有助于将立法调整的内容或对象区别开来。下面将具体介绍这两类名称在表现形式和功能上的差异。

(一)简称(short title)

根据《布莱克法律词典》(第8版,第1524页)的解释,"short title is the abbreviated title of a statute by which it is popularly known; a statutory nickname",即为公众所熟知的那个名称,[③]一般译为"简称、引称"。通常情况下,"简称"常出现在法律法规正文的开头部分,常表述为"This Act may be cited as..."。

---

① See Debro Cao, *Translating Law*, Shanghai Foreign Language Education Press, 2008, p. 104.

② "That part of an act of the legislature by which it is known, and distinguished from other acts the name of the act."载 http://legal-dictionary.thefreedictionary.com/title,最后访问日期:2020年1月25日。

③ The short title is the formal name by which a piece of primary legislation is usually referred to in the United Kingdom and other Westminster-influenced jurisdictions (such as Canada or Australia), as well as the United States; or it is the name by which an act is commonly known and cited. Unlike the long title which precedes the preamble and enacting formula and thus sits outside the main body of text, the short title for modern legislation is explicitly defined by a specific section, typically at the very end or very beginning of the main text. title 的另一个意思:a subdivision of a Statute or code,例如 Title IX,见下文的相关内容。

例 1 This Act may be cited as the"Gramm-Leach-Bliley Act". ①

7 U. S. Code § 1. Short title

This chapter may be cited as the"Commodity Exchange Act".

"简称"也可出现在其他地方。

例 2 Short title, repeal, commencement and extent.

6. —(1) This Act may be cited as the Carriage of Goods by Sea Act 1992.

在英国 1992 年《海上货物运输法》中,简称就出现在最后一条(第六条)中。

就其表现形式而言,简称一般包括几个部分:表明法律调整(或修改等)事项的主题词、表明系属何种效力或级别的法律(如是一种 Act 还是 Ordinance 或 Regulations)以及制定该法的时间,即"主题词+Act/(,)/(of)/(year)",但英美法系国家在具体表述上亦存在差异。

(1)美国模式。美国立法往往采取"主题词+Act+of +year"的模式。例如:

Americans with Disabilities Act of 1990 (USA)

若熟悉这种表达,无须看后面括号里的 USA 就知道该法是一部美国联邦立法。但是,由于联邦制定的诸多示范法,如《统一产品责任示范法》(Model Uniform Product Liability Act)和《刑法范典》(Model Penal Code),对各州并不具有拘束力,②故有些州就不一定会采纳该模式。例如,宾夕法尼亚州就将合并费城的立法表述为"Act of Consolidation, 1854"。

(2)澳大利亚与英国模式。澳大利亚与英国都采取"主题词+Act +year"的模式。例如,澳大利亚与英国的《禁止残疾歧视法》分别表述为"Australian Disability Discrimination Act 1992"和"Disability Discrimination Act 1995 (UK)"。类似地,澳大利亚的《(禁止)年龄歧视法》和《人权及平等机会委员会法》就分别表述为"Age Discrimination Act 2004"和"The Human Rights and Equal Opportunity Commission Act 1986"。

---

① Gramm-Leach-Bliley Act (GLB Act),即格雷姆-里奇-比利雷法,1999 年金融现代化法,是美国的一部联邦法律,规定了金融机构处理个人私密信息的方式。

② 例如,美国联邦制定的诸多示范法,如《统一产品责任示范法》(Model Uniform Product Liability Act)、《刑法范典》(Model Penal Code)等,都不具有拘束力。

(3)加拿大模式。在过去,英美法系国家在表述简称时,往往会在“颁布日期”前使用逗号,但该做法已为多数国家摒弃。例如,英国的议案草拟者尽管常使用该标点符号,而且在议会法的副本中还得以保留,但在颁布施行的立法中并不会保留该逗号。① 对此,格兰维尔·威廉姆斯认为,在1963年前颁布的立法中,省略颁布日期前的逗号是合理的。②

但是,这种在颁布日期与Act之间使用逗号的做法却为加拿大立法所保留,加拿大在表述法律简称时,常使用“主题+Act+,+year”的模式,如“The Revised Statutes of Canada,1970”“Criminal Code of Canada,1892,c. 29”等。③

此外,绝大部分议会法的简称中都不会出现颁布日期。上述例子均选自议会立法。对于其他类型的立法或立法草案(bills),情况大致相同。

(二)详称(long title)

不少著述将long title译为“长标题”。如前所述,“标题”这一表述很少使用于法律文件中,故译为“长标题”显然不妥。中国香港特别行政区的双语立法中常称之为“详题”,显然比“长标题”略胜一筹。但“详题”为“详细的标题”的缩略语之意,故仍不妥。既然short title为“简称”,那将long title译为“详称”岂不更对称?

如前所述,在1495年之前议会立法都没有名称,自1513年开始在议会法里添加“详称”,以明确议会法的内容,但详称在那时并非议会法的必要组成部分。简称的出现时间要更晚一些,例如,英国的《权利法案》在1896年之前并无Bill of Rights这个简称,而是在1896年的“Short Titles Act 1896”颁布后才使用该简称的。在此之前,人们所熟知的是其详称“An Act Declaring the Rights and Liberties of the Subject and Settling the Succession of the Crown”。类似地,美国的the Judiciary Act of 1789,④在以前也只有详称“An Act to establish the Judicial Courts of the United States”。

---

① *Duke of Devonshire v. O' Connor* (1890) 24 Q. B. D. 468 at p. 478, per Lord Esher, M. R.

② Glanville Williams, *Learning the Law*, 11th edition, London, Stevens, 1982, p. 44. 在爱尔兰,引称一部立法的简称时也可省略该逗号。See The Interpretation Act 2005, section 14(3)(a).

③ 这种在法律制定年代的前后使用逗号的情况,在英国与爱尔兰等国都不是强制性规定。

④ 有人将其译为《司法法》或《美国法院组织法》,对联邦法院的组织机构作了规定。该法在*Marbury v. Madison*一案中被裁定部分违宪。

时至今日，详称的地位发生了改变，成为议会法的组成部分。① 由于详称在过去一般是以红色字体印刷，故即便在现在，对一些旧法的详称，人们仍称为“某立法的红色名称(rubric)”。此外，由于为议会法添加名称的是议会的书记员(clerk)而非议会，故而传统上认为名称不得用于解释立法目的。现在，英美法系不再适用该原则，因简称和详称从一开始就是议案的必要组成部分，足以表明议会的立法意图。美国的很多州在其州宪法中都明确规定，每部立法都必须具有一个名称，以明示该立法的内容。② 英国也规定，立法的修订不得超越详称所确定的范围，换言之，从详称中就足见某立法的调整范围或内容。基于此，详称往往在表述上并不十分明确，总在结尾部分加上一个程式化表述“and for connected (or other) purposes”作为兜底条款(catch-all provisions)，以使其内容富于弹性。

就详称的表述模式而言，英美法系国家内部略有差异。英国和美国的立法中一般是以“An Act (ordinance…) to…”或“An Act: To…”来表达，即以 Act 或 ordinance 等表示法律类型和效力的术语，后面接一个或多个“to 不定式”结构做定语，修饰前面的中心词 Act（或 Ordinance, Regulations 等）。③ 例如：

Short title: Conveyancing and Property Ordinance

Long title: An Ordinance To make provision relating to conveyancing and the law of property; to make provision concerning agreements and deeds relating to land and other agreements; to make provision for the acquisition and holding of land and other property; to provide for standard agreements and deeds relating to land; to imply certain covenants and other provisions in agreements and deeds relating to land; to revise and consolidate certain miscellaneous provisions relating

---

① See D. J. Gifford and John Salter, *How to Understand an Act of Parliament*, London, Routledge-Cavendish, 1996, p. 19.

② See William Eskridge Jr., Philip Frickey and Elizabeth Garrett. *Legislation and Statutory Interpretation*, 2d (Concepts and Insights), 2nd edition, Sunderland, Foundation Press, 2007, p. 83.

③ 但英国立法中的详称在表述上也有例外，如 Bill of Rights 的详称为“An Act Declaring the Rights and Liberties of the Subject and Settling the Succession of the Crown”，即使用分词短语，而不使用不定式。美国法律也有使用分词做定语的情形，如有关拨款(appropriations)的立法的详称为“An Act making appropriations for…”，其议案的详称为“A Bill for an Act…”。此外，美国各州在该表述上也有差异。

to land and other matters; and for connected purposes.

Short title: House of Lords Act 1999

Long title: An Act to restrict membership of the House of Lords by virtue of a hereditary peerage; to make related provision about disqualifications for voting at elections to, and for membership of, the House of Commons; and for connected purposes.

多数英美法系国家在表达法的详称时，均采纳了英国和美国法的表达模式，如新加坡的“Monetary Authority of Singapore Act”的详称为“An Act to establish a corporation to be known as the Monetary Authority of Singapore...and for matters incidental thereto and connected therewith”；澳大利亚的“commonwealth of Australia Constitution Act”的详称为“An Act to constitute the Commonwealth of Australia”，而且澳大利亚法律的详称模式更类似于美国模式，即更为简洁和宽泛，如“A Bill for an Act to provide for the establishment of the Automotive Transformation Scheme, and for related purposes”。但是，并非澳大利亚所有的州立法中都使用详称，相反，有的州使用的是比较明确的“目的”条款（purpose section）。

加拿大立法中详称的表达模式则略有差异，即并不用“to 不定式”，而是使用 respecting 这个介词引导的一个结构来做定语修饰 Act。例如，“Divorce Act”[R. S. C., 1985, c. 3 (2nd Supp.)]为简称，其详称则为“An Act respecting divorce and corollary relief”；The Civil Marriage Act 的详称为“An Act respecting certain aspects of legal capacity for marriage for civil purposes”；“Criminal Code”(R. S. C., 1985, c. C-46)的详称为“An Act respecting the Criminal Law”。

南非立法的详称中则省略了“An”，如“SOUTH AFRICAN LAW REFORM COMMISSION ACT 19 OF 1973”的详称为“ACT To establish a South African Law Reform Commission and to provide for matters incidental thereto”。

相对于简称而言，详称更为复杂，虽更详细地说明了立法的目的和效力，但增加了翻译难度。如前所述，详称中的 to 不定式、分词短语或介词短语常做定语，修饰 ACT、Regulations、Ordinance 等中心词。如果这些结构比较简短，未使用“for other purposes”这类概括性表述，则可译为前置定语。

例 1 An Act Declaring the Rights and Liberties of the Subject and Settling the Succession of the Crown：《国民权利与自由和王位继承宣言》；

An Act to establish the Judicial Courts of the United States：《美国法院组织法》；

An Act respecting the Criminal Law：《刑事法》；

An Ordinance to amend and consolidate the law relating to jurors：《陪审员规管法的修订与整合条例》；

An Act respecting divorce and corollary relief：《离婚法》。

这些表述都比较符合汉语的表述习惯。① 但是，有些详称中尽管修饰结构简短也没包括概括性表述，如“An Act to replace the Bills of Lading Act 1855 with new provision with respect to bills of lading and certain other shipping documents”（Carriage of Goods by Sea Act 1992），但若将这些成分译为前置定语并不符合汉语的表述习惯，因此可考虑其他路径，②即不妨根据不定式的表意功能或者法律的功能或目的进行翻译。

例 2 An Ordinance to make provision relating to conveyancing and the law of property; to make provision concerning agreements and deeds relating to land and other agreements; to make provision for the acquisition and holding of land and other property; to provide for standard agreements and deeds relating to land; to imply certain covenants and other provisions in agreements and deeds relating to land; to revise and consolidate certain miscellaneous provisions relating to land and other matters; and for connected purposes.

(Cap. 219 Conveyancing and Property Ordinance)

该例共用了 6 个 to 不定式引导的动词短语及一个介词短语结构来修饰

---

① 当然，就法律名称的规范性这一视角而言，后三例的表述并不十分恰当。故也可以根据下文所述的功能翻译模式，将其分别译为：“本法旨在制定刑事规范；本条例旨在修订及综合与陪审员有关的法例；本法旨在为离婚及有关救济制定相应规定”。

② 可译为“本法旨在取代 1855 年《提单法》并就提单及其他航运单证作出新规定”。（英国《1992 年海上货物运输法》）

Ordinance,其凸显的焦点并非英文的程式化表述结构,而是详称的功能或目的,故须在译文中体现该目的。以下是中国香港特别行政区律政司提供的译文:

本条例旨在就物业转易及财产法订定条文;就有关土地的协议及契据,以及其他协议订定条文;就土地及其他财产的获取及持有订定条文;就有关土地的标准协议及契据订定条文;使有关土地的协议及契据隐含若干契诺及其他条文;修订及综合若干与土地及其他事宜有关的杂项条文;并就相关事宜订定条文。

在该译文中,原文中的一些名物化结构都得到比较忠实的再现,如将"make provision"译为"订定条文",但重复使用"订定条文"后略显啰唆。建议按照我国法律法规就"法律功能"的表述习惯,以"本法旨在调整或规范……"这一结构来处理该结构。试译:

本条例旨在调整下列事项:物业交易与财产立法;与土地有关的协议和契据,以及其他协议;土地及其他财产的取得及持有;与土地有关的标准协议及契据;隐含于与土地有关的协议及契据中的契诺及其他规定;涉及土地与其他事项的杂项规定的修订及整合;以及其他相关事宜。

例3 AN ACT To be known as the Uniform Commercial Code, Relating to Certain Commercial Transactions in or regarding Personal Property and Contracts and other Documents concerning them, including Sales, Commercial Paper, Bank Deposits and collections, letter of credit, bulk transfers, warehouse receipts, Bill of lading, other documents of Title①, Investment securities, and Secured transactions, including certain sales of accounts②, chattel paper, and contract rights; Providing for public notice to third parties in certain circumstances; Regulating procedure, evidence and damages in certain court actions involving such transactions, contracts or documents; To make uniform The Law with respect thereto; and repealing inconsistent legislation.

---

① documents of Title 指所有权凭证,包括收货单、码头收据收货单、仓单或书面交货指示等。

② sale of accounts 指出售账债(账债指任何对售出或租出之货物或对提供之服务收取付款的权利,只要此种权利未由票据或动产契据作为证明,而不论其是否已通过履行义务而获得)。

本例的详称由2个to不定式短语和1个分词短语引导的补充性规定组成,其中第一个不定式结构后接了三个部分(Relating to, Providing for, Regulating三个并列成分),对本法的调整对象和内容作了规定;第二个不定式短语与分词短语对本法的立法宗旨作了简要说明。因此,该详称里包括了本法的简称、调整对象和内容以及立法宗旨等几个部分,是一个比较特别而复杂的详称。对此有如下两种译法:

译法1 本法名称为《统一商法典》,涉及下列关于个人财产、合同及其文件的特定商业交易,包括买卖、商业票据、银行押金和托收、信用证、整体交易、仓单、提单、其他权属文件、投资证券和担保交易,包括某些账单、动产文据与合同权利的买卖;在一定条件下向公众告知交易第三方;在涉及该类交易、合同或文件的特定法庭诉讼中规范程序、证据和赔偿金;旨在统一此类法律;和废除不统一的立法。

译法2 涉及动产、合同和有关动产与合同的其他单据的特定商事交易,包括买卖、商业票据、银行存款与托收、信用证、大宗转让、仓单、提单、其他所有权凭证、投资证券及担保交易(包括特定应收账款、动产契据以及合同权利的买卖);规定在特定情形下向第三人公示;规范有关此类交易、合同或者单据的特定法庭诉讼的程序、证据及损害赔偿金;从而统一与此相关的法律;并废止相互抵触之立法,可称为《统一商法典》的法律。

上述译文在逻辑结构和术语的处理上都存在一些值得商榷之处。我国法律中没有类似的表述结构,但从某些法律的前言或序言部分(因序言中常表明立法宗旨)可得到一些启示,不妨将简称、调整的范围和内容以及立法宗旨部分单独排列,以使结构更合逻辑。试译:

本法可引称为《统一商法典》,旨在对下列动产、合同及其他与此相关文件的特定商业交易进行规范:买卖、商业票据、银行存款和托收、信用证、大宗转让[①]、仓单、提单、其他所有权凭证、投资证券和担保交易,包括对某些账债、动产文据与合同权利的买卖进行规范;在某些特定情况下向第三方发布公告;涉

① 根据该法的规定,"大宗转让"指受本篇约束的企业非在正常业务中对原料、材料、商品或其他库存之主要部分作出的任何大批量转让。此种企业对设备之相当部分作出的转让,如果系与库存的大宗转让一起作出,亦构成大宗转让;在其他情况下,不构成大宗转让。

及上述交易、合同或文书的诉讼中的程序、证据及损害赔偿金；本法旨在为上述事项作出统一规定，并废除与此相抵触的所有立法。

详称与序言的区别在于：前者概述法律的内容，是法令的必备要件，而后者由一系列有关立法背景的说明性句子组成，并非法令的必备要件，类似于“recitals”。[①]

二、日期

该部分并非必要组成要件。如前所述，在“主题+ Act+(of/,)date”这个表达模式上，各个法域之间存在区别，有的国家的立法中可予以省略，有的则使用 of 连接，有的国家则用逗号隔开，或直接在 Act 后面加日期(date)。参见“法律名称”那一节中及后面附则部分所谈及的相关内容。

三、序言

英美法系国家过去的立法中一般设有专门的序言(preamble)，表达下面两层含义：(1)作为立法内容的前言或导言，或对立法内容进行解释或说明。在议会法或其他机构的立法中，该条款主要对立法的理由进行说明，可为解决立法中的歧义提供依据；[②](2)该部分被视为是一部立法的关键所在，立法者可据以获悉拟规范的不当行为及制定法律意欲达至的目标。但该部分不得超越法条明确规定的调整范围。[③]

可见，序言涉及某法得以制定的背景和目的，应开宗明义地告知读者，故可译为“序言”。但是，法律拟规范事项的背景或目的与颁布或贯彻实施该法的目的并不一定具有关联性。因此，这些信息通常并不纳入法律文本中，也不得据以拓宽权利的范围，而是以解释性备忘录的形式列于正文之前。英美法系国家均不承认其为立法的必备要素。

序言并不适用于一般立法，但在宪法和一些双边或多边协议中，通常会包

---

① 也称为 recitals clause 或 Whereas clause，类似于 preamble(序言)，常用于表明订约缘由，一般以 Whereas 引导。

② See Bryan A. Garner, ed., *Black's Law Dictionary*, 6th edition, West Publishing Co., 1991, p. 813.

③ 参见 http://candst.tripod.com/doi-pream.htm，最后访问日期：2020 年 1 月 27 日。

含该部分。就其模式而言,大致可分为如下几类:

(一)preamble 模式

通常情况下,如果某部法律有序言,就会单独列明。例如:

Preamble

We the people of the United States, in Order to form a more perfect Union, establish Justice, insure domestic Tranquility, provide for the common defense, promote the general Welfare, and secure the Blessings of Liberty to ourselves and our Posterity, do ordain and establish this Constitution for the United States of America. ①

PREAMBLE

WE THE PEOPLE OF THE UNITED NATIONS DETERMINED

to save succeeding generations from the scourge of war, which twice in our lifetime has brought untold sorrow to mankind, and...

AND FOR THESE ENDS

to practice tolerance and live together in peace with one another as good neighbors, and...

HAVE RESOLVED TO COMBINE OUR EFFORTS TO ACCOMPLISH THESE AIMS

Accordingly, our respective Governments, through representatives assembled in the city of San Francisco, who have exhibited their full powers found to be in good and due form, have agreed to the present Charter of the United Nations and do hereby establish an international organization to be known as the United Nations. ②

(二)whereas 模式

除了以 Preamble 表达外,还可由一个或多个 whereas 结构说明立法目的等

① The US Constitution.

② Charter of the United Nations.

有关信息。该结构常用于合同领域[①]和审判实践中,后引入正式的法律文件,意思是“鉴于”(considering that 或 that being the case)。[②] 如果 whereas 条款用于立法议案中,其意思是“因为”,即对立法的理由进行解释。尽管学界对该结构的使用颇有微词,认为过度使用这种结构乃是法律形式主义的始作俑者,[③]但该结构在现代立法中仍不乏少数。例如:

Whereas, Governor Francis E. McGovern signed Senate Bill 8 into law on March 2, 1911, creating the joint committee on finance; and Whereas, the joint committee on finance is the longest-serving continuing standing committee of the legislature; and Whereas…now, therefore…

Be it Resolved by the senate, the assembly concurring, That the legislature of the state of Wisconsin, in commemoration of the first centennial of the joint committee on finance, pays tribute to the contributions of the committee to the Wisconsin legislature and the people of Wisconsin.

Emergency preamble.

Whereas, acts and resolves of the Legislature do not become effective until 90 days after adjournment unless enacted as emergencies; and Whereas, certain positions in state Government at scheduled to expire prior to July 1, 2019, which is prior to the end of the 90-day period; and Whereas, in the judgment of the Legislature, these facts create an emergency within the meaning of the Constitution

---

① 在合同中,whereas 常引导一个句子,说明订立合同的有关背景信息或表明订约的目的或理由,其意思是“鉴于……”(considering that…)。尽管在合同中常用该条款来解释合同,但其并不具有拘束力。

② 而在司法过程中,法庭常在向其发布的命令中使用 whereas 条款,表明其作出相关决定的理由依据。例如,法院作出如下陈述:“whereas the plaintiff made a motion to compel the production of certain documents, and whereas the court has held a hearing on the motion and is fully advised on the matter, now therefore it is hereby ordered that the motion to compel the production of the documents requested is hereby denied”,即鉴于原告已提出请求,而法院对此请求进行听审后了解了有关情况,特此驳回其请求。

③ 由于法律语言过分地追求严谨的程式化表述,必然导致对其进行解释,也就与法律形式主义(legal formalism)相联系。与法律形式主义之相对的是法律工具主义,即一种和美国法律现实主义相关的理论。参见张文显:《二十世纪西方法哲学思潮研究》,法律出版社 1996 年版,第 138 页。

of Maine and require the following legislation as immediately necessary for the preservation of the public peace, health and safety; now, therefore...

(三)其他模式

鉴于 Preamble 和 whereas 等古体用法备受批判,而序言的作用在于标明立法宗旨、理由等信息,现在很多国家开始采用其他方式。例如,在法律名称与正文之间用一些现在分词引导的短语结构(如 given that ..., considering ..., recognizing...等)或介词结构(如 in view of...,for the purpose of...等),或直接以条款名称形式说明立法宗旨(如 overriding objective)以表明立法理由或宗旨。在国内立法以及在一些国际条约中,也常在标题下、正文条款前插入一个类似条款以说明立法宗旨,从而区别于传统的由 Preamble 引导立法宗旨的表达模式。例如:

The Parties to this Agreement,

Recognizing that...

Recognizing further that...

Being desirous of contributing to...

Resolved, therefore, to develop an...

Determined to preserve...

Agree as follows: ...①

Part 1 The overriding objective

The overriding objective

1. 1—(1) These Rules are a new procedural code with the overriding objective of enabling the court to deal with cases justly.

(2)...②

---

① See "Marrakesh Agreement Establishing the World Trade Organization".

② 还有很多小项,如 Application by the court of the overriding objective。参见英国 1999 年的 Civil Procedure Rules 的第一章。

UNITED NATIONS CONVENTION ON CONTRACTS FOR THE INTERNATIONAL SALE OF GOODS (1980) [CISG]

THE STATES PARTIES TO THIS CONVENTION,

BEARING IN MIND the broad objectives in the resolutions...

CONSIDERING that...

BEING OF THE OPINION that...

HAVE AGREED as follows...①

四、颁布语

根据《布莱克法律词典》(第8版,第267页、第567页),enacting words(颁布语)也称为"enacting clause,enacting formula":

Enacting words: the statutory phrasing denoting that an act is taking effect as law. The most common enacting words are Be it enacted that...

Enacting clause: the part of a statue stating the legislative authority by which it is made and often the date when it will take effect. A typical enacting clause begins with the words "Be it enacted that...". The enacting clause of a federal statute is: "Be it enacted by the Senate and House of Representatives of the United States of America in Congress assembled." Some state constitutions specify the enacting clause for legislation, without which the legislation is void. In codification of statutes, enacting clauses generally appear not in the text of the statutes but in historical or legislative notes.

可见该部分的作用是对法律的权力渊源进行说明,常表达为施为句"Be it enacted that...",其后为条款内容。该部分在英美法系中并非必备要件。例如,美国的立法中通常不会使用该表述,但英国法律中通常会出现该结构。②

① 参见《联合国国际货物销售合同公约》:"本公约各缔约国,铭记联合国大会第六届特别会议通过的关于建立新的国际经济秩序的各项决议的广泛目标,考虑到在平等互利基础上发展国际贸易是促进各国间友好关系的一个重要因素,认为采用照顾到不同社会、经济和法律制度的国际货物销售合同统一规则,将有助于减少国际贸易的法律障碍,促进国际贸易的发展,兹协议如下……"。

② 根据有关解释,"An enacting clause, or enacting formula, is a short phrase that introduces the main provisions of a law enacted by a legislature. It usually declares the source from which the law claims to derive its authority. In many countries, an enacting formula is not considered necessary and is simply omitted",可见其并非必须要件。

该部分也有不同的译法，如“颁布套语”[①]“制定条款”[②]“制定语式条文”[③]等。至于其位置，如果某法中没有序言部分，该部分一般出现在详称(long title)和批准日期(date of royal consent)之后，其功能类似我国法律中的“颁布语”。

至于其表现形式，英美法系各国间存在差异。除“Be it enacted that…”这一主要表达模式外，有些国家或州采纳了其独特的表述方式，在表达上也有详细和简略之分。例如，简略的颁发语仅提及通过某法的立法机构，如澳大利亚1990年以后颁发的法律中，其颁发语就只简略表述为“The Parliament of Australia enacts”；而在详尽的表述中，还指明了赋予该法效力的最终决定者，如加利福尼亚州就依据“民众主权原则”(the principle of popular sovereignty)使用“The People of the State of California do enact as follows:…”这一表达模式。具体而言：

(一)英国模式

尽管 Parliament Acts 1911 and 1949 规定应采用“BE IT ENACTED by The Queen's [King's] most Excellent Majesty, by and with the advice and consent of the Commons in this present Parliament assembled, in accordance with the provisions of the Parliament Acts 1911 and 1949, and by the authority of the same, as follows: —”的模式，但在实际立法中，英国却通常采用下列模式:

Be It Enacted by the Queen's most Excellent Majesty, by and with the advice and consent of the Lords Spiritual and Temporal, and Commons, in this present Parliament assembled, and by the authority of the same, as follows: —

译法1　经女王最高权威许可，得到于国会中集会之灵职与俗职们以及下议员们的建议和同意，并经其授权而制定下列规定……

译法2　在上议院神职议员在职议员和平民议员的建议下由最杰出的女王殿下在议会的批准下，于议会集结之处颁布如下……

---

① 李克兴、张新红:《法律文本与法律翻译》，中国对外翻译出版公司2005年版，第517页。

② 滕超、孔飞燕:《英汉法律互译:理论与实践》，浙江大学出版社2008年版，第128页。

③ 参见501A章《持久授权书(定明格式)规例》(E. R. 2 of 2012)(02/08/2012)。

译法 3 本法由女王陛下制定，上下两院提议并由国会通过，内容如下……

原文中的“(The Right Honorable) The Lords Spiritual and Temporal of the United Kingdom of Great Britain and Northern Ireland in Parliament Assembled”是英国上议院的官方全称，其字面意思是“于国会中集会之受尊崇的大不列颠与北爱尔兰联合王国的灵职与俗职们”；而“Most Excellent Majesty”是英国的一种称呼形式，主要用于议会法(Acts of Parliament)的颁布语中，其变体形式是“the Queen's [King's] most Excellent Majesty”，可译为“国王或女王陛下”。上述译文都因不了解有关的立法程序而出现了失误。故不妨了解一下英国议会的立法程序：

Commons: [First Reading] (formal-no debate)—[Second Reading] (general debate on the policy of the whole Bill. Normally taken on the floor of the whole House)—[Committee Stage] (taken either in Standing committee, select committee, or committee of the whole House) (clause-by-clause examination of the Bill. Amendments proposed at this stage)—[Report Stage] (amendments made in committee are reported. Then confirmed or reversed)—[Third Stage] (brief debate on the amended Bill.)—[Royal Assent]

Lords: Money Bills bypass the Lords —[First Reading]—[Second Reading]—[Committee Stage]—[Third Stage]—[Consideration of Lords Amendments]—[Royal Assent]

可见，无论是上议院还是下议院通过的立法，都须经过上述三个程序(其中，reading 的意思是 examining，即“审查”)，其中最重要的是第二个阶段(the Second Reading)，因在该阶段有关议员会对立法的宗旨和一般原则进行讨论，最后经国王/女王同意后方具有法律效力。通常所谓的“议会立法权至高无上”(doctrine of parliamentary sovereignty)指的是“议会的立法权不受法律限制”。但是，在英国，“议会”不应理解为“单独的两院”，因为两院均无单独的立法权，而应理解为被称作“女王议会”的一个宪法现象(a constitutional phenomenon known as the Queen in Parliament)，即“经两院同意通过的议案获得女王批准而成为议会法的立法程序”(the legislative process by which a Bill approved by Lords and Commons may receive the royal assent and thus become an Act of Parliament)。[①] 可见,上下议院与国王/女王一起才使该议案具有法律效力。不妨译为:

经由两院议员审议通过并经女王陛下批准而制定下列规定……

其中,由于苏格兰在英国法律体系中自成一体,故而其立法中的颁发语略有不同,即并非采取英国的传统颁发语,而是采用"The Bill for this Act of the Scottish Parliament was passed by the Parliament on [Date] and received Royal Assent on [Date]."的模式。

威尔士议会法的表达模式也与英国法的传统表达模式有别:

"Having been passed by the National Assembly for Wales and having received the assent of Her Majesty, it is enacted as follows:"...

即未使用"Be It Enacted..."模式,且在标点符号上也存在差异(使用的是":"并非":—")。再以 Local Government (Wales) Measure 2009 为例:

"This Measure, passed by the National Assembly for Wales on 28 April 2009 and approved by Her Majesty in Council on [10 June 2009], enacts the following provisions: —"

可见,在 Measures 这种法律形式中,标点(":—")又与英国的传统模式相同。个中差异,不可不辨。

(二)美国模式

在美国,颁布语大致可以分为三种表达模式:

(1) The People of (the State of New York), represented in Senate and Assembly, do enact as follows: ....

(2) Be it enacted by the general assembly of the state of (Ohio): ...//Be it enacted by the Senate and House of Representatives in congress assembled and by the authority of the people of the State of Texas, as follows, ...

(3) It is hereby enacted by the General Assembly of the State of (Vermont): ...

---

① Frances Russell and Christine Locke, *English Law and Language*, Cassell, 1992, pp. 58-60.

其中第二种模式最为常见，为众多州和联邦的立法所采纳（如 Perform Act of 2006，U. S-China Language Engagement Act 等），可译为"本法由美国国会参议院和众议院集会（或某州议会）制订……"

（三）加拿大模式

加拿大立法的颁布语亦大致分为下列三种表述模式：

(1) HER MAJESTY, by and with the advice and consent of the Legislative Assembly of Alberta, enacts as follows: ...

(2) Be it enacted by the Lieutenant-Governor and House of Assembly in Legislative Session convened, as follows: ...

(3) The Commissioner of Nunavut, by and with the advice and consent of the Legislative Assembly, enacts as follows: ...

（四）澳大利亚模式

在 1993 年之前，澳大利亚模式与英国模式类似，都采用"…BE IT ENACTED by the Queen's Most Excellent Majesty, by and with the advice and consent of the Queensland Legislative Assembly in Parliament assembled, and by the authority of the same, as follows: ..."的表达方式。但自 1993 年后，其颁布语模式发生了变化，表述更为简洁。例如：

The Legislative Assembly for the Australian Capital Territory enacts as follows: ...

The Legislature of New South Wales enacts: ... (Parliament of New South Wales)

The Legislative Assembly of the Northern Territory enacts as follows: ... (Northern Territory Legislative Assembly)

在翻译加拿大或澳大利亚的表述模式时可参照英国和美国模式的译法。

五、主体部分

本部分为法规的实体部分（substantive body），即由"the parts, articles or sections, paragraph"等具体条款说明有关的权利义务以及适用该权利义务的条件。该部分是任何法律必备的也是主要的要件。这一节仅介绍条、款、项等的表达及其翻译,对于各条款内容及其翻译,则留待下一章详细讲解。英美法系的主体部分包含下列内容:

(1) Parts:即"部分",一般用大写罗马数字表示(如 Part I)。有时也会使用 Division 来代替 Part。例如:

California Rules of Court

Title 3. Civil Rules

Division 1. General Provisions

Chapter 1. Preliminary Rules

Rule 3. 1. Title

The rules in this title may be referred to as the Civil Rules...

须注意的是,在某些国家(如美国)的立法中,Part 并非最大的单位,其上面还有 Title,如"Title 6, United States Code, Section 552 a"。这是《美国法典》的编撰体例。[①]《美国法典》的编撰体例比较特别,即立法拟调整的对象(subject matter)或立法领域(areas of legislation)划分为 50 个"Title",即 Title 是法典中最大的划分单位,然后在 Title 下面可依次划分为 Subtitle—Parts—Subparts—Chapters—Subchapters—Sections;Section 是法典中最小的、连贯的分类单位,其下可再划分为 Subsections—Paragraphs—Clauses 等。但并非所有的美国法典都采取该排列方式。例如,Title 26 (the Tax Code)采取的是"Title—Subtitle—Chapter—Subchapter—Part—Subpart—Section—Subsection—Paragraph—Subparagraph—Clause—Subclause"的排列方式,而 Title 38 (Veteran's Benefits)采取的

① 《美国法典》(United States Code, USC)是对美国生效的公法、普通法以及永久性法律的正式汇编。美国现行官方的法典编纂制度分为"美国法典编纂"和"美国联邦行政法典编纂"两个部分。这两个法典分别由两个专设机构负责编纂。负责《美国法典》编纂的机构是设在美国国会众议院内的法律修订委员会办公室(the Office of the Law Revision Counsel of the House of Representatives);负责《美国联邦行政法典》编纂的机构是联邦政府公报室(Bulletin Office of the Federal Government)。《美国法典》按照 50 个标题分别排列组合而成,是一种包纳特定立法主体(如国会、联邦政府)在一定时期内颁布的所有法律或法规的相关内容,类似于法律全书式的综合性分类法律文件。任何独立的法律文件一经分解,纳入法典体系之后就不再保持原有的完整状态。另外,美国的法典编纂也不是一个创造新法的过程,而是局限于一些纯粹技术性的分类、拆解、重新组合等工作。稍微涉及一些实质性内容的事项,就必须报经国会审议通过。承担《美国法典》编纂工作的机构和人员是立法主体内部的职能机构和专业人员,而不是大陆法系意义上的"法典起草人"。

是“Title—Part—Chapter—Subchapter—Section”的排列方式。无论如何，Title是最大的单位，Section则为最小的划分单位。

由于我国立法中没有采用类似的编撰体例，故如何解读其中的“Title”比较棘手。有人将其译为“编”或“篇”，笔者在翻译中也曾将其译为“编”。现在看来，这些译法均不妥。

在我国法律中，“编”是适用于某个部门法的各组成部分的称谓，如民法典的“物权编”“债编”“知识产权编”，与美国的这种根据调整对象不同而划分的“Title”的意思并不吻合，如Title35涉及专利，Title17则涉及版权，同属于知识产权的专利与版权却被分为了2个Title，如译为“编”，难以令人信服。

在我国法律中也未设“篇”这种表达，尽管学者们或司法考试中常使用该称谓（如民法篇、刑法篇），故以为“篇”也很难解释为何民法“篇”中还可分为专利篇和商标篇（上下级分类使用了同一个分类名称）。中国香港特别行政区立法中的Part一般被译为“部”，Title则被译为“号”。“部”通常会被理解为“一部法律”，很少会有人将其解读为“部分”，“号”的称法也没有多大的接受度。其实，应将该语境下的“Title”理解为“volume”，即“卷”。《美国法典》中不同的部门法按数字编号，[①]每一个数字表示一个部门法，如Title35涉及专利（Patents），Title 26则涉及税收（Internal Revenue Code）。[②]

此外，加利福尼亚州的法庭规则分为10个Title，上例为其中的一部分，该Title与上面所述的Title一样，可理解为“卷”，因该10个部分系针对不同诉讼程序，如“Title One. Rules Applicable to All Courts; Title Two. Trial Court Rules;…Title Four. Criminal Rules”等。Division则包括该卷的各部分，其作用

① 法典化运动几乎伴随美国整个的立法史。《美国法典》不仅是官方工作的结果，也是大量的民间法典化工作长期推动的结果，是民间和法律学界法典化运动的官方体现。有两机构对法典化运动颇为重要：一个是美国统一州法全国委员会（National Conference of Commissioners on Uniform State Laws）倡导并践行着“标准法典”的编纂，其最辉煌的成果就是有名的美国《统一商法典》（UCC）；另一个就是由美国法学会（American Law Institute）主导，由法官、律师、法学家、教授等编纂出版的大量供美国各州参考使用的“模范法典”，以及由著名法学家完成的针对部门法的“法律重述”（Restatement of the Law）。

② 《美国法典》在排列顺序上具有下列特点：前六卷主要规定总则或与政体有关的事项，如“Title 1 General Provisions; Title 2 The Congress; Title 3 The President; Title 4 Flag and Seal, Seat of Government, and the States; Title 5 Government Organization and Employees; Title 6 Domestic Security”，剩余的各卷是按照法律的第一个字母进行编排的，如Title 7 Agriculture, Title 8 Aliens and Nationality, Title 9 Arbitration, Title 10 Armed Forces; Title 11 Bankruptcy。

与 Part 无异。

（2）Chapter，章，主要用阿拉伯数字表示，如 Chapter 1。

（3）Sections，（有时用 § 表示）条。立法中的每一项拟表达的意思应体现在一条中，主要由阿拉伯数字表示，如 Section 1。

（4）Subsections，款，是比“条”更小的单位。如果“条”体现的是某一项立法拟表达的意思，那么“款”就是该意思的详尽细节，常在圆括号里用阿拉伯数字表示，如 Section 1（1）。英美法系中“条”的内容非常冗长，有时一条就包含上百个单词，涵盖下面（5）（6）（7）所述项、目等内容。

（5）Paragraphs，是比“款”更小的单位，类似于法律汉语中的“项”，一般在圆括号里用小写英语字母（或小写罗马字母、数字等）表示，如（a）。

（6）Subparagraphs，是比“项”更小的单位，类似于法律汉语中的“目”，一般是在圆括号里用小写的罗马数字（或大写罗马数字）表示，如（i）；

（7）如果还有比 Subparagraph 更小的，在法律英语中未予以命名，一般在圆括号中使用大写字母表示，如（A）。

总之，根据立法起草规则，除“条”不使用括号外，“条”以下的单位须使用括号。[①] 在《菲迪克合同条件（FIDIC）》中也有类似的规定。[②] 至于在括号内是数字还是字母、是大写还是小写，在各法域中略有差异。例如，美国法中可采纳 Section 104（b）（2）（A）（i）或 35 USC Patent S18（2）（b）（iii）（A）模式；英国法可采取 29（1）（a）（i）或 Rule 3.20（a）（1）（A）模式；加拿大安大略省的表述则是“Acts and Regulations：Part I，Section 2，Subsection（1），Clause（a），Subclauses i，ii，iii，and iv …”，或在 Section 下面直接用 Paragraph 1，2，3，4 而省略 Subsection。个中差异，不可不辨。

---

① 参见美国《统一和标准法案起草规则》第十五条：（1）款用圆括号内的小写字母编号；（2）项用圆括号内的阿拉伯数字编号；（3）目用圆括号内的小罗马数字编号；（4）如果条不用字母或数字表明，常会引起混淆或计算机系统附带的问题。因此，在条（ § 或 section）以下的层次一律采用带括号的词语；另见 BILL DRAFTING GUIDE 2011（http：//www. leg. wa. gov/CodeReviser/Pages/bill_drafting_guide. aspx）；Bill Drafting Manuals 2012（http：//www. ncsl. org/legislative-staff/lsss/bill-drafting-manuals. aspx），最后访问日期：2020 年 1 月 27 日。

② FIDIC 是法语 Fédération Internationale Des Ingénieurs-Conseils 的首字母缩写，其英语意思是 International Federation of Consulting Engineers，即由国际咨询工程师联合会（FIDIC）制定的以规范建设项目管理的合同文本《土木工程施工合同条件》。

此外，在表示“条”的时候，有的法律中使用的是 Article 而并未使用 Section，并将 Section 作为 Article 的下级单位，如美国《联邦宪法》的 Article 1—The Legislative Branch Section 1—The Legislature。但我国法律的译本中常将 Section 作为 Article 的上位词，即用前者表示“节”，后者为“条”。以《中华人民共和国民法通则》的英译本为例：

Chapter II　Citizen（Natural Person）

第一节　Section 1　Capacity for Civil Rights and Capacity for Civil Conduct.

第九条　Article 9…

《中华人民共和国节约能源法》的中国版译本中也是将“条”译为“Article”，“节”被译为 Section；但在该法的美国版译本中，“节”则被译为“Article”，足见英美法系读者观念中 Article 乃是 Section 的上位词，在翻译时不可不予以重视。

六、附录、附表或附件

根据《布莱克法律词典》的解释：

It is appendices containing miscellaneous information and clarification, such as prescribed forms to be used in connection with the Act for purposes of application, registration, information transfer, etc; detailed illustration of matters referred to in the body of the law, often in the form of tables, tariffs and so on; a list of repeals effected by the Act; a list of temporary or transitional provisions, and other data of a similar kind; or, a written list on inventory; esp. , a statement that is attached to a document and that gives a detailed showing of the matters referred to in the document. ①

附录、附表或附件（schedule）并非必备要素，主要提供在主体或其他部分未能明确列明的信息，诸如该法应采取何种形式、信息的发布、登记、主体事项的详细说明、旧法的废止等。但在合同领域（如果将合同视为一种法律），附件

① Bryan A. Garner, ed. , *Black's Law Dictionary*, 8th edition, Thomson West, 2004, p. 1372.

往往是合同的必要的组成部分。很多合同文本中都会写明,“附件是合同的必要组成部分”。①

除了使用 schedule 外,尚可以用下列词汇来表示“附录”:

(1) annex: something that is attached, such as a document to a report or an addition on to a building.

该词常用于国际协议中。例如:ANNEX A—World Trade Organization; Annex Ⅰ to Treaty Establishing the European Community。

(2) schedule: a written list or inventory; esp., a statement that is attached to a document and that gives a detailed showing of the matters referred to in the document.

该词常用于表示“附录”。例如,英国的 Criminal Justice Act 1967 就有 Schedules,包括 Schedule 1,Schedule 2 和 Schedule 3,分别就“Application of the maintenance orders act 1958 to Attachment of earnings orders under section 46 or 79”“Provisions to parole board and local review committees”“Increase of fines”等进行补充规定。

(3) appendix: a supplementary document attached to the end of a writing.

该词也常用于表示“附录”。例如,有的立法中就有 APPENDIX TO SCHEDULE 1 的表述,可见 appendix 一词也可用于对某些规定进行补充说明。

(4) exhibit: a document attached to and made part of a pleading, motion, contract, or other instrument; a document, record, or other tangible object formally introduced as evidence in court.

该词常用于诉讼中,说明有关证据。例如:①上诉状副本×份;②证物××(名称)××件;③书证××(名称)××件,就可用“Exhibit 1,2 and 3”来表示。

(5) attachment: the act of affixing or connecting; something (as a document) that is affixed or connected to something else.

---

① An exhibit is something that's referred to in the document and is attached to the end of the document to that the reader can see it for himself (so the document can say“according to the contract, attached as exhibit A”). Making something an exhibit makes it part of the document itself—something to be considered and that is thought to be essential to the document. 参见 http://answers. yahoo. com/question/index? qid = 20080710103927AARxd2Y,最后访问日期:2020 年 1 月 27 日。

该词在法律语境中并不常用以表示"附件",更常用以表示"逮捕"(参见《布莱克法律词典》第8版,136页)。在日常语境中,该词常用以表示"附件"(如电子邮件的附件)。

(6) Miscellaneous Provision

即杂项规定,是就主体部分未规定的事项进行补充说明。例如:

PART VII MISCELLANEOUS PROVISION

§44. When Act Takes Effect

This act shall take effect on the ×× day of one thousand nine hundred and fourteen;

§45. Legislation Repealed

All acts or parts of acts inconsistent with this act are hereby repealed.

(Uniform Partnership Act of 1914)

上例中,该附件分别就该法的生效日期和相关法律的废除作了补充规定。

(7) Supplementary Provisions

例如,英国的 Criminal Law Act 1967 包括三个部分:

Part I abolished the distinction between felony and misdemeanour and makes consequential provisions.

Part II abolished a number of obsolete crimes.

Part III contains supplementary provisions.

足见该表述亦可表示附则,即作出补充性规定。

从上面的分析可以看出,附则主要涉及法律生效、制定日期、旧法的废止等。但对如何表述上述内容,各法域存在差异。具体而言:

(1)用"法律或某条款+effective/approved +日期"这一省略式来表示。

例1 Rule 3. 10 adopted effective January 1, 2007.

(Subd (a) amended effective January 1, 2007; adopted as untitled subd effective July 1, 1997; previously amended effective July 1, 2000.)①

① 其中的 Subd 表示 subdivision,而 division 是我们在前面的章节中提及的名称的级别,相当于 part,即 division 常用于代替 part,其级别比 chapter 高。参见前面章节的相关内容。

例 2 Section 11. Effectivity. —This Act shall take effect immediately upon its approval and shall remain in force for five (5) years thereafter.

Approved, April 10, 1979.

(2)在法规名称下直接用日期来表述。例如:

[13 March 1970]

该表示方法比较简洁,即直接在法律名称下用常规日期的表达方式来说明法律生效或制定的日期,这种情况在英国法中比较普遍。①

(3)用"法规名称或条款+take(s) effect(或其第三人称单数形式)"来表示。例如:

...A declaration takes effect simultaneously with the entry into force of this Convention in respect of the State concerned. However, a declaration of which the depositary receives formal notification after such entry into force takes effect on the first day of the month following the expiration of six months after the date of its receipt by the depositary. Reciprocal unilateral declarations under article 94 take effect on the first day of the month following the expiration of six months after the receipt of the latest declaration by the depositary...②

(4)用传统的"法规+shall take effect..."结构来表示。例如:

This Act shall take effect on the ×× day of one thousand nine hundred and twenty-four.

根据现行的立法表述原则,该表述并不值得推荐。

(5)用"法规+shall be effective as of+日期"结构来表示。

as of 这种正式表述也可用于法律法规(包括修正案)的生效日期。例如:

①The Lacey Act was most recently amended as of May 22, 2008, when the

① 英国英语中常用的日期表达方式是"日月年"模式,而美国英语中常用"月日年"模式,在读音上也有差异。如 2012 年 4 月 20 日,英国式表达为 20th April, 2012,读成 the twentieth of April, twenty twelve;美式的表达是 April 20, 2012,则读成 April the twentieth, twenty twelve。如果系完全由数字表达,则应分别表示为:20/4/2012(英)和 4/20/2012(美)。在法律翻译中应根据目标语的读者调整表达方式。

② 译文:……声明在本公约对有关国家开始生效时同时生效。但是,保管人于此种生效后收到正式通知的声明,应于保管人收到声明之日起 6 个月后的第 1 个月第 1 天生效。根据第九十四条规定做出的相互单方面声明,应于保管人收到最后一份声明之日起 6 个月后的第 1 个月第 1 天生效……

Food, Conservation, and Energy Act of 2008 expanded its protection to a broader…

②This amendment, dated as of July 8, 2011 (the "Amendment") to that certain Motors Liquidation Company GUC Trust Agreement, dated as of March 30, 2011 (the "Trust Agreement"), is executed by Wilmington Trust Company, as trust administrator and trustee (in such capacity, the "GUC Trust Administrator") and the other undersigned parties, in accordance with Section 13. 13 of the Trust Agreement.

上述表述中,有的因使用了 shall 而与例(4)一样,不符合现行立法规范。

第三节 我国法律法规的宏观结构

一、法律法规的名称的翻译

我国法律法规的名称一般反映法律适用范围、法的内容以及法的效力等三个要素。[①] 适用范围的要素一般以"中华人民共和国""××省、市"标明;法的内容要素反映出该法的调整对象,可分为授权或禁止性内容;而第三个要素也称为体例词,根据《中华人民共和国立法法》的规定,我国法律的体例包括法律、行政法规、地方性法规、自治条例和单行条例,类似于我国公文体例中的文种。该三个要素并非都会体现在法律法规的名称中。以《中华人民共和国妇女权益保障法》为例,尽管没有列明范围,但人们都清楚该法在全国范围内均有效力;其内容是保护妇女权益;文种是特别法,即仅针对妇女。这一点与英美法系相似,只是我国法律中并无英美法系中的详称。

犹如标题是一部作品的灵魂和中心所在,法律法规的名称也高度概括了法律法规所调整或规范的对象、主要范围或主要内容,具体条款的名称则对条款

① 参见周旺生:《法理学》,北京大学出版社 2006 年版,第 499 页。

涉及的内容进行归纳概括。① 由于法律法规属于专业性极强的一种文体,且属于意识形态的一种,各国法中难免含有一些各具特色的表述,而该表述在其他文本中难以找到完全对等的表达,故法律法规的名称(包括条款名称)的英译颇为棘手。自我国加入世界贸易组织后,法律法规的英译成为中国对外法律交流和贸易活动的重要环节。目前我国很多法律都有了英文版,但是名称的译文并不尽如人意。因此甚有必要对此进行探讨。

(一)法律法规名称英译的现状分析

对官方和其他专业网站中的法律法规名称的英译本进行梳理后,发现有下列特点:

(1)法律名称中表明文种的术语使用不当。

例如:

《中华人民共和国执业医师法》:Law on Licensed Doctors of the People's Republic of China;

《中华人民共和国专属经济区和大陆架法》:Law of the People's Republic of China on the Exclusive Economic Zone and the Continental Shelf;

《出口食品生产企业卫生注册登记管理规定》:Regulation on Administration of Sanitary Registration and Enrollment for Establishment of Food for Export;

《中华人民共和国海关对进出上海外高桥保税区货物、运输工具和个人携带物品的管理办法》:Measures of the Customs of the People's Republic of China Concerning the Administration of the Goods, Means of Transport, and Articles Carried by Individuals to be Brought into or out of the Bonded Area of Outer Gaoqiao in Shanghai②/Procedures of Customs of the People's Republic of China for the Control over the Goods, Means of Transport and Personal Articles Entering

---

① 有学者认为,条款正文前表示该条文的内容摘要是一个条文的标题,可简称为"条标"(headnote),并认为"条标"是近些年来我国法规条文中的新事物,是某些归国法学留学人员努力的成果,也是立法技术同外国接轨的结晶。

② 中华人民共和国国务院法制局:《中华人民共和国涉外法规汇编》,中国法制出版社1991年版。

or Leaving the Shanghai Waigaoqiao Free Trade Zone[①];

《价格违法行为行政处罚规定》: Provisions on the Administrative Punishment of Price-related Violation;

《中华人民共和国无线电管制规定》: Provisions of the People's Republic of China on the Control of Radio。

上述例子中,由全国人民代表大会制定的法律均被译为"law"或"laws",行政或地方法规的办法、规定、通知等则被译为"measure, regulation, provision, procedures"等。这就有悖于英美法中"常使用不同法律术语以表明法律的层级或效力高低"的做法,即在英美法中 Act 常被用于表示"议会法", Regulations 或 Ordinance 常用于表示"条例", provision 或 regulation 常用于表示具体的规定,而 law 则常用于笼统地表示法律,但法律名称中罕用"provision""regulation""law"来表示文种。

(2)语法错误比较普遍

例如,冠词乱用以及名词单复数乱用现象比较突出;常使用"regulation for/on..."这一结构,其中的介词的用法欠妥。

例 1 《企业法人登记管理条例》: Regulation of the People's Republic of China for Controlling the Registration of Enterprises as Legal Persons

《指导外商投资方向暂行规定》: Interim Provisions on Guiding Foreign Investment Direction

在例 1 中, for 与 on 实为多余,因 Controlling 与 Guiding 这两个分词可用作定语,从《建立世界知识产权组织公约》的英文名"Convention Establishing WIPO"就可见一斑。此外, Regulation 未使用复数形式。

例 2 《音像制品管理条例》: Regulations on Administration of Audio-Visual Products;

《中华人民共和国技术引进合同管理条例》: Regulations of the People's Republic of China on Administration of Technology-Introduction Contracts;

---

① 上海市人民政府法制办公室(上海市新闻办公室)编:《上海市涉外经济法规规章汇编(1982—1990)》,上海人民出版社出版 1991 年版。

《中外合资经营企业合营期限暂行规定》：Interim Provisions Concerning Contract Period of Chinese-Foreign Equity Joint Ventures。

例 2 的三个句子中都未在画线词前使用定冠词 the，若将其中的 on 改成 for，则更为地道，参照 Paris Convention for the Protection of Industrial Property（《保护工业产权巴黎公约》）和 Berne Convention for the Protection of Literary and Artistic Works（《保护文学与艺术作品伯尔尼公约》）的表述就可见一斑。

（3）译文啰唆，对译现象明显

我国的行政和地方性法规标题的表述颇具中国特色，但在英译时受汉语思维影响，结果使译文带有浓厚的中国特色而不符合英语的表达习惯。例如：

《上海市人民政府办公厅关于转发市水务局等三部门关于本市深化乡镇水务管理体制改革意见的通知》：Notice of the General Office of Shanghai Municipal People's Government on Transmitting the Suggestions on Deepening Institutional Reform of Town/Township Water Affairs Administration of This Municipality Made by Shanghai Water Authority and Two Other Departments。

如此几十个字的法律名称，势必让外国读者一头雾水，不知所云。类似的例子举不胜举。

（4）译名违反同一性

准确性是法律法规翻译的一个基本原则，而保持译名同一性既可便于查找，也有助于法律的确定性。[①] 但在不同法规中，同一个名称却有不同的译法。例如：

《国务院关于扩大沿海经济开放区范围的通知》：Circular of the State Council Concerning the Expansion of the Scope of the Coastal Economic Open Zones；

《中华人民共和国海关对沿海开放地区进出境货物的管理规定》：Provisions of the Customs of the People's Republic of China for the Control of the Goods Entering and Leaving the Coastal Opening Cities and Areas。

---

① 参见李克兴、张新红：《法律文本与法律翻译》，中国对外翻译出版公司 2005 年版，第 208 页。

本例中的“沿海经济开放区”有“Coastal Opening Cities and Areas”和“Coastal Economic Development Zones”两种译法，加上“Open Coastal Cities”和“Coastal Economic Open Zones”。几种表述法莫衷一是，有损法律的严谨性，同时也增加了查找难度。在前面《中华人民共和国海关对进出上海外高桥保税区货物、运输工具和个人携带物品的管理办法》也有两个相去甚远的译文，会让读者误认为是两部法规。

这种情况在条款名称的翻译中同样存在。陈忠诚先生就指出，法律条款名称的英译文存在“标题的写法有误、译名不统一、名词的单复数乱用、词性错位、不够简赅、用词失当、译文背离或不合原意”等多方面的问题。[①]

(二)目的论指导下的法律法规名称英译策略

笔者在本书前面的章节中曾谈及法律法规的翻译原则。不少学者在谈及法律文体的翻译时，都十分强调法律翻译应遵循的原则，如“专业性、严谨性、准确性、等效性”[②]“准确性及精确性、一致性及同一性、清晰及简练、专业化、语言规范化、集体作业”[③]“公正性、准确性和合适性”。法律法规是专业性极强的一种文本，而任何法律的专业翻译都体现在实际性、有效性的语言结构上[④]，这就决定了在翻译法律法规时须在术语和语法层面追求译文的准确性，而在表达模式上须顾及目的语的表述习惯，方能与译文读者心目中对法律文本的预期相吻合，从而达到法律法规翻译的预期目的，而这种定位也必须在法律名称英译本的语言层面上反映出来。法律名称的英译存在上述缺陷，势必给英美法系的读者带来一种迥异于原文读者的心理预期，从而达不到对外宣传和交际的目的。因此，在翻译法规的名称时，应采取以译文读者为导向(reader-oriented)的翻译策略。具体而言：

1. 应根据法律的效力及其制定部门选取不同的术语。

在英美法系中，law 泛指法律，以 law 作为法律名称的情况甚少，即便“The

① 参见王建：《法律法规名称英译研究》，载《西南政法大学学报》2012 年第 6 期。

② 熊德米、熊姝丹：《法律翻译的特殊原则》，载《西南政法大学学报》2011 年第 2 期。

③ 李克兴、张新红：《法律文本与法律翻译》，中国对外翻译出版公司 2005 年版，第 220 页。

④ 参见[德]阿图尔·考夫曼：《法律哲学》，刘幸义译，法律出版社 2004 年版，第 170 页。

Australian Family Law Act 1975"、英国的"Criminal Law Act 1967"等法律名称中都包含有"law",但 law 在其中均用作定语,而不是中心词。[①] Act 指由议会或国会制定的法律,[②]一般用于法规的名称中,如 US Energy Policy Act of 2005。就效力而言,Act 主要表示基本法,而对于其他的非基本法,常用其他词如 Regulations,ordinance,rule 或 decision 等表达。Regulations 是由行政机构颁布的、对法律进行解释和补充的文件,一般用复数形式,如 Marriage Regulations(《婚姻登记管理条例》)。就语义层面而言,procedures 和 provision 指具体的程序、条款或规定,并不常用作法律法规的名称或表示规范性文件。

我国的法律法规可大致分为以下四种类型:(1)由国家立法机关(全国人民代表大会及其常务委员会)制定的规范性文件,属于基本法,一般表示为"××法",即列明要调整的对象或内容,再在前面加上国别,如《中华人民共和国宪法》《中华人民共和国民事诉讼法》《中华人民共和国刑法》;(2)由国务院或部委颁发的行政法规和规章,由发布该法规的机构和所要调整的事项构成,如果系由国务院颁布,则以"条例"命名;如系由部委颁发,则不能称为"条例"而只能冠以"办法""规定"等名称;(3)地方性法规、自治条例和单行条例(包括"规定、办法、通知、决定"等),如《青岛市旅游条例》《甘肃省张家川回族自治县自治条例》;(4)由最高人民法院制定和颁布的司法解释(包括"解释、规定、批复"等),如《最高人民法院关于适用〈中华人民共和国合同法〉若干问题的解释(一)》。针对上述类别的法律术语,可从功能对等的角度做处理(见表 7-1):

---

① It is sometimes referred to as the FLA by legal practitioners, is an Act of the Australian Parliament. It is one of four separate Acts that provide the framework for family law in Australia. It has 15 parts and is the main Australian legislation dealing with divorce, parenting arrangements between separated parents (whether married or not), property separation following a divorce, and financial maintenance involving children or divorced spouses.

② 英美法系国家的法律法规注意要分为"act, statutory instrument, statutory rule"等几类,对于该些类别的区别与种类,可参见 Statutory Instruments Act 1992 (Queensland)中有关条款的说明。

表 7-1　有关法律法规名称及其相关术语

基本法	国务院条例或地方法规	司法解释的意见；批复；办法；决定①	通知、转发、批转、印发、发布
Act	Regulations, Ordinance, ②by-law③	Opinion, ④approval, rule 或 decree, decision	Notice, transmit, ⑤ approve and transmit, print and distribute, ⑥ promulgate

2. 在结构上，可采取"主题词+Act/Ordinance/Regulations, etc."的模式。

由于"……东方人与西方人之思想方式有基本分歧，东方人重综合，重归纳，重含蓄；西方人重分析，细微曲折……"⑦，这种思维方式的差异决定了英汉语两种语言形式的差异。具体而言，英文中大量使用由动词派生的抽象名词或名词词组，这种情况在科技、法律、政治等文体中尤其如此。⑧ 例如：

---

① 在诉讼进行中，为了保证人民法院能够公正地审理民事、经济纠纷案件，维护正常的诉讼秩序，正确处理人民法院内部的工作关系，对诉讼中发生的某些特定事项作出职务上的判定，称为民事决定。但作为法律具有普遍效力的是最高人民法院和最高人民检察院所作的决定，在翻译时可译为 Decision。

② "条例"是国家机关制定或批准的规范性文件的名称之一。在我国，有些只规定某一类事项的法律称"条例"，如由全国人民代表大会常务委员会通过的《中华人民共和国治安管理处罚条例》。国务院制定的对某一方面的行政工作作比较全面、系统的规定的行政法规也称"条例"，如《中华人民共和国道路交通管理条例》。在中国香港特别行政区，这类法律一般译为"条例"（ordinance），例如：Emergency Regulations Ordinance (to confer on the Chief Executive in Council power to make regulations on occasions of emergency or public danger)，而将 Act 译为"法令"。在英美法系中，Ordinance 和 Regulations 可替换使用。

③ bylaws 可以为地方性立法，参见 Site Alteration By-law (C. P. -1363-381—Consolidated May 1, 2012), This by-law is printed under and by authority of the Council of the City of London, Ontario, Canada。

④ 如《最高人民法院关于贯彻执行〈中华人民共和国民法通则〉若干问题的意见（试行）》的中国版和美国版译法中用的都是"Opinions of…"，与英美法系的 dissenting opinion 和 concurring opinion 中的 opinion 意思大致相同。

⑤ 例如，Once these steps have been concluded, the Executive Order is presented to the President for his signature. The White House clerk then transmits the signed Executive Order to the Office of the Federal Register for numbering and publication.

⑥ 参见"上海法规"官方网站及《上海市人民代表大会常务委员会公报上海市人民政府公报汇编（英文版）》中的相关内容。

⑦ 傅雷：《致罗新璋论翻译书》，载刘宓庆主编：《文体与翻译》，中国对外翻译出版公司 1985 年版，第 521 页。

⑧ 王建：《法律英语中的名物化结构及其汉译探析》，载《山东外语教学》2005 年第 6 期；刘玲慧：《静态与动态——英汉用词差异及其翻译》，载《西南政法大学学报》2010 年第 1 期。

a one court entry system;

a new case flow management system;

leave entitlements;

a new in-court arbitration system;

the new small claims arbitration limit。

英语中复合名词的结构是向后建构(constructed backward),故在阅读上述例子时应先将冠词、第一个形容词、最后的名词搭配,以此类推。上述表述就可理解为:

a system of entry through one court;

a new system of management of the flow of case(s);

entitlements to leave;

the new system of arbitration in-court。

a new limit for the arbitration of small claims;

英语中用名词(词组)直接做前置定语修饰另一个名词的这种名词优势或静态倾向①,在法律法规名称 short title 的表达上更加突出,即常用"n1+n2(+n…n)+ Act/Ordinance/Regulations/Order/Rule,etc."的结构模式。例如:

Food Export (FDA) Regulations (加拿大);

Crown Attorneys Act (加拿大);

Commonwealth's Attorneys Act (美国肯塔基州和弗吉尼西州);

Real Property Attorneys Act,Public Attorneys Act (美国犹他州);

Patent Attorneys Act (奥地利);

Exclusive Economic Zone and Continental Shelf Act(1998)(美国);

Territorial Sea,Contiguous Zone,Exclusive Economic and Fishery Zones Act (Dominica);

Children and Young Persons (Care and Protection) Act 1998 (NSW);

Protection of Children (Scotland) Act 2003;

---

① 以英语为母语的西方人习惯于用弱化动词和虚化动词结构来代替单个动词的直接表达,弱化动词和虚化动词以静态的形式间接地将动作概念娓娓道来,致使英语呈静态特征。参见连淑能:《英汉对比研究》,高等教育出版社 1993 年版,第 113 页、第 117 页。

Children and Young Persons (Protection from Tobacco) Act 1991;

Veterinary Drug Evaluation Fees Regulations。

以上范例都采用了“调整对象+法”的模式，表述简洁明了，利于法律法规的检索。

令人遗憾的是，中文的法律名称尽管也表达为名词作定语的偏正结构，如“贸易合同、部门法、公司法、检察官法”等，但在英译该类名称时，汉语的“名词+名词”结构并未对译者产生影响，现有英译本中大量使用了“Law/regulation/decision on/of...of PRC”的表达结构。因此，不妨援用英文的“n1+n2(+n···n)+ Act”的结构模式，将上述译例改译如下：

《中华人民共和国执业医师法》：Licensed Doctors Act of the PRC;

《中华人民共和国专属经济区和大陆架法》：Exclusive Economic Zone and the Continental Shelf Act of the PRC;

《中华人民共和国领海及毗连区法》：Territorial Sea and Contiguous Zone Act of the PRC;

《中华人民共和国法官法》：Judges Act of the PRC;

《中华人民共和国检察官法》：Public Procurators Act of the PRC;

《兽药管理条例》：Veterinary Drugs Regulations Ordinance;①

《出口食品生产企业卫生注册登记管理规定》：Food Export Sanitary Registration Regulations(原译文未使用复数形式)。

由于法律的调整事项或适用对象才是人们关注的重心，故而应凸显主题，翻译时不妨尊重英语的这种表述习惯，方能让人一看就知道该法的内容，便于查找法律法规。②

3. 须考虑中西方文化差异而适当调整相关内容。

如前所述，法律法规主要可分为授权性规定和义务性规定。授权性的规定

---

① 参照中国香港特别行政区的“Emergency Regulations Ordinance”：On any occasion which the Chief Executive in Council may consider to be an occasion of emergency or public danger he may make any regulations whatsoever which he may consider desirable in the public interest.

② 笔者曾在全国人民代表大会网站上查找法规，由于法律名称都是以 law/regulations 开头，主题词非常不明确，故在查阅有关法律时较为不便。《美国法典》50 卷则是按照调整事项的首字母进行排列的，利于查找相关法律。

一般采取"(适用范围)+主题词(内容或调整对象)+法规(文种)"的表达方式,如《中华人民共和国婚姻法》《中华人民共和国律师法》《中华人民共和国刑事诉讼法》《中华人民共和国未成年人保护法》《全民所有制小型工业企业租赁经营暂行条例》等。对于这类法律法规名称,照原文意思并按照英美法系的表述进行直译则可。

义务性规定则往往采取"(适用范围)+(显性或隐性禁止性的标记词)+主题词(内容或调整对象)+法规(文种)"。如果在中文法律法规名称里使用了"防止、反对、禁止"等字样,表明某种行为系违法或犯罪行为(如《中华人民共和国反不正当竞争法》《厦门市禁止赌博条例》《中华人民共和国水污染防治法》等),而英语法规名称中也使用了"against,no,anti-"等表示"防止"或"禁止"的字样,则在翻译时可套用目的语中的类似结构进行处理。例如:

Martin's Anti-cruelty Act:《禁止虐待动物法》(或《动物保护法》,因该法的目的是禁止虐待动物);

Protection from Harassment Act:《骚扰防治法》/《反骚扰法》;

No Electronic Theft Act (NET Act)(1997):《反电子盗窃法》(或《电子盗窃防治法》);

Collections of Information Anti-piracy Act:《信息汇集反仿冒法》。

但英美法系中也有大量法规名称并未使用"against,anti,no"等表示义务或禁止性规定的字样,在汉译时亦须凸显其立法宗旨和意图。例如:Theft Act//Riot Act//Defamation Act//Immorality Act//Bubble Act,如果按照字面意思进行翻译,这些法律可分别译为《盗窃法》《暴动法》《名誉诽谤法》《不道德法》《诈骗法》。但上述的立法目的和宗旨是防止和惩治这些犯罪行为,故在翻译时应添加一些表示立法宗旨的词汇,如"反对、严禁、惩治"等。就"N1+N2"这种结构而言,其主要意思就是"某人(事)在何时/何地/以某种方式/做何事或具有何种功能"。[①] 因此,Riot Act 理应译为《反暴乱法》或《暴乱防治法》;Bubble Act 是英国旨在取缔"非法"商业活动的一部议会法,禁止"在未经议会

---

① 例如,paper boy 为"报童"(卖报之人),flower girl 为"卖花女郎",ferry man 为"艄公"(在渡口工作的人),night man 为"守夜人"(晚上值夜之人,淘粪工),child bride 为"童养媳"(孩提时便成为新娘),dog meat 为"狗粮"(用于喂狗之肉),riot police 为并非"暴动警察"而是"防暴警察"。

或国王授权的情况下,成立像公司实体那样的联合体,并使其份额可转移和让渡”,故不妨译为《金融诈骗和投机防治法》或《反金融诈骗和投机法》;Immorality Act 是南非的一部推行种族隔离的立法,其宗旨是禁止在白人和黑人之间存在任何性关系,以维护白人的特权地位,故可译为《禁止异族间通婚和性行为法》。类似地,Theft Act 可译为《反盗窃法》或《盗窃罪惩治法》,Defamation Act 则可译为《反名誉诽谤法》《名誉诽谤防治法》或《名誉保护法》。而 Competition and Fair Trading Act 的目的是维护正当的竞争,反对垄断,故可分别译为《公平竞争法》或《反不正当竞争法》。可见,在法律法规英译时,应考虑各种因素而作相应调整。

4. 针对非基本法中的由某部门发布却由另一部门转发,或者某某部门关于某某事项的通知/解释/决定等,可套用英美法系非基本立法的有关格式。

除基本立法外,我国法律中有大量由部委或地方政府颁发的规范性文件,其名称中含有“通知”“转发”“批转”“印发”“发布”等词。这类法规的名称具有中国特色,在国外难以找到类似的表述,故其译文冗长,难以理解。例如:

《最高人民法院、最高人民检察院关于办理妨害武装部队制式服装、车辆号牌管理秩序等刑事案件具体应用法律若干问题的解释》:Interpretation of the Supreme People's Court and the Supreme People's Procuratorate on Several Issues concerning the Specific Application of Law in the Handling of Criminal Cases about Disrupting the Order of Management of Uniforms and Vehicle License Plates of Armed Forces(2011);

《中国银监会办公厅关于印发〈银监局开展客户风险信息共享工作指导意见〉的通知》:Notice of the General Office of the China Banking Regulatory Commission on Issuing the Guiding Opinions on the Sharing of Client Risk Information of Local CBRC Offices(2008)。

而英美法系中的类似法律文件常根据拟调整事项(subject matter)进行分类。以《美国食品药品管理局食品安全和应用营养中心关于膳食补充剂健康和教育法(1994)》为例:

U. S. Food and Drug Administration

Center for Food Safety and Applied Nutrition December 1, 1995

DIETARY SUPPLEMENT HEALTH AND EDUCATION ACT OF 1994

该例是根据发布机构的大小进行排列，其内容也单列，并采用特定方式予以凸显（全大写），故而其结构和内容一目了然。在援引（citation）这类法规时，一般只引用其核心内容“DIETARY SUPPLEMENT HEALTH AND EDUCATION ACT OF 1994”而省略其发布者。再如：

The White House

Office of the Press Secretary

For Immediate Release　　September 09, 2011

Executive Order—Developing an Integrated Strategic Counterterrorism Communications Initiative

该名称在表述上也是首先列出发布机构（从大到小排列），而后列明发布日期，最后是具体内容。美国联邦航空航天局（the FAA, Federal Aviation Administration）发布的“Unmanned Aircraft Operations Notice”也不例外，采纳了类似的结构：

NOTICE　U. S. DEPARTMENT OF TRANSPORTATION

FEDERAL AVIATION ADMINISTRATION

Air Traffic Organization Policy

上述表述方式对法规英译具有一定的指导作用。例如，《最高人民法院、最高人民检察院关于办理妨害武装部队制式服装、车辆号牌管理秩序等刑事案件具体应用法律若干问题的解释》可译为：

The Supreme People's Court and the Supreme People's Procuratorate

××(month)××(date), 2009

Interpretation—APPLICATION OF LAW TO CRIMINAL OFFENSES IN VIOLATION OF REGUALTIONS AS REGARDS THE MANAGEMENT OF UNIFORMS AND VEHICLE LICENSE PLATES OF ARMED FORCES

即在第一行列出发布命令的机构的名称(最高人民法院和最高人民检察院),第二行列出发布该法令的时间,在第三行则首先标明该法规的类型或性质(司法解释,用黑体标示),然后用破折号引出该司法解释的具体内容(用大写字母标示),其内容自然一目了然。类似地,《中国银监会办公厅关于印发〈银监局开展客户风险信息共享工作指导意见〉的通知》亦可改译如下:

China Banking Regulatory Commission

General Office, 2008

Notice—Printing and Issuing GUIDING OPINIONS OF LOCAL CBRC OFFICES ON THE SHARING OF CLIENT RISK INFORMATION

如此一来,该法规的发布者(证监会办公厅——General Office, China Banking Regulatory Commission)、文种(通知——notice)、通知的内容(印发某个文件)、拟印发的文件(《银监局开展客户风险信息共享工作指导意见》,用大写字母标示)等具体信息就一清二楚。

二、具体条款名称的翻译

在其"Legislative Section Headings: Drafting Techniques, Plain Language, and Redundancy"一文中,尼克·霍恩(Nick Horn)对英文条款名称的意义和功能做了以下概述:

"How do legislative section headings work? They are presumed to help readers of legislation find what they need to know faster, and understand it more easily when they find it. This paper sets out some rules and techniques that drafters can use to maximize the (presumed) effectiveness of section headings. The distinction between the effect of section headings on access to the law by primary users, and their effect—or lack of it—on the meaning of the law for official interpreters, is questioned. The empirical evidence, such as it is, for the effectiveness of section headings for primary users is described. Three modes of operation are distinguished: vertical (descriptive), horizontal (structural), and a third dimension in which section headings are framed as questions. In the horizontal mode, one particular type of section heading, the 'divided heading', is discussed in detail.

The redundancy involved in section headings and other devices used to assist primary users to access and understand legislation is discussed and defended. The legal or interpretative effect of section headings is briefly outlined and Professor Ruth Sullivan' s approach to interpretation based on indications of meaning, which can be proved in evidence rather than taken on judicial notice, is described and related to the discussion of section headings. "①

即类似于法律的 long or short title(详称与简称),条款名称亦具有概括本条款的内容之功能。具体而言:

第一,表明这些条款的内容具有相关性(Use headings to indicate that material in a series of section is related)。例如:

2.3 Board of directors: Appointment.

2.4 Board of directors: Term of office.

2.5 Board of directors: Duties.

上述三个条款调整的事项具有关联性,即关于董事会的人选任命、任期及其职责。

第二,表明一系列相互关联的事项由一个条款调整(Use headings to indicate that a group of related subjects is treated together in a single section)。例如:

2.6 Filing complaints; time limits; action by the Board.

上例说明,董事会起诉、时效及诉讼这三个行为,均受第 2.6 条规范。

第三,条款名称只能达至"条"这一级(Use headings only down to the section level of your regulations)。即只有条(section)和款(subsection)这一级才会有条款名称,项(paragraph)这一级一般不使用名称;即便在"项"这一级使用名称,该名称也不会在目录(table of contents)中列明,但影响读者对条款重要信息理解者除外。例如,《美国联邦行政法典》(CFR, Code of Federal Regulations)就在"项"这一级使用条款名称。例如:

---

① Nick Horn, "Legislative Section Headings: Drafting Techniques, Plain Language, and Redundancy", *Statute Law Review* 32, 2011, pp. 186-208.

2.10 Retain information 10 years.

(a) The 10-year rule.

(b) Exceptions:15-year rule when younger sibling is endangered.

在该例中,(a)与(b)乃是"项",分别有其名称,但该"项"的名称并未出现在该法规的目录中。

可见,英美法律中的条款名称类似于广告、新闻或标语中那些引人注意的字、措辞或短句(a catch line)。这种描述性的名称体现了法律条文在排列上的逻辑性,从而有助于读者快速找到欲适用的具体规定。就形式而言,这类条款的名称往往言简意赅,采用不完整的词句(如名词性或动名词短语)抑或句子。具体而言:

(1)"adj.(包括 V.-ing,V.-pp.)+名词"、动名词或者"名词+whiz deletion 做后置定语"。对于这类结构,可根据修饰语与中心词的逻辑关系恰当处理。例如:

Overriding objective (基本目标);

Personal service (直接送达);

Decision-making [决议(决策)(《建立世界贸易组织的马拉喀什协议》第九条)];

Misleading statement and omission (误导性陈述与未陈述);

Filing and serving written evidence (书面证据的提交与送达);

Certification filed with complaint (与诉状一并提交的书面证明)。

(2)名词+介词(of/about/in/to/on/for etc.)+名词。对于这类名物化结构,可还原为动作、过程或状态或译为汉语的偏正结构或名词化结构,以体现其间的主谓或动宾等逻辑关系。例如:

Application and interpretation of the rules (规则的适用与解释);

Application by defendant for service of a claim form (被告提出的向其送达诉讼文书的请求);

Service of documents (文书送达);①

① 究竟是"文书的送达"、"文书送达"抑或"送达文书"为好?《中华人民共和国民事诉讼法》中并未使用"的",如"直接送达、公告送达、送达日期、送达回执",故译为"文书送达"为宜。

Address for service（送达地址）；

Security for payment of costs in class action（集团诉讼费的支付担保）；

Determination of public interest（公共利益的认定）；

Restriction on settlement under seal（对封印和解协议的限制）。

(3)不完整的句子。这类结构为数不多,在翻译时译为短语为宜。例如：

Rules about service apply generally（送达规则的适用范围）；

Who is to serve（送达人）；①

How To Start Proceedings—The Claim Form（诉讼程序的启动—诉讼格式）。

(4)名词+定语从句。该结构实为一个名词结构,故可依据定语从句的译法进行处理。例如：

Rule 88. Procedure where defendant objects to use of Part 8 procedure（被告反对适用第 8 部分程序时应适用的程序）；

Rule 104. Notice to claimant that defendant has filed an acknowledgment of service（致原告被告已提交送达认收书之通知）。②

(5)(名词+介词+)名词+动词不定式。该结构中的动词不定式短语做定语,可根据其与中心词的逻辑关系进行处理。例如：

nature of party to be served（受送达人的性质）；

motion to dismiss（驳回诉讼之请求、驳回起诉的动议）。

(6)名词+名词。可视情况译为汉语的联合结构或偏正结构。例如：

commission rules and enforcement（委员会的规则及其执行）；

management assessment of internal controls（管理层对内部控制的评价）；

audit partner rotation（审计合伙人的更换）；

Loss causation—In any private action arising under this title, the plaintiff shall have the burden of proving that the act or omission of the defendant alleged to

① 学生曾将其误译为“受送达人”(其英文应为 who is to be served),送达人指送达文书之人。

② 由于该定语结构太长,如译为前置定语则略显太长,故有学者采用“的”字句,将其译为“被告提出送达认收书的,法院通知原告”。该表述若放在其他语境也未尝不可,但由于条款的名称一如法规名称,应言简意赅,且常为名词结构,故改译。参见《英国民事诉讼规则》,徐昕译,中国法制出版社 2001 年版,第 52 页。

have violated this title caused the loss for which the plaintiff seeks to recover damages[①](行为与损失间的因果关系)。

(7)混合结构,即包含上述的几种结构。这类结构最为复杂,在翻译时须补充有关信息,方能使译文妥当。例如:

Authority to enter an order requiring an accounting and disgorgement(责令陈述与返还非法所得的权力);

Rule 14.6　Admission of liability to pay whole of claim for unspecified amount of money(对不特定金额全部赔付责任的认可);

Rule 14.7　Admission of liability to pay claim for unspecified amount of money where defendant offers a sum in satisfaction of the claim(对不特定金额赔付责任的认可——被告提出为满足原告诉讼请求而给付一定金额的款项);[②]

...No Right Of Priority Or Benefit Of Earliest Filing Date.—A provisional application shall not be entitled to the right of priority of any other application under section 119 or 365(a) of this title or to the benefit of an earlier filing date in the United States under section 120,121,or 365(c) of this title...[③](不享有优先权或在先申请日利益)。

上述表述模式无疑对我国法律条款名称的英译具有指导作用。但须注意的是,我国法律一般不设条款名称(名称只达"节"这一级),条款名称更不会在法律的目录中列明,这一点与英美法"目录里含有该条款名称"的做法迥异。例如,《中华人民共和国民法通则》《中华人民共和国刑法》等法中,均只在"条款"的上级单位如"节、章、部分"等中使用类似 section heading 的章节名称,故对条或款设定一个名称系对外国法律表述模式的借鉴。上海市开创先河,在其地方性法规的英文版中设立条款名称,但这类法规数量不多,到目前也只有十

① 根据本编提起的任何私人型诉讼中,原告应承担举证责任,证明被告的作为与不作为违反了本编的规定并给原告造成损失,原告因此可请求被告支付损害赔偿金。

② 参见《英国民事诉讼规则》,徐昕译,中国法制出版社 2001 年版,第 68 页。

③ 35 U.S.C.111　Application. 该条款的译文为:……本卷第 119 条或第 365 条(a)所述的优先权,或本卷第 120 条、第 121 条或第 365 条(c)所述的美国在先申请日利益,不适用于临时申请……

部左右。但是,在这些为数不多的条款名称的英译文中,却存在大量误译,这就为条款名称的英译提供了反面教材。故在翻译条款名称时,须考虑下列因素,方能符合目的语的表述习惯:

第一,法律法规的条款名称不能译为 section title,而应译为 section heading。笔者在教学中注意到,学生受英美法系 long title 和 short title 这类表述的影响,认为“条款的名称”理所当然应该为 section title,且如此理解者不乏少数。

第二,注意条款名称与条款内容相吻合。例如:

原文　第一条　(制定目的和依据)根据《×××保护条例》,结合本市实际情况,制定本规定。

译文　Article 1　(Purpose and basis) The present Provisions are...[①]

原文系立法时未设条款名称,故而用括号予以补充,那译文中增加括号的做法,则纯粹违反标点符号的使用规范,遍查文献后均未找到英美法系的条款名称的类似表述方式。此外,该条款内容中只说明了制定本规定的“立法权源”,并未说明其立法目的,故原文的条款名称与译文内容有出入,进而导致译文失误,不妨改为:Article 1　Legislative basis. —...

第三,条款名称的书写格式与标点符号的使用应符合有关规范。如前所述,英美法系国家中一个条款主要调整一个事项或一系列有关联的事项,在表达模式上可分为下列两类:(1)大写第一个字母,并在最后一个单词后使用句号;(2)首字大写或全部大写的方式。例如:

CHAPTER 18—PATENT RIGHTS IN INVENTIONS MADE WITH FEDERAL ASSISTANCE

Section 200　Policy and objective.

(35 USC Patent)

Purpose

2. The purpose of this Act is to extend the present laws of Canada that protect

① 参见 1997 年上海市《基本农田保护的若干规定》的中英文版。

the privacy of individuals with respect to personal information about themselves held by a government institution and that provide individuals with a right of access to that information. ①

在汉译英时,可以参照其中一种表达方式,但应在整个文本中保持一致。

第四,切忌按照汉语表述进行机械对译。法律名称翻译中存在的机械对译现象在条款名称翻译中也颇为突出。例如:

原文 第四十条 施行日期

译文 Article 40 Date of implementation (应改译为:Effective date.);

原文 第三条(有关用语含义)

译文 Article 3 (Definition of Following Terms used in the present Procedures)(如是对译略显冗长,可改译为"Article 3 Definitions"更为言简意赅);

原文 第三十二条(罚则)

译文 Article 32 (Provisions of Punishment)(可改译为:Article 32 Penalties.);

原文 第三十三条(执法程序)

译文 Article 33 (Procedures for Implementation of the Present Provisions)(该译文也属于机械对译,可改译为:Article 33 Enforcement Procedure.)。

第五,单复数和冠词的使用应符合英语语法规则。条款名称的英译文中常使用定冠词,例如:

原文 第一章 刑法的任务、基本原则和适用范围

译文 Chapter I The Tasks, Basic Principles and Scope of Application of the Criminal Law;

原文 第三章 刑罚 第五节 死刑

译文 Chapter III Punishment Section 5 The death penalty;

原文 第四章 刑罚的具体运用

译文 Chapter IV The Concrete Application of Punishments。

---

① Privacy Act, R. S. C., 1985, c. p-21.

英美法系中，不仅法律名称中不使用定冠词，条款的名称中也不会使用定冠词。例如：

PURPOSE OF ACT

Purpose

2. The purpose of this Act is to extend the present laws of Canada that protect the privacy of individuals with respect to personal information about themselves held by a government institution and that provide individuals with a right of access to that information.

(Privacy Act, R. S. C., 1985, c. P-21)

Section 6.　Court may withhold report from child.

The court may withhold all or part of the report from the child. Where the court is satisfied that disclosure of all or part of the report to the child would cause the child emotional harm.

上例中，无论是在节的名称中(PURPOSE OF ACT)，还是在其下一级单位的条款名称中(Purpose 和 Court may withhold report from child)，都未使用定冠词。就单复数而言，可根据实际情况而定。以常见的“目的”的翻译为例。如果某法有多个目的，就使用复数，否则就使用单数。例如：

3　Purposes

The purposes of this Act include—(a)...and(b)...and...

(Penalties and Sentences Act 1992)

再如，Marrakesh Agreement Establishing the World Trade Organization(《建立世界贸易组织的马拉喀什协定》)中也使用的是 Scope/Functions/Structure/of the WTO 等条款名称，单复数根据具体语境确定，且均未使用限定词 the 或 a。在翻译时，不妨多参照平行文本。

三、颁布语

颁布语主要包括某法律法规的制定机构、审议通过的时间、该法生效的时间以及核准该立法的国家元首的姓名。该部分与英美法系一样，赋予某项议案法律的效力，对所针对和调整的人和事项产生拘束力。例如：

中华人民共和国食品安全法

中华人民共和国主席令

第九号

《中华人民共和国食品安全法》已由中华人民共和国第十一届全国人民代表大会常务委员会第七次会议于 2009 年 2 月 28 日通过，现予公布，自 2009 年 6 月 1 日起施行。

中华人民共和国主席　胡锦涛

2009 年 2 月 28 日

对于上例中画线部分（表示制定和审议通过该法的机构）的翻译，我国现有的英文译本中略有不同。例如，《中华人民共和国刑法》的英译本中采取下列方式：

Order of the President of the People's Republic of China(No. 41)

The Amendment (VIII) to the Criminal Law of the People's Republic of China, as adopted at the 19th meeting of the Standing Committee of the Eleventh National People's Congress of the People's Republic of China on February 25, 2011, is hereby promulgated, and shall come into force on May 1, 2011.

President of the People's Republic of China: Hu Jintao

February 25, 2011

《中华人民共和国民法通则》的英译本则表述如下：

GENERAL PRINCIPLES OF THE CIVIL LAW OF

THE PEOPLE'S REPUBLIC OF CHINA

(Adopted at the Fourth Session of the Sixth National People's Congress, and promulgated by Order No. 37 of the president of the People's Republic of China on April 12, 1986, and effective as of January 1, 1987)

President of the People's Republic of China: LI Xiannian

April 12, 1986

而《中华人民共和国食品安全法》的英译本中则使用下列方式：

Food Safety Law of the People's Republic of China

Order of the President of the People's Republic of China (No. 9)

The Food Safety Law of the People's Republic of China, which was adopted at the 7th Session of the Standing Committee of the 11th National People's Congress of the People's Republic of China on February 28, 2009, is hereby promulgated and shall come into force as of June 1, 2009.

President of the People's Republic of China: Hu Jintao
February 28, 2009

可见表述各一：或使用 meeting，或使用 session，或使用定语从句(which was adopted...)，或使用 whiz deletion 这一缩略结构(as adopted...)。"第×次会议"应如何翻译？根据《布莱克法律词典》(第 8 版，第 1403 页)的解释，session 是指：

A meeting or series of related meetings throughout which a court, legislature, or other deliberative assembly conducts business in a continuing sequence; or the period within any given day during which such a body is assembled and performing its duties.

即 session 一词常表示立法机构或法院召集连续性的(一次或多次)会议以讨论某一问题，如 the court's spring session，法院在某天开庭审理某个案件就称为"The court is in session"。因此，将××人民代表大会常务委员会的第×次会议表示为"the ×th session"肯定没错。但在国际性法律文件中，也常使用×th meeting 来表示第几次会议，如：7th meeting of EMSA(European Maritime Safety Agency) Administrative Board，以及 7th meeting of the Parties to ASCOBANS (Brighton, United Kingdom, 22－24 October 2012)。可见，the ×th meeting 和 the ×th session 均可用于翻译"人民代表大会第×次会议"。

而对于"在全国人民代表大会第×次会议上通过"的翻译，有学者认为"adopted at the ×th session of the ×th National People's Congress"、"adopted by the ×th session of the ×th National People's Congress"和"Adopted by the ×th session of the ×th National People's Congress"都不妥,因通过该法案并使该法案具有法律效力的是全国人民代表大会,而不是其×次会议,故建议采用"Adopted by the ×th National People's Congress at its ×th session"的形式。① 其实,该认识存在偏差。议案审议机构的确是全国人民代表大会,但不可否认的是,就是在该×次会议上通过了该法案,因此用"Adopted by the ×th session/meeting of the ×th National People's Congress"也不错,因该表述乃是一种立法技巧,即法律拟制(deeming,legal fiction),②即用机构来指代其中的人。国际性法律文件中就不乏"...adopted by the ×th session/meeting of ×× institution"的表述。例如:

UNITED NATIONS EDUCATIONAL, SCIENTIFIC AND CULTURAL ORGANIZATION
Bureau of the Intergovernmental Council for the Information for All Programme (Twentieth Meeting) 4 April 2012 09:30 a. m. —12:30 p. m—2:30—5:30 p. m. —Room XVI Recommendations adopted by the 7th session of the Intergovernmental Council for the Information for All Programme

上例中使用的就是"adopted by the 7th session of ×× Council"这一结构。"PC (USA) Earth Care Pledge adopted by Saint James Session 9/9/12"也使用

① 参见陈忠诚:《〈民法通则〉AAA译本评析》,法律出版社2008年版,第2页。

② 也称为法定拟制。在制定法律时,这种立法技术常用于将本不符合某种规定的行为也按照该规定处理。例如,"An apple,for the purposes of this section,is deemed to be a pear。"法律拟制这种立法技术,在一般人看来无疑是荒诞的,所以蒂尔斯马认为,"From a descriptive stand-point,this is nonsense";"Court"includes every court and judge having jurisdiction in the case (Partnership Ordinance,Article 2),即"法院"包括法官,或者法院就等于法官;"Day-old poultry"is deemed to be"any poultry of an age of 72 hours or less"(New Zealand Poultry Act,1968),即根据该法律拟制,72-hour-old poultry仍可视为是day-old poultry;"A person is an individual,partnership,corporation,limited liability company,association,association,or other group,however organized"(Consumer Legal Remedies Act,California),在该例中,法律语境中的人包括人和机构,而在日常语言中,"人"是不能包括"公司"等机构的。

了类似的结构。

针对该颁布语中的生效时间,鉴于英美法系目前的"复古情结派"和"简明化运动(plain language movement)明晰化运动派"之间的争论尚无定局,是采用"shall be effective"结构(其中的 shall 因既表将来又表义务而备受批判),还是采用一般时态的"comes into force"表述法,则取决于译者的个人喜好。但无论采用哪个结构,其用法应在整个法律语篇中保持一致。

综上所述,可结合主位—述位的推进模式,采取下列两种方式对颁布语进行翻译:

(1) ××× Act, as adopted by the $\times^{th}$ Session of the $\times\times\times\times^{th}$ National People's Congress on (month-date-year/date-month-year), is now issued, and shall come into force as of / on (month-date-year/date-month-year).

(2) ××× Act has been adopted by the $\times^{th}$ Session of the $\times\times\times\times^{th}$ National People's Congress on (month-date-year/date-month-year), is now issued, and shall come into force as of / on (month-date-year/date-month-year).

四、序言

一般而言,只有重要的法律(如宪法)才有序言,①但并非所有国家的宪法都有序言。宪法是否有序言,主要取决于国家的宪法文化和制宪技术。从各国情况看,凡是宪法中有序言的,序言通常用于表达制宪者的制宪目的、制宪理论和政治理念,规定国家的目标和任务,记载重大历史事件,确立法律原则、国家政策等,为宪法的解释、适用和遵守提供背景和指南。而有些没有宪法序言的国家往往在宪法条款中规定其他国家宪法序言中的内容,实际上是把宪法序言分解为宪法条款,如巴西宪法没有序言,但第一章实际上是序言性的规定。

由于序言并非具体的法律规定,有人认为没有效力。其实,由于序言是重要法律的组成部分,具有宏观的施为效力。此外,在那些没有设立序言的法律中,某些章节或条款(如《中华人民共和国刑法》《中华人民共和国民法通则》中

① 鉴于民法在我国日常生活中的重要地位,梁慧星教授就建议在《中华人民共和国民法典》中使用序言。

的立法宗旨部分）实际上扮演着序言的角色，故从逻辑上说序言应具有效力，只是其与法律的行文风格略有不同。

叙事学（narratology）或叙述学，是受结构主义影响而产生的研究叙事的理论。就叙事的角度而言，使用第一人称与第三人称进行叙事有区别。通常我们一般用“视角”指涉感知角度；一个人的感知也涉及对事物的特定看法、立场观点或感情态度。《中华人民共和国宪法》的序言共计1791个汉字，采用的是第三人称的叙事方式，对我国几千年的历史作了简明扼要的回顾，显得非常庄严凝重；相比较而言，美国《联邦宪法》的序言更为简洁明了，只用了52个单词，且采用的是第一人称的叙事方式，①通过使用“We the people of the United States”这种同位语结构而增强亲密感。② 该句话也是历届总统竞选时，以及其他言语者煽情时引用最多的短语，以拉近与听众或观众的距离。网上曾流传下列表述：

“We, the People of the United States of America, reject the U. S. Supreme Court' s ruling in Citizens United, and move to amend our Constitution to firmly establish that money is not speech, and that human beings, not corporations, are persons entitled to constitutional rights.”③

这种叙事方式所体现出的感情态度自然是一目了然：这些言语者意欲使受话人感同身受，从而支持说话人的观点。在英译序言时，可不受法律文体的约束，如能翻译得文采斐然，也未尝不可。

此外，对于各部分的顺序和番号标准，《中华人民共和国立法法》第六十一条也作了明确规定：

法律根据内容需要，可以分编、章、节、条、款、项、目。编、章、节、条的序号用中文数字依次表述，款不编序号，项的序号用中文数字加括号依次表述，目的

---

① 其全文是：“We the people of the United States, in order to form a more perfect union, establish justice, insure domestic tranquility, provide for the common defense, promote the general welfare, and secure the blessings of liberty to ourselves and our posterity, do ordain and establish this Constitution for the United States of America.”

② 其中的“we”类似汉语中的“咱”“我们”，将听话人涵盖进来，如“let' s go”；孩子哭时，妈妈所说的“宝贝，咱不哭”以及朱时茂和陈佩斯演的小品“陈小二”中的“咱爸”等表述，将听话人与说话人之间的距离拉近而形成一种亲密关系。

③ 参见http://cs2pr. us/Rich/28th_Amendment. html，最后访问日期：2020年1月27日。

序号用阿拉伯数字依次表述……①

我国法律正文前的部分与英美法系的类似结构之间存在差异(如表 7-2 所示),在翻译时可据各自的表述规范进行处理:

表 7-2 英汉语言法律结构对比概略

组成部分	英译文	中文番号表述方法	英文番号表示方法
法律名称	Title		
颁布语	Enacting words		
目录	Table of contents②		
编	Division	一	I
章	Chapter	一	1
节	Article	一	1
条	Section	一	1
款	Subsection	中文不编序号	(a)/或者(1)
项	Paragraph	(一)	(1)/或者(a)
目	Subparagraph	(1)	(i)[如目下还有更小的分类,则使用(A)表示]

五、实体部分

该部分是一部法律的核心,其中立法技术运用是否得当,法律语言表述是否准确、科学和规范等,均为审查对象。一般而言,法律或地方性法规的实体部分一般包括总则、分则和附则等内容。在立法实践中,内容比较多的法律草案,包括编章节,上述内容分别安排在相应章节中;内容较少的法律草案和地方性法规草案,则不设编章节,上述内容体现在有关条文中。下面将具体探讨各

---

① 《中华人民共和国民法典(草案)》的结构以潘德克顿(Pandekten)式五编制为基础,但做了适当调整:首先,将规范民事生活关系的规则,以法律关系为标准,划分为物权、债权、亲属、继承四编;其次,采用提取公因式方式从四编内容中抽出共同规则,作为民法典的总则编,形成民法典的总则—分则结构;最后,考虑到新的合同类型和新的侵权行为类型,债权编内容太过膨胀,故将其分解为债权总则、合同、侵权行为三编,由债权总则编统率合同编和侵权行为编,形成双层结构。

② 我国法律法规的英译本中,目录的译文几乎都是用 Contents 表示,但遍观英美法系,均是用"Table of content(s)"表示,不妨采纳该表述。

部分的内容。

（一）总则

总则是法律中开宗明义、统领全篇的部分。一般而言，凡是结构比较复杂，设有“章”这一层次的法律均会设立总则，其内容包括“制定法律或条例的依据、目的、意义、指导思想、基本原则、调整对象、基本概念、适用范围”等，根据情况可分为多少不等的若干条款。这些内容体现一部法律的立法精神，起到“纲”的作用。总则一般独立成章，书写为“第一章　总则”，然后分条撰写。内容过于复杂的，还可在章上分编，第一编为总则，第二编为分则，最后为附则。

“总则”的译法，大致包括 General rules（如《中华人民共和国物权法》的英译本）和 General provisions（如《中华人民共和国刑法》的英译本）。

一般而言，General rules 表示基本的规定，如中国香港特别行政区的 Patent (general) rule 即有关专利的基本规定。使用该短语来翻译“总则”并不妥。

General provisions 意思是“Laws or regulations that apply to all contracts of certain type. Regulations applicable only to a particular contract are called special provisions”，即表示“基本规定”，与“特别规定”相对。由于英美法系与大陆法系在立法模式上存在区别，前者通常在 preamble 里列明立法的宗旨或依据，很少有法律会如大陆法系那样专门设立一个“总则”来说明上述内容。例如，加拿大的 Partnership Act（RSBC 1996）以及英国的 Limited Partnerships Act 1907，均直接在“简称”后列出定义条款、合伙的性质等内容。尽管如此，为数不少的美国法律中也设立“总则”（General Provisions）。[①]

General Principles 则更为通用，如《中华人民共和国香港特别行政区基本法》英文版中就有“Chapter I: General Principles Article 1 ... The Hong Kong Special Administrative Region is an inalienable part of the People's Republic of China”的表述，其他国家的立法中也有类似的表述。

此外，英美立法中也使用“In general”，其下分章、节或条款，涉及释义、简称等内容，表明制定法律的任务、基本原则和适用范围。

---

① 例如，美国《统一商法典》（UCC）也使用的 General provisions，如前所述，该法律并非官方制定，而是一些法律执业者的民间行为，故结合国际经验和惯例以使该法典更具操作性。

1. 立法目的与根据[①]的翻译[②]

德国学者耶林曾将法律的目的视为“在茫茫大海上指引航船方向的‘导引之星’(北极星)”,足见准确了解法律目的的重要性。[③]

对于立法根据(据以制定本法的上位法或有关情况)的含义,不同学者发表了各自的见解,如有学者认为“立法根据,是指立法者立某个法的法律根据和事实根据”,即立法根据包含法的根据和事实根据。[④] 也有人认为,“立法依据是指立法工作依据的法律、政策、事实和理论等。具体来讲,立法依据包括法律依据、政策依据、事实依据和理论依据”。[⑤]

而英美法系中一般单列一个条款来规定立法目的,常采用 SVO 模式,并常用介词短语或不定式表示立法目的,立法依据亦常用介词短语或缩略结构引导。具体而言,可分为下列两种模式:

(1) This Act (by-law, regulations, etc.) is enacted (promulgated, etc.) + to +V. (for the purpose of V.-ing, with a view to V.-ing, etc.)(立法针对的事项+目的)+ in accordance with(权源)。例如:

SECTION I

A. Intent

<u>These regulations are designed and enacted for the purpose of promoting</u> the health, safety, convenience and welfare of the present and future inhabitants of Elbert County, Colorado, by encouraging the proper arrangements of streets, in relation to existing or planned streets and to the Growth Management Plan;

---

① 学者们的学理阐述中使用了“依据”、“根据”和“权源”等表述。由于在众多立法中均采用的“根据……”的表述,加之有的立法中并未说明“权源”,故尽管《辞海》将“依据”与“根据”界定为同义词,本书采用“根据”这一表述。参见梁慧星:《不宜规定“根据宪法,制定本法”》,载《社会科学报》2006 年 11 月 16 日,第 1 版;另参见辞海编辑委员会:《辞海》(缩印版),上海辞书出版社 2000 年版,第 681 页、第 3701 页。

② 我国法律法规并未对条款设立名称,如若设立条款名称,该部分可译为“Purposes; Legislative Basis.”。

③ 了解法律的目的性,对司法解释有着重要的意义。当立法表述有歧义,而用文义解释及其他解释方法得出两个或两个以上不同的解释时,法官可以目的解释方法作为判断依据,即采纳其中最符合立法目的的解释意见。参见梁慧星:《论法律解释方法》,载《比较法研究》1993 年第 1 期。

④ 参见周旺生主编:《立法学》(第 2 版),法律出版社 2000 年版,第 609 页。

⑤ 马春生:《试论地方立法的依据》,载《政府法制》1999 年第 1 期。

providing for adequate and convenient open spaces for traffic, utilities, access of fire fighting apparatus, civil defense, recreation, sites for schools and educational facilities and related structures, light and air; avoiding congested population; minimizing adverse environmental impacts by development, and regulating such other matters as the County Planning Commission and Board of County Commissioners may deem necessary, in order to protect the best interests of the public.（先列明具体的立法事项和根本宗旨）

SECTION 1.0　PURPOSE AND AUTHORITY

1.1　PURPOSE.

These regulations are enacted to promote the general welfare of the Town of Dedham, to protect the health and safety of its inhabitants, to encourage the most appropriate use of land throughout the town, to preserve the cultural, historical and agricultural heritage of the community, to increase the amenities of the town, and to reduce the hazard from fire by regulating the location and use of buildings and the area of open space around them, all as authorized by, but not limited to, the provisions of the Zoning Act, G. L. c. 40A, as amended, Section 2A of 1975 Mass. Acts 808, and by Article 89 of the Amendments to the Constitution of the Commonwealth of Massachusetts.（先列明立法宗旨和权源）

1.2　AUTHORITY.

This Zoning By-Law is enacted in accordance with the provisions of the General Laws, Chapter 40A, and any and all amendments thereto.

（2）"With a view to（for the purpose of）（目的）+ this Act is hereby enacted"，即不列出权源，并将目的状语前置。

我国法律法规中常使用"根据宪法（或其他有关法律）/某法，结合我国或本地实际情况（或同犯罪作斗争的具体经验及实际情况），制定本法（条例等）"的表达模式，但并非必然包含这些要素。与英美法中常采用 SVO 结构不同的是，我国法律的该条款往往采用无主句。因此，不妨参照英美法的上述两种表达模式，调整汉语的主位—述位结构，补充主语但译为省略施事的被动句。

例如：

第一条 为了惩罚犯罪，保护人民，根据宪法，结合我国同犯罪作斗争的具体经验及实际情况，制定本法。

（《中华人民共和国刑法》）

译法 1 Article 1 In order to[①] punish crimes and protect the people, this Law is enacted on the basis of the Constitution and in the light of the concrete experiences and actual circumstances in China' s fight against crimes.

译法 2 This Act is enacted on the basis of the Constitution and in the light of the concrete experiences and actual situations in China' s fight against crimes, in order to punish crimes and to protect people. [②]

译法 3 Article 1 This Law is enacted[③]according to the Constitution in light of the concrete experience and the actual circumstances of China' s fight against crime, in order to punish crime and protect the people. [④]

从主位—述位的推进模式看，原文中的画线部分做主位，"制定本法"为述位，系典型的 VO 句。在翻译成英文时，应考虑到英文的句法结构要求而补充出主语，并根据英汉语中主位—述位结构的通用表述或排列顺序进行调整，以确定是否应按照原文结构顺序进行翻译。译法 1 将原文的主位结构肢解成两个部分，其中一个部分在译文中做主位，而另一部分变成了译文中的述位，使原文信息结构变得混乱。其余两个译文都考虑到"制定本法"是省略了主语，故将原文的主位和述位进行了调换，译之以省略施事的被动句。[⑤]

译法 1 Section 1. With a view to punishing crime and protecting the

---

① 不建议使用 in order to，因其罕用于表立法目的。笔者曾就"in order to"的使用情况对多部英美法系国家的法律进行检索，发现在 Trade Marks Act 1994 以及其他一些国际性公约中都未使用该表述，35 USC Patent 中也只使用三处，而在《建立世界贸易组织的马拉喀什协定》和美国的多数法律中都使用 seeking、with a view to、to 不定式等表示。

② 滕超、孔飞燕：《英汉法律互译：理论与实践》，浙江大学出版社 2008 年版，第 238 页。

③ 有学者因立法中使用 This Act is designed and enacted…的表述而主张把 enact 与 formulate 一起并列使用。该表述略显啰唆，毕竟这两个词并列使用的做法在整个英美法系并不是主流。

④ 对该译文，可参见 http://blog. tianya. cn/blogger/post_read. asp? BlogID = 4212757&PostID = 46062028，最后访问日期：2020 年 1 月 27 日。

⑤ 在英美法系，类似的表示目的或立法依据的规定亦多采取这种方式，只是往往将法律的制定者或发布者表示出来。

public, and in accordance with the the Constitution of the PRC and the concrete experiences and actual situations in China's fight against crimes, this Act is hereby enacted.

译法 2　Section 1.　This Act is designed and enacted for the purpose of punishing crime and protecting the public, as authorized by the Constitution of PRC and based on the experience and situations in China's fight against crime.

上述译法 1 维护了原文的信息结构,译法 2 则更符合英美法系的表述习惯。再如:

第一条　为加强市容和环境卫生管理,创造和维护整洁、优美的市容环境,保障人民身体健康,促进经济发展和社会文明进步,根据有关法律、法规,结合本市实际情况,制定本条例。

(《天津市市容和环境卫生管理条例》)

译法 1　Article 1　In order to reinforce the administration of cityscape and environ-mental sanitation, create and maintain a clean, beautiful cityscape and environ-ment, protect people's health, and promote economic growth, civilization and progress of society, according to relevant laws and regulations, the regulation is formulated.

译法 2　Article 1　These Regulations are enacted in accordance with pertinent laws and regulations and in light of the concrete conditions of this Municipality, with the purpose of strengthening the administration of cityscape and environmental sanitation, creating and maintaining a clean, beautiful cityscape and environment, protecting people's health, promoting economic growth, civilization and progress of society.

本例就信息出发点的维护而言,译法 1 更佳;但译法 2 若将"with the purpose of"改成"for the purpose of"或"with a view to",且在 promoting 前加一个 and,则在推进模式上则更准确。其实,翻译本例时可参照前面所述的表述模式,即先说明本条例拟立法的内容(目的),而后列出其立法权源,最后说明其概括性的目的:

Section 1.　These regulations are designed and enacted for the purpose of enhancing management of cityscape and environmental sanitation, and creating and preserving clean and beautiful city scape of Tianjin Municipality, as authorizd by relevant laws and regulations and based on the specific situations in Tianjin Municipality, in order to protect the health of its inhabitants and to promote economic growth and social civilization.

2. 定义条款

如前所述,英美法系因未采纳大陆法系的法典或法规编排模式,其法律中并未设总则,故其定义条款往往单独作为一个条款,以"Interpretation""Definition(s)""DEFINITION OF TERMS""General provisions and Definitions Applicable To This Code"(The Code of Criminal Procedure of the State of New York)等表示。有时,对于没有总括性条款名称的法律,则常以 Interpretation 或 Definition 作为条款名称,分别对有关术语或概念作出规定,进而说明该法可适用的组织或个人。例如:

INTERPRETATION

Definitions

2. (1)In this Act,

"age of majority", in respect of a child, means the age of majority as determined by the laws of the province where the child ordinarily resides, or, if the child ordinarily resides outside of Canada, eighteen years of age; ...

"appellate court", in respect of an appeal from a court, means the court exercising appellate jurisdiction with respect to that appeal;...

(2)For the purposes of the definition "child of the marriage" in subsection (1), a child of two spouses or former spouses includes

(a)any child for whom they both stand in the place of parents; and

(b)any child of whom one is the parent and for whom the other stands in the place of a parent. ①

而我国大部分的法律都将定义条款安排在总则部分。例如:

---

① Section 1, Divorce Act, R. S. C. 1985, c. 3 (2nd Supp.).

第一章　总则

第二条　本法所称能源,是指煤炭、石油、天然气、生物质能和电力、热力以及其他直接或者通过加工、转换而取得有用能的各种资源。

第三条　本法所称节约能源(以下简称节能),是指加强用能管理,采取技术上可行、经济上合理以及环境和社会可以承受的措施,从能源生产到消费的各个环节,降低消耗、减少损失和污染物排放、制止浪费,有效、合理地利用能源。

(《中华人民共和国节约能源法》)

但定义条款并非必然在总则中出现,有时也会出现在法律的附则中,对有关术语或概念进行解释。例如:

第一百五十三条　本法所称的"不可抗力",是指不能预见、不能避免并不能克服的客观情况。

(《中华人民共和国民法通则》)

此外,在合同领域,一般使用"定义和用语",或称"用语和含义"等名称,在合同的最初几个条款中予以说明。对于定义条款的详情及其翻译,参见本书第八章"法律规范的逻辑结构"的相关内容。

3. 适用范围

适用范围通常与法律的效力相联系。如有学者认为,法律效力通常有两种理解:一种泛指法律约束力;另一种是指法律的生效范围,即法律对什么人、在什么地方和在什么时间适用的效力。[①] 还有学者认为,法律规范的效力,实际上是法律规范的适用范围,即法在什么期间、在什么地方、对什么人有效的问题。法律规范的效力包括应该有的效力和实际拥有的效力。[②] 可见,法律的适用范围即法律的效力范围,包括法律在时间、空间和对人的适用范围。下面将分别对其在英美法系和大陆法系的表达模式及其互译进行探讨。

(1)法律在时间上的适用范围

时间上的适用范围即法律的时间效力,是指法律何时开始生效和何时终止

① 参见沈宗灵主编:《法学基础理论》,北京大学出版社1994年版,第382页。

② 参见卢云主编:《法理学》,四川人民出版社1992年版,第361页。

生效(或失效),以及法律对其生效前的行为和事件有无溯及力的问题。

①法律的生效时间。

法律的生效时间一般根据法律的具体性质和实际需要来确定。通常有以下几种情况:自法律公布之日起生效、由该法律明文规定生效的时间、由该法律规定法律公布后到达一定期限后生效。①

法律的生效时间通常在某法的某个特定条款作出规定。② 在英美法系中,一般是在 Commencement、Effective date 等条款名称下作出规定,或者在"条"的上级单位(如"General provisions and Definitions Applicable To This Code")中予以规定。例如:

COMMENCEMENT

36. This Act shall come into force on a day to be fixed by proclamation. [Divorce Act, R. S. C., 1985, c. 3 (2nd Supp.)] 即于本法宣告之日生效。

Coming Into Force

38. This by-law comes into force on the date of its passage. 即于该法通过之日生效。

General provisions and Definitions Applicable To This Code

§ 963. This Code shall take effect on the first day of September, 1881. When construed in connection with other statutes, it must be deemed to have been enacted on the fourth day of January, eighteen hundred and eighty-one, so that any statute enacted after that day is to have the same effect as if it had been enacted after this Code. (The Code of Criminal Procedure of the State of New York) 即本法典于 1881 年 9 月 1 日起生效。但针对其他成文法进行解释时,本法典须视为于 1881 年 1 月 4 日制定,以使 1881 年 1 月 4 日后制定的成文法在制定时间上晚于本法典而具有同等法律效力。(本例涉及法律效力的时间问题,即如果

---

① 参见李龙主编:《法理学》,武汉大学出版社 1996 年版,第 358~362 页。

② See Jack Davies, *Legislative Law and Process*, 2nd edition, Beijing, Law Press, 2005, p. 167.

新制定的法律与原有的法律出现矛盾,遵循“后法优先”的原则,先制定的法律就失去了效力,所以应变通,将生效日期提前。)

在我国法律中,除了在颁布语中予以规定外,生效时间也常在附则的某个条款(或在不设附则时,在某法的最后一个条款)中予以规定,一般采取“自……日起施行/生效/颁布实施”的表达方式。例如:

第四百五十二条　本法自1997年10月1日起施行……

(《中华人民共和国刑法》)

第三十七条　本法自1985年10月1日起施行。

(《中华人民共和国继承法》)

第七章　附则

第七十二条　本法自2007年6月1日起施行。

(《中华人民共和国未成年人保护法》)

根据相关规定①,我国法律在日期的使用上一般以“时、日、月、年”作为单位计算期间,而且开始的时和日不计算在内,故在“自……日起施行/生效/颁布实施”的表述下,上述例子中的生效日期其实是从第二天开始生效。

哈格德则对英美法中常用的期间的表达方式及其含义进行了总结:

After:不包括开始的日期;

Before:不包括开始的日期;

Within:不包括开始日期但包括结束日期;

By:可包括也可不包括提及的日期;

Between...and...:可包括也可不包括提及的日期;

---

① 《中华人民共和国民法通则》第一百五十四条规定:“民法所称的期间按照公历年、月、日、小时计算。规定按照小时计算期间的,从规定时开始计算。规定按照日、月、年计算期间的,开始的当天不算入,从下一天开始计算。期间的最后一天是星期日或者其他法定休假日的,以休假日的次日为期间的最后一天。期间的最后一天的截止时间为二十四点。有业务时间的,到停止业务活动的时间截止。”第一百五十五条规定:“民法所称的‘以上’、‘以下’、‘以内’、‘届满’,包括本数;所称的‘不满’、‘以外’,不包括本数。”再如,《中华人民共和国刑事诉讼法》第一百零五条规定:“期间以时、日、月计算。期间开始的时和日不算在期间以内……”。《中华人民共和国民事诉讼法》第八十二条规定:“……期间以时、日、月、年计算。期间开始的时和日,不计算在期间内。”《中华人民共和国票据法》第一百零七条规定:“本法规定的各项期限的计算,适用民法通则关于计算期间的规定。按月计算期限的,按到期月的对日计算;无对日的,月末日为到期日。”

From...to/till/until:可包括也可不包括提及的日期。①

《信用证统一跟单惯例》(UCP600)也对有关时间和期间作了以下界定:

Article 3 Interpretations

...The expression "on or about" or similar will be interpreted as a stipulation that an event is to occur during a period of five calendar days before until five calendar days after the specified date, both start and end dates included.

The words "to", "until", "till", "from" and "between" when used to determine a period of shipment include the date or dates mentioned, and the words "before" and "after" exclude the date mentioned.

The words "from" and "after" when used to determine a maturity date exclude the date mentioned.

The terms "first half" and "second half" of a month shall be construed respectively as the 1st to the 15th and the 16th to the last day of the month, all dates inclusive...

(UCP 600)

根据 UCP 600 的规定,当用于表示确定装运期限时,"×月×日止"(to)、"至×月×日"(until)、"直至×月×日"(till)、"从×月×日"(from)及"在×月×日至×月×日之间"(between)包括所述日期,"×月×日之前"(before)及"×月×日之后"(after)则不包括所述日期。

此外,根据陶博的研究,普通法的期间计算有三个规则,其中有一条与本部分所述的日期计算有关,即在普通法系中,日期(day)有两种不同用法:若在表述中使用了 date 一词(如合同中常用的"×× days from the date of delivery...."),则表明从该交货日期发生的当晚 12 时起开始计算期间;如未使用具体的 date[如"three (3) days from delivery..."],则表明自能够交货时开始计算期间。②例如:

Florida law states that a landlord may evict a tenant for non-payment of rent

① Thomas R. Haggard, *Legal Drafting*, Beijing, Law Press, 2004, pp. 268-273.

② 参见[美]陶博:《法律英语:中英双语法律文书制作》,复旦大学出版社 2004 年版,第 174~175 页。

ONLY IF: (1) the tenant fails to pay rent when due, (2) the landlord gives the tenant a written demand for payment of the overdue rent, and (3) the tenant fails to pay rent within 3 days (excluding Saturdays, Sundays, and legal holidays) of receiving the written notice from the landlord.

该例中的“3-day notice”就不包括送达之日,即开始的日期不计算在期间之内,这一点与我国法律关于期间的计算相同。至于 on 和 as of 的用法,很少有人论及。经文献检索后发现,on 一般包括开始的日期,而 as of date 的意思有以下三个:

①Billing term which indicates that the payment terms of the invoice are based on a date other than the date on which the invoice was created. For example, an invoice created on January 15th but marked “as of January 5th” with credit terms of 30 days, would be due on February 5th;

②Date on which an agreement, condition, order, or statue becomes effective or operative;

③Date to which the given data or piece of information applies.

其中的第②项表述法律法规生效或施行的日期,包括被提及的当日。

可见,在期间的计算和日期表达上,英美法系和我国法律存在异同,在翻译时须注意其差异。参照英美法系的表达模式,不妨将生效日期几乎都表述为“×× Act (Code, These Regulations, etc.) shall take effect/takes effect/comes into force on ×(date)×(month)×(year)/×(month)×(date)×(year)”。但在参考该模式时,仍须注意以下几点:

第一,时间表达上的差异。例如,可将 1987 年 4 月 20 日分别译为 20th April, 1987(读成 the twentieth of April, nineteen eighty-seven,英国表达模式)和 April 20, 1987(读成 April the twentieth, nineteen eighty-seven,美国表达模式),即须根据目的语的表述习惯做适当调整。

第二,时态的选择。目前国内外的法律法规几乎都有采纳“shall + take effect/come into force, shall go into effect/shall become effective”模式,但英美法系现行的立法趋势是使用一般现在时。例如:

This Act comes into force on a day to be named by proclamation of the

Lieutenant Governor. 1993, c. 27, Sched.

Effective date

(2) The designation takes effect on the date specified in the regulation. 2001, c. 33, s. 2 (2).

Effective date of terminations

(27) The terminations are effective on the day the Minister is served with the notice.

Review of this Act

55. The Minister may conduct a review of this Act after three years have passed since the day this section comes into force.

中国香港特别行政区的现行立法中亦开始使用一般时态。故在英译时不妨顺应该立法趋势。

第三,表达生效时间时介词的选择。立法中的“从/自……日起施行”常表示“从×日生效”,但不能译为“...takes effect from ×(date)”。此外,应避免使用 before,使用 after 更为妥当;或者直接使用 on 表示“于某一天开始或结束”(a period may be expressed to begin on a specified day and to end with the close of another day),以避免产生歧义。

有人认为,可使用 as of 来表示,因 as of 将 from 与 on 的意思合二为一,既不违背英语语言习惯,又利于保留原文的一致性风格。[①] 尽管根据 Concise Oxford English Dictionary 的解释,“as of/as from”常意指同时发生(used to indicate simultaneous occurrence),[②]但根据 Random House Compact Unabridged

① 滕超、孔飞燕:《英汉法律互译:理论与实践》,浙江大学出版社 2008 年版,第 251 页。

② 参见 https://www. merriam - webster. com/dictionary/as% 20from; https://www. merriam - webster. com/dictionary/as%20of,最后访问日期:2020 年 1 月 27 日。

Dictionary 的解释，该词具有"beginning on; on and after; from"①等意思。可见，该词存有歧义，也应避免使用。

②法律失效时间

与生效时间一样，失效时间除了在颁布语中予以说明外，亦可在附则中列明。法律未设附则的，一般在法律的最后条款规定失效时间。至于失效时间，一般是针对先前的立法，即先前的立法为新法所修订或取代而失去法律效力。通常采用的方式是先表明新法从何时起生效，而后补充说明先前的立法(或其中某些条款)为新法所修订或废止。例如：

第五十九条 本条例自公布之日起施行。1998 年 2 月 25 日天津市第十二届人民代表大会常务委员会第四十次会议通过的《天津市环境卫生管理条例》同时废止。

(《天津市市容和环境卫生管理条例》)

第四百五十二条 ……列于本法附件一的全国人民代表大会常务委员会制定的条例、补充规定和决定，已纳入本法或者已不适用，自本法施行之日起，予以废止……

(《中华人民共和国刑法》)

英美法系也有类似的表述，即以"Amendment of section ×× of ××× Act of 19××","Repeal of section ×× of ××× Act 23 of 19××"，或者"Repeal of ×× ACT"等条款名称列明，而后在该条款中详细说明。例如：

Amendment of section 11 of Act 23 of 1994

12. Section 11 of the principal Act is hereby amended—

(a) by the substitution for subsection (1) of the following subsection…

Repeal of section 12 of Act 23 of 1994

13. Section 12 of the principal Act is hereby repealed. (该例对某些条款的修订和废除作了规定)

---

① Stuart Berg Flexner, *Random House Compact Unabridged Dictionary*, special 2nd edition, New York, Random House, 1996, p. 120.

35.1 (1) Subject to subsection (2), any support order made under this Act before the coming into force of this section may be varied, rescinded, suspended or enforced in accordance with sections 17 to 20 as if the support order were a child support order or a spousal support order, as the case may be… [Divorce Act, R. S. 1985, c. 3 (2nd Supp.)](该例对本条生效前根据本法所发布命令的效力问题作了规定,即可根据具体情况而予以变更、废除或执行)

总体而言,英美法系中表示条款废除或失效的句型大致可分为下列几类(见表7-3):

表7-3 英美法系中表示条款废除或失效的句型分类

条 款	内 容
The second sentence of Section 3.3 (a)	shall be deleted in its entirety and replaced by the following…
The Act/Regulations adopted or enacted in ××(Year)	is hereby repealed.
×× ACT	SUPERCEDES ××× ACT.
The offence of conspiracy at common law	is hereby abolished. (Victorian Consolidated Acts, 321F)
(a) In General-Effective at the end of the 1-year period beginning on the date of the enactment of this Act, the Board of Governors of the Federal Reserve System and each Federal reserve bank	are hereby abolished. (Federal Reserve Board Abolition Act, SEC. 2)

在英译我国法律失效的规定时,不妨参照上述表达模式。

例1 **第五十九条** 本条例自公布之日起施行。1998年2月25日天津市第十二届人民代表大会常务委员会第四十次会议通过的《天津市环境卫生管理条例》同时废止。

(《天津市市容和环境卫生管理条例》)

译文 Article 59 These Regulations shall become effective as from the date of promulgation. The Regulations of Tianjin Municipality on Environmental Sanitation that was adopted at the 40th Session of the Standing Committee of the Twelfth Tianjin Municipal People's Congress on February 25, 1998 shall be abrogated simultaneously.

如前所述,该译文在表达生效日期的方式上存在失误,而且使用从句也不符合法律语言大量使用缩略结构(deletion)的特点,不妨改译为:

Section 59. These Regulations shall take effect on the date after its date of publication. The Environment and Sanitation Regulations of Tianjin Municipality, as adopted by the 40th Session of the Standing Committee of the Twelfth Tianjin Municipal People' s Congress on February 25, 1998, is hereby repealed.

例 2 ……全国人民代表大会常务委员会制定的下列条例、补充规定和决定,已纳入本法或者已不适用,自本法施行之日起,予以废止……

(《中华人民共和国刑法》附则)

译法 1 ...The following regulations, supplementary provisions and decisions which were formulated by the Standing Committee of the National People' s Congress, are already brought into this Law or are not applicable and, from the date of entry into force of this Law, shall be repealed...

译法 2 ...The following regulations, supplementary provisions and decisions enacted by the Standing Committee of the National People' s Congress which have been brought into this law or shall not apply, shall be abolished as of the date of effectiveness of this law...

译法 3 ...The following regulations, supplementary provisions and decisions enacted by the Standing Committee of the National People' s Congress is incorporated into this Act or no longer applicable. Such provisions shall be repealed as of the date when this Act takes effect...①

上述译法均未能厘清原文句子间的因果关系,也忽略了英汉语的行文特点,在时态和句子结构上都存有失误。故而采用 whiz deletion 结构,将条件句后置。试译:

... The following regulations, supplementary provisions and decisions enacted by the Standing Committee of the National People' s Congress shall be repealed on

① 参见滕超、孔飞燕:《英汉法律互译:理论与实践》,浙江大学出版社 2008 年版,第 251 页。

the effective date of this Act, if said regulations, provisions and/or decisions have been either incorporated into this Act or are obsolete thus no longer applicable …

(2)法律在空间上的适用范围

法律空间效力也被称为法律的地域效力,即根据法律的制定机构不同而对全国或某个区域的人和事具有效力。一般而言,国家基于主权原则而对其主权范围的一切人和行为具有管辖权,在表述上一般采取下列几种表现方式:

①在领域内的……活动,适用……法律(法律另有规定的除外)

运用该表述模式,可对主权范围的事项作出规定。

例1 **第八条** 在中华人民共和国领域内的民事活动,适用中华人民共和国法律,法律另有规定的除外……

(《中华人民共和国民法通则》)

例2 **第六条** 凡在中华人民共和国领域内犯罪的,除法律有特别规定的以外,都适用本法……犯罪的行为或者结果有一项发生在中华人民共和国领域内的,就认为是在中华人民共和国领域内犯罪。

(《中华人民共和国刑法》)

上述例子都是以事项或行为作为句子的主语,实则该主语与后边的动词“适用”形成动宾关系。而英美法系中,常采用“某规定(The time limits/provisions/Acts/Regualtions, etc.)适用于(are applicable to/applies to)某种行为(criminal offenses/conduct, etc.)”的表示方式,即典型的 SVO 结构。例如:

RULE CR50. 1 IMPLEMENTATION OF THE SPEEDY TRIAL ACT

…(a) Applicability.

(1) Offenses. The time limits set forth herein are applicable to all criminal offenses triable in this court, including cases triable by magistrate judges, except for petty offenses as defined in 18 U. S. C. §1(3). Except as specifically provided, they are not applicable to proceedings under the Federal Juvenile Delinquency Act (18 U. S. C. §3172)…

General provisions and Definitions Applicable To This Code

§962. This Code applies to criminal actions, and to all other proceedings in criminal cases which are herein provided for, from the time when it takes effect; but all such actions and proceedings, therefore commenced, must be conducted in the same manner as if this Code had not been passed; except that if in any local statute confined, by its terms, to a town or village or to a county or city other than the city and county of New York, any proceeding is prescribed, in addition to those prescribed by this Code and not inconsistent with it, the same shall remain unaffected by it.

(The Code of Criminal Procedure of the State of New York)

上例中均采用"法律适用于行为或事项"这一SVO表述方式。此外,英美法系法律也采用"行为符合或遵守某法"的表述模式。例如:

SECTION 1.0 PURPOSE AND AUTHORITY

1.3 SCOPE.

For these purposes, the construction, repair, alteration, reconstruction, height, number of stories, and size of buildings and structures, the size and width of lots, the percentage of lot area that may be occupied, the size of yards, courts, and other open spaces, the density of population, and the location and use of buildings, structures, and land in the Town are regulated as hereinafter provided.

1.4 APPLICABILITY.

All buildings or structures hereinafter erected, reconstructed, altered, enlarged, or moved, and the use of all premises in the Town, shall be in conformity with the provisions of the Zoning By-Law. No building, structure or land shall be used for any purpose or in any manner other than is expressly permitted within the district in which such building, structure or land is located. Where the application of this By-Law imposes greater restrictions than those imposed by any other regulations, permits, restrictions, easements, covenants, or agreements, the provisions of this By-Law shall control.

在上例中,有关适用范围就是在法律开头的条款中,以列举的方式予以说明。使用的就是"某行为(All buildings...)须遵守(shall be in conformity with)某法(the provisions of the Zoning By-Law)"的表述模式。可参考这两种模式，将上述的例1和例2分别译为：

Section 8. Unless/Except as otherwise provided, the laws and regulations of the PRC apply to any civil activity within the territory of the PRC.①

Section 6. Unless/Except as otherwise provided, this Act applies to any and all criminal offenses within the territory of the PRC…Where a criminal offense or the consequence thereof occurs within the territory of the PRC, the said offense shall be deemed to have been committed within the territory of the PRC/be an offense committed within the territory of the PRC.②

②对……领域（内或外）的人，适用本法（但是……）

该表述模式对法律可适用于人的条件作了规定。法律的对人效力存在两种不同的理论：属人主义，即无论某人是处于国内还是国外，只要该人具有本国国籍即适用本国的法律；属地主义，即以地域为标准确定法律对人的约束力，例如凡是居住在本国领土内的人，无论其国籍是本国还是外国，均受本国法律的管辖。

例1　**第八条**　在中华人民共和国领域内的民事活动，适用中华人民共和国法律，法律另有规定的除外。本法关于公民的规定，适用于在中华人民共和国领域内的外国人、无国籍人，法律另有规定的除外。

（《中华人民共和国民法通则》）

该例中的画线部分就是适用的属地主义，即无论任何国籍的人，只要在我国领域内从事民事活动，都得受本法的管辖。

例2　**第七条**　中华人民共和国公民在中华人民共和国领域外犯本法规定之罪的，适用本法，但是按本法规定的最高刑为三年以下有期徒刑的，可以不予追究……

（《中华人民共和国刑法》）

---

① 其他版本的译文中都使用的是law，笔者译为laws and regulations更合乎法律语言的特征。关于“但书”的表述法，参见本书法律规则的逻辑结构中的有关章节。

② 本书未使用criminal act，也未使用criminal conduct，而是使用的criminal offense，因美国《刑法典》的Article 15. Criminal Offense对该词做了如下定义：“A criminal offense is an unlawful act: that (a) is prescribed as a criminal offense by law; (b) whose characteristics are specified by law; and (c) for which a penalty is prescribed by law.”该规定对刑法中的“罪刑法定原则”(principle of legality)做了很好的诠释。

第八条　外国人在中华人民共和国领域外对中华人民共和国国家或者公民犯罪，而按本法规定的最低刑为三年以上有期徒刑的，可以适用本法，但是按照犯罪地的法律不受处罚的除外。

（《中华人民共和国刑法》）

例 2 对本国人在中华人民共和国领域外犯罪以及外国人在中华人民共和国领域外对中国人和中国所实施犯罪的法律适用问题作了规定。大陆法系国家与英美法系国家在立法中也大多采取类似的规定。以芬兰的 The Penal Code of Finland 2003 为例：

Chapter 1—Scope of application of the criminal law of Finland (626/1996)

Section 1—Offence committed in Finland

Finnish law applies to an offence committed in Finland.

Section 2—Offence connected with a Finnish vessel

(1) Finnish law applies to an offence committed on board a Finnish vessel or aircraft if the offence was committed

(1) while the vessel was on the high seas or in territory not belonging to any State or while the aircraft was in or over such territory, or

(2) while the vessel was in the territory of a foreign State or the aircraft was in or over such territory and the offence was committed by the master of the vessel or aircraft, a member of its crew, a passenger or a person who otherwise was on board.

(2) Finnish law also applies to an offence committed outside of Finland by the master of a Finnish vessel or aircraft or a member of its crew if, by the offence, the offender has violated his/her special statutory duty as the master of the vessel or aircraft or a member of its crew.

Section 3—Offence directed at Finland

(1) Finnish law applies to an offence committed outside of Finland that has been directed at Finland.

(2) An offence is deemed to have been directed at Finland

(1) if it is an offence of treason or high treason,

(2) if the act has otherwise seriously violated or endangered the national, military or economic rights or interests of Finland, or

(3) if it has been directed at a Finnish authority.

…

Section 5—Offence directed at a Finn

Finnish law applies to an offence committed outside of Finland that has been directed at a Finnish citizen, a Finnish corporation, foundation or other legal entity, or a foreigner permanently resident in Finland if, under Finnish law, the act may be punishable by imprisonment for more than six months.

Section 6—Offence committed by a Finn

(1) Finnish law applies to an offence committed outside of Finland by a Finnish citizen. If the offence was committed in territory not belonging to any State, it is a precondition for the imposition of punishment that, under Finnish law, the act is punishable by imprisonment for more than six months.

上例中的几个条款名称就分别对在芬兰领域内实施的犯罪行为、不在芬兰内实施但针对芬兰国或芬兰人实施的犯罪行为以及芬兰人在其他国实施的犯罪行为作了规定。又如：

RULE CR50.1 IMPLEMENTATION OF THE SPEEDY TRIAL ACT

(a) Applicability.

(1) …

(2) Persons. The time limits are applicable to persons accused who have not been indicted or informed against as well as those who have, and the word "defendant" includes such persons unless the context indicates otherwise…

上例也就法律对人的适用问题作了规定。亦可列举法律不适用的情形。例如：

6 Application to children and certain courts

This Act does not apply to—

(a) a child within the meaning of the Youth Justice Act 1992; or

(b) a Children's Court;

except to the extent allowed by the Youth Justice Act 1992. ①

该例对不适用于人的例外情形做了说明。又如：

Part 2 EXEMPTIONS

2. 1 By-law—provisions not applicable—various

The provision of this by-law does not apply;

a) where a regulation made under section 28 (1) of the Conservation Authorities Act respecting the alteration to existing grades and the placing or dumping of fill is in effect;

b) to the placing or dumping of fill or alteration of the grade of land undertaken by any municipality or local board as defined in the Municipal Affairs Act, to a Crown agency as defined in the Crown Agency Act or to Ontario Hydro;

c) to activities or matters prescribed by regulations pursuant to the Municipal Act;

d) in areas that are zoned and draft plan approved for development and a subdivision agreement or development agreement has been entered into between the owner and the City which has been registered against the title of the subject lands and is still in effect;

e) In areas that are under license or permit, issued in accordance with the Aggregate Resources Act;

f) in areas that are not defined as "Environmental Protection Area" by this by-law;

g) to the ploughing of land associated with planting, cultivation or harvesting of agricultural crops, and routine maintenance of existing drains;

h) to routine maintenance activities within established gold courses;

i) to minor activities approved by the Director, Development and Compliance as exceptions; and

j) in areas which do not have "draft plan of subdivision" approval.

[Site Alteration By-law (C. P. -1363-381—Consolidated May 1, 2012)]

① PENALTIES AND SENTENCES ACT 1992.

上述例子也是对该法不适用的情形做了列举。此外,澳大利亚的刑法典也有类似的规定。① 可见,在对人或机构的适用性进行表达时,英美法系采用的是“法律适用于人(机构)/犯罪行为”(law +is applicable to/applies to/have application to/shall govern+activity),或“某某行为受某法调整”两种模式。鉴于此,可将上述例1和例2分别译为:

Section 8. ...Unless otherwise provided, provisions of this Law respecting citizens apply to aliens and stateless persons...②

Section 7. This Act applies to any criminal offense under this Act, committed outside the territory of the PRC by a citizen of the PRC, Provided that, under this Act, the offense may be punishable by imprisonment for less than 3 years. // or: This Act applies to any citizen of the PRC who has committed a criminal offense under this Act, provided that the citizen may be punished by a sentence of imprisonment for a term less than three years. (用“但书”将应适用的条件明确化)

类似地,在英译法律法规时,不妨采取类似的表述方式。

例1 **第二条** 在本市行政区域内从事建设工程的新建、扩建、改建等有关活动,以及对建设工程质量实施监督管理的,必须遵守本规定……

(《天津市建设工程质量管理规定》③)

对于上例中的“必须遵守本规定”或者“适用本规定”,可翻译成“apply to”或“shall govern”,而不必翻译成“must/shall abide by”。试译:

Section 2. These Regulations apply to/shall govern all newly-built, expanded and renovated construction projects carried out in this Municipality and the quality control thereof.

---

① See Criminal Code 2002 (Australia).

② 使用 provisions 而未使用 stipulations,是因为 stipulations 常用于表示协议中的约定。See Bryan A. Garner, ed., Black's Law Dictionary, 8th edition, Thomson West, 2004, p. 1455.

③ 《天津市建设工程质量管理规定》2003年9月10日由天津市第十四届人民代表大会常务委员会第五次会议通过。《天津市建设工程质量管理条例》2011年7月6日由天津市第十五届人民代表大会常务委员会第二十五次会议通过,自2011年9月1日起施行,《天津市建设工程质量管理规定》同时废止。

例2　**第二条**　在中华人民共和国境内从事下列活动,应当遵守本法:

(一)食品生产和加工(以下称食品生产),食品流通和餐饮服务(以下称食品经营)……

(2009年《中华人民共和国食品安全法》)

译法1　Article 2　Those engaging in the following activities within the People's Republic of China shall abide by this Law:

1. food production and processing (hereinafter referred to as food production), and food circulation and catering services (hereinafter referred to as food business operation)...

(中国版)

译法2　Article 2　The following business activities carried out within the territory of the People's Republic of China shall abide by this law:

Food production and processing (hereinafter referred to as "Food Production"); food distribution and catering service (hereinafter referred to as "Food Trading")...

(美国版)

就对原文信息结构的维护这一角度而言,译法2强于译法1,但序列号的标注不符合有关规范。可参考英美法中有关法律适用问题的表达结构而改译如下:

Section 2.　This law applies to the following activities carried out within the territory of the People's Republic of China:

(1) Food production and processing (hereinafter referred to as "Food Production"); food distribution and catering service (hereinafter referred to as "Food Trading")...

(3)法律的溯及力问题

法律的溯及力,即法律溯及既往的效力,是指法律颁布后对它生效以前的行为和事件是否适用的问题。若适用,该法律就有溯及力,若不适用,该法律就没有溯及力。由于法律是一种行为规则,并且只有公布的法律才有可能成为约束人们行为的准则,所以近代各国一般采用法无溯及力的原则,即"法不溯及既往”的法治原则。[①] 例如,美国《联邦宪法》规定,“追溯既往的法律不得通过”。《法国民法典》也规定,“法律仅仅适用于将来,没有溯及力”。《公民权利和政治权利国际公约》(The International Covenant on Civil and Political Rights)[②]第 15 条第 1 款亦规定:

No one shall be held guilty of any criminal offence on account of any act or omission which did not constitute a criminal offence, under national or international law, at the time when it was committed. Nor shall a heavier penalty be imposed than the one that was applicable at the time when the criminal offence was committed. If, subsequent to the commission of the offence, provision is made by law for the imposition of a lighter penalty, the offender shall benefit thereby.

该款禁止溯及既往之刑罚,即“任何人的任何作为或不作为,在其发生时依照国家法或国际法均不构成刑事罪者,不得据此认为犯有刑事罪。所加的刑罚也不得重于犯罪时适用的规定。如果在犯罪之后依法规定了应处以较轻的刑罚,犯罪者应予减刑。”但同时,该条第 2 款又对该禁止性规定的例外情形做了说明:

Nothing in this article shall prejudice the trial and punishment of any person for any act or omission which, at the time when it was committed, was criminal according to the general principles of law recognized by the community of nations.

即规定,“任何人的作为或不作为,于发生当时依各国公认的一般法律原则为有罪者,其审判和刑罚不受本条规定的影响”。这种“法无溯及力”或其例外情形在我国民法、刑法、行政法等方面都有体现。例如:

第九十三条 法律、行政法规、地方性法规、自治条例和单行条例、规章不溯及既往,但为了更好地保护公民、法人和其他组织的权利和利益而作的特别规定除外。

(《中华人民共和国立法法》)

---

① 参见李龙主编:《法理学》,武汉大学出版社 1996 年版,第 358~362 页;张文显主编:《法理学》,法律出版社 1997 年版,第 92~95 页。

② 有人认为 civil rights 不应译为“公民权利”而应译为“人身权利”。参见刘大生:《不确当的命名——评〈Civil 权利和政治权利国际公约〉》,载《云梦学刊》2004 年第 1 期。

第十二条　中华人民共和国成立以后本法施行以前的行为，如果当时的法律不认为是犯罪的，适用当时的法律；如果当时的法律认为是犯罪的，依照本法总则第四章第八节的规定应当追诉的，按照当时的法律追究刑事责任，但是如果本法不认为是犯罪或者处罚较轻的，适用本法。

本法施行以前，依照当时的法律已经作出的生效判决，继续有效。

（《中华人民共和国刑法》）

上述规定都明确说明了我国有关法律的溯及力问题。英美法中也以各种形式对法律的溯及力作出规定。例如：

The provisions of this Code supersede those of the previous editions with effect from 1 January 2000. (INTERNATIONAL CODE OF ZOOLOGICAL NOMENCLATURE, Fourth Edition, adopted by the International Union of Biological Sciences)

从该法的规定看，ICZN 的前三版的所有规定自第四版生效之日起即失效，且过去版本中所公布的科学名称都将在现行版本的语义范围内进行重新界定。但在法律法规的英译过程中，译者往往并未参考英美法系的惯常表述结构，从而导致误译。以《中华人民共和国立法法》第九十三条的译文为例：

Article 93　The laws, administrative regulations, local regulations, autonomous regulations, special rules, administrative rules or local rules[①] do not have retroactive force, with the exception of a special provision made for the purpose of better defending the rights and interests of citizens, legal persons or other organizations.

该译文并未参照法律中"但书"的表达模式，故而未能体现出法律文体特征，故可根据解除条件句的有关表述习惯进行改译如下：

Section 93　Unless otherwise provided to secure better rights and interests of

---

① 这种表述略显啰唆。其实可依据英美法系对法律的分类，即分为（1）Act；（2）statutory instrument（议会授权其他机构制定的规则，也称为 delegated or subordinate legislation。这类法律在 1946 年 Statutory Instruments Act 1946 颁布前称为 statutory rules and orders）（类似于美国联邦政府的行政机构制定的 federal regulations）；（3）by-laws［由地方权力机构制定的法律。只是 by-laws（地方立法）这一表述常用于加拿大、英国以及一些英联邦国家，在美国法律中一般使用"code"，"ordinance"以及"regulations"来表示地方立法］。参见 http://law. duke. edu/lib/researchguides/english，最后访问日期：2020 年 1 月 27 日。又见李荣甫：《法律英语教程》（上册），成都科技大学出版社 1994 年版，第 23～26 页。

citizens, legal persons or other organizations, any and all acts, Statutory instruments or by-laws do not have retroactive effect.

再以《中华人民共和国刑法》第十二条为例。该条款有下列几个译文：

译法 1 Article 12 If an act committed after the founding of the People's Republic of China and before the entry into force of this Law was not deemed a crime under the laws at the time, those laws shall apply. If the act was deemed a crime under the laws in force at the time and is subject to prosecution under the provisions of Section 8, Chapter IV of the General Provisions of this Law, criminal responsibility shall be investigated in accordance with those laws. However, if according to this Law the act is not deemed a crime or is subject to a lighter punishment, this Law shall apply.

Before the entry into force of this Law, any judgment that has been made and has become effective according to the laws at the time shall remain valid.

译法 1 对原文中我国刑法所规定的从旧原则①和从轻原则②做了很好的说明，但译文略显啰唆，并未体现法律文本的特征。

译法 2 Article 12 With respect to a conduct committed after the foundation of the People's Republic of China and before the commencement of this Act, the laws then in force shall be applicable if it is not deemed to be a crime under such laws; if it is deemed to be a crime under such laws, such conduct shall be prosecuted under such laws where it shall be prosecuted pursuant to provisions of Subchapter 8 of Chapter IV in the General Provisions of this Act. However, this Act shall be applicable if such conduct is not deemed to be a crime or is sentenced to a mitigated punishment under this Act③.

The effective sentence rendered under the laws then in force it is before the commencement of this Act shall continue to be given effect.

---

① 从旧原则指的是当某人的犯罪是在新刑法颁布以前，就应考虑适用旧刑法，即行为时的法律规定。

② 即如果适用新的刑法更有利于被告人，如新法不认为是犯罪，或者新刑法处罚较轻，则适用新刑法。

③ 犯罪行为不能被 sentenced，只有人才能被 sentenced，故原译文在理解和翻译上有误。

译法 2 将“判决”改译为 sentence① 并在结构上做了调整，使译文更具可读性，但“conduct…is sentenced to…”不合乎逻辑，因只有行为人才能被处罚（sentenced to a…punishment）；第二款的译法也存在句法错误；此外，时态的使用也有错误；且将“节”译为 subchapter 亦为不妥。根据前面的论述，article 应为 section 的上一级单位；例如：

TITLE 8: Division 1, Chapter 4, Subchapter 4.　Construction Safety Orders

Article 12.　Pile Driving and Pile Extraction

Amend Section 1600(g)(1)(B)as follows:

§ 1600.　Pile Driving.

上例为《美国法典》第八卷中的第一部分第四章第十二节第一千六百条的内容，其中的 chapter、subchapter、article、section 的顺序一目了然；在美国宪法中，article 也被列为 section 的上位词。不妨改译如下：

Section 12.　With respect to any conduct committed after the foundation of the People's Republic of China and prior to the effective date of this Act, the law in force at the time of the conduct shall apply, if the conduct was not deemed to be an offense under the said law, or, if the conduct was deemed to be an offense under the law in force at the time of the conduct and shall be subject to criminal charge under the provisions of Article 8, Chapter 4 of this Act; Provided, however, that this Act shall apply if the conduct is not deemed to be an offence under this Act or the sentence authorized for that offence may be mitigated.

Any effective sentence rendered, prior to the effective date of this Act, in accordance with the law in force at the time of the conduct, shall remain in effect.

---

① 《布莱克法律词典》将“sentence”定义为“[t]he judgment…imposing the punishment to be inflicted, usually in the form of a fine, incarceration, or probation”。See Bryan A. Garner, ed., *Black's Law Dictionary*, 6th edition, Thomson West, 1990, p. 1099. 美国的联邦判决法（Federal sentencing law）中也一贯使用“sentence”一词“to refer to the punishment actually imposed on a defendant”。参见 18 U. S. C. § § 3551 (b) and (c), 3553 (a), (b), (c), and (e), and 3554-3558。但是，尽管从技术层面而言该词可包括各种刑事处罚，但司法界常用该词表示处以“监禁”的处罚。

（二）分则

如果说总则涉及法律法规的立法目的、根据、适用范围、执行原则等，那么分则涉及的是法律法规的具体执行标准、实施措施、执行程序和奖惩措施。总则之后、附则之前的所有内容，都属于分则。分则部分是条例的主体，实质性的规章制度都在分则中表达。分则按照“章、节、条、款、项、目”等进行划分，视内容而定。

对于“分则”的英译，有“specific principles”（如《中华人民共和国刑法》的英译本）、specific provisions（如《中华人民共和国刑法》分则的英译文）等译法。与总则（General provisions）不同的是，分则涉及具体的规定，故不妨译为Specific Provisions。而在刑事领域，可译为specific offenses，因分则就是讨论具体的罪名。对于分则的内容及其翻译方面的问题，参考本书“法律规则的逻辑结构”的相关内容。

（三）附则

附则一般指附在法律、法规主体部分后面的规则，是法的整体中作为总则和分则辅助性内容而存在的一个组成部分，是法律文本的附属部分。

从立法的实践来看，那些在总则和分则中都不合适列入的内容，就放在附则中，即主要针对法律法规的施行时间、有关专门术语的定义或解释、一些未尽事宜以及与过去相关法律的关系等内容作出规定，一般不对实质性内容作出规定，即不对权利与义务作出规定。

如前所述，“附则”可有多种译法，如“Supplementary provisions，Schedule，Annex，Exhibit，Attachment，Miscellaneous provision”等，可根据具体情况进行选择。

而从我国立法实践来看，附则作为法律的附带条款，主要可以对以下内容作出规定：

1. 有关名词、法律概念或术语的定义

对法律法规中的专（行）业名词、术语和需要定性、定量的名词、术语进行必要的解释，可以使有关规定更加准确，便于人们理解和贯彻执行。前面已谈到，在英美法系一般是在文本正文的前部分就在“Interpretation（s）”或

"Definition(s)"的条款下对有关术语或概念进行解释,或者在未设立附则的法律中放在其他部分;在我国的立法实践中,这种解释一般出现在附则中,或其他地方。在翻译某些术语时,须慎重。以《中华人民共和国民法通则》中的术语"以上、以下、不满"为例。

例 1 **第十一条** 十八周岁以上的公民是成年人,具有完全民事行为能力,可以独立进行民事活动,是完全民事行为能力人……

(《中华人民共和国民法通则》)

该例涉及"以上"这一定义的使用。国外有学者认为,在起草法律时应注意"年龄"的表达,因为"The expression of age can be ambiguous at times. The phrase 'older than 18 years old' could mean the day after the 18th birthday or the day of the 19th birthday. When expressing age, the drafter must remember that a person reaches an age on the person's birthday and thereafter is older than that age.① Either the term 'old' or the term 'of age' may be used when referring to a person's age. However, the term chosen should be used consistently throughout a piece of legislation"。② 即单纯的比较级 older than 存在歧义;加拿大的立法手册中也就时间和年龄的表述提出下列建议(见表 7-4):

表 7-4 加拿大立法手册中关于时间和年龄表述的建议

Do not say:	Say:
If an applicant is more than 21 years old,…	If an applicant is 21 years old or older,…
If an applicant is between 21 and 50 years old,…	If an applicant is at least 21 years old, but is younger than 50 years old,…

菲律宾的民法中也有关于年龄与民事行为的规定:"A married woman, twenty-one years of age or over, is qualified for all acts of civil life."因此,例 1 中的"18 岁以上的公民"不能简单地译为"anyone more than 18 years old…",而应根据英美法的表述习惯译为"Any individual who is at least 18 years old…"、

① Robert Martineau and Michael Salerno. *Legal, Legislative and Rule Drafting in Plain English*, West Academic Publishing, 2005, p. 75.

② See *Rulewriting Manual for Utah-Utah Administrative Rules.*

"Anyone who is 18 years old or older/above…."或者"Anyone who is 18 years of age or over"。再如,"申请人于递交申请之日应年满21周岁"可译为"The applicant should be 21 years old or above/older on the date of application"。

例2 **第十一条** ……十六周岁以上不满十八周岁的公民,以自己的劳动收入为主要生活来源的,视为完全民事行为能力人。

(《中华人民共和国民法通则》)

该例中的"十六周岁以上不满十八周岁的公民"能否译为"Anyone who is between 16 and 18"呢?根据法律规定,"不满"不包括本数,"以下"则包括本数,且前面谈及,英语中的"between ×× and ×××"均包括本数,所以不能如是翻译,转而使用less and fewer来表述,因"The term 'less' refers to something that is considered as a mass and applies to quality, size, and amount; while 'Fewer' refers to individual items and applies to number and counting",[①]例如:

The requirements of Subsection (2) apply to a motor vehicle that weighs less than 1000 pounds.

The requirements of Subsection (2) apply to a licensee with fewer than 15 employees.

可见less和fewer这两个术语与我国法律中的"不满"的含义相同,即不包括本数。因此,例中的"十六周岁以上不满十八周岁的公民"就可译为:"A citizen who has reached the age of 16 but not the age of 18""Anyone who is at least 16 years old, but is younger than 18 years old""Anyone age 16 or older but younger than 18""Anyone age 16 or older but not yet 18"[②]等。

对于术语的其他表述模式及其翻译,参见本书后面章节的相关内容。

2. 法律、法规的适用范围

如前所述,适用范围一般放在总则中,但也有少数放在附则中,经常放在附则中的是一些有关"参照适用""比照适用"的规定。例如:

---

① See *The Arizona Legislative Bill Drafting Manual*, 2007, p. 89; *Legislative Drafting Manual for the State of Arkansas*, 2006, pp. 49-50; *Colorado Legislative Drafting Manual* produced by Colorado office of legislative legal services, 2008, pp. 11-18.

② 对此可参照美国各州对发放驾驶证时关于年龄的限制性规定,从而学习有关年龄和时间的表达方式。

第四十三条　机动车在道路以外的地方通行时发生事故,造成人身伤亡、财产损失的赔偿,比照适用本条例。

(《机动车交通事故责任强制保险条例》)

第三十九条　香港特别行政区、澳门特别行政区和台湾地区的保险公司在内地(大陆)设立和营业的保险公司,比照适用本条例。

(《中华人民共和国外资保险公司管理条例》)

对于"比照适用本条例",一般将其译为"These Regulations shall be applicable in analogy to..."; 英美法系中常表述为 apply by analogy。例如:

Article 52 shall apply by analogy to recipients of an invalidity allowance. If the recipient of an invalidity allowance retires before the age of 65 without having reached the maximum pension entitlement, the general rules on retirement pensions shall be applied. The amount of the retirement pension shall be based on the salary for the grade and step occupied by the official when he became an invalid.

Article 2　Scope

2. These regulations apply to the government-funded Bachelor's and Master's degree programmes and may be declared applicable by analogy to other education activities offered by or on account of the university of applied sciences.

320. 6—Suspension for extremely urgent letters.

(3) Except as provided in this paragraph (b)(3), the times and time limits specified in paragraph (b)(1) of this section are not applicable to any locations outside the 48 contiguous states. The times and time limits specified in paragraph (b)(1) of this section are applicable to letters dispatched and delivered wholly within Alaska, Hawaii, Puerto Rico or a territory or possession of the United States. The regulations provided in paragraph (b)(2) of this section relating to the delivery and dispatch of letters are applicable by analogy to letters shipped between these jurisdictions and other nations.

(Title 39 Postal Service)

一些大陆法系国家的立法中则使用"*mutatis mutandis*"这一术语。例如:

Article 31. (3) The provisions of Paragraph 1 shall apply *mutatis mutandis* to a person (except a person who, pursuant to the provisions of the preceding Paragraph 2, need not conduct an environmental impact assessment or follow other procedures) seeking to implement a relevant project by amending information referred to in Article 5, Paragraph 1, Item (2) after a public announcement has been made as required by Article 27...

Sec 121. Transmittal Fee and Search Fee

... (2) Subsection (1) shall apply *mutatis mutandis* to the search fee, the amount of which shall be fixed on the basis of the agreement concluded with the International Searching Authority competent for Switzerland. The Institute shall indicate the amount of the search fee fixed by the International Searching Authority in the Swiss Journal of Patents, Designs and Marks.

综上所述,"……比照适用本条例"可采取"(某法律法规)+ is applicable(/applies/shall apply)*mutatis mutandis*/by analogy to+(某事项或人)."，或"With respect to(某某事项或人),(某某法律法规)applies(/shall apply)by analogy(/*mutatis mutandis*)."的表述方式。例如,上述《中华人民共和国外资保险公司管理条例》第三十九条可译为:

Section 39. This Ordinance shall apply *mutatis mutandis* (/by analogy) to any insurance company established and operated in China's inland (mainland) by insurance companies from Hong Kong Special Administrative Region, Macao Special Administrative Region or Taiwan region.

3. 关于解释权、授权制定实施细则或具体办法的规定

从立法实践来看,解释权一般在法律、行政法规中并未列明,故在此不予讨论。但在附则中,通常会对有权制定实施细则或具体办法的机关予以规定。对于"实施细则",我国法律法规的英文版有不同的译法,如"Detailed Rules for Implementation of..."(如《中华人民共和国外资保险公司管理条例》的英译本)、"RULES FOR THE IMPLEMENTATION OF.... "(如《中华人民共和国邮

政法实施细则》、《中华人民共和国计量法实施细则》的英译本)[①]、"Detailed Implementation Rules for the Regulation On the Administration of Advertising"(如《广告管理条例》)等。这些译法均过于直译。此时,不妨参考国际性法律文件的表述模式。

例如,欧盟于2002年颁布《金融管理条例》(Financial Regualtion,FR),成为欧盟各国金融管理的基本准则。欧盟于2010年开始着手修订该金融管理条例。该条例及其适用规则(Financial Regulation and its Rules of Application)的修订版于2012年生效,其中的实施细则(Rules of Application,RAP)代替了现行的实施细则(Implementing Rules,IR)。该RAP包含更为详细和更具操作性的规则,对FR的日常实施极为重要。该2012年版的条例现为最新的2018年版的Financial Regulation所取代。[②] 欧盟的《交通管理规则》的具体实施细则,使用的也是implementing rules。[③] 菲律宾的官网使用的也是类似表述。

此外,从欧盟的立法议案"Regulation (EU) No 236/2014 of the European Parliament and of the Council of 11 March 2014 laying down common rules and procedures for the implementation of the Union´s instruments for financing external action.[④]"中,也可管窥类似结构的表达方式。在我国类似表述的英译时,不妨借鉴。例如:

第九十三条　国务院根据本法制定实施细则。

(《中华人民共和国税收征收管理法》)

译文　Article 93　The rules for the implementation of this Law shall be formulated by the State Council in accordance with this Law.

既然该实施细则是一个法规名称,而法律法规名称理应简洁明了,故不妨译为:

---

① 中华人民共和国国务院法制局编:《中华人民共和国涉外法规汇编》,中国法制出版社1991年版。

② 参见 https://op.europa.eu/en/publication-detail/-/publication/e9488da5-d66f-11e8-9424-01aa75ed71a1,最后访问日期:2020年1月27日。

③ 参见 http://ec.europa.eu/transport/modes/air/single_european_sky/implementing_rules_en.htm,最后访问日期:2020年1月27日。

④ 参见 https://eur-lex.europa.eu/legal-content/EN/TXT/?uri=CELEX%3A32014R0236,最后访问日期:2020年1月27日。

Section 93.　The State Council may formulate Rules of Application/Implementing Rules under this Regulations.

4. 关于与国际公约、国际条约以及其他法律法规的关系之规定

对于国际公约或条约在我国的适用情况，大致可分为将其转化为国内法律后适用、直接适用或者与国内法有不同规定时适用国际法等几种模式。

例 1　**第九十一条**　中华人民共和国同外国缔结的有关税收的条约、协定同本法有不同规定的，依照条约、协定的规定办理。

（《中华人民共和国税收征收管理法》）

译文　Article 91　If the provisions of the relevant tax treaties or agreements concluded between the People's Republic of China and foreign countries are in conflict with the provisions of this Law, the relevant matters shall be handled in accordance with the treaties or agreements.

该译文几乎是原文的直译对译，如将"依照条约、协定的规定办理"译为"shall be handled in accordance with the treaties or agreements"，在语篇衔接上也不符合语篇的主位—述位推进模式，译文中无端出现的"the relevant matters"让人费解，遂改译：

Section 91.　Whenever there is/In the event of a conflict between the provisions of this Law and those/the provisions of the Tax Treaties or Agreements concluded by and between the People's Republic of China and other countries, the provisions of the Treaties or Agreement shall prevail. ①

例 2　**第九十条**　中华人民共和国缔结或者参加的与固体废物污染环境防治有关的国际条约与本法有不同规定的，适用国际条约的规定；但是，中华人民共和国声明保留的条款除外。

（《中华人民共和国固体废物污染环境防治法》）

译文　Section 90.　If the international treaty regarding the prevention and control of environmental pollution by solid wastes concluded or acceded to by the

① 参照 Patent Cooperation Treaty（PCT）Article 58 Regulations 的相关表述："In the case of conflict between the provisions of the Treaty and those of the Regulations, the provisions of the Treaty shall prevail"。

People' s Republic of China contains provisions differing from those contained in this Law, the provisions of the international treaty shall prevail, with the exception of the provisions that the People' s Republic of China has announced reservation.

该例涉及“保留条款”的翻译，其译文与例 1 的原译文颇为类似，后半部分几乎为机械对译。这种情况比较普遍。在翻译类似条款时，不妨参照有关国际条约中的“保留条款”的通常表述方式。试改译：

Section 90.　In the case of a conflict between the provisions under the present LAW and the obligations under the Convention concerning solid waste pollution prevention, the provisions of the Convention shall prevail; Provided that the People' s Republic of China reserves the right to give effect to certain section (s) of this LAW. ①

5. 关于实施时间、其他不适合在总则和分则中规定的内容

所有的法律、法规，无论是否设立附则一章，都有实施时间的规定。只要设有附则一章，其实施时间一般都会放在附则中予以规定。这一点已在前面部分谈及，在此则不再赘述。

第四节　本章小结

对英汉语立法语篇的宏观结构进行对比后发现，就性质而言，法律法规的宏观结构可分为规范性内容和非规范性内容。具体而言，英汉语法律法规具有“由描写性成分过渡到规定性成分”“由颁布名和/或前言过渡到具体条文”的鲜明语篇特点；此外，英汉语法律法规的宏观结构通常包括总则、分则和附则三部分，采用的是“由宏观到微观”“从总则/分则到条文”“从重要条文到次要条文”的结构安排。这种程式化(formulaic)结构有助于凸显法律规范的庄严性、严谨性和准确性，使法律规范的内涵得到最充分的体现，也便于为条文、专业术

① 此时，不能按照汉语的表述习惯来翻译这种名称，即应使用名词结构进行处理，参见前面法律法规名称翻译的相关内容。

语和概括性词汇设定具体的阐释语境,减少曲解或误解法律条文和概括性词语的可能性。熟悉英汉语法律法规的宏观结构及其各自的表达形式,有助于顺利而熟练地进行法律法规翻译。

There are two things wrong with almost all legal writing. One is its style. The other is its content.

— *Trials and Tribulations—An Anthology of Appealing Legal Humor*, edited by Daniel R. White

第八章　英汉语法律规范的逻辑结构及其翻译

法的微观逻辑结构是法律内部结构中的实质结构。根据《中华法学大辞典》的定义,法律内部结构指的是规范性法律文件的构成要素及其组合方式,包括形式结构和实质结构。规范性文件的形式结构要素可以分为两个不同的层次。其一是指规范性文件所使用的语言文字、符号、数字和其他体现文件结构的手段,如章、节、条、款、项、目的划分等。这一层次的要素可以被称为纯粹的结构形式要素。其二是指规范性文件的名称、制定机关和颁布时间、序言、法律正文、目录及附件等,可以称为一般的结构形式要素。这一点已在本书前面章节中述及。规范性文件的实质结构要素指规范性文件中具有实质意义的内容成分,大致可以分为立法目的或宗旨;普通法律规范,包括假定、处理和制裁;规范性文件的效力范围,包括时间效力、空间效力和对人的效力;实施规范性文件的主管机关;其他有关说明和解释。① 本章将主要探讨法律规范实质要件中的逻辑结构及其翻译。

由于法律英语与法律汉语系属不同的法系,在词汇、法律的宏观结构、法律法规的微观结构,即具体的条文内容等诸多层面上存在显著差异。早在20世纪70年代,威廉·戴尔(William Dale)就曾对以英国为代表的英美法系与法国、德国等大陆法系国家的立法表述进行过对比研究,并对二者之间的差异进行了分析。具体而言,他认为,以英国为代表的英美法系在立法草拟的模式上

① 参见孙国华主编:《中华法学大辞典·法理学卷》,中国检察出版社1997年版,第93~94页。

存在下列特征：

法律的重要命题或原则并未出现在立法中；

几乎所有的法条都有释义条款；

如前所述，所有的条款都是复杂而冗长的句子，字数有的多达几百个字；

大量使用并列结构或重复结构，或大量使用插入结构而使句子表述难以理解，并有失简洁；

大量使用模糊表达而使理解困难；

大量使用解除条件，如“除……外（except where the context otherwise requires）、根据（subject to...）”等插入结构，“但书”条款（proviso）等，从而在某规定出现之前就说明该规则不能适用的情形；

大量使用一些未进行定义或未明确表达的空白表述（blank expression），如 relevant provision、certain act 等，因此在后面须填补该空缺，但此举造成句子结构混乱而难以理解；

对调整的事项采取间接的表达方式，大量使用 provided that、subject to 等排除方式，以及使用离心法（centrifugation），即从句子中心到释义条款转移；

句子结构安排上逻辑性不强，附录太过冗长，在条款中有太多的交叉指示（cross reference），即须参考其他某个法律规定方能确定某个条款的具体内容，从而造成意思表达不明确而有碍理解。

而以德国、法国为代表的大陆法系在立法草拟上则呈现诸多迥异的特征：

对法律拟调整的事项都会进行原则性的规定或说明；

几乎没有专门的释义条款；

就文体风格而言，表述自然平顺，几乎没有长句子；

表述比较紧凑，从一个意思到另一个意思的转移富于逻辑性；

条件句的使用并不如英美法系那样频繁；

表达意思时井然有序，意思表达也清楚明晰，条款结构也简洁明了，比英美法系的法律更易于理解；

其附录部分也颇为简短。①

---

① See William Dale, *Legislative Drafting: A New Approach: A Comparative Study of Methods in France, Germany, Sweden and the United Kingdom*, Butterworths, 1977, p. 135.

国内外不少学者均对英汉法律语言之间的差异进行了研究。[1] 上述结论有助于我们从宏观上理解两大法系的立法结构特点。本章拟主要对英汉语法律规范的逻辑结构的组成部分上的差异进行考察,进而对立法表述上的差异及进行相互转换时的有关注意因素进行探讨。

第一节　法律规范的逻辑结构分类

尽管有人认为法律规范中应只包括前提要件和行为模式两个要素,因现行立法中很多法律规范并不包含法律后果,甚至很多法律规范中没有前提要件,而仅包含一个行为模式,[2]但我国学界普遍认为,法律规范的逻辑结构应包括假定条件、行为模式和法律后果三个要素。[3]

西方学者冈纳森(Gunnarsson)在其研究基础上,区分了下列三种立法条文类型:(1)规定性条文,即规定法律规范的适用范围(如某规范适用于何种条件或范围,类似于我国法学界三分法中的假定);(2)行为条文,包括案情的具体描述,主要规定责任、义务、授予权利、禁止某一(些)行为,赋予某人或团体权力等,类似于我国法学界三分法中的行为模式;(3)定义性规范,用于对词语作出解释和定义。[4] 该分类弥补了我国法律规范分类中未涉及定义条款的缺陷,但却忽略了对行为所持态度或所作评价的法律后果模式这一重要要件。此

---

① 参见宋雷、张绍全:《英汉对比法律语言学:法律英语翻译进阶》,北京大学出版社 2010 年版,第 4~30 页;宋辉:《从英汉语言差异角度谈英语法律文本汉译的逻辑外显》,载《长春理工大学学报(商教版)》2010 年第 3 期;熊德米:《古代法律典籍文化异语传通比较》,载《西南政法大学学报》2018 年第 5 期;夏云、卢卫中:《英汉法律语言接触对中文法律语言变化的影响研究》,载《北京第二外国语学院学报》2016 年第 6 期。

② 刘作翔、马岭:《宪法关系和宪法性法律关系》,载《西北大学学报(哲学社会科学版)》2005 年第 4 期。

③ 参见彭克宏主编:《社会科学大词典》,中国国际广播出版社 1989 年版,第 569 页。

④ See Vijay K. Bhatia, *Analysing Genre-Language Use in Professional Settings*, London, Longman Group Limited, 1993, p. 104.

外,布莱克斯通(Blackstone)、[①]库德[②]等人也对法律规范的逻辑结构进行了探讨。

上述分类尽管各自基于英汉语法律体系,但所概括的语言功能却比较接近。基于上述分类均有不足之处,笔者将采取折中的态度,认为法律规范的逻辑结构应包含假定、行为模式、处罚、定义四个部分,并对各构成要件的表述模式及其翻译进行探讨。

第二节 假定及其英汉互译

一、假定的定义及其分类

假定指适用规范的必要条件,也称为前提条件,其作用在于限定行为模式的适用范围,也就是当事人行使权利或者履行义务必须满足的事实状态,[③]常用条件句表示。每一个法律规范都是在一定条件出现的情况下才能适用,而适用这一法律规范的这种条件就称为假定,其功能是对行为模式的适用范围加以限制。如《中华人民共和国刑事诉讼法》第六十二条:"凡是知道案件情况的人,都有作证的义务……"这个法律规范中,"凡是知道案件情况的人"就是假定部分。在许多情况下,假定部分未明确写出,可以从规范条文中推论出来。如《中华人民共和国婚姻法》第二十四条:"夫妻有相互继承遗产的权利……"这条没有明确写出假定部分,但可以推论出来,即"夫妻一方先亡而有遗产",便是假定。

在传统民法中,法律行为所附的条件是"当事人以将来不确定的事实作为

---

① 他将法律规范划分为四个部分:(1) the declaratory part;(2) the directory part;(3) the remedial part;and (4) the sanction or vindicatory part。See A. Watson-Brown, The classification and arrangement of the elements of legislation, *Statute Law Review* 18, 1997 pp. 32-45.

② 他将立法条文分析为四个构成成分:案情(case)、条件(conditions)、主题(subject)、行为(activity)。库德的分类方法曾引起较多的讨论。关于立法表述的有关要求,参见 V. K. Bhatia, "Translating legal Genres", in Anna Trosborg, ed., *Text, Typology and translation*, Amsterdam, John Benjamins, 1997。

③ 刘作翔、马岭:《宪法关系和宪法性法律关系》,载《西北大学学报(哲学社会科学版)》2005 年第 4 期。

决定法律行为效力的附款"。所谓"决定法律行为效力",指决定法律行为的效力发生或消灭。相应地,传统民法将条件划分为停止条件和解除条件。停止条件指因其成就而使法律行为发生效力的条件,而解除条件指因其成就而使法律行为效力消灭的条件。[①] 西方学者也根据前提条件和行为模式正当性发生与否的关系,将假定分为停止条件(condition precedent,也称为先决条件)和解除条件(condition subsequent)。前者指决定行为模式正当性发生法律效力之条件,后者为决定行为模式之正当性丧失法律效力的条件。[②] 此外,还可根据条件的成就与否和当事人的行为的正当性与否的关系而将条件分为积极条件(以某事实的发生为条件)和消极条件(以某事实的不发生为条件),即前者常用肯定句,而后者常用否定句。[③] 故本书重点探讨停止条件和解除条件的表现形式及其英汉转换。

二、法律英语中停止条件的表达模式

库德认为,可将法律英语的条件句要素分为 case(情况)、condition(条件)、legal subject(法律主体)和 legal action(法律行为),并提出一个典型的模式:

Case:Where any Quaker refuses to pay any church rates,

Condition:if any churchwarden complains thereof,

Legal Subject:one of the next Justice of the peace,

Legal Action:may summon such Quaker。[④]

在该模式中,where 和 if 引导的两个分句表示后面法律主体行使法律行为的事实情景(fact situation),即采用"If P1+P2,then Q"的模式。为了进一步与法律规范的逻辑结构(代表性的"If P,then Q")相吻合,可将上述模式修改如下:

Where a churchwarden files a complaint against a Quaker for refusing to pay

---

① 参见梁慧星:《民法总论》(第 2 版),法律出版社 2001 年版,第 180 页。

② See Thomas R. Haggard, *Legal Drafting*, Beijing, Law Press, 2004, p. 422.

③ 参见齐树洁、王振志主编:《证据法案例精解》,厦门大学出版社 2004 年版,第 29 页。

④ George Coode, "On Legislative Expression; Or the Language of the Written Law. Introduction to a Digest of the Poor Laws, Appendixed to the 1843 Report of the Poor Law Commission", Reproduced in Elmer A. Driedger, ed., The Composition of Legislation, Ottawa, Queen's Printer, 1957, pp. 1-51.

any church rates, one of the next Justices of the peace may summon such Quaker.

该表述模式反映出韩礼德所述的语言三大功能之一的逻辑和经验功能。[①] 逻辑功能的主要特征就是“递归性”,即事物内部的抽象关系表现为并列关系,或从属关系,两者都是可递归的。[②] 法律英语语篇逻辑性极强,具有鲜明的递归性,其中的一个表现形式是克里斯特尔归纳出来的基本句式:“If X, Y should be(or do) Z”这样的条件从句。[③] 芭蒂亚(Bhatia)在论及法律条款的句法特征时曾指出,情形(case)常由 where、if 或 when 等状语从句引导且非常冗长,并导致法律主体(legal subject)延后。[④] 上述结论都说明状语从句乃是法律文体的重要特征。例如,“If X, Y should be(or do) Z”句式包括事实情境和法律陈述两个部分,前者由条件从句表示,后者为主句,两者共同构成一个完整语句,并体现出严密的法律逻辑。[⑤]

尽管在普通文体中,条件句多以 if 引导,但表示法律逻辑中的条件意义并不完全依赖连词 if。英语中有些连词在普通文体中很少用以表示条件关系,但在法律文体中却频频得到使用。例如 when 在一般文体中常表示时间关系,但在法律语境中常用以表达条件意义,强调事实情境与法律陈述之间的逻辑关系。[⑥] 笔者随机抽选了四部英文法律,对其中停止条件的使用情况进行了梳理。其中使用频率最高的是下列五个引导词(见表 8-1):

---

① M. A. K. Halliday, *An Introduction to Functional Grammar*, 2nd edition, London, Edward Arnold (Publishers) Limited/Beijing, Foreign Language Teaching and Research Press, 2000, p. 104.

② 胡壮麟、朱永生、张德禄编著:《系统功能语法概论》,湖南教育出版社 1989 年版,第 120 页。

③ D. Crystal and D. Davy, *Investigating English Style*, Longman Group UK Limited, 1969, p. 97.

④ V. K. Bhatia, *Analysing Genre-Language Use in Professional Settings*, London, Longman, 1993, p. 110.

⑤ 李克兴、王艳:《香港法律条例中条件句引导词翻译的对比研究》,载《中国科技翻译》2013 年第 2 期。

⑥ 马春梅曾对《中华人民共和国刑法》的英译本中由 if 和 when 引导的条件结构进行探讨,参见马春梅:《英汉法律文本结构特点及翻译策略探究》,延边大学外语学院 2008 年硕士学位论文,第 23~34 页;唐培培:《基于语料库的国际海事公约中条件句翻译的描述性研究》,大连海事大学外语学院 2010 年硕士学位论文,第 30~58 页。

表 8-1　英文法律文本中停止条件结构引导词的使用情况

条件状语从句引导词	中国香港特别行政区《公司条例》①中的使用频次	Title 35 Patent 中的使用频次	Title 3. Civil Rules 中的使用频次	Criminal Justice Act 1967 中的使用频次
If	872	109	378	175
Where	668	25	24	192
In(the)case of	289	27	5	39
when	73	21	85	20
In the event of	37	1	2	5

笔者发现,除了"If X,Y should be (or do) Z"这种基本句式外,还常用"whenever,at any time when,where,provided that,in case of,in the event of, as used/when used (in this section),for the purpose of (this Ordinance)"等介词短语结构或关系副词引导假定结构。具体而言:

(一)用 if 引导

如前所述,使用 if 引导停止条件句是英美法系国家最常见的句式。例如:

...If the Commission finds, after notice and opportunity for hearing, that any person is violating, has violated, or is about to violate any provision of this subchapter, or any rule or regulation thereunder, the Commission may publish its findings and enter an order requiring such person, and any other person that is, was, or would be a cause of the violation, due to an act or omission the person knew or should have known would contribute to such violation, to cease and desist from committing or causing such violation and any future violation of the same provision, rule, or regulation...②

(二)用 where 引导

Where 在基础英语中常引导地点状语从句,但在法律语言中常引导停止条

① 本书引用的为中国香港特别行政区原《公司条例》(《香港条例》原第三十二章)。下文不再赘述。

② Section 203-Registration of Investment Advisers, Investment Advisers Act of 1940.

件句。[①] 例如：

Where a judgment has been obtained in the Supreme Court against any person, the Supreme Court shall, on an application made by the judgment creditor and on proof that the judgment debtor is resident in the United Kingdom, issue to the judgment creditor a certified copy of the judgment.

（三）用 in（the）case of 引导

该结构常用于引导某个需要指涉的对象。例如：

In the case of a product which is a veterinary biological product, the term means the period described in subparagraph（B）to which the limitation described in paragraph（6）applies.

（四）用 when/whenever 引导

该句式常用于表示主句动作以从句动作为条件而发生。例如：

...Whenever a mistake has been made in a registration and a showing has been made that such mistake occurred in good faith through the fault of the applicant, the Director is authorized to issue a certificate of correction...[②]

（五）用 in the event of 引导

该结构常用于表示“在某种情况下”。例如：

...The Secretary of Commerce, upon nomination by the Director, shall appoint a Deputy Under Secretary of Commerce for Intellectual Property and Deputy Director of the United States Patent and Trademark Office who shall be vested with the authority to act in the capacity of the Director in the event of the absence or incapacity of the Director...[③]

---

① 肖云枢:《法律英语中 where 的译法》,载《西南政法大学学报》1999 年第 6 期。

② 15 U. S. Code § 1057.

③ 35 U. S. Code § 3.

（六）用 as 引导①

as（used）意思是 when（used）。As 的这种用法在法律语言中颇为常见。例如：

As used in this section, the term "NAFTA country" has the meaning given that term in section 2 (4) of the North American Free Trade Agreement Implementation Act;

…As used in this subsection, the term "product" includes an approved product…②

（七）用 without prejudice to 引导③

该结构后常接指代某项法律条款的名词，与"subject to…"的句法结构相同，表示对有关事项或者条款的规限程度，只是前者表示不得影响或损害其规限的事物，而后者表示必须"符合"或"依照"有关条款或规定。例如：

Without prejudice to such general powers, but subject to the same limitations, it is herehy expressly declared that the directors shall have the follwing powers…

（八）用 notwithstanding 引导

在法律英语中，notwithstanding 的意思与 although、though 和 even if 差不多，常译为"尽管、即使"，表示让步，但要注意的是，尽管该词可引导状语从句，其通常用法是接名词性短语，与 in spite of 意思相同，但表示"本规定应优

---

① 在法律英语中，as 的用法颇为特殊：首先，用于表示规定的 provide，stipulate，set forth，prescribe 等词的过去分词前，含义为"依照某某规定"。例如，For purpose of this，Capital Account shall be adjusted hypothetically as provided for in Section 4.6 herein（基于此，应依照本合同第 4 条第 6 款调整资金账户）。其次，使用 Except as otherwise provided 结构，表示"除非本文/某条款另有规定"，在本章的解除条件句中将分析。最后，用 as 构成 as the case may be/require，as the judge may determine/require（视具体情况/法官的要求而定），例如，The Venture may relocate its office from time to time or have additional offices as the Investor may determine（该投资者可视情况而随时迁址或增添营业场所）；此外，常用"as of the date of ××（date）"结构，表示法规"自某年某月某日起生效"。例如，The Office shall adopt all labor agreements which are in effect，as of the day before the effective date of the Patent and Trademark Office Efficiency Act，with respect to such Office（as then in effect）。

② 35 U. S. Code §156.

③ 根据《布莱克法律词典》的解释，其意思是 without loss of any rights；in a way that does not harm or cancel the legal rights or privileges of a party。

先适用”。“Notwithstanding anything in this Act”这个句式或其他类似结构在新西兰立法中颇为常见，例如：

Version 6.0 August 2009 31

Chapter 3—Principles of clear drafting

Notwithstanding anything in any other enactment...

Notwithstanding the provisions of subsections (1) and (2) or section 60 (2), but subject to subsection (2A) and section 60 (3)...①

(九)用 subject to 引导

subject to 常用于表示条件，表示“在不违反……的规定的情况下”，可用于句首，也可用于句尾。例如：

The Office ... may establish regulations, not inconsistent with law, which ... shall facilitate and expedite the processing of patent applications, particularly those which can be filed, stored, processed, searched, and retrieved electronically, subject to the provisions of section 122 relating to the confidential status of applications...②

Subject to the Limitations set forth in this Act, any person who uses a mark may file in the office of the Secretary, on a form to be furnished by the Secretary, an application for registration of that mark setting forth, but not limited to the folllwing information...

Subject to 与 notwithstanding 一样，常用于表示当某部立法或不同立法的规定不一致时，应优先适用某部立法或某项规定。根据现代立法理念，这两个结构都应避免使用，而应采用“某个规定优于或应让位于另一项规定”之类的直接表述。例如：“This section applies despite anything in section 100”或“This section prevails over section 100”.(本条优于第 100 条)；反之可表述为“Section 100 overrides this section”(第 100 条优于本条)。在英美法系的立法中，欲表达

① PCO's in-house Drafting Manual，参见 http://www.pco.govt.nz/clear-drafting/，最后访问日期：2020 年 1 月 27 日。

② 35 U.S. Code §2

"根据、按照"(in accordance with)之意时，应避免使用 subject to，因 in accordance with 与 subject to 二者意思并不一样：前者的意思是"符合、遵守、与……一致"，但后者表达的是一个条件关系。有学者就建议立法中的句子不要以"Subject to"或"Except as provided"这类结构开头，相反，而应将限定语在另外一个条款中列明。例如：

Subsection (1) is subject to subsection (3). Or,

Subsection (1) is subject to section 14 of the Supreme Court Act 2003 (which provides that...)

故在汉译英时应特别注意。

(十)用 for the purpose(s)of 引导

for the purpose of 在基础英语和法律语境下都可表示"为了……目的"。除此之外，在立法文件中大量使用该表述结构，表示"为了实现立法宗旨而作出……规定"。例如：

...For the purposes of paragraph (2)(B), the term "due diligence" means that degree of attention, continuous directed effort, and timeliness as may reasonably be expected from, and are ordinarily exercised by, a person during a regulatory review period...①

此外，使用其他介词短语结构引导停止条件的情况也不乏少数(参见后面的有关内容)。了解英文中的有关表述，可为后文的法律法规英译提供参考或借鉴。

三、法律汉语中停止条件的表达模式

如前所述，"假定"结构常表现为条件句，但该"条件"与汉语语法中的条件复句(其代表句式为"只要 P，就 Q"②)中的"条件"有别，即法律语言中的条件句其实是汉语中的假设复句(其代表格式为"如果 P，就 Q")，因"'如果'可形

---

① Section 156, United States Code, Title 35.

② 徐阳春:《现代汉语复句句式研究》,中国社会科学出版社 2002 年版,第 63 页。

成两面假设、正反配合的用法，正反两面一般轻重平衡，显得客观、冷静”，①符合法律句式的语义特征，即主要表现为虚拟性和条件性。表示“如果”类的词语还有“如、若、如若、若是、要不然、假若、假使、假定、倘若、设若、万一、倘、倘使、要不然”等，“就”也可以用“（那么）便、（那么）则”等表示。但除了代表句式外，法律语言中尚有表示假定条件的其他形式。笔者曾对《中华人民共和国民法通则》《中华人民共和国合同法》《中华人民共和国刑法》《中华人民共和国劳动法》等中表示停止条件的情况进行了粗略统计，得出下列数据（见表 8-2）：

表 8-2 我国法律中停止条件句的使用情况

法律名称②	“的”字结构的使用频次	主谓结构的使用频次	“当/在……时/时候/前提下/前/内/下/期间”的使用频次	如（如果）的使用频次	“对”字句的使用频次
《中华人民共和国民法通则》	163	5	9	1	34
《中华人民共和国合同法》	444	15	53	2	108
《中华人民共和国刑法》	1226	8	37	18	285
《中华人民共和国劳动法》	71	7	3	3	20
《中华人民共和国宪法》	0	0	62	3	32

从表 8-2 可以看出，纯粹表示条件的结构“如果……”在法律中的使用频率并不高；相反，倒是“的”字句、“对”字句以及表示时间的“当/在……时/时候/前提下/前/内/下/期间”结构更为突出，也有一定数量的主谓结构担任假定。具体而言：

（一）“的”字句

如表 8-2 所示，“的”字句是法律汉语中最为常见的假定结构。有学者认

① 张斌：《现代汉语描写语法》，商务印书馆 2010 年版，第 678 页。

② 该表格中的法律为截至 2012 年 12 月 31 日施行的最新版本。

为,“的”字结构实质上乃是省略了作为逻辑主语的行为者的一种语法结构。[①]对此,有学者持肯定观点,认为汉语“的”字结构(“名词短语/动词短语/形容词短语+的”结构)就是“名词短语/动词短语/形容词短语+的+名词”结构省略了中心名词转化而来的;但也有学者认为二者并非一一对应关系,如在“操作这台机器的(～)不是人,而是一架计算机”中,中心名词并不能补出,因此不存在省略现象。[②] 从这个意义上说,“的”字结构有其自身的结构原则,是一种独立的语言结构。[③] 还有学者从认知语法的角度出发,认为汉语“的”字结构是一个典型参照点结构。作为该结构中唯一不变的成分,“的”字的模式义是凸显参照点关系,尤其认为“的”在动词“的”字结构中的典型意义就是凸显整体与部分的关系。整体的概念,即某一时间关系本身,充当参照体;部分,即某一时间关系的参与者,由于显著度低于整体概念,在参照点关系中扮演目标体角色。这一整体/部分参照点关系,又因部分由不同的参与者充当,体现为更具体明确的关系。[④] 这些研究对“的”字句的翻译提供了理论支撑。

梳理法律规范的假定结构后发现,“的”字结构在立法中常为动宾结构。其中比较特殊的是与“凡”连用,[⑤]表明范围的宽泛性;与“有”字句连用形成动宾结构,表明有关的范围;以及与“对”字句连用(参见后面的相关内容)。例如:

第十条　凡在中华人民共和国领域外犯罪,依照本法应当负刑事责任的,虽然经过外国审判,仍然可以依照本法追究,但是在外国已经受过刑罚处罚的,可以免除或者减轻处罚。

(《中华人民共和国刑法》)

第二十三条　公民有下列情形之一的,利害关系人可以向人民法院申请宣

① 参见林克难、籍明文:《法律文书中“的”字结构翻译探讨》,载《上海科技翻译》2002 年第 3 期。

② 参见郭锐:《表述功能的转化和“的”字的作用》,载《当代语言学》2000 年第 1 期。

③ 参见裘荣棠:《谈“动+的”短语的几个问题》,载《中国语文》1992 年第 3 期;黄国营:《“的”字的句法、语义功能》,载《语言研究》1982 年第 1 期。

④ 参见王愿菲:《从认知语法角度研究汉语“的”字结构》,载《现代语文(语言研究版)》2008 年第 8 期。

⑤ 《中华人民共和国刑法》中有 4 例,《中华人民共和国民事诉讼法》中有 2 例,《中华人民共和国刑事诉讼法》中有 3 例,《中华人民共和国宪法》中有 2 例。

告他死亡:(一)下落不明满四年的;(二)因意外事故下落不明,从事故发生之日起满二年的……

(《中华人民共和国民法通则》)

第三百零八条 对证人进行打击报复的,处三年以下有期徒刑或者拘役……

(《中华人民共和国刑法》)

除了动宾结构外,主谓结构的"的"字句在法律汉语中也不乏少数。例如:

第十条 当事人订立合同,有书面形式、口头形式和其他形式。法律、行政法规规定采用书面形式的,应当采用书面形式。当事人约定采用书面形式的,应当采用书面形式。

(《中华人民共和国合同法》)

第三十八条 国家根据需要下达指令性任务或者国家订货任务的,有关法人、其他组织之间应当依照有关法律、行政法规规定的权利和义务订立合同。

(《中华人民共和国合同法》)

此外,"的"字结构在刑法中常为一种定义的模式,与"是"字句常联合使用,以对概念进行界定。例如:"为了犯罪,准备工具、制造条件的,是犯罪预备……"(《中华人民共和国刑法》第二十二条)。对此,参见后面的内容。

由于"的"字结构在法律中所承载的部分长短不一,有时包含较长的复杂句式,故而难以分辨其性质,但其功能或作用不会改变,即为法律主体实施某法律行为提供前提条件。

(二)主谓结构

用主谓结构担任停止条件句在法律汉语中比较特殊,但却为数不少。例如:

第十三条 ……省、自治区、直辖市制定严于强制性国家标准、行业标准的地方节能标准,由省、自治区、直辖市人民政府报经国务院批准;本法另有规定的除外。

(《中华人民共和国节约能源法》)

第四十六条 企业法人终止,应当向登记机关办理注销登记并公告。

(《中华人民共和国民法通则》)

第四十七条　企业法人解散，应当成立清算组织，进行清算……

（《中华人民共和国民法通则》）

第七条　当事人订立、履行合同，应当遵守法律、行政法规，尊重社会公德，不得扰乱社会经济秩序，损害社会公共利益。

（《中华人民共和国合同法》）

上述例子中的画线部分均为主谓结构，尽管其结构或句式形式特征不够完整或明显，但其表意十分清楚，即担任假定条件。

（三）一般条件句

在法律汉语中，除“一……就……”比较罕见外，表示条件或时间的条件或假设句型如“如果”“当/在……时/时候/情况下/范围内”等，都常用于担任假定结构。例如：

第四十五条　中华人民共和国公民在年老、疾病或者丧失劳动能力的情况下，有从国家和社会获得物质帮助的权利。国家发展为公民享受这些权利所需要的社会保险、社会救济和医疗卫生事业……

（《中华人民共和国宪法》）

第一百条　依法受过刑事处罚的人，在入伍、就业的时候，应当如实向有关单位报告自己曾受过刑事处罚，不得隐瞒……

（《中华人民共和国刑法》）

第一百二十九条　……如果危险是由自然原因引起的，紧急避险人不承担民事责任或者承担适当的民事责任……

（《中华人民共和国民法通则》）

上述画线部分均表示法律行为主体实施行为的条件。在翻译时可根据英语的相应表述方式，适当地灵活处理。

（四）“对”字句

“对”字句在刑事法律规范中尤为常见，从法律规范的结构而言很大程度上属于假定结构，或者“对”字句常与“的”字句连用而形成假定模式。例如：

第二十八条　对于被胁迫参加犯罪的，应当按照他的犯罪情节减轻处罚或者免除处罚。

（《中华人民共和国刑法》）

第一百七十条　人民检察院对于监察机关移送起诉的案件，依照本法和监察法的有关规定进行审查……

（《中华人民共和国刑事诉讼法》）

上述例句中的画线部分可分别改为条件句的典型句式：“如果某人被胁迫实施犯罪，那么……”和“如果案件需要由监察机关移送起诉，那么……”从而使其假定结构的特征更为明显。有学者就曾“对”字句的使用频率做过统计（见表 8-3）：

表 8-3　法律文本“对”字句的使用频率①

法律名称	法条总数	有“对”字句的条款数	条数比率
《中华人民共和国宪法》	138	20	14.5%
《中华人民共和国刑法》	452	138	30.5%
《中华人民共和国刑事诉讼法》	225	65	28.9%
《中华人民共和国民事诉讼法》	268	73	27.2%
《中华人民共和国行政诉讼法》	75	25	33.3%
《中华人民共和国治安管理处罚法》	119	31	26.1%
《中华人民共和国婚姻法》	51	17	33.3%
《中华人民共和国公务员法》	107	25	23.4%
《中华人民共和国食品安全法》	68	34	50%
《中华人民共和国道路交通安全法》	124	36	29%

从表 8-3 可以看出，“对”字句在法律文本中使用比率极高，也印证了表 8-2 所述的结论。对“对”字句，我国学术界有二分法②、三分法③以及四分法④等不同意见，但在法律法规中，“对”字句主要表示行为指涉的对象或范围。任何一种法律行为，尤其是执法和司法主体实施的行为，都是针对特定对象或范

---

① 刘永红：《法律文本中“对”字句的统一与规范》，载《政法学刊》2010 年第 5 期。

② 如吕叔湘认为“对”可分为表示行为或动作的对象和目标。参见吕叔湘主编：《现代汉语八百词》，商务印书馆 1980 年版，第 157 页。

③ 如孙蕾将“对”字句归纳为三种情况，即表示方向和对象目标、表示对待、表示涉及关系。参见孙蕾：《现代汉语“对”字句的谓语类型解析》，载《高等教育与学术研究》2006 年第 3 期。

④ 即表示方向、对象和目标、涉及关系、对待关系。参见王景丹：《谈语体与“对”字句的适应关系》，载《修辞学习》2001 年第 3 期。

围的,因此,当表达法律行为所指向的对象或范围时,“对”字句就是恰当的承载句式。总体而言,“对”字句在法律法规中具有下列语用功能:

第一,强调突显功能。“对”字短语与句子中心动词存在受动关系而又位于动词前面,这样就使动词支配对象处于醒目的地位,因此,“对”字句本身就有强调突出动词的受事成分的功能。

第二,指示范围功能。“对”字短语能指明某个言语单位表达的语义内容适用的范围,离开这个特定的范围,该言语单位表达的语义内容则不一定真实。例如,在禁止性规范中,主要用“对”字句强调、凸显某种处罚针对的对象;而在义务性规范和授权性规范中,要说明的是不同行为主体之间的关系以及某种行为或权利所指向的对象,此时,“对”字短语一般位于句中,主要起指示范围的作用。例如,《中华人民共和国婚姻法》第十七条第二款的规定,“夫妻对共同所有的财产,有平等的处理权。”

第三,篇章衔接功能。“对”字句中的“对”字短语表示的是谓语中心语展开的限定范围,因此,“对”字短语潜在地对背景做了划分,对各事项进行分类列举,以更清晰、醒目地凸显信息的焦点。例如:

第八十九条　公安机关办理治安案件,对与案件有关的需要作为证据的物品,可以扣押;对被侵害人或者善意第三人合法占有的财产,不得扣押,应当予以登记。对与案件无关的物品,不得扣押……

（《中华人民共和国治安管理处罚法》)

画线处的三个“对”就是典型的话题标记词,具有凸显焦点的功能,“对……/对于……”在语篇中可以作为小句、段落之间连贯的形式标志,具有篇章衔接功能。① 就语法结构而言,“对”字句可分为:

(1)施事省略的倒装句。任何行为都有施事,且大多数情况下行为都会有其受事,故在表述中既有施事又有受事方为完整的结构。但在法律行为中,尤其是执法和司法行为主体实施之行为,一般情况下并非表述为完整的规范。此时,“对”字结构多位于句首。由于动作的施事一般是特定的国家或其有关机

---

① 王蕊:《“对于、关于、至于”的话题标记功能和篇章衔接功能》,载《暨南大学华文学院学报》2004 年第 3 期。

构，从句法上看，其结构完整，并不需要补充成分，这与法律汉语中常用无主句的特点相吻合。由于行为的施事可以省略而形成无主句，故“对于”句常强调受事，这就意味着“对于”句在法律法规的常态是前置而形成倒装。例如：

第二十八条 对于被胁迫参加犯罪的，应当按照他的犯罪情节减轻处罚或者免除处罚。

（《中华人民共和国刑法》）

第二十二条 ……对于预备犯，可以比照既遂犯从轻、减轻处罚或者免除处罚。

（《中华人民共和国刑法》）

在上例中，“对于”句放在句首，其携带的短语充当前提条件，而“对于”句所隐含的主体（“胁从犯”“预备犯”）是行为（“处罚”）的受事。

（2）主谓宾结构。尽管“对于”/“对”字句中施事常省略，但完整的SVO结构也不乏其数。当施事未省略时，其位置比较灵活，可放在“对于”句的前面或后面，即施事的位置对“对于”句/“对”字句的功能并不造成任何影响。例如：

第一百七十二条 人民检察院对于监察机关、公安机关移送起诉的案件，应当在一个月以内作出决定，重大、复杂的案件，可以延长十五日……

（《中华人民共和国刑事诉讼法》）

第一百七十五条 ……对于二次补充侦查的案件，人民检察院仍然认为证据不足，不符合起诉条件的，应当作出不起诉的决定。

（《中华人民共和国刑事诉讼法》）

在上例中，“人民检察院”作为施事，位置比较灵活。

尽管“对于”句与“对”字句在多数情况下因具有相同的句法功能而可以互换，但在某些情况下二者有不同的表意功能。例如：

A **第二百九十二条** 聚众斗殴的，对首要分子和其他积极参加的，处三年以下有期徒刑、拘役或者管制……

（《中华人民共和国刑法》）

B **第三百零八条** 对证人进行打击报复的，处三年以下有期徒刑或者拘役……

（《中华人民共和国刑法》）

即在A中,“对于”与“对”意思相同,可以互换;而在B中,“对”引导的部分并非“处”这个行为的受事,完全不同于“对于”句的代表性用法。实际上,B是一个典型的“的”字句,其隐含的中心词是“某个人”,即“对证人进行打击报复的人”。故而,有不少学者建议应引起重视,在可以互换时应该统一二者的用法,避免造成歧义或者冲突。[①]

(五)反义表述句

法律汉语中的另一个表示条件的基本句型就是反义表述句。例如:

第八十二条　对于犯罪分子的假释,依照本法第七十九条规定的程序进行。非经法定程序不得假释。

(《中华人民共和国刑法》)

该例中的“非经/未经(程序性规定)……不得(实体性)规定”模式在形式上为双重否定,在功能上为补充性规定,也为一种条件句的表现形式。在逻辑学上,该句式为一种负命题,是立法特定思维下的语言定式的产物;从句义层面观之,一类是实施性行为,一类为被实施的行为。例如,“任何公民,非经人民检察院批准或者决定或者人民法院决定,并由公安机关执行,不受逮捕”;“公民享有肖像权,未经本人同意,不得以营利为目的使用公民的肖像”。其中的“不得”“不受”与实施性动词“逮捕”和“使用”衔接,使表述更为简洁和明确。这种反义表述强调正面的含义,尽管在立法中的使用数量并不大,但却非常稳定,并形成了句法习惯,具有“将法律行为的程序规范清晰地表达出来、明确程序的连贯性要求、明示行为的法定条件、能够加强表述力度”等优势。[②] 这种表述并不单独着力于强调每个否定词后面所否定的意思,而是体现出一个完整法律规范的连贯性和整体性,故其构建了一个不可拆分的框架,一旦拆分,其所表达的整体意思也就不复存在,这也是其不能被直接的肯定句式所取代的原因所在。

(六)动宾结构

法律汉语中也有一些假定由动宾结构来担任,但数量不多。例如:

---

① 参见刘红婴:《法律语言学》,北京大学出版社2003年版,第110~111页;刘永红:《法律文本中“对”字句的统一与规范》,载《政法学刊》2010年第5期。

② 刘红婴:《法律语言学》,北京大学出版社2003年版,第116页、第148页。

第二条 在中华人民共和国境内从事下列活动,应当遵守本法:

(一)食品生产和加工(以下称食品生产),食品销售和餐饮服务(以下称食品经营)……

(2018年《中华人民共和国食品安全法》)

第一百四十七条 违反本法规定,造成人身、财产或者其他损害的,依法承担赔偿责任。生产经营者财产不足以同时承担民事赔偿责任和缴纳罚款、罚金时,先承担民事赔偿责任。

(2018年《中华人民共和国食品安全法》)

四、法律英语中停止条件的汉译

对于停止条件的翻译,我国学者李克兴作了比较详细地分析。① 还有学者以中国香港特别行政区双语法例第三十二章《公司条例》为语料,从描写研究法和翻译类型学的理论视角,对《香港法例》中引导条件状语的 if、where、in (the) case of、in the event of 以及 when 等引导词的译法进行探讨,并试图提出法律文本中不同条件句引导词的不同译法及其翻译模式。目前还有不少文章、法律翻译类专著或手册对法律法规的翻译进行探讨,但在翻译中切实按照目的语表达习惯进行处理的却并不多见。由于英汉法律语言受各自文化的影响而有其各自的表达习惯,在翻译时须考虑到这一点。下面将对各引导结构的译法进行评析并简要进行归纳总结。

(一)if 的译法评析

有学者对中国香港特别行政区中英立法对比分析后认为 if 的翻译模式主要可归纳为下列几种模式:

(1)"if"从句+主句:"如"从句+主句(其所搜集样本中有70%采用的是这种模式);

(2)主句+"if"从句:"如"从句 +主句(该模式占到所搜集样本的16%)。②

即采取条件句的代表性表达模式,将"if"译为"如"。就主句与从句的位置

---

① 参见李克兴:《法律英语条件句的写作和翻译》,载《中国翻译》2008年第4期。

② 参见王艳:《香港双语法例中条件句的翻译研究》,香港理工大学文学院2011年博士学位论文。

而言,该模式符合汉语条件句中"条件句在前,主句在后"的表述特点而具有一定的合理性。但如前所说,即便英语中最常见的模式是"IF X, Y will do Z",汉语中并非以"如果 P,则 Q"这一代表性句式来表示假定;相反,就使用的频率而言,倒是"的"字句及其他结构更为常见。总之,在翻译中须体现和顺应汉语假定结构的普适性。例如:

Section 35　A company whose objects require comprise the transaction of business outside Hong Kong, may, if authorized by its articles, have for use in any territory, district, or place not situated in Hong Kong, an official seal, which shall be a facsimile of the common seal of the company, with the addition on its face of the name of every territory, district, or place where it is to be used.

(COMPANIES ORDINANCE, Hong Kong)

第三十五条　凡其宗旨需要或包括在香港以外进行业务交易的公司,可在其章程许可的范围内,在香港以外的任何领域、地区或地方备一个正式印章以供使用。该正式印章须为公司印章的复制品,且须在其印面加上将使用该印章的区域、地区或地方的名称。

(中国香港特别行政区《公司条例》)

该例句中的"if"结构表示假定,如果译为"如果",则纯粹表示一个假设,与"每个公司都设有章程以确定其经营范围"这一客观事实不符合,故不妨译为一个介词短语。又如:

35 USC Sec. 104.　(a)(2) RIGHTS.—If an invention was made by a person, civil or military—

(A) while domiciled in the United States, and serving in any other country in connection with operations by or on behalf of the United States,

(B) while domiciled in a NAFTA country and serving in another country in connection with operations by or on behalf of that NAFTA country, or

(C) while domiciled in a WTO member country and serving in another country in connection with operations by or on behalf of that WTO member country, that person shall be entitled to the same rights of priority in the United States with respect to such invention as if such invention had been made in the

United States, that NAFTA country, or that WTO member country, as the case may be.

(35 U. S. C. Patent)

如将上例中的 if 结构译为“如果发明人(无论文职或武职):(A)……(B)……或(C)……则该发明人……”显然不符合目的语的表述习惯,因法律英译中由 if 引导并列结构作假定条件的情况比较普遍,而这类结构在法律汉语中常用“有”字句和“的”字句连用来表达。试改译:

第104(a)(2)条 权利

发明人(无论文职或武职)有下列情节之一的,其发明在美国享有同等优先权,即该发明视为在美国、该北美自由贸易协议成员国或该世界贸易组织成员国完成(视情况而定):

(A) 在美国有住所,且在其他任何国家执行美国的任务或代表美国执行任务;

(B) 在北美自由贸易协议国家某个成员国内有住所,且在其他任何国家执行该成员国的任务或代表该成员国执行任务;或者

(C) 在世界贸易组织某个成员国内有住所,并在另一个国家执行该成员国的任务或代表该成员国执行任务。

综上,不能一味地将 if 结构译为“如果……”,因法律汉语中表示假定的常见结构是“的”字句、“在……时/情况下”、“有……下列情况(之一)的”等。尽管该译法在语意上削弱了 if 作为条件句表示“如果”的意思,但该类表达模式系中文法律中地道的假定结构,其功能与原文是相同的。

(二)where 的译法

有学者对 where 的译法进行了统计,认为可分为下列两种模式:

(1)“where”从句+主句:“凡”从句+主句(其所搜集样本中有43%采用的是这种模式);

(2)“where”从句+主句:“如”从句 +主句(该模式占到所搜集样本的22%)。

即 where 在绝大部分情形下可译为“凡”,并认为凡是可译为“如”的地

方，均可由“凡”代替“如”。[①] 在法律英语中，where 引导条件时确实常位于主句之前，但位于主句之后的情况也不乏少数，而且将其译法限定为“凡”和“如”，实在是对我国法律的假定结构的误解。从前面的统计可知，法律汉语中使用“凡”引导假定的情况极少，而 where 在法律英语中使用频率极高，故不妨采取法律汉语中使用频率较高的结构对译之。

例 1　Retirement From Partnership At Will[②]

Where no fixed term has been agreed upon for the duration of the partnership, any partner may determine the partnership at any time on giving notice of his intention to do so to all the other partners.

译文　从不定期合伙中退伙的情形

合伙协议未约定合伙企业的期限的，合伙人可于通知其他合伙人后随时退伙。

即译为“的”字句，对此可参考《中华人民共和国合伙企业法》第四十六条的规定。

例 2　The applicant shall furnish a drawing where necessary for the understanding of the subject matter sought to be patented…[③]

译文　为说明专利拟保护的客体，申请人在必要时应提供附图……

where 位于主句之后，类似于一个 whiz deletion 结构。where necessary 意思是 if necessary，可译为“在……时”。

（三）when/whenever 的译法

有学者认为可将 when 译为其本意，即“在/当……时”和“一经”，表示时间的从句关系词；也可译为“如”而表示条件。根据其统计，when 表示条件在中国香港特别行政区《公司条例》里只出现了五次，故认为并不常用于引导条件句。[④] 其实，when/whenever 一如法律英语中其他引导条件的引导词，其译法并

---

① 参见王艳：《香港双语法例中条件句的翻译研究》，香港理工大学文学院 2011 年博士学位论文。

② 注意该条款名称的翻译，不是随意从合伙组织中退伙，而是从不定期合伙企业中退伙。对此可参见英国的《合伙条例》和《中华人民共和国合伙企业法》的有关内容。

③ 35 U. S. Code § 113.

④ 王艳：《香港双语法例中条件句的翻译研究》，香港理工大学文学院 2011 年博士学位论文。

非如此单一,可不译,或译为各种表示假定的结构。

例 1 When used in this title unless the context otherwise indicates, the term "invention" means invention or discovery...[①]

译文 除文意另有所指外,本卷所述的"发明"包括"发明"和"发现"……(when 可不译,其表示条件的意思可从句子中推断出来)

例 2 ...When ever such written declaration is used, the document must warn the declarant that willful false statements and the like are punishable by fine or imprisonment, or both (18 USC 1001).[②]

译文 ……使用上述书面声明时,须警告声明人,蓄意虚假陈述或其他类似行为要受到罚款,或监禁,或并罚。(将其译为 when 的基本义"……时")

例 3 ...When the nature of such subject matter admits of illustration by a drawing and the applicant has not furnished such a drawing, the Director may require its submission within a time period of not less than two months from the sending of a notice thereof...[③]

译文 该客体的性质要求插图说明而申请人并未提供插图的,局长可责令申请人于通知之日起 2 个月内提交附图……(将 when 译为"的"字句)

(四) in the event of 的译法

该短语可译为在"在……时""在……情况下"或"如果……"等。例如:

...The Secretary of Commerce, upon nomination by the Director, shall appoint a Deputy Under Secretary of Commerce for Intellectual Property and Deputy Director of the United States Patent and Trademark Office who shall be vested with the authority to act in the capacity of the Director in the event of the absence or incapacity of the Director...[④]

译文 ……商业部长可根据局长的提名,任命知识产权贸易副次长和美国专利商标局副局长,在局长缺席或不能履行职责时暂代局长之职……

---

① 35 U. S. Code § 100.

② 35 U. S. Code § 25.

③ 35 U. S. Code § 113.

④ 35 U. S. Code § 3.

(五) notwithstanding 的译法

在法律英语中,notwithstanding 的意思与 although、though 和 even if 差不多,常译为“尽管;即使”,表示让步,但其含义为:“本规定更具有优先适用性,不受……的限制”。

例 1　Notwithstanding section 26 of the Magistrates Ordinance (Cap. 227), a complaint may be made or an information laid in respect of an offence under section 3... within 2 years from the time when the matter of such complaint or information respectively arose...

译文　对于第 3 条……所订罪行,可在事后两年内申诉或告发,不受《裁判官条例》(第 227 章)第 26 条的限制……

例 2　...(2) A patent issued on a process under paragraph (1)—

(A) shall also contain the claims to the composition of matter used in or made by that process, or

(B) shall, if such composition of matter is claimed in another patent, be set to expire on the same date as such other patent, notwithstanding section 154...

译文　……(2)依据第(1)项发布的方法专利:

(A)也可对该方法所使用的物质成分或所产生的物质成分主张权利,或

(B)该物质成分已在其他专利中主张权利的,应与该其他专利于同一天终止,不受第 154 条的限制……

(六) Without prejudice to 的译法

该结构可用于句首或句尾,可译为“在不损害……的原则下”“在不影响……的情况下”“……不受影响”“不妨碍……”等。

例 1　Without prejudice to the general powers conferred by the preceding Article and the other powers conferred by these Articles, it is hereby expressly declared that the Directors shall have the following powers...

译文　在不影响上一条赋予董事的一般权力及本章程细则赋予董事其他权力的情况下,现明确声明董事享有下列权力……

例 2　...In such suits the record in the Patent and Trademark Office shall be admitted on motion of either party upon the terms and conditions as to costs, expenses, and the further cross-examination of the witnesses as the court imposes, without prejudice to the right of the parties to take further testimony. The testimony and exhibits of the record in the Patent and Trademark Office when admitted shall have the same effect as if originally taken and produced in the suit...①

译文 ……在该类诉讼中,可依据当事人的请求以及法院关于诉讼费、开支、对证人的进一步盘问的相关规定,允许使用专利商标局所作的记录,但此举并不影响当事人进一步收集证据的权利。经允用的该局所存的证词和记录,其效力与诉讼中所出示和收集的原始证据无异……

(七)Subject to 的译法

该短语的意思是"依据、不违反、与……不得冲突"等,可灵活处理。

例 1 ...The United States Patent and Trademark Office, subject to the policy direction of the Secretary of Commerce ...②shall be responsible for the granting and issuing of patents and the registration of trademarks...

译文 ……美国专利商标局依据商务部长的政策指示……负责专利发布与商标注册事宜……

例 2 ...The Office...shall facilitate and expedite the processing of patent applications, particularly those which can be filed, stored, processed, searched, and retrieved electronically, subject to the provisions of section 122 relating to the confidential status of applications...③

译文 ……专利商标局……应根据第 122 条关于专利申请的保密规定,对专利申请,尤其是对那些能存档、储存、处理、检索以及通过能用电子技术恢复的专利申请提供协助,以加快专利申请速度……

(八)for the purpose of 的译法

该结构在基础英语和法律语境下都可表示"为了……目的"。在立法文件中

① 35 U. S. Code §146.
② 35 U. S. Code §2.
③ 35 U. S. Code §2.

该表述结构的意思是“为了实现立法宗旨而作出……规定”。因此，在翻译时不能直译为“为了……目的”，可意译为“根据本（条/法等）的规定”“在本条中”等。

例1　Persons who have entered into partnership with one another are, for the purpose of this Ordinance, called collectively a firm, and the name under which their business is carried on is called the firm-name.

译文　在本条例中，订立合伙协议的合伙人统称为合伙企业，而据以开展其业务的名称则称为合伙企业名称。

例2　For the purpose of this clause "holding company" and "subsidiary undertaking" shall have the same meaning as in the Companies Act 1985 as amended by the Companies Act 1989.

译文　本条所述的“控股公司”和“附属企业”，其含义与1985年颁布并于1989年修订的《公司法》中的规定相同。

例3　For the purposes of paragraph (2)(B), the term "due diligence" means that degree of attention, continuous directed effort, and timeliness as may reasonably be expected from, and are ordinarily exercised by, a person during a regulatory review period. ①

译文　根据第(2)(B)项的规定，“合理注意”指行为人在法定复审期间给予了足够、及时、持续的关注和努力。

（九）其他假定结构的译法

此外，由介词结构以及副词或连词引导的结构，也常用以表示假定，在翻译时可灵活处理。

例1　…At any time after the respondent has been served with a temporary cease-and-desist order pursuant to subsection (c), the respondent may apply to the Commission to have the order set aside, limited or suspended…②

译文　……被告于收到临时禁止令后，可随时请求委员会撤销（限制或暂停执行）该临时令……（其中介词短语的功能类似于由where、when等引导的

① 35 U.S. C. 156 (d)(3).

② 15 U.S. Code §77h-1.

条件句）

例2 In considering under this section whether a penalty is in public interest, the Commission or appropriate regulatory agency may consider the following…

由于in引导的considering与the commission有逻辑主谓关系，因此不妨考虑用汉语的主谓结构来翻译该条件句。这种表达在法律汉语中也常见，如"认定经营者具有市场支配地位，应当依据下列因素……"（参见《中华人民共和国反垄断法》第十八条）。试译：

译文 依本条认定处罚是否符合公共利益，委员会或有关管理机构可依据/考虑下列因素……

例3 …On or after the effective date of the Patent and Trademark Office Efficiency Act, the President shall appoint an individual to serve as the Director until the date on which a Director qualifies under subsection (a)…①

译文 ……自《专利商标局效率法》生效之日起，总统可任命一名临时局长，直至符合(a)款资质的局长产生之日……

五、法律汉语中停止条件的英译

（一）"的"字句的英译对策

有学者认为，"的"字句的普量性，即在日常语境下的"的"字句的常态，不能适应法律表述的需求，故就法学量则，即立法表述中的内容和形式上的包容量而言，无论在形式上还是内容上，立法表述中的"的"字句都需要增量，这就意味着一个短语可以承载多个复句所表达的内容，可能包含多种单句或复句的句法关系。② 其在具体的组句过程中可能会省略句子的某些成分，或者调整句子的语序，以适应立法表意时所需要的状态。但无论如何，"的"字句具有名词的功能，在法律汉语中常做主语或宾语，在英译时可考虑下列因素：

1. 当"的"字句在句子中充当施事时

若表示肯定形式，可用主动句式，即译为"whoever/anyone who/anyone+分

---

① 35 U. S. Code § 3.

② 参见刘红婴：《法律语言学》，北京大学出版社2003年版，第99页。

词/介词短语”，或“a person who…+ V.”句型；若为否定形式时，可变通译为“No one who…”“whoever…shall not”等句型[①]或译为英语的条件句。

例1　**第一百一十九条**　侵害公民身体造成伤害的，应当赔偿医疗费、因误工减少的收入、残废者生活补助费等费用；造成死亡的，并应当支付丧葬费、死者生前扶养的人必要的生活费等费用。

（《中华人民共和国民法通则》）

译法1　Article 119　Anyone who infringes upon a citizen's person and causes him physical injury shall pay his medical expenses and his loss in income due to missed working time and shall pay him living subsidies if he is disabled; if the victim dies, the infringer shall pay the funeral expenses, the necessary living expenses of the deceased's dependents and other such expenses.

(LAB)

译法2　Article 119　In the case of violation of a citizen's person causing bodily injury, compensation shall be paid for medical costs, reduced income due to time off work and the living allowance of a disabled person, etc. If death is caused, costs such as the funeral expenses of the deceased and the necessary living costs of those who were dependants of the deceased prior to his death shall be paid.

(CCH)

译法3　Article 119　One who harms the person of a citizen causing injury should compensate him for medical expenses, reduced income due to missed work, living expenses, disability allowance, and such expenses; where death has been caused, he should also pay funeral expenses and the necessary living expenses for

---

① 需要注意的是，根据英美法的立法惯例，除非必须使用复数形式，主语一般应采用单数形式。尽管有人认为“anyone who”用来指称具备一定条件的人，并不如 whoever 那样泛指所有的人，且 anyone who 引导定语从句时，后边可以接几个并行结构的分句，而读者并不会感到理解困难，这点 whoever“自叹不如”（参见 http://www.51test.net/show/974768.html，最后访问日期：2020年1月27日），但对英语立法文本进行粗略统计后发现，anyone who 与 whoever 之间并无实质区别。倒是在法律文书中从不用 those who 句型，因其比较口语化，与法律文书的文体要求不符。Whoever 具有包括任何人的含义，与“法律规范的是一般的人，而非特别的人”（to regulate persons generally）的特性相吻合。

the deceased' s dependents.

(CLR)

译法 4　Article 119　A violator of a citizen' s person causing physical injury shall pay for the medical expenses, the income lost owing to missed work, and the disability allowance for daily life; the violator shall, where death is caused, also pay for the funeral service and the living expenses of the surviving dependent(s) of the deceased.

(陈忠诚译)[①]

由于该例中的"的"字句担任句子的行为主体,是比较标准的汉语中"主谓宾"表述结构。除译法 2 有违主位—述位推进模式外,译法 1、译法 3 与译法 4 都可以接受,只是译法 3 的"one who"结构在英美法系表述中较为少见,不值得提倡。笔者认为尚可译为"从句+主句"结构,并通过代词来实现语篇的衔接和推进。试改译:

Section 119.　If a person causes bodily injury to another person, he shall pay the infringed party for the medical expenses, the income lost owing to missed work, and the disability allowance for daily life; in the event of death as a result of the injury, funeral expenses and the cost of living supplements for the dependent (s) of the deceased shall be payable.

例 2　**第九十九条**　合伙人违反本法规定或者合伙协议的约定,从事与本合伙企业相竞争的业务或者与本合伙企业进行交易的,该收益归合伙企业所有……

(《中华人民共和国合伙企业法》)

上例中画线部分的"的"字句可视为句子行为(陈述、移交)的施事,也是一个比较典型的 SVO 结构,故可译为英语 SVO 结构("anyone who+V. "句型);也可由 if/where/when 等引导假定结构。试译:

译法 1　Section 99.　Any partner who, without the consent of the other partners or in violation of this Ordinance, is engaged in a business whith this

---

① 参见陈忠诚:《〈民法通则〉AAA 译本评析》,法律出版社 2008 年版,第 140~141 页。

Partnership or a business of the same nature as and which is significantly competitive to that of the Partnersip, shall account for and pay over to the Partnersip all profits earned by that business…

译法 2　Section 99.　If a partner, without the consent of the other partners or in violation of this Ordinance, carries on a busness with the Partnership or any business of the same nature as and competing with that of the Parnership, the partner shall account for and pay over to the firm all profits made or gained in that business…①

2. 当“的”字句作为行为的受事时

此时可考虑将受事作为主语而译为被动句；或者补充出行为的主语，而将“的”字句隐含的受事作为行为的宾语。

例 1　**第一百九十二条**　以非法占有为目的，使用诈骗方法非法集资，数额较大的，处五年以下有期徒刑或者拘役，并处二万元以上二十万元以下罚金……

（《中华人民共和国刑法》）

译文　Section 192.　Whoever, for the purpose of unlawful possession, unlawfully raises fund by means of fraud, shall be sentenced to pay a fine not less than twenty thousand (20, 000) yuan nor more than two hundred thousand (200, 000) yuan, in addition to a sentence of imprisonment for a term not more than five years or criminal detention, if the amount involved is relatively large…

原文的画线部分为句子的主语且为行为者，为法律规范中常见的“处”字句(用主动表示被动)，意思是行为者将被处以徒刑和罚金。这类“的”字句在中国香港特别行政区常表现为“者”字句，更加凸显行为人。② 上述译文严格按照中文行文特点进行对译，只是其中数字的表达方式不够严谨。也可改译如下：

---

① See Partnership Act (of Canada), Section 33.

② 例如，中国香港特别行政区的《退休金条例》第十八条：……(a)于其 18 岁时停付，除非当其年届 18 岁时，正在大学、学院、学校或其他教育机构接受全日制教育；或(b)于其年届 18 岁之后，不再在大学、学院、学校或其他教育机构接受连续性全日制教育之时停付；但已根据本段停付的退休金，可于该子女恢复接受全日制教育期间再予支付；或(c)于其年届 23 岁时停付，三者以最先发生者为准。

Section 192. A person who/Anyone who by fraud raises a substantial amount of funds with intent illegally to appropriate it for himself shall be punished by imprisonment for not more than five years or detention, and in addition thereto, a fine of not less than 20, 000 Yuan (￥20, 000) nor/and not more than 200, 000 Yuan (￥200, 000) may be imposed…①

例 2 **第六条** 凡在中华人民共和国领域内犯罪的，除法律有特别规定的以外，都适用本法……

（《中华人民共和国刑法》）

译法 1 Article 6 This law shall be applicable to anyone who commits a crime within the territory and territorial waters and space of the People' s Republic of China, except as otherwise specifically provided by law…

译法 2 Article 6 Except as otherwise specifically provided by law/Unless otherwise specifically provided by law, this Act shall be applicable to anyone who commits a crime within the territory of the People' s Republic of China…

该例中，画线部分在结构上可视为是前置宾语，而动作及其施事为“本法适用于……”，即在法律表述中的结构发生了变化。上述两个译法都将“人”作为宾语，其实也可将“犯罪行为”作为宾语，因为不论是对犯罪行为的实施者还是对犯罪行为本身，我国法律均有管辖权。故可将其改译为：

Section 6. This law shall be applicable to any offense committed within the territory of the People's Republic of China, except as otherwise specifically provided by law…

例 3 **第十五条** 有下列情形之一的，不予注册：

---

① 参见以下规定：Any person who possesses, for the purpose of sale, transfer, import, or export, more than one motor vehicle or parts from more than one motor vehicle, with the knowledge that the vehicle identification numbers of the motor vehicles or motor vehicle parts have been altered, counterfeited, defaced, destroyed, disguised, falsified, forged, obliterated, or removed for the purpose of misrepresenting the identity or preventing the identification of the motor vehicles or motor vehicle parts, is guilty of a public offense and, upon conviction, shall be punished by imprisonment pursuant to subdivision (h) of Section 1170 of the Penal Code for 16 months, or two or three years, or by a fine of not more than thirty thousand dollars ($30,000), or by both the fine and imprisonment, or by imprisonment in the county jail not exceeding one year or by a fine of not more than one thousand dollars ($1,000) or by both the fine and imprisonment。

（一）不具有完全民事行为能力的；

（二）因受刑事处罚，自刑罚执行完毕之日起至申请注册之日止不满二年的；

（三）受吊销医师执业证书行政处罚，自处罚决定之日起至申请注册之日止不满二年的；

（四）有国务院卫生行政部门规定不宜从事医疗、预防、保健业务的其他情形的……

（《中华人民共和国执业医师法》）

译文　Article 15　Under any of the following circumstances, registration shall not be granted:

(1) where a person has not full capacity for civil conduct;

(2) where, for a person having been sentenced to criminal punishment, it is not more than two years from the date of the end of the punishment to the date of applying for registration;

(3) where, for a person having been imposed administrative punishment by which his practicing certificate of doctors was revoked, it is not more than two years from the date of the decision on the punishment to the date of applying for registration; or

(4) where other circumstances unsuitable for serves of medical treatment, prevention or health care exist as prescribed by the administrative department of health under the state Council…

该例的“的”字句乃是行为的受事，故可译为被动句。原句使用的是否定式（“不予注册”，即否定的是动词），此时，可采用法律英语中否定主语的模式（即使用“no one…”句式），亦可否定行为（即使用“whoever…shall not”句式）。上述译文的几个并列小项在翻译时并未遵从一致性原则，即上述几个 where 从句中，有的是以 person 做主语，有的又是以 other circumstances 做主语。试看一下下列规定：

In the following cases, namely,

(a) where one partner, acting within the scope of his apparent authority, receives the money or property of a third person and misapplies it; and

(b) where a firm in the course of its business receives the money or property of a third person and the money or property so received is misapplied by one or more of the partners while it is in the custody of the firm,

the firm is liable to make good the loss.

即将 namely 用于 following cases 这一概况词的后面，明确列举各种具体的情形，使“总—分”逻辑关系非常清晰。故在翻译该例句时不妨采纳类似表述。遂改译如下：

Section 15. In any of the following cases, namely,

(1) where an applicant is physically or mentally incompetent/(or: has limited or no full capacity for civil conduct);

(2) where an applicant convicted of an offence made an application within 2 years commencing as of the date of completion of sentening terms to the date of application;

(3) where an applicant suspended license by competent authorities/(or: whose certificate is subject to revocation by competent authorities) makes an application within 2 years commencing as of the date of suspension to the date of application; ①or

(4) where an applicant is not eligible to administer such services as medical treatment, disease prevention, or health care, as stipulated otherwise by the administrative department of health under the state Council,

the Department may refuse to issue any license. /the Department may deny an license or registration. ②

---

① See Collateral Consequences of Criminal Conviction in Arizona.

② 参见以下规定 Sec. 301. 4535. (b) On final conviction or a plea of guilty or nolo contendere for an offense listed in Subsection (a), the board, as appropriate, may not issue a license to an applicant, shall refuse to renew a license, or shall revoke a license. (c) A person is not eligible for an initial license or for reinstatement or endorsement of a license to practice nursing in this state before the fifth anniversary of the date the person successfully completed and was dismissed from community supervision or parole for an offense described by Subsection (a). 该译法通过采用增加词汇的方法，将“预防”译为 prevention of illness，而将“保健”译为 maintenance of health，从而有助于读者理解原文。

鉴于法律英语中常用 if 来引导并列的假定结构，亦可改译如下：

The Department may refuse to issue any license, if—

(1) an applicant is physically or mentally incompetent;

(2) an applicant convicted of…(3)…or (4)…

例 5 **第四十三条** 伪造、变造会计凭证、会计帐簿，编制虚假财务会计报告，构成犯罪的，依法追究刑事责任……

（《中华人民共和国会计法》）

译法 1 Article 43 Where accounting vouches or account books are counterfeited or altered, or false financial and accounting reports are prepared, and therefore a crime is constituted, criminal liabilities shall be investigated in accordance with law…

译法 2 Article 43 If a person counterfeits or alters accounting vouches, account books, or financial statements, and constitutes criminal offence, criminal liability shall be pursued…

译法 1 采用 where 句型和被动句型，并按照原文句式进行处理，以求平衡，但立法追究的是人的责任，故应将行为人作为主语，方能更好地表明立法意图；译法 2 的表述在语篇衔接上不符合逻辑，应是人的行为构成犯罪，而不是人构成犯罪（a person…constitutes an offense），亦不足取。不妨折中一下，改译为：

Section 43. If a person counterfeits or alters accounting vouches, account books or financial statements in violation of penal law, criminal liability shall be pursued. /a competent judicial organ shall prosecute the said person for his criminal responsibility in accordance with law. /he shall be liable for criminal responsibility…（既可译为被动句，也可补充“追究”的主语而译为主动句。）

3. “的”字句的其他译法

如果“的”字句与句子的行为之间不存在动宾或主谓关系，则可将“的”字句译为纯粹的条件句，即译为“in case of”“if…”“where…”“when…”或其他介词结构引导的句型。

例 1 **第四十九条** 企业法人有下列情形之一的，除法人承担责任外，对法定代表人可以给予行政处分、罚款，构成犯罪的，依法追究刑事责任：

（一）超出登记机关核准登记的经营范围从事非法经营的；

（二）向登记机关、税务机关隐瞒真实情况、弄虚作假的……

（《中华人民共和国民法通则》）

译法 1 Article 49 Under any of the following circumstances, an enterprise as legal person shall bear liability, its legal representative may additionally be given administrative sanctions and fined and, if the offence constitutes a crime, criminal responsibility shall be investigated in accordance with the law...

（LAB）

译法 2 Article 49 When one of the following situations exists with respect to an enterprise-juristic person, apart from responsibilities undertaken by the juristic person, an administrative sanction or a fine may be imposed on its legal representative; if a crime has been established, criminal responsibility shall be investigated in accordance with the law for...

（CLR）

译法 3 Article 49 Should any one of the following circumstances apply to a corporation, it shall assume liability and, in addition, its legal representative may be subject to administrative sanction or a fine; if a crime is constituted, criminal liability shall be investigated and determined according to the law...

（CCH）[①]

例 1 是典型的"的"字结构，与后面主句中的行为不存在主谓或动宾逻辑关系。上面三种译法各有得失，均不令人满意。不妨改译如下：

Section 49. In the following cases, namely where enterprise-juristic person

（1） carries out illegal business activities beyond the scope of business approved and registered by the registration body; or

（2） conceals the true facts from the registration or tax authorities, or practices fraud...

the enterprise-juristic person shall assume liability and, in addition, its legal

① 参见陈忠诚：《〈民法通则〉AAA 译本评析》，法律出版社 2008 年版，第 56～57 页。

representative may be subject to administrative sanction or a fine; if a crime is constituted, criminal liability shall be investigated and determined according to the law.

例2　**第六十九条**　有下列情形之一的,委托代理终止:

(一)代理期间届满或者代理事务完成;

(二)被代理人取消委托或者代理人辞去委托……

(《中华人民共和国民法通则》)

译法1　Article 69　An entrusted agency shall end under any of the following circumstances:

(1) when the period of agency expires or when the tasks entrusted are completed;

(2) when the principal rescinds the entrustment or the agent declines the entrustment…

(LAB)

译法2　Article 69　Should any one of the following conditions exist, the appointed agency shall terminate

(i) expiration of the period of agency or completion of the matters entrusted to the agent;

(ii) cancellation of the appointment by the principal or resignation from the appointment by the agent…

(CCH)

译法3　Article 69　Entrusted representation shall terminate in any of the following situations:

(1) the time period of the agency has expired or the task of the agent has been completed;

(2) the principal cancels the entrustment or the agent resigns from the entrustment…

(CLR)[①]

---

① 参见陈忠诚:《〈民法通则〉AAA译本评析》,法律出版社2008年版,第82~83页。

本例与上述例 1 颇为类似，即“的”字句与后面的主句不存在主谓或动宾关系，系纯粹的条件句，故不妨采用例 1 的方式将其译为“从句+主句”结构：

Section 69. In the following cases, namely,

(1) where the time period of the agency has expired or the task of the agent has been completed; or

(2) where the principal cancels the entrustment or the agent resigns from the entrustment…

the entrusted agency terminates.

或者改译为由 if 引导并列结构：

Section 69. The entrusted agency terminates, if—

(1) the time period of the agency has expired or the task of the agent has been completed; or

(2) the principal cancels the entrustment or the agent resigns from the entrustment…

例 3 **第二百八十条** 伪造、变造、买卖或者盗窃、抢夺、毁灭国家机关的公文、证件、印章的，处三年以下有期徒刑、拘役、管制或者剥夺政治权利，并处罚金；情节严重的，处三年以上十年以下有期徒刑，并处罚金……

（《中华人民共和国刑法》）

本例的画线处为法律中的概括式立法模式，即以综合性、概括性的“情节严重”“其他严重情节”“其他特别严重情节”等作为情节加重犯成立的立法模式，属于逻辑结构中的假定结构，目前多译为“if the circumstance of such violation is severe”“if the circumstances are serious”“if the case is serious”“if the violation is serious”等。[①] 查阅文献后发现，英美法系法律文本中极少使用该类表述。试看下列有关移民管制的规定：

The illegal workers were prosecuted and either fined or gaoled before being repatriated to their places of origin. Employers of illegal workers were also

① 参见《中华人民共和国刑法》《中华人民共和国刑事诉讼法》《中华人民共和国节约能源法》《中华人民共和国食品安全法》等法律法规的英文本。

prosecuted and fined and, in serious cases, imprisoned.

此外,“in less serious cases”“in especially severe cases”“in grave cases”“if sufficiently severe”也在一些立法中被采用。可见,我国法律法规英译本中常使用的“the case/circumstance/situation is serious”之类的表述并不常见。因此,不妨将“情节严重时”这一概括式规定译为英美法系中的“in serious/grave/severe case”等介词短语,或者译为“if sufficiently severe”这一缩略(deletion)结构,进而将本例改译为:

Section 280.　Anyone who forges, alters, buys or sells, steals, forcibly seizes, or destroys the official documents, certificates or seals of a state organ, shall be sentenced to an imprisonment of not more than three years, criminal detention, public surveillance, or deprivations of political rights, and in severe case/if sufficiently severe, be sentenced to an imprisonment of ten years or less but more than three years and fined...

(二)“动宾结构”表示假定时的英译对策

如前所述,我国法律法规中的假定也常由动宾结构担任,其功能与“的”字句相似,可译为 whoever/anyone who/anyone+分词/介词短语结构,“a person who”结构,或英语的其他条件句。

例 1　**第一百四十七条**　违反本法规定,造成人身、财产或者其他损害的,依法承担赔偿责任。生产经营者财产不足以同时承担民事赔偿责任和缴纳罚款、罚金时,先承担民事赔偿责任。

(2018 年《中华人民共和国食品安全法》)

译法 1　Article 147　A violator of this Law who causes damage to the person or property of any other person, shall bear the civil compensation liability. If his property is insufficient to cover all the the fine or pecuniary penalty at the same time, he shall first bear the civil compensation liability.

译法 2　Article 147　Anyone in violation of this Law and causing damage, loss or injury to the person or property of any other person shall be liable for compensation, and when the assets are not sufficient for civil compensation and payment of penalties and fines, the civil compensation shall be executed first.

该例中的假定结构隐含了行为主体,故可参照"的"字句担任行为主体的译法进行处理。译法 1 表述复杂且逻辑结构不大清晰,加之冠词、代词的使用有违法律英语的表述特点,译法 2 因更契合英语的 SV 结构,故而更为合理。

例 2 **第二条** 在中华人民共和国境内从事下列活动,应当遵守本法:

(一)食品生产和加工(以下称食品生产),食品流通和餐饮服务(以下称食品经营);

(二)……

(2009 年《中华人民共和国食品安全法》)

译法 1 Article 2 Those engaging in the following activities within the People's Republic of China shall abide by this Law:

1. food production and processing (hereinafter referred to as food production), and food circulation and catering services (hereinafter referred to as food business operation);

2. …

译法 2 Article 2 The following business activities carried out within the territory of the People's Republic of China shall abide by this law:

(1) Food production and processing (hereinafter referred to as "Food Production"); food distribution and catering service (hereinafter referred to as "Food Trading");

(2) …

本例中画线部分与冒号后的并列结构构成同位语,即句子的主语实施一系列行为,故从语篇的主—述位推进模式而言,译法 1 逻辑混乱,而且序号的标注不符合英美法的表述规范。译法 2 在语篇衔接上更通顺,但 activities…abide by the law 的用法不妥,不妨改为 comply with 或者 conform to,因后者一般是行为或行为人做主语,即行为或行为人符合某规定或要件,例如:

The Secretary may also require that a drawing of the mark, complying with such requirements as the Secretary may specify, accompany the application.

The Director may … suspend or exclude … from further practice before the

Patent and Trademark Office, any person, agent, or attorney shown to be incompetent or disreputable, or guilty of gross misconduct, or who does not comply with the regulations established under section 2(b)(2)(D) of this title…①

而 abide by 一般是行为人遵守某法律(如 a law-abiding citizen)。

(三)主谓结构表示假定时的英译对策

如前所述,我国法律法规中的假定也常由主谓结构担任,可译为 whoever/anyone who/anyone+分词/介词短语,或者译为 a person who 结构;亦可根据英语的表述习惯而译为其他的假定条件。

例 1　**第十三条**　……省、自治区、直辖市制定严于强制性国家标准、行业标准的地方节能标准,由省、自治区、直辖市人民政府报经国务院批准;本法另有规定的除外。

(《中华人民共和国节约能源法》)

译法 1　Article 13　…The local energy conservation standards formulated by provinces, autonomous regions or municipalities directly under the Central Government, which are more rigorous than the mandatory State or industrial standards shall be submitted to the State Council for approval by the people' s government thereof, unless otherwise provided for by this Law.

译法 2　Article 13　…If any province, autonomous region or municipality formulates local standards for energy conservation stricter than mandatory national and industrial standards, people' s government of such province, autonomous region or municipality shall submit the same to the State Council for approval, except for otherwise specified in this Law.

原文的假定条件并不明显,乃是由一个主谓宾结构的句子担任,但译法 1 并未将该条件句译为英语中的条件句,法律规范的逻辑结构也就未能充分体现出来,故译法 2 更佳。

例 2　**第四十六条**　企业法人终止,应当向登记机关办理注销登记并公告。

(《中华人民共和国民法通则》)

①　35 U. S. C.　§ 32.

译法 1 Article 46 When an enterprise as legal person terminates, it shall cancel its registration with the registration authority and publicly announce the termination.

(LAB)

译法 2 Article 46 Should a corporation terminate, it shall carry out procedures with the original registering body for cancellation of its registration and shall make a public announcement.

(CCH)

译法 3 Article 46 When an enterprise juristic person is terminated, its registr-ation should be cancelled with the registration agency and a public announcement made.

(CLR)

译法 4 Article 46 In the event of its termination, an enterprise-juristic person shall get itself deregistered and its termination announced.

(陈忠诚译)①

画线部分为主谓结构担任的假定,其与后面句子的动词并不存在主谓或动宾关系,故可采用“条件句+主句”结构。上述译文在结构上均可成立,只是逻辑关系有些混乱。不妨参照美国得克萨斯州的有关立法②而改译如下:

Section 46. If a corporation determines or is required to wind up, it shall apply to the registration authority to cancel/withdraw its registration, and publicly announce the said cancellation or withdrawal.

(四)“对于”句(“对”字句)的英译

由于“对于”句引导的部分在句法上为受事,故可考虑译为被动句,即将该受事作为受事主体,也可译为介词短语(for…;in respect to…);亦可如前面所述译为英语的其他条件句。

---

① 参见陈忠诚:《〈民法通则〉AAA 译本评析》,法律出版社 2008 年版,第 53 页。

② “If a corporation determines or is required to wind up, the directors of the corporation shall manage the process of winding up the business or affairs of the corporation.” See TEX BO. Code ANN. § 21.504; Texas Statutes—Section 21.504: RESPONSIBILITY FOR WINDING UP.

例1　**第十七条**　……对农药、肥料、兽药、饲料和饲料添加剂等的安全性评估，应当有食品安全风险评估专家委员会的专家参加……

（2018年《中华人民共和国食品安全法》）

在上例中，“对”字句的施事系隐性，并未出现。此时，可将其视为一个名物化结构，将其理解为“农药的安全性评估”，从而可译为：

Section 17.　…The safety assessment of pesticides, fertilizers, animal drugs, feed, feed additives, etc., shall be attended by experts from the Expert Committee On Food Safety Risk Assessment…

也可将“对”字句处理为条件句，第二个分句为主句，即典型的“假定—行为”结构。试译：

Section 17.　…In the event of safety assessment of pesticides, fertilizers, animal drugs, feed, feed additives, etc., experts from the Expert Committee On Food Safety Risk Assessment shall be present…

例2　**第十六条**　国家对落后的耗能过高的用能产品、设备和生产工艺实行淘汰制度……

（《中华人民共和国节约能源法》）

该例中的施事并未隐形，在逻辑结构上可将其理解为“国家……淘汰……产品、设备等”。故在翻译时可处理为被动句，而译为由施事担任主语的SVO结构。试译：

Section 16.　The State implements a system of eliminating the outdated energy-consuming products, equipment and processes of excessively high energy consumption…

例3　**第十六条**　……对超过单位产品能耗限额标准用能的生产单位，由管理节能工作的部门按照国务院规定的权限责令限期治理。

对高耗能的特种设备，按照国务院的规定实行节能审查和监管。

（《中华人民共和国节约能源法》）

上例中的第一个“对”字句引导的部分作为“责令”的受事，可作主语而译为被动句，亦可由施事做主语而译为SVO主动结构，均符合英语的表述习惯；而第二个“对”字句承前省略施事（管理部门），故可由介词短语引导作为假定

结构,或者将该“对”字句作为受事而译为被动句。试译:

Section 16. ...The manufacturers that use energy exceeding the standard of energy consumption limit on unit product shall be ordered to make corrections within the specified periods. //or: The departments in charge of administration of energy conservation work shall, to the extent of authority as specified by the State Council, order those manufacturers that use energy exceeding the standard of energy consumption limit on unit product to make corrections within the specified periods.

With respect to special equipment of high energy consumption, examination and supervision on energy conservation shall be conducted pursuant to regulations of the State Council. //or: Special equipment of hign energy consumption shall be subject to examination and control for energy conservation as required by the State Council.

例4 **第五十九条** ……对债务人的特定财产享有担保权的债权人,未放弃优先受偿权利的,对于本法第六十一条第一款第七项、第十项规定的事项不享有表决权……

(《中华人民共和国企业破产法》)

本例中的“对”字句并不引导受事,而是与“的”字句一起作为施事。试译:

Section 59. ...Any creditor who enjoys secured priority claim against the specific property of the debtor and has not waived the repayment priority, shall not enjoy the right to vote on any issues or matters as stipulated in Section 61(a)(7) and Section 61(a)(10)...

也可将“对”字句与“的”字句共同视为一个条件而译为条件句:

Section 59. ...If an creditor enjoys secured priority claim against the specific property of the debtor and has not waived the repayment priority, he shall not enjoy the right to vote for any matter as stipulated in Section 61(a)(7) and Section 61(a)(10) of the present Law...

(五)其他假定结构的英译

可处理为由 in case of、if、where、when、for purpose of 等引导的结构。

例 1　**第二十四条**　上级人民法院在必要的时候，可以审判下级人民法院管辖的第一审刑事案件……

（《中华人民共和国刑事诉讼法》）

本例中的“在必要的时候”在句中做状语，可译为“if (where, when) necessary”。试译：

Section 24.　A higher People's court may deal with any case of the first instance falling within the jurisdiction of a lower People's courts where necessary/when necessary/if necessary…

例 2　**第三十六条**　房地产开发企业在销售房屋时，应当向购买人明示所售房屋的节能措施、保温工程保修期等信息，在房屋买卖合同、质量保证书和使用说明书中载明，并对其真实性、准确性负责。

（《中华人民共和国节约能源法》）

译法 1　Article 36　When selling houses, real estate developers shall show clearly to the buyers, among other things, the energy conservation measures for the houses to be sold and the period of guarantee for the thermal insulation facilities, have such information clearly indicated in the real estate transaction contracts, the letters of guarantee for quality and the users' manuals, and be responsible for the authenticity and accuracy of such information.

译法 2　Article 36　When selling houses, real estate development enterprises shall demonstrate to buyers information on measures for energy conservation, term of warranty for warm-keeping projects, and shall state the same in House Purchase and Sale Contracts, Letter of Quality Guarantee and Users' Guide, and shall be responsible for the authenticity and accuracy thereof.

就整体结构而言，两个译法均可取，但译法 2 中使用的 demonstrate、term of warranty、the same 以及 thereof 等正式词汇，更符合法律文体的要求，只是其中并列结构使用了两个“and shall”而有违英语语法。

例 3　**第二十七条**　食品生产经营应当符合食品安全标准，并符合下列要求：

……（八）食品生产经营人员应当保持个人卫生，生产经营食品时，应当将手洗净,穿戴清洁的工作衣、帽;销售无包装的直接入口食品时,应当使用无毒、清洁的售货工具……

(2009年《中华人民共和国食品安全法》)

译法1 Article 27 A food producer or business operator shall meet the food safety standards and satisfy the following requirements:

…(8) ensuring that the persons engaging the production or business operation of food shall keep personal hygiene, wash their hands clean and wear clean clothes and hats during the process of production or business operation, and that they use innocuous and clean vending devices when selling unpacked ready-to-eat food…

译法2 Article 27 Any food production or trading activities shall comply with food safety standards and the following requirements:

…(8) Food producers and traders shall maintain personal hygiene, clean their hands, and dress in clean clothing and cap; use sterilized and clean vending tools for direct consumption food without a package…

译法2中的 the following requirements 与其后面的部分构成同位关系,从而在意义上更为连贯,故译法2更佳。总之,可参照前文英美法中假定结构的常用表达法,灵活翻译法律汉语中的假定结构。对于法律汉语中反义表述句的英译,参见本书“行为模式”一节中的相关内容。

六、解除条件及其英汉互译

在古罗马时,所有法律行为都不能附条件,法律行为即时发生效力,亦采取相反方式消灭效力。后来,遗嘱、要物契约可附停止条件,但不能附解除条件,如有附加,视为未附加。到罗马共和国末期产生解除条件,用于对抗债权人违约行为;对要式买卖、债务免除、婚姻、收养、认领、继承等,不得附加条件。至近现代,法国、德国、意大利等国家的民法典均明确规定了解除条件。具体而言,解除条件(condition subsequent)指:

… a condition that if performed or existing will excuse performance by another. The term is used in contract law to excuse a party from performing upon the nonoccurrence or existence of the condition. A condition subsequent is an act or event, not certain to occur, which if it occurs discharges a duty of performance which has already arisen. It refers to a future event, upon the happening of which the obligation becomes no longer binding upon the other party if that party chooses to apply that condition. It is opposed to a condition precedent, which is a condition which is to be performed before some right dependent thereon accrues or some act dependent thereon is performed. Condition subsequent refers to an event or state of affairs that brings an end to something else. A condition subsequent is often used in a legal context as a marker bringing an end to one' s legal rights or duties.① Common uses include language such as "may", "but if", "however", or "provided that…". In comparison, a condition subsequent brings a duty to an end whereas a condition precedent initiates a duty.

即解除条件与停止条件不同的是,前者表示在条件成就时,履行义务得以解除,而后者表示该条件的成就为产生义务的前提。

在英美法中,解除条件通常表现为由"Unless/Except/save"(otherwise agreed/stated/provided/stipulated/allowed/specified),②other than,以及其他一些引导但书(proviso)的句型(如provided for,provided that)等结构。例如:

…Except as expressly excluded in subsections (a), (b), (c), (d), (e)(3), and (e)(5) of this section, nothing in this chapter shall prevent the registration of a mark used by the applicant which has become distinctive of the applicant' s goods in commerce.③

A mortgagee who exercises a power to sell mortgaged property must not

---

① 参见 http://definitions.uslegal.com/c/condition-subsequent/,最后访问日期:2020年1月27日。

② Stipulation means a material article in an agreement, or an agreement between parties to a dispute or court action that a certain fact is true or uncontested. Also means an agreement between parties to a specific procedure or action such as a stipulation to extend time to answer a complaint; and "stipulations" are of two types: First, those relating to merely precedural matters; and, second, those which have all essential characteristics of mutual contract. See *Paine v. Chicago & N. W. Ry. Co.*, 217 Wis. 601, 258 N. W. 846. 可见,stipulate (stipulation)既可用于合同领域的约定,也可指法庭的规定,如Unless otherwise stipulated to or directed by an assigned judge, the appointment of a liaison counsel by a coordination motion judge terminates on the final determination of the issue whether coordination is appropriate.

③ 15 U. S. Code § 1052.

become the purchaser of the mortgaged property except, —

(a) in accordance with section 166, at a sale of land or goods through the Registrar; or

(b) in accordance with an order of a court made under section 168.

在上例中，except 引导的结构是主句的规定不再得以适用的前提条件。根据《现代汉语词典》，[①]“但书”是法律条文中“但”或“但是”以下的部分，指明本条文的例外或限制。在法律汉语中，表示解除条件的“但书”常表达为“除……外”“……除外”“但是……除外”“但是……不在此限”[②]等结构。例如：

第十三条 ……省、自治区、直辖市制定严于强制性国家标准、行业标准的地方节能标准，由省、自治区、直辖市人民政府报经国务院批准；本法另有规定的除外。

（《中华人民共和国节约能源法》）

第八十四条 食品检验机构按照国家有关认证认可的规定取得资质认定后，方可从事食品检验活动。但是，法律另有规定的除外……

（2018 年《中华人民共和国食品安全法》）

对英汉语法律规范中的解除条件进行对比分析后发现，法律英语中由“unless/except/save otherwise…”引导的结构可置于主句前面或后面，位置比较灵活；由 provided that 引导的结构比较特殊：如置于主句前，常引导停止条件；如置于主句后，则常引导“但书”。而在法律汉语中，“除……外”常用于主句前，而“……除外”和“但是……除外”等但书形式却常用于句末。因此，在翻译中应注意汉英语言各自的表达习惯。

（一）法律英语中的解除条件的汉译

“unless/except/save otherwise…”和“provided that”等表示解除条件的结构，可译为“除……外”或“但……除外”，[③]但须考虑这类结构在汉语中的位置。

---

① 中国社会科学院语言研究所词典编辑室编：《现代汉语词典》（第 5 版），商务印书馆 2005 年版，第 268 页。

② 此类译法在现行法规里几乎见不着。这类具有文言文特色的表述，偶见在一些法律文书中。

③ 在实践中，人们常用“除非……”来翻译法律英语中的解除条件句。需要注意的是，因“除非”有歧义，故而其在法律规范中的使用频率几乎为零。

例 1　In this Ordinance, unless the context otherwise requires, "business" includes every trade, occupation, or profession. [①]

译法 1　根据本条例/在本条例中,除文意另有所指外,"业务"包括所有的行业、职业和专业。

译法 2　根据本条例/在本条例中,"业务"包括所有的行业、职业和专业,但文意另有所指的除外。

例 2　...Where an application is made under this rule—

(a) notice of the application must be given to the party for whom the solicitor is acting, unless the court directs otherwise; (b) ...

本例也可如例 1 一样,将画线部分译为"除……外"并置于主句前,也可译为"但书"而置于主句后。

例 3　... Save as is provided in this Ordinance, no claim within the jurisdiction of the Board shall be actionable in any court...[②]

在普通英语中,save 是一个及物动词,但在法律英语中却常用作介词,相当于 except (for)。就词源而言,save 源于法语,系法国人长期统治英国的产物,其后面可接一个名词短语,也可以接一个从句或另一个介词短语,其常用句型 save as (is) provided/stipulated,通常译为"除……外"。由于法律翻译人员并不熟悉 save 一词的用法,因此在法律译文中很少使用该词,而 except、except for、unless 等更为常见,故常用"except as (is) provided/stipulated"和"unless otherwise provided/stipulated"来代替 save as (is) provided/stipulated。试译:

译法 1　……除本条例另有规定外,凡属仲裁处司法管辖权范围内的申索,不得在任何法庭进行诉讼……

译法 2　……凡属仲裁处司法管辖权范围内的申索,不得在任何法庭进行诉讼,但本条例另有规定的除外……

例 4　Every one who by words spoken or written, or by conduct represents himself...as a partner in a particular firm...is liable as a partner to any one who

---

① Cap. 38　Partnership Ordinance—Hong Kong.

② Section 5, Minor Employment Claims Adjudication Board Ordinance (Hong Kong).

has, on the faith of any such representation given credit to the firm...Provided that where, after a partner' s death, the partnership business is continued in the old firm-name, the continued use of that name or of the deceased partner' s name as part thereof shall not of itself make his executors' or administrators' estate or effects, liable for ay partnership debts contracted after his death. ①

本例中的"provided (always) that..."句型常用于表达"一个例外、限制或附加条件",其意思是"on the condition that, only if, so long as, providing (that),as long as,if,but,however"等,可表示停止条件,也可引导一个但书(一般用逗号或冒号隔开,即 provided,however that...)。试译:

行为人以口头或书面形式或行为表明自己系合伙企业的合伙人时……应对善意相信其意思表示而向合伙企业提供贷款者承担法律责任……但是,合伙人死亡后,合伙企业仍以原企业名称开展业务、继续使用原企业名称或继续使用包含已故合伙人姓名的企业名称的,已故合伙人的遗产执行人或管理人不再对该合伙人死亡后缔结的合同承担法律责任/比较:但是,合伙人死亡后,合伙企业仍以原企业名称开展业务、继续使用原企业名称或继续使用包含已故合伙人姓名的企业名称的除外。

此外,当 provide 用作动词短语时,其意思是"规定"。例如:

Section 111 (1) provided that a local authority should have power to do anything... which is calculated to facilitate, or is conducive or incidental to, the discharge of any of their functions.

可将 provided that 从句视为 provided 引导的宾语从句,译为"规定",全句可译为:

第 111 条第 1 款规定,地方当局有权采取一切措施……履行其职责。

例 5 ...The United States Patent and Trademark Office shall be deemed, for purposes of venue in civil actions, to be a resident of the district in which its principal office is located, except where jurisdiction is otherwise provided by

---

① PARTNERSHIP ACT 1892—SECT 14.

law...[1]

...An application for patent shall be made, or authorized to be made, by the inventor, except as otherwise provided in this title, in writing to the Director...[2]

上述两个画线部分也是常见的解除条件句,可分别译为:

"……但法律对管辖权另有规定的除外……"和"……除本卷另有规定外……"。

例 6　Unless the contractor' s Representative is named in the Contract, the Contractor shall prior to the Commencement Date, submit to the Engineer for consent the name and particulars of the person the Contractor proposes to appoint as Contractor' s Representative.[3]

译法 1　合同中没有写明承包商代表姓名的,承包商应当在开工日期前,将其建议任命为承包商代表的人员姓名和详细资料提交工程师同意。

译法 2　承包商应当在开工日期前,将其建议任命为承包商代表之人员姓名和详细资料提交工程师同意,但合同中写明了承包商代表姓名的除外。

由于 unless 常译为"除……外"而具有否定意义,故有人将其译为否定式的停止条件(译法 1)。尽管两个译法在意思上相似,但具有不同的法律后果:译法 1 的举证责任由合同制定者承担,而译法 2 的举证责任由承包商承担。因此,不妨还是采用法律汉语中的典型解除条件而改译如下:

承包商应于开工日期前将其拟指定之代理人的姓名和详细资料提交工程师以征得其同意,但合同中已列明承包商代理人姓名的除外。//除合同中已写明承包商的代理人姓名外,承包商应于开工日期前将其拟指定之代理人的姓名和详细资料提交工程师以征得其同意。

(二)法律汉语中的解除条件的英译

如前所述,法律汉语中的解除条件可表述为"除……外""(但)……除外""但是……"等,但"除非……"这一表述在法条中极为罕见。这类结构可视情

---

① 35 U. S. Code §1.

② 35 U. S. Code §111.

③ Brian W. Totterdill, *FIDIC User's Guide: A Practical Guide to the* 1999 *Red Book*, Thomas Telford Publishing, 2006, p. 102.

况译为英美法中的解除条件。

例 1　**第二十五条**　食品安全标准是强制执行的标准。除食品安全标准外，不得制定其他食品强制性标准。

（2018 年《中华人民共和国食品安全法》）

试译　Section 25.　Food safety standards are mandatory. Except for the food safety standards, no other mandatory standards for food shall be developed.

例 2　**第二百五十六条**　除本法第二百五十五条的规定外，保险标的发生全损，保险人支付全部保险金额的，取得对保险标的的全部权利；但是，在不足额保险的情况下，保险人按照保险金额与保险价值的比例取得对保险标的的部分权利。

（《中华人民共和国海商法》）

试译　Section 256.　Except as stipulated in Article 255 of this Act, where a total loss occurs to the subject matter insured and the full insured amount is paid, the insurer shall acquire the full right to the subject matter insured. In the case of under-insurance, the insurer shall acquire the right to the subject matter insured in the proportion that the insured amount bears to the insured value.

例 3　**第十三条**　……省、自治区、直辖市制定严于强制性国家标准、行业标准的地方节能标准，由省、自治区、直辖市人民政府报经国务院批准；本法另有规定的除外。

（《中华人民共和国节约能源法》）

试译　Section 13.　...If any province, autonomous region or municipality formulates local standards for energy conservation stricter than mandatory national and industrial standards, people' s government of such province, autonomous region or municipality shall submit the same to the State Council for approval, except for otherwise specified in this Law/unless otherwise provided for by this Act.

例 4　**第八十四条**　食品检验机构按照国家有关认证认可的规定取得资质认定后，方可从事食品检验活动。但是，法律另有规定的除外……

（2018 年《中华人民共和国食品安全法》）

译法 1　Article 84　Food testing agencies may not/shall not perform food testing only unless they have been accredited in accordance with relevant State requirements on certification and accreditation, unless otherwise specified by law...（或将其置于句首）

译法 2　Article 84　Food testing agencies shall perform food testing only after they have been accredited in accordance with relevant State requirements on certification and accreditation, unless otherwise specified by law...

第三节　处理（行为模式）及其英汉互译

行为模式涉及法律关系的内容，即法律关系主体之间的法律权利和法律义务，是法律规范的指示内容（行为模式、法律权利与法律义务的一般规定）在实际社会生活中的具体落实，是法律规范在社会关系中实现的一种状态。[①] 哈特曾区分首位规则（primary rules）与次位规则（secondary rules），并将二者的结合作为法理学科学的关键问题。其中首位规则主要用来设定义务（duty-imposing rules），是直接支配行为的规则；而次位规则主要用来授予权力（power-conferring rules），是关于其他规则的创造、确认以及解释的规则。[②] 尽管立法文本的措辞各有差异，但其一直不变的语言特征则是文本所表达的施为效力（performative force），而这种施为效力应该在源语和目的语中得到相同的体现。因此，在探讨立法文本的翻译之前，有必要对言语行为理论、法律法规的施为效力、施为效力在法律法规中的表现等方面进行探讨。

一、言语行为理论简介

自从言语行为理论（speech act theory）由奥斯汀于 20 世纪 60 年代提出以来，就一直被视为一个语用学概念。正如亨彻（Hencher）所说，言语行为理论与法律乃是由相同的概念所构成的。诸如权威性、可检验性、义务等概念，都是言

---

① 张文显：《法学基本范畴研究》，中国政法大学出版社 1993 年版，第 160 页。

② ［英］哈特：《法律的概念》，张文显、郑成良等译，中国大百科全书出版社 1996 年版，第 165 页。

语行为理论和法律的必要组成部分。① 不少学者就对言语行为在法律语言中的重要作用进行了系统的研究。②

言语行为理论的基本主张可以归结为一句话:“说话就是做事”。说话人只要说出了有意义、可为听话人理解的话语(utterance),就可以说他实施了某个言语行为。说话的方式可以是直接的,也可以是间接、含蓄的。言语行为是说话人表达意义的基本功能单位,也是语言使用研究的基本分析单位。

奥斯汀主张区分有真假之分的句子,以及有适当与不适当之分的句子,前者被称为表述句(constatives),其功能在于断言或陈述事实、报道事态;后者则被称为施为句(performatives),不具有报道、描述或表述的功能,但却具有实施某些行为的功能。其中施为句的实施有适当与不适当之分,要受一定的适切条件(felicity conditions)的制约。如“he judge:I will sentence Wilson to five years in prison”中,要实现“判决”的法律言语行为,必须满足下列适当条件:

(1)必须有一个犯罪嫌疑人可供判决;

(2)说话人必须是具备判决该犯罪嫌疑人资格的法官;

(3)该判决还必须符合一定的司法程序,等等。

不具备上述要件的人说上述话时,并不能完成该判决行为,即其判决行为是不恰当、无效的。奥斯汀等人认为,区别施为句与表述句的标准之一是看语句中是否含有施为动词(performative verbs),并根据施为动词(表达的言语行为或施为用意的名称或标示语,illocutionary force indicating device,IFID)的有无,将施为句进一步划分为显性施为句(explicit performatives)和隐性施为句(implicit performatives)。③

赛尔和奥斯汀进一步将言语行为分为了宣告、陈述、承诺等几类,但其分类

---

① M. Hencher,“Speech Acts and the Law”, in R. Shuy and A. Shnukal, eds., *Language Use and the Uses of Language*, Georgetown, Georgetown University Press, 1980, pp. 245-256.

② M. Jori, “Legal Performatives”, in R. E. Asher, ed., *The Encyclopedia of Language and Linguistics*, Oxford, Pergamon Press, 1994, pp. 2092-2097; Y. Maley, “The Language of the Law”, in John Gibbons, ed., *Language and the Law*, London, Longman, 1994, pp. 11-50.; G. Stygall, *Trial Language: Differential Discourse Processing and Discursive Formation*, Amsterdam, Benjamins, 1994, p. 85.

③ John Austin, *How to Do Things with Words*, Oxford, OUP, 1962, pp. 150-153; John Searle, *Speech Act: An Essay in the Philosophy of Language*, Cambridge, CUP, 1969, p. 64.

无法直接运用于法律言语行为的分析，哈贝马斯（Habermas）就曾批判其分类忽略了法律言语行为的规范调节功能。哈贝马斯特别批判了赛尔对指令性言语行为的划分，认为他没能够分清具有法律效力的调节性言语行为与不具有法律效力的命令性、使役性行为。两者的施为意图虽然都是指使听话人做事，但是前者具有法律效力。并不是每个人都具有实施法律言语行为的权利，而这恰恰是实施言语行为的必要条件之一。此外，赛尔对指令性言语行为和宣告性言语行为的区分也有问题。任命、宣战、退位、解聘通告等宣告类言语行为，其实具有与允许、命令、禁止等指令性言语行为一样的调节性质，都能产生法律效果。奥斯汀和赛尔关于承诺类言语行为的分析在法律语篇（如合同、条约）中也行不通。在一般法律言语行为的实施中，如果说话人（如合同或条约双方）不付诸行动，也没什么大问题，顶多说他道德败坏、不守信用。但是在法律语篇中，如果说话人不把自己的允诺付诸实践，他就可能要吃官司。这两种允诺性质不同，需要区分开。针对这些缺陷，哈贝马斯提出了自己的言语行为分类：调节类（regulatives）、表达类（expressives）和述事类（constatives）等三类言语行为。[①] 他的分类考虑到法律言语行为和一般言语行为之间的区别，把所有法律言语行为都划归"调节性法律言语行为"范畴，即法律言语行为就是调节性言语行为。调节性法律语篇的主要作用就是通过制定法律法规来制约人们的社会行为，告诉大家什么事可以做、什么事不得做，以达到一定的法律目的。

二、英汉立法语言中的言语行为分类

按照行为模式的不同，可将法律规范分为授权性规范、义务性规范和禁止性规范。根据施为用意标示语的有无，又可将法律规范再细分为显性和隐性两大类。

（一）显性法律言语行为（explicit performatives）

显性法律言语行为指法律规范中包含明显的、表示授权、义务或禁止等施为用意的标识语。笔者曾以 United States Code Title 35—Patents 为例，对其中

---

① 转引自 Susan Šarčević, *New Approach to Legal Translation*, The Hague, Kluwer Law International, 1997, p. 135。

的施为用意标识语的使用情况进行统计，并得出如下结论：

（1）赋予权利的言语行为主要通过“have the right”和“be entitled to do”这两个施为动词标示出来；（2）规定义务的言语行为主要通过“be liable”和“be responsible”这两个施为动词标示出来；（3）在使用规约手段的言语行为中，“赋予权利”主要通过 may 和 can 这两个情态动词来标示，而“义务”则主要通过“should，should not，may not 和 must”这些情态动词予以标示。

而对美国的 Model State Trademark，Torts，the U. S. Constitution 等法律文本进行统计后也发现，使用 IFID 的显性法律言语行为中标示赋予权利的一般都通过“have the right”“have the power”“be empowered”“be entitled”“be allowed”等标示出来，而义务则主要通过“be liable，be responsible，not allowed”等范畴标示出来；而在使用规约手段的言语行为中，标示义务的规约性言语行为中使用最广泛的是“shall”，由于其出现的频率高，故在法律英语中成为标示规定义务的规约性手段，而表达赋予权利的规约性法律言语行为均通过“may”和“can”标示出来。

可见，除了明示的 IFID 标示词外，助动词（auxiliary verbs）“shall，may，shall not”等在法律英语中表示权利和义务的规约性应予以重视。例如，正如沙利文（Sullivan）所指出的，may 具有下列功能：

· confer an authority or a power: a person may lawfully do something that would otherwise be unlawful;

· confer a right: a person may claim a benefit or protection under the law;

· impose conditions on a grant of authority or a right: the authority is exercisable, the right can be claimed only if certain conditions are met;

· impose procedural limitations: a person may do something only by proceeding in a stipulated way; and

· refer to future actions or events。

沙利文还指出，在法律语境中，shall 通常表达下列规约功能：

impose a duty— “a person shall…”;

prohibit conduct— “no person shall…”, or “…shall not…”;

create formal or substantive conditions precedent— “to achieve x, a person shall…";

declare legal effects— "the contract shall be deemed valid", or "… 'a particular word' shall mean…"。[①]

鲍尔斯(Bowers)也指出,法律规范的言语效力可分为三种类型:(1)授权性(facultative),即通过使用 may 赋予权力、权利或特权;(2)强制性(imperative),即通过使用 shall 而设定义务;(3)禁止性(prohibitive),即通过使用 shall not 来限制行为的实施以设定某个义务。[②] 违反强制性的(mandatory)或指令性的(directory)的规定会产生不利的法律后果或惩罚。[③]

此外,尚有其他一些结构表示权利的授权或义务的设定。例如,may not、must not 和 shall not 均可表示禁止性规定。英美立法常在下列情况下使用 must:

· an action or result is compelled by necessity;

· an item is indispensable; or

· an action or event is a condition precedent to:

· the authority to act;

· a prohibition;

· the accrual or loss of a right; or

· the imposition or removal of an obligation。

即在表示某个义务必须履行的情况下,应使用 must,例如:

Before questioning a person who is entitled to the questioning safeguards, a police officer must enquire whether the person wishes to consult a lawyer。

尽管 shall 的规约性用法是用以表示义务或禁止性规定,但由于其又可表示将来,故有歧义,而使用 must 则可使表述清楚,又易于理解。以 must 代替 shall 以及用 must not 代替 shall not 来体现义务的做法,在世界范围内呈上升趋势。例如,中国香港特别行政区的英文立法中就不乏使用 must 表示义务性规

---

① Debro Cao, *Translating Law*, Clevedon, Multilinguial Matters, 2007, p. 115.

② Debro Cao, *Translating Law*, Clevedon, Multilinguial Matters, 2007, p. 115.

③ A. Trosborg, "Statutes and Contracts: An Analysis of Legal Speech Acts in the English Language of the Law", *Journal of Pragmatics* 23, 1995, pp. 31-53.

定的情况,新西兰的现有立法也很少使用 shall 表示义务和禁止性规定,[①]从而使归约性手段家族中增加了新成员。根据学者们的研究,should 在法律语言中很少被用于表示一种法律上的义务。

在法律语境中,有些陈述句本身就具有施为效力。对于这类陈述句,要尽量避免乱用 shall 或 must,因使用一般时态亦无损其施为效力。例如:

A parent shall be entitled to appear. 应为: A parent is entiled to appear.

Any act or omission ... shall constitute an offence ... 应为: Any act or omission...constitutes an offence...

如前所述,在表示否定意义的禁止时,汉语往往是否定谓语,而法律英语中除了使用"S + shall not/is prohited..."等否定谓语的方式外,还常使用否定主语,即使用"No person (one) shall/may ..."的表述方式。相比较而言,"no person may..."比"no person shall..."具有更强的禁止性。例如:

No partner shall be entitled to remuneration for acting in the partnership business.

No person may be introduced as a partner without the consent of all existing partners.

No proceedings under this section may be instituted after two years from the day the offence was committed.

No person shall own, keep or harbor in the Town of Saugus, outside the confines of the owner's property, any dog which is not held firmly on a leash by a person who shall have control of such a dog.

对法律汉语中的 IFID 和规约手段进行粗略统计和分析后则发现,在法律汉语中,除了使用 IFID 外,也大量使用规约手段表示权利的赋予(如可以、可)和义务的设定(如应当、必须、不得、须)(见表 8-4)。

---

① See The Royal Warrant of the New Zealand Service Medal 1946-1949,2002,SR 2002/225.

表 8-4　立法语言中核心词汇统计①

法律名称	“规定义务”词汇的使用频次		“授予权力(权利)”词汇的使用频次			“限制行为”词汇的使用频次			总条数
	应当	必须	可以	有权	享有	禁止	不得	严禁	
《中华人民共和国公司法》	137	46	60	7	3	0	63	1	230
《中华人民共和国合同法》	314	1	189	21	16	3	46	0	428
《中华人民共和国刑法》	74	3	51	0	2	8	10	1	452
《中华人民共和国水法》	34	14	15	1	0	3	13	0	53
《中华人民共和国引渡法》	70	1	29	0	1	0	2	0	55
《中华人民共和国仲裁法》	64	1	45	5	0	0	1	0	80
《中华人民共和国专利法》	40	1	38	1	3	0	9	0	69
《中华人民共和国行政复议法》	26	0	25	11	0	0	6	0	43
《中华人民共和国行政监察法》	32	4	23	3	0	0	5	0	48
《中华人民共和国收养法》	31	0	25	3	0	0	7	1	34
《中华人民共和国继承法》	22	1	16	2	2	0	5	0	37
《中华人民共和国海关法》	92	8	52	4	1	4	21	0	102
《中华人民共和国海商法》	184	5	73	58	3	0	38	0	278
《中华人民共和国高等教育法》	35	4	10	1	3	0	6	0	69
《中华人民共和国档案法》	13	4	10	2	1	5	4	2	27

① 刘红婴:《法律语言学》,北京大学出版社 2003 年版,第 88~90 页。

续表

法律名称	“规定义务”词汇的使用频次		“授予权力(权利)”词汇的使用频次			“限制行为”词汇的使用频次			总条数
	应当	必须	可以	有权	享有	禁止	不得	严禁	
《中华人民共和国价格法》	26	0	18	3	1	1	8	0	48
《中华人民共和国建筑法》	61	12	16	6	0	8	19	0	85
《中华人民共和国戒严法》	12	3	18	6	0	3	1	0	32
《中华人民共和国律师法》	18	4	19	1	2	0	12	0	53
《中华人民共和国民事诉讼法》	195	44	136	22	2	1	22	0	270
《中华人民共和国国家通用语言文字法》	13	0	3	0	0	0	0	0	28

注:下划线词语为规约性词汇

(1)在表示义务时,“应当”和“必须”的使用频率极高。

例1　**第四十八条**　……死刑除依法由最高人民法院判决的以外,都应当报请最高人民法院核准……

(《中华人民共和国刑法》)

其中的“应当”具有“强制性”的义务性规定,即作出死刑判决时,法院有义务报请最高人民法院核准,否则会因程序违法而导致其判决被撤销的不利后果。尽管在日常生活用语中,“应当”和“必须”存在区别,但是在法律用语中,“应当”和“必须”的归约性含义均是表示一种义务。但须注意的是,“应当”有时表示一种推定与说理,而“必须”则带有某种感情色彩,表示“一定要这样”或“只能这样”,有命令的意味,故二者不能互相替换。例如:

第二十七条　劳动争议申请仲裁的时效期间为一年。仲裁时效期间从当事人知道或者应当知道其权利被侵害之日起计算……

(《中华人民共和国劳动争议调解仲裁法》)

其中的“应当知道”是指一个思维正常、智力中等的人通常都会知道。其法律后果是,应当知道而没有知道,其权利就不能通过仲裁得到保护。法官在裁定相关法律问题时,理性人(reasonable person)[①]常被用作指导形象,以衡量法律制度对现实的人有哪些期许。具体操作上,一般会假设存在一个在年龄、智力以及健康状况等方面与行为人均相同的人,进而判断该理性人在遇到与行为人相同的情形时会做出何种反应。如两者反应相同,则认定行为人无过错,反之则有过错。在本例中,法律规定行为人须像一个理性的人那样关心自己的权益,否则就没有必要对其提供保护,故其中的"应当"不能改为"必须"。类似地,《中华人民共和国刑法》第十五条"应当预见自己的行为可能发生危害社会的结果,因为疏忽大意而没有预见……是过失犯罪"中的"应当"也不能改为"必须"。

(2)在表述限制性规定时,"不得"是最常见的规约手段。"严禁"的程度重于"禁止",会根据其主题或内容决定是否使用该词,一般限于具有严重危害的行为。例如:

第十七条 禁止生产、进口、销售国家明令淘汰或者不符合强制性能源效率标准的用能产品、设备;禁止使用国家明令淘汰的用能设备、生产工艺。

(《中华人民共和国节约能源法》)

且"禁止"与"不得"在句法结构上也存在差别:前者用于祈使句,限制一般行为,即具有普适性;而后者用于有主句,限制在具体环境下行为人的行为。例如:

第二十八条 能源生产经营单位不得向本单位职工无偿提供能源。任何单位不得对能源消费实行包费制。

(《中华人民共和国节约能源法》)

其中的"不得"就表示禁止性规定,与法律英语中的 shall not 意思一样。个中差异,不可不辨。

---

① 在确定行为人主观上是否有过错时,英美法系和大陆法系基本上采用的是理性人标准进行判断。该理性人是一个假设的形象,其品质突破了"理性"这一词语的单纯字面含义,即包括"善意的、恰当的、正直的、正派的、认真的、忠实的、审慎的、诚实的、公正的、明确且符合交易习惯和善意的、勤勉及诚实的"等;该理性人身上凝聚着诚实信用戒律对人类形象的假定。

(3)"可以"是最常见的表示授权的规约性表述。例如：

第二十二条 ……对于预备犯,可以比照既遂犯从轻、减轻处罚或者免除处罚。

(《中华人民共和国刑法》)

其中的"可以"表示授权性规定,即法官可自由裁量,决定是否从轻或减轻处罚。此外,"得"也可以作为一种规约性授权性表述,意思是"允许,许可,可以",但由于该表述在我国立法中较为少见,故不予讨论。

(二)隐性言语行为(implicit performatives)

英汉语法律语篇中尚有大量未使用施为用意标示语的语句,故其施为用意并不明确。但由于这些语句系整部法律语篇的组成部分,其功能自然是规定公民的权利和义务,其性质也不外乎命令、禁止、允许等。

例 1 **第五条** ……国家维护社会主义法制的统一和尊严……

(《中华人民共和国宪法》)

尽管在其中并未使用施为用意的标识语,但由于该表述是宪法中的一个条款,故而不难发现该条是个赋予权力(利)或设定义务的言语行为,即维护社会主义法制的统一和尊严是国家的一项义务。

例 2 All human beings are born free and equal in dignity and rights…①

上例中也未使用施为用意标识语。但与例 1 一样,该表述在法律宏观功能下而获得施为性,表明每个人都有权利受到公正对待。

总之,即便法律中的某一表述缺乏施为标识语,或未使用具有规约性含义的助动词,但由于整部立法是一个主要的言语行为(master speech acts),该立法中的各条文便随之获得了言语行为的效力,即具有法律意义上的调节功能。② 因此,在诸如"大会设主席一职","我国的国旗是五星红旗","'information technology' includes any computer or other technology by means of which information or other matter may be recorded or communicated without being

① Aricle 1 of the Universal Declaration of Human Rights.

② Dennis Kurzon, *It is Hereby Performed … Exporations in Legal Speech Acts*, Amsterdam/Philadephia, John Benjamins, 1986, p. 20.

reduced to documentary form", "All charges incurred by the Public Trust are a first charge on the property of the deceased person", 以及"This section is subject to section 9."等陈述句中,尽管都未使用明示的标识语,但因其处于法律这一宏观施为语境下,本身就是在以言行事,即具有施为效力,自不待言。

三、处理模式的英汉互译

如上所述,英汉法律语言均可分为显性和隐性施为句,其表现手段略有差异。在翻译时应牢记:在不同法律体系中,标示施为效力的标识语或规约手段,就如法律术语一样,不一定存在对等物。因此,在译文中可根据语境增加或删减标示词或规约性手段,以符合目的语的表述习惯。例如,在欧洲的法律中,很多条文并不使用具有施为效力的助动词,而是大量使用一般现在时,在译为英语时可补充出该类助动词,反之亦然。该翻译实践为英汉法律翻译提供了借鉴作用:译文应与原文一样,体现出法律规范性的施为效力。

(一)显性施为句的英汉互译

1. 授权性规定的英汉互译

如前所述,法律语言中往往通过施为用意标识语(IFID)(如 have the right, be entitled to do, be allowed/authorized to;有权、授权等)以及规约手段(如 may, can;可以、得、可)等表示授权。在翻译时,应选择符合目的语表达习惯的表述方式。具体而言:

(1)针对使用施为用意标识语(IFID)的显性施为句

由于这类施为句有明显的标示语,故比较好处理,可译为使用 IFID 的施为句,也可处理为使用规约手段的施为句。

例 1 That Every citizen has a right to bear arms in defense of himself and the state. (Alabama, Constitution)

译文 市民有权持有武器自卫和保卫国家。(将 IFID 处理为 IFID)

例 2 **第二十五条** 被撤销死亡宣告的人有权请求返还财产……

(《中华人民共和国民法通则》)

译文 Article 25 Any person whose death declaration has been revoked has the right to/may request the return of his property…(将 IFID 处理为 IFID 或规约手段)

例 3 **第七条** ……全国人民代表大会制定和修改刑事、民事、国家机构的和其他的基本法律……

(《中华人民共和国立法法》)

译文 Article 7 …The National People's Congress enacts and amends/has the power to enact and amend basic laws governing State agencies and civil, criminal and other matters…(将 IFID 处理为 IFID)

(2)针对使用规约手段的施为句

对于这类言语行为句,除了译为译语中相应的规约手段表达的言语行为外,也可译为使用 IFID 的言语行为,以凸显其施为性。例如,may 在法律英语中表示“许可”或者“给予某人做某事的授权”,故可将“may”译为汉语的“可”“可以”“得”等规约手段,或者译为“有权”,即显性的 IFID 模式。但为了与原文功能保持一致,建议还是按照原文的表达方式处理,即原文采用了规约手段的,译文也应尽量以规约手段译之。此外,may 在法律英语合同文本中可解释为“可能”、“可以”(likely, possible)或者“(或)许”(perhaps)等,因此在“可能性”(possibility)与“准许”(permission)或授权之间易产生歧义,此时应仔细甄别其语义。

例 1 **第一百四十二条** ……中华人民共和国法律和中华人民共和国缔结或者参加的国际条约没有规定的,可以适用国际惯例。

(《中华人民共和国民法通则》)

译文 Article 142 …International practice may be applied on matters of which neither the law of the People's Republic of China nor any international treaty concluded or acceded to by the People's Republic of China has any provisions.

例 2 **第八十一条** 公共机构……采购国家明令淘汰的用能产品、设备的,由政府采购监督管理部门给予警告,可以并处罚款……

(《中华人民共和国节约能源法》)

译文 Article 81 If any public organization … purchases any energy-using products and equipment expressly ordered to be eliminated by the State, the department of the government in charge of procurement supervision and administration may give a warning thereto and may impose a fine concurrently...

例 3 The Times, Places and Manner of holding Elections for Senators and Representatives, shall be prescribed in each State by the Legislature thereof; but Congress may at any time make or alter such Regulations, except as to the Place of chusing Senators...[①]

译文 选举参议员和众议员的时间、地点和方式,由各州议会规定。但除选举参议员的地点外,国会得/可随时制定或改变上述规定……

例 4 This Act may be cited as the Judicature Act.

译文 本法可引称为《司法组织法》。

2. 义务性规定的翻译

有学者将义务性行为(包括“有义务、必须、应当”等)与限制性行为(包括“禁止、严禁、不得”)分列。[②] 但笔者认为,义务性规定是从积极层面规定义务,而限制性行为作为法律的底线,是从消极层面来规定义务的,即二者是从不同的角度来表达行为人的义务,并无实质性区别。故本书不予区分,统称为义务性规定。对于义务性规定,亦可参照授权性规定的译法处理。

例 1 No reservations are permitted except those expressly authorized in this Convention.

译文 除本公约明文许可的保留外,不得作任何保留。(将 IFID 处理为规约手段)

例 2 Obligation of spouses and same-sex partners for support

Every spouse and every same-sex partner has an obligation to provide support for himself or herself and for the other spouse or same-sex partner, in accordance with need, to the extent that he or she is capable of doing so.

译文 配偶一方应在其能力范围内,根据实际需要对其配偶(或同性伴

① Section 4, Article 1, US Constitution.

② 参见刘红婴:《法律语言学》,北京大学出版社 2003 年版,第 87~89 页。

侣)给予资助。(将 IFID 处理为规约手段)

例 3 A party to whom a document has been disclosed has a right to inspect that document except where the party disclosing the document has a right or a duty to withhold inspection of it.

译文 获悉文件内容的当事人有权对该文件进行审查,但文件披露方对该文件有权予以保密或负有保密义务的除外。(将 IFID 处理为 IFID)

例 4 … The transportation or importation into any State, Territory, or possession of the United States for delivery or use therein of intoxicating liquors, in violation of the laws thereof, is hereby prohibited…①

由于法律汉语中通过 IFID 表述的义务性规定主要表现为主谓句或无主句(祈使句),在翻译时应补充出其主语而译为:

……在合众国任何州、领域或属地内,凡违反当地法律在当地发货或使用而运送或输入致醉酒类,均予以禁止……

或者将该禁止性规定译为汉语的祈使句:

……禁止/不得在美国领域内非法运送致醉酒类……

例 5 **第十七条** 禁止生产、进口、销售国家明令淘汰或者不符合强制性能源效率标准的用能产品、设备;禁止使用国家明令淘汰的用能设备、生产工艺。

(《中华人民共和国节约能源法》)

原文的 VO 结构可转化为英语的 SVO 结构,即将原文的宾语升格为主语而译为被动句:

Section 17. The manufacturing, import or sale of any energy-consuming products and equipment shall be prohibited if they are expressly ordered to be eliminated by the State or they do not comply with the statutory standards for energy efficiency. The use of energy-consuming equipment and processes that are expressly ordered to be eliminated by the State shall be prohibited.

或者将原文动词的施事补充出来而转化成“No one may…”结构。尽管也

① Amendment XXI, US Constitution.

可以使用“No one shall…”这一句型，但在英美法中，当主语为否定式时，“No one may…”较之“No one shall…”具有更强的禁止性，试译：

Section 17.　No manufacturer may produce, import or sale of any energy-consuming products and equipment if they are expressly ordered to be eliminated by the State or they do not comply with the statutory standards for energy efficiency. No manufacturer may use of energy-consuming equipment and processes that are expressly ordered to be eliminated by the State.

例 6　**第九十九条**　公民享有姓名权，有权决定、使用和依照规定改变自己的姓名，禁止他人干涉、盗用、假冒……

（《中华人民共和国民法通则》）

译文　Section 99.　Citizens shall enjoy the right of personal name and shall be entitled to determine, use or change their personal names in accordance with relevant provisions. Interference with, usurpation of and false representation of personal names shall be prohibited…

如前所述，英汉语在主语的单复数上存在差异，即汉语中喜欢用笼统的或复数概念，而英语中常用单数；此外，shall 常表示义务，而 shall not 则表示禁止性规定。故在翻译“禁止”时，不妨采用“no person shall/may”这一个句型而改译为：

Section 99.　Every person has the right to a personal name,[①] and has the right to use or change his or her name in accordance with relevant provisions. No person may interfere with, usurp and pass off.[②]

总之，对于用无主句表示的禁止性规范，都可采取被动句或以否定主句的方式进行表达。

对于英汉法律中以规约手段表示的义务或禁止性规定，可译为目的语中的归约性表述，亦可译为含 IFID 标识的表述。换言之，对于“应当、不得、必须、

---

① 美国的人权立法（如 American Convention on Human Rights）中就有“Every person has the right to a given name and to the surnames of his parents or that of one of them”的规定。参见 http://www.hrcr.org/docs/American_Convention/oashr5.html，最后访问日期：2020 年 1 月 27 日。

② 参见犹他州有关姓名权的相关规定：http://higheredutah.org/sbr/policy/pdf/R945.pdf，最后访问日期：2020 年 1 月 27 日。

须、应”均表示义务或禁止性规定,均可译为“shall, shall not, may not, no one/nothing may”等,[①]或译为含有 IFID 标示的英语表达模式;而英语中的“shall, shall not, may not”则可译为“应当、应、禁止等”,并在无主句或主谓句之间作适当的调整(表示否定意义时,法律汉语中常否定动词谓语,而法律英语中却常否定主语或谓语)。还须注意,“应该”不是表示义务的规约性手段。

例 7 ... The right of the people to keep and bear Arms shall not be infringed. [②]

“...shall not be infringed”的意思是政府不能侵犯并且无权干涉国民持有武器。法律汉语常用无主句(祈使句)来表示禁止性规定,故可译为“不得侵犯国民持有武器的权利”,亦可按照原文的句型译为被动句:

……国民持有武器的权利不受侵犯。

例 8 ...And no person shall be convicted without the Concurrence of two thirds of the Members present. [③]

该句是典型的以否定主语的方式来表示禁止性规定。原句为被动句,故可译为:

……无论何人,非经出席参议员三分之二的同意,不得被定罪。

也可译为法律汉语中的“对”字句而译为主动句:

……未经出席参议员三分之二的同意,对任何人都不得确定有罪。[④]

例 9 **第一百条** 依法受过刑事处罚的人,在入伍、就业的时候,应当如实向有关单位报告自己曾受过刑事处罚,不得隐瞒……

(《中华人民共和国刑法》)

译文 Article 100 Anyone who has been subjected to criminal punishment shall, before being recruited in the army or employed, report to the unit concerned

---

① 作者曾查阅各种文献,并未发现用 may not 来表示禁止性规定的法律条文。但我国官方公布的英文版法律法规中却常用 may not 来表示禁止性规定。如《中华人民共和国物权法》的英文版中,几乎所有的“不得”都被译为“may not”。英美法中一般使用 shall not 或者 no person...may 来表示。

② Section Amendment of the US Constitution.

③ Section 3, Article 1, US Constitution.

④ 参见《中华人民共和国刑事诉讼法》第十二条:“未经人民法院依法判决,对任何人都不得确定有罪。”

about the fact; he may not conceal it...

原文的“应当如实……”与“不得隐瞒”意思相同，译文却按照原文表述将其同时译出，且将“不得”译为“may not”也不符合英美法的表述模式。只有当主语为否定式时，即用“no one/nothing...may”才表示禁止性规定。基于此，可改译如下：

Section 100. Anyone who has been convicted/convicted of a criminal offence and the conviction has been spent shall reveal it or admit its existence (or the prior conviction) when applying for a job or joining the army...①

例 10 **第一百八十八条** 以本法第一百八十条第一款第四项、第六项规定的财产或者第五项规定的正在建造的船舶、航空器抵押的，抵押权自抵押合同生效时设立；未经登记，不得对抗善意第三人。

（《中华人民共和国物权法》）

译文 Article 188 In case properties as provided for in Items (4) or (6) of Paragraph 1 of Article 180 of the present Law or a vessel or aircraft under construction as provided for in Item (5) are mortgaged, the mortgage right shall be established since the mortgage contract comes into effect; without the registration, the mortgage right may not challenge any third party with good faith.

如前所述，将“不得”译为“may not”实属不当，而且“The mortgage right... challenge...third party”在结构上逻辑混乱，故不妨译为“shall not...”或“no person may...”结构。鉴于英文法规中常用一般时态来表述义务，如“Sec. 108. Bona Fide Third Parties: In the case of commercial paper or other property of the bank, whenever it comes into the hands of a third party who had no notice of the corporate officer's lack of authority, and who is a holder for value, the bank is bound by the transaction”，因此，可将该禁止性规定表述为一个隐性言语行为而改译如下：

Section 188. Where any property as provided for in Section 180 (1)(iv)

① 参照“Once a conviction has been spent, the convicted person does not have to reveal it or admit its existence in most circumstances, including, for example, when applying for a job”。

and (vi) of this Law or a vessel or aircraft under construction as provided for in Section 180 (1)(v) of this Law is mortgaged, the mortgage right shall be established since the mortgage contract comes into effect; in case the mortgage contract is not registered, the title or interest of the bona fide third party is not affected.

《中华人民共和国物权法》第九条中的“未经登记,不发生效力”和第十五条中的“未办理物权登记的,不影响合同效力”这类表述常让学生无从下手,故想当然地译为“if not registered, no legal force will arise”。其实,第九条的意思是“未登记的,不得对抗善意第三人”,而第十五条的意思是“未登记的,不影响合同的效力”,故可参照有关表述,将第九条译为“...the title or interest of the bona fide third party is not affected.”,而将第十五条译为“...If the instrument is not recorded, the contract is nevertheless binding between the parties.”①

此外,可参照国外和中国香港特别行政区的立法趋势而做适当调整。目前,国外使用 shall 表示义务的做法式微,中国香港特别行政区双语立法中则日渐用“必须”、“应当“与“must”互译,避免使用 shall 这类既可表示将来也可表示义务的歧义性词汇。例如:

香港特别行政区行政长官必须廉洁奉公、尽忠职守……(The Chief Executive of the Hong Kong Special Administrative region must be a person of integrity, dedicated to his/her duties...)②

Application by the court of the overriding objective

1.2 The court must seek to give effect to the overriding objective when it—

(a) exercises any power given to it by the Rules; or

(b) interprets any rule.③

---

① 国外的法律就有类似规定:“In addition to the requisites stated in Article 2085, it is indispensable, in order that a mortgage may be validly constituted, that the document in which it appears to be recorded in the Registry of Property. If the instrument is not recorded, the mortgage is nevertheless binding between the parties.”(Article 2125 of the Civil Code of the Philippines, Republic of the Philippnes)

② 《中华人民共和国香港特别行政区基本法》第四十七条。

③ Section 1, Civil Procedure Rules.

上述实例无疑对法律翻译具有借鉴作用。

此外，由于法律汉语中的反义表述句（例如，对于犯罪分子的假释，依照本法第七十九条规定的程序进行。非经法定程序不得假释。[①]）包含了假定和处理部分，故可采纳有关假定和处理的翻译模式。具体译法可参见前面章节的相关内容。

（二）隐性施为句的英汉互译

除了通过 IFID 或规约手段表述的显性言语行为外，法律文本中尚有大量的隐性言语行为。这类言语行为一般表现为陈述句，在翻译时通常是用类似的陈述句进行表述，在极少数情况下，亦可使用 IFID 或规约手段进行翻译。

例 1　**第五条**　……国家维护社会主义法制的统一和尊严……

（《中华人民共和国宪法》）

译文　Article 5　… The state upholds the uniformity and dignity of the socialist legal system…（直接用一般现在时表述）

例 2　大会设主席一职。

该句无施为标识语，但其意思是大会应当设立主席，故可译为"There shall be a Chairman for the Assembly"。对此可参见 Marrakesh Agreement Establishing the World Trade Organization（《建立世界贸易组织的马拉喀什协定》）中的类似表述："There shall be a Secretariat of the WTO（hereinafter referred to as 'the secretariat'）headed by a Director-General"，该句就可译为"设立由总干事领导的 WTO 秘书处（以下简称秘书处）"。可见，在汉译英时应补充出表示施为性的标示语，而在英译汉时则可以省略，且不会影响法律规范的授权或禁止性规定的法律后果。

例 3　**第四条**　节约资源是我国的基本国策。国家实施节约与开发并举、把节约放在首位的能源发展战略。

（《中华人民共和国节约能源法》）

译文　Section 4.　Energy Conservation is a basic policy of China. The State implements an energy strategy of promoting conservation and development

---

①　参见《中华人民共和国刑法》第八十二条。

concurrently while giving top priority to conservation.

上例为典型的缺乏施为标识语或规约手段的施为句，其中的“是……”不属于定义类规范，在翻译时一般处理为一般时态即可。

此外，在英美法中，“……适用……”这种标示法律适用范围的表述一般使用第三人称形式，或者与情态动词 shall 连用，主要表现为两类结构：(1) 以“法律或规定”作主语，使用 SV 或 SVO 结构（即：Act/Section/provision + shall apply or goven/applies or govens + to ××）；或（2）被动结构（×× is/shall be governed by Act/section/provision）。而在法律汉语中，该类表述亦可表现为两类：(1) 以法律行为或事项为主语（××法律行为+适用+×××法或规定）；(2) 以法律为主语（×××规定或法+适用于+××法律主体或法律行为）。在翻译时，可做适当调整，以符合目的语的表述习惯。

例 4　Save where the contrary intention appears either from this Ordinance or from the context of any other Ordinance or instrument, the provisions of this Ordinance shall apply to this Ordinance and to any other Ordinance in force, whether such other Ordinance came or comes into operation before or after the commencement of this Ordinance, and to any instrument made or issued under or by virtue of any such Ordinance.

原文采用的是 SVO 结构，即以法律规定为主语，可仿照该表述模式而译为：

除在本条例或其他条例、文书的内容做出相反规定外，本条例的条文适用于本条例、其他现行的条例（无论其在本条例的生效日期之前或之后施行）以及依据本条例制定或发出的文书。

也可将法律适用的对象作为主语而译为：

本条例、其他现行的条例（不论其在本条例的生效日期之前或之后施行）以及依据本条例制定或发出的文书，适用于本条例，但本条例、其他现行的条例以及依据本条例制定或发出的文书有相反规定的除外。

例 5　If the taxpayer is a married individual (within the meaning of section 7703), this section shall apply only if the taxpayer and the taxpayer's spouse file a joint return for the taxable year.

本例采用的 SV 结构，即没有将适用的对象明确列出来。此时，仍应按照汉语的表述习惯进行处理。试译：

纳税人系第 7703 条所述的已婚人士，且纳税人及其配偶就纳税年度提出合并退税的，适用本条的规定。

总之，言语行为在立法语篇中的重要性在于：话语一经说出，就已经实施了相关法律行为，即赋予权利或设定义务，在英汉互译时则须充分体现该施为效力。

第四节　制裁模式及其英汉互译

制裁为法律后果，指法律规范对人们的行为的态度，合法的予以保护许可，违法的予以撤销、制裁等；常使用"处……（徒刑、罚款）（impose a fine）、取消资格（be disqualified）、剥夺（deprive sb. of）；be sentenced to probation, be sanctioned/sentenced/fined, be guilty of..., on conviction (convicted of), ... is liable to..., a fine of not more than..."等，或其他具体的制裁，如吊销或暂缓营业执照、revoke the license、the license may be subject to such sanctions as revocation or suspension 等。

法律英语的制裁模式分为主动和被动模式，在翻译时可相应地译为主动或被动。但应注意的是，法律汉语中表达制裁的最为典型的句式是"处"字句，即受事施事化的表述模式，以及前面所述的"对"字句，即可省略施事的无主句或者不省略施事的主谓句。故须首先厘清其逻辑关系，而后译为符合目的语表述规范的句子。

例 1　76-3-205.　Infraction conviction—Fine, forfeiture, and disqualification.

(1) A person convicted of an infraction <u>may not be imprisoned</u> but <u>may be subject to a fine</u>, forfeiture, and disqualification, or any combination...

译文　**第 76-3-205 条**　适用于轻罪的刑罚类型——罚金，没收财产与剥夺资格

行为人被判有罪<u>的</u>，可不<u>处</u>以监禁，但可单<u>处</u>或并<u>处</u>罚金、没收财物或剥夺资格……

即用“的”字句表假定条件，并将处罚部分译为汉语的“处”字句。

例 2 76-3-301. Fines of persons.

(1) A person convicted of an offense may be sentenced to pay a fine, not exceeding:

(a) $ 10,000 for a felony conviction of the first degree or second degree…

译文 **第 76-3-301 条** 罚金的金额范围

对被判有罪的行为人，可分别处以下列金额的罚金：

(1) 其一级或二级谋杀罪名成立者，$ 10,000 以下罚金……

即以“对”字句和“处”字句相结合进行翻译。

例 3 违反第二款规定构成犯罪的，一经定罪，可就每项罪名处 250,000 元以下罚金。

译法 1 A person/Every person who contravenes subsection (2) is guilty of an offence and, on conviction, is liable to a fine of not more than ￥250,000 for each offence.

上述译文严格按照原文句式进行翻译，将“犯罪”和“定罪”分别处理。参考前面的述译，其实可以使用缩略结构来表达“犯罪”和“定罪”，而改译为主动或被动模式：

A person convicted of an offence under subsection (2) is liable to/may be sentenced to a fine of not more than ￥250,000 for each offence. (以被处罚人为主语)//或者：

Where a person is convicted under subsection (2), a fine of not more than ￥250,000 for each offence may be imposed. (以具体的处罚为主语)

再如，刑法中常说的“判三缓五”，就可以表述为“…sentence a defendant to 3 years in jail but probate or suspend that sentence for five years…”，或者“…sentence a defendant to be placed on probation for a period of five years…”。关于缓刑、假释、没收财产、吊销营业执照等处罚的表述，可参见本书中相关条文及其译文，在此就不赘述了。

第五节　定义性规范及其英汉互译

定义性规范是依据法律规范在法律调整中的不同功能所做的分类中的一种,其功能是确定和解释法律概念的含义。在立法过程中,有时为了解释某些概念或术语,常使用法律拟制(deeming,legal fiction)这种立法技术(参见前面的相关内容)。由于定义是对一种事物的本质特征或一个概念的内涵和外延所作的简要说明,故在对术语或概念进行定义时,通常可采用内涵法和外延法表述。在用内涵法进行定义时,法律英语中常使用系动词(如 is、are、mean、refer to 等),而法律汉语中则常用"是"字句(如是、是指),将主语(术语或被定义项)和宾语(定义项)连接起来;而在用外延法进行定义时,法律英语中常使用限制性动词(如 include,cover,exclude,does not include 等),法律汉语中则使用"包括",来连接定义项和被定义项。下面将对英汉语法律中定义性规范的表述方式进行梳理,并对其转换进行探讨。

一、法律英语中定义的表达方式

在法律英语的定义条款中,常使用"shall mean, means, have the meaning,include,be called,be,reference to ×× is reference to ×××"等动词,来揭示被定义术语的外延或内涵,以厘清有关概念的范围。

例 1　Definitions. —As used in this section—

(1) the term "NAFTA country" has the meaning given that term in section 2 (4) of the North American Free Trade Agreement Implementation Act; and

(2) the term "WTO member country" has/bears the meaning given that term in section 2 (10) of the Uruguay Round Agreements Act.

例 2　…A claim being dealt with under this Part is called a small claim…①

例 3　When used in this title unless the context otherwise indicates—

(a) The term "invention" means invention or discovery.

① Section 27. 1, PART 27—THE SMALL CLAIMS TRACK, Civil Procedure Rules.

(b) The term "process" means process, art or method, and includes a new use of a known process, machine, manufacture, composition of matter, or material...①

例 4 ...hereinafter referred to as...

例 5 …For purposes of this section, the term "regulatory review period" has the following meanings:

(1)(A) In the case of a product which is a new drug...②

例 6 "or", "other" and "otherwise" shall be construed disjunctively and not as implying similarity, unless the word "similar" or some other word of like meaning is added;

例 7 …References in this Act to the holder of a bill of lading are references to any of the following persons, that is to say—

(a) a person … who … is the consignee of the goods to which the bill relates…③

二、法律汉语中定义的表达方式

在法律汉语中,定义条款中常由"包括、所称、指、是指、构成、是、为"等引导。其中"是"字句④是比较常见的下定义的结构。该结构在语义上具有下列两种表意功能:(1)进行概念界定。即在法条里对该概念的内涵和外延进行界定,以保证一个完整的立法思想在法律文本中得以贯彻,否则行为就不畅通。这种用法是最常见的,也是最基本的。例如,"共同海损,是指在同一海上航程中,船舶、货物和其他财产遭遇共同危险,为了共同安全,有意地合理地采取措施所直接造成的特殊牺牲、支付的特殊费用……"(《中华人民共和国海商法》第一百九十三条)一般而言,法条里往往是一系列的概念并列,故而这种下定义的"是"字句也是颇为密集,对相关的概念进行解析,以为后面的简洁、流畅

① 35 U.S. Code §100.

② 35 U.S. Code §156.

③ Section 5, Carriage of Goods by Sea Act 1992.

④ 有时也用"是指"来下定义。如《中华人民共和国引渡法》第六条:"……被引渡人"是指从被请求国引渡到请求国的人……";《中华人民共和国民法通则》第三十条:"个人合伙是指两个以上公民按照协议,各自提供资金、实物、技术等,合伙经营、共同劳动"。

表述奠定基础。(2)进行一般性说明。这种用法较之第一种用法,在立法条文中的地位就不那么重要。例如,"中华人民共和国国旗是中华人民共和国的象征和标志……"(《中华人民共和国国旗法》第三条)

其中的第一种意义比较常见。在立法文本中,"是"字句呈现何种形态,取决于其在句子中的位置。一般而言,有前置和后置两种形态:

(1)前置时,表现为"主+谓+宾"的常态,即主语为被界定的概念,通过"是"或"指"等将定义部分与被定义部分连接起来。例如:

"文件"指任何刊物及以字母、字样、数字或符号的形式,或以超过一种上述的形式在任何物质上书写、表达或描述的任何资料。

(2)后置时为倒装结构,即将定义部分放在前面,被定义的概念放在句尾,用"是"或"指"将二者连接起来。例如:

第二十六条　组织、领导犯罪集团进行犯罪活动的或者在共同犯罪中起主要作用的,是主犯……

(《中华人民共和国刑法》)

这种表意模式具有"功能纯粹、句法简练"的特点,因而被固定化于立法文件中,而普通语言中的"是"的其他形态,如"……就是……""……是不允许的""……是被禁止的",都不会在法律条文中出现。

当然,除"是"字句外,其他动词也有助于在外延或内涵上对被定义术语进行界定。

三、法律定义条款的英汉互译

定义条款涉及有关概念或术语的解释。哈格德认为,在对术语进行定义时可采取如下几种方式:(1)使用更为熟悉的词汇;(2)使用更为精确的词汇;(3)明确组成部分;(4)明确具体指示对象;(5)表明与较大概念单位之间的关系。[①] 该观点对法律定义条款的翻译具有借鉴意义。

此外,尚须厘清外延法和内涵法的差异,进而调整翻译方法。有时,可采用限制性解释的方式进行定义。例如:

---

① T. R. Haggard, *Legal Drafting*, Beijing, Law Press, 2004, pp. 398-400.

Forcible rape, is the carnal knowledge of a female forcibly and against her will. Attempts or assaults to commit rape by force or threat of force are also included; however, statutory rape (without force) and other sex offenses are excluded.

本例就是采用限制性解释的方式进行定义的,因其中的“违背妇女意愿强迫性交”(carnal knowledge of a female forcibly and against her will)就排除男性受害者,亦排除强迫性的肛交、口交、物体插入、药物和酒精“迷奸”等其他性侵害。

但是,法律定义中更多的是采用拟制手段,即“有意地将明知为不同者,等同视之”,①或者“本质为一种类推:在一个已证明为重要的观点之下,对不同事物进行相同处理,或者我们也可以说,是在一个以某种关系为标准的相同性中(关系相同性、关系统一性),对不同事物进行相同处理的一种方法”。② 这种手段显然是一种扩大解释,英美法系中的“include but not limited to”以及汉语中的“包括(但不限于……)”等即为显例。下面将针对这种内涵或外延法表述及其转化进行探讨。

(一)英译汉

在英译汉时,对于表示内涵的动词,可采用内涵法处理;而对于表示范围或外延的动词,既可采用内涵法译为“是、是指”等,亦可采用外延法译成“包括”“除外”等;或者有时甚至可以不译出该类动词。总之,应根据目的语的表述习惯进行处理。

例 1 …References in this Act to the holder of a bill of lading are references to any of the following persons, that is to say—

(a) a person with possession of the bill who, by virtue of being the person identified in the bill, is the consignee of the goods to which the bill relates;

(b) a person with possession of the bill as a result of the completion, by

① [德]卡尔.拉伦茨:《法学方法论》,陈爱娥译,商务印书馆 2003 年版,第 142 页。

② [德]阿图尔·考夫曼:《类推与事物本质》,吴从周译,学林文化事业有限公司 1999 年版,第 59 页。

delivery of the bill, of any indorsement of the bill or, in the case of a bearer bill, of any other transfer of the bill...①

本例采用了 refer to 的名物化结构及表示内涵的 be 动词,可以内涵法或外延法翻译如下:

……本法所称提单持有人是指/包括下述人员:

(a)提单持有单人,即提单上载明的收货人;

(b)通过背书交付的方式获得提单的人,或者通过其他方式获得无记名提单的人……

例 2　In this section, the term "domain name" has the meaning given that term in section 45 of the Trademark Act of 1946 (15 U. S. C. 1127).

译文　在本条中,"域名"与 1946 年《商标法》第 45 条所定义的术语意义相同。//对于本条所述"域名"的含义,参见 1946 年《商标法》第 45 条。

本例中使用了 mean 的名词形式"...the meaning",且两个译文中都未使用定义时常用的那些动词,但通过交叉引用(cross reference),也算达到了对"domain name"一词进行定义的目的。

例 3　"forge" and "forgery" have the meaning assigned to those terms by Part IX of the Crimes Ordinance (Cap. 200).

"or", "other" and "otherwise" shall be construed disjunctively and not as implying similarity, unless the word "similar" or some other word of like meaning is added.

本例的第一段与例 2 类似,通过交叉引用的方式进行界定,故可译为:

"伪造"与《犯罪条例》第 9 部中的相关术语具有相同含义。//或:对于"伪造"的含义,参见《犯罪条例》第 9 部中相关术语的定义。

而第二段使用的"construe"(解释,解读)一词,可按字面意思进行翻译,或者在翻译时不使用那些表示定义的动词,即译为:

"或"、"其他"、"以其他形式"以及'在其他情况下',须解释为前后事物并不相连及并不相似,但加了"相似"或其他近义字时则作别论;//或:"或"、"其

---

①　Section 5, Carriage of Goods by Sea Act 1992.

他"、"以其他形式"以及"在其他情况下",指前后事项并不相连或类似,但使用'类似'或其他近义词时除外。

例4 35 USC Sec. 100. Definitions

When used in this title unless the context otherwise indicates—

(a) The term "invention" means invention or discovery.

(b) The term "process" means process, art or method, and includes a new use of a known process, machine, manufacture, composition of matter, or material.

(c) The terms "United States" and "this country" mean the United States of America, its territories and possessions.

(d) The word "patentee" includes not only the patentee to whom the patent was issued but also the successors in title to the patentee.

(e) The term "third-party requester" means a person requesting *ex parte* reexamination under section 302.

译文 **第一百条** 定义

在本卷中,除文意另有所指外,

(a)"发明",包括/指发明或发现。

(b)"方法",是指/包括方法、艺术或办法,以及对公众所知的方法、机械、产品、物质成分或物质之新的使用。

(c)"美国"和"本国",包括美利坚合众国、其领土及财产。

(d)"专利权人",包括被授予专利的人和其权利继受人。

(e)"提起请求的第三人",是指依据第302条而单方面要求复查之人。

例5 The WTO shall administer the Trade Policy Review Mechanism (hereinafter referred to as the TPRM) provided for in Annex 3 to this Agreement. ①

本例中的"refer to"可译为"以下简称'x'",但该动词短语极少被用于法律的定义条款中。

---

① Article Ⅲ, Marrakesh Agreement Establishing the World Trade Organization.

例6 Section 4. Meaning of firm

(1) Persons who have entered into partnership with one another are, for the purpose of this Act called collectively a firm, and the name under which their business is carried on is called the firm-name...①

该例中的"be called"在定义条款中比较常见,可直译为"称为"或"为":

第四条 合伙的含义及合伙的名称

(1)根据本条例的规定,彼此形成合伙关系的人统称为/为合伙,而据以开展业务的名称则称为/为合伙名称……

例7 "New Territories" means New Territories within the meaning of section 3 of the Interpretation and General Clauses Ordinance (Cap 1);

译文 "新界"指《释义及通则条例》(第1章)第3条所指的"新界"。

例8 DEFINITIONS

2.1 Subject to any specific provisions of this Agreement, terms in this Agreement shall bear the meanings set out in CEPA, 1999 and regulations made under CEPA, 1999.

译文 定义

依据本协议的特别规定,本协议中术语的含义,与1999年CEPA以及依据1999年CEPA制定的有关条例中的相关术语具有相同含义。

例9 For the purpose of this convention, the term "vessel" includes all ships and boats, of any nature whatsoever, engaged in maritime navigation, whether publicly or privately owned; it excludes ships of war.②

译文 本公约所称的"船舶"一词,系指(/包括)各种性质的、公有或私有的、从事海上航行的一切船舶,但军舰除外。

上例的画线部分对"vessel"的外延进行了限定,故采取内涵法或外延法处理。

(二)汉译英

在汉译英时,可援用上述英文法律定义条款中的表述法。具体而言:

① Section 4, Partnership Act 1890.

② Article 1, C058—Minium Age (Sea) Convention (Revised), 1936 (No. 58).

1. “是”字句的翻译

如前所述，“是”字句是法律汉语中常用以下定义的动词，可译为 mean、be、include 等。

例 1 **第十四条** 明知自己的行为会发生危害社会的结果，并且希望或者放任这种结果发生，因而构成犯罪的，是故意犯罪……

(《中华人民共和国刑法》)

译文 Article 14 An intentional crime refers to a crime committed by a person who clearly knows that his act will produce socially dangerous consequences but who wishes or allows such consequences to occur…

如前所述，在法律汉语的定义条款中普遍使用“是(指)、指、包括”等。对目前我国法律法规的英译本进行梳理后发现，下定义时的“指”和“是(指)”被译为“refer to”的情况比较普遍，而英美法中用“refer to”进行定义的频率极低。查阅英美法相关文献后发现，下定义时可用 be 动词来表示“××行为是犯罪”且可使用“某行为是犯罪/某人犯了某罪，如果其满足某种条件”这一表达模式，首先突出我们关注的焦点(某些为是否犯罪)，然后关注构成犯罪的条件。因此，在英译“是”字句或“指”字句时，不妨遵从英美法的表达习惯，遂改译如下：

Section 14. An act is an intentional crime if it is committed by a person who knows that his act will entail harmful consequences to society but wishes or allows such consequences to occur. //或者:

Section 14. A person commits an intentional offense if the person intentionally and knowingly causes damage to the society and expects such consequence to occur.

类似地，“组织、领导犯罪集团进行犯罪活动的或者在共同犯罪中起主要作用的，是主犯”① 可改译为“A person is a principal offernder if the person organizes or leads a criminal organization in carrying out criminal activities or

① 我国的权威译文为：A principal criminal refers to any person who organizes and leads a criminal group in carrying out criminal activities or plays a principal role in a joint crime。

plays a principal role in a joint offence. ",而"为了犯罪,准备工具、制造条件的,是犯罪预备"则可改译为"'Preparation to commit a crime' means to make available of devices or arrange necessary measures for the commission of the intended criminal act"。①

例2　**第五十四条**　剥夺政治权利是剥夺下列权利:

(一)选举权和被选举权;

(二)言论、出版、集会、结社、游行、示威自由的权利;

(三)担任国家机关职务的权利……

(《中华人民共和国刑法》)

译文　Article 54　Deprivation of political rights refers to deprivation of the following rights:

(1) the right to vote and to stand for election;

(2) the right to freedom of speech, to the freedom of the press, and the right to peaceably assemble, or to petition to the government for a redress of grievances;

(3) the right to hold a position in a state organ...

定义条款有时是密集型的(如下面的例4),即将多个概念的定义罗列在一个条款中;有时则是揭示一个概念的多层意思(如本例),此时,可译为 include。一般而言,在对术语做扩大解释时,可译为 include。遂改译:

Section 54.　Political rights as deprived thereby include—

(1) the right to vote and stand for election;

(2) ...

(3) ...

例3　**第四十七条**　……本法所称公共机构,是指全部或者部分使用财政性资金的国家机关、事业单位和团体组织。

(《中华人民共和国节约能源法》)

译法1　Article 47　...For the purposes of this Law, public institutions

---

① 我国的权威译文为:The preparation of instruments or the creation of conditions for a crime is the preparation of a crime。在修改时可参见 Jr. John S. Strahorn, "Preparation for Crime as a Criminal Attempt", *Washington and Lee Law Review* 1, 1939, pp. 3-8。

include the government departments, institutions and public organizations that completely or partly rely on government funding.

译法 2 Article 47 …For purposes of this Law, Public Organizations shall mean/refer to State organs, public-service institution and group organizations that totally or partially use public financial capital.

“所称……是指”是我国法律中常见的定义模式,目前除了译法 1 和译法 2 的译法外,还普遍被译为“mentioned … refers to”和“be referred … shall be”。例如:

第三条 本条例所称的劳动和社会保障(以下简称劳动保障)监察,是指劳动保障行政部门依法对用人单位和劳动者、就业服务机构、医疗服务机构遵守劳动保障法律、法规的情况进行监督检查,对违反劳动保障法律、法规的行为依法进行处理的行政执法活动。

(《天津市劳动和社会保障监察条例》)

译文 Article 3 The labor and social security (hereinafter abbreviated as labor security) supervision mentioned in this Regulation refers to the activities of the administrative department for labor security, in supervising and checking, according to law, employing units and laborers, employment intermediary agencies, and medical facilities of their observation of the laws and regulations on labor security and, in handling, according to law, acts breaching laws and regulations on labor security.

如前所述,使用 refer to 来翻译“是指”并不妥当,译法 1 中使用冠词略显不妥,其中的 completely or partly 在语义上并不对立;而译法 2 中使用 shall 确无必要;此外,两个译法均未在被定义的术语上使用引号。不妨改译如下:

Section 3. For the purposes of this Law, “public institutions” includes/means any government departments, public-service institutions and organizations fully or partially funded by the state. //或: …“Public institutions”, as used in this Law, includes/means any government departments, public-service institutions and organizations fully or partially funded by the state.

例 4　**第九十九条**　本法下列用语的含义：

食品，指各种供人食用或者饮用的成品和原料以及按照传统既是食品又是药品的物品，但是不包括以治疗为目的的物品；

食品安全，指……

（2009 年《中华人民共和国食品安全法》）

译法 1　Article 99　Definitions of the following terms as used in this Law:

The term "food" refers to the finished products and raw materials for people to eat or drink, and articles which are traditionally food and medicine, excluding articles that are used for the purpose of medical treatment...

译法 2　Article 99　For the purpose of this Law, the following terms shall have the meaning defined hereunder:

Food means any substance that has been processed or not processed that is suitable for eating and/or drinking, including substances used as food and medicine, excluding substances solely used as medicine...

本例可谓是法律汉语中比较典型的密集性定义条款。译法 1 使用了大量重复的表述（如 terms），并无必要，故不如译法 2 精练；而译法 1 增加了引号，使被定义的词更明显，较之译法 2 则更胜一筹。其实，英美立法对一系列概念进行定义时，并不会如法律汉语中那样采取“总—分”模式来详细陈述，而往往使用假定模式。例如：

For purposes of this Act—

(1) "the VAT legislation" means the Value Added Tax Act 1994 and all regulations made or imposed under it and any other statutes or other provisions relating to VAT...①

其中的“For purposes of this Act”充当假定，而后是定义条款。其他英美法系法律中大多采用类似的“假定+定义”的表达模式。以美国的《统一合伙法》中的密集型定义条款为例：

---

①　参见 http://reader.epubee.com/books/mobile/87/87ca36d61bb20ecbd088d1ea52c6decc/text00005.html，最后访问日期：2020 年 1 月 27 日。

Definition of Terms

In this act,

"Court" includes every court and judge having jurisdiction in the case;

"Business" includes every trade, occupation, or profession; …

可见,英美立法在定义条款的表述上颇为简洁。结合前面所述的标点符号的用法,可改译如下:

Section 99. For purpose of this Law—/In this Law,

"Food" means any substance that has been processed or not processed that is suitable for eating and/or drinking, including substances used as food and medicine, excluding substances solely used as medicine;

"Food Safety" means…

2."为"引导的定义类条款的翻译

"为"引导的定义模式,与"是"引导的定义模式颇为相似。只是在"为"引导的定义模式下,被定义的概念常放在后面,呈现一种倒装结构。例如:

第二十七条 农村集体经济组织的成员,在法律允许的范围内,按照承包合同规定从事商品经营的,为农村承包经营户。

(《中华人民共和国民法通则》)

第三十九条 法人以它的主要办事机构所在地为住所。

(《中华人民共和国民法通则》)

上述例子中,被定义的术语"个体工商户、农村承包经营户、住所"放在句末。此时,若按原文进行处理,势必头重脚轻。在翻译时,不妨参照英语中的"主语(被定义者)+动词+宾语(释义项)"的模式;亦可参照"Persons who have entered into partnership with one another are, for the purpose of this Act, called collectively a firm, and the name under which their business is carried on is called the firm-name."这种倒装模式。

例1 **第十五条** 公民以他的户籍所在地的居住地为住所,经常居住地与住所不一致的,经常居住地视为住所。

(《中华人民共和国民法通则》)

译法1 Section 15. The "domicile" of a citizen is the place where his residence is registered; if his "habitual residence" is not the same as his domicile, said residence shall be construed as his domicile.

译法 2 Section 15. The place where the residence of a citizen is registered is called his domicile, and in case the habitual residence differs from the domicile, said residence shall be construed as his domicile.

例 2 **第二十六条** 公民在法律允许的范围内，依法经核准登记，从事工商业经营的，为个体工商户……

（《中华人民共和国民法通则》）

译文 Article 26 "Individual businesses" refers to business run by individual citizens who have been lawfully registered and approved to engage in industrial or commercial operation within the sphere permitted by law...

改译 Section 26. A citizen who, after registration with appropriate authority, carries on industrial and commercial business within the limits prescribed by law, is called an individual industrial and commercial household...

3. 其他动词引导的定义条款的翻译

例 1 **第三百一十条** ……犯前款罪，事前通谋的，以共同犯罪论处。

（《中华人民共和国刑法》）

如前所述，本例中的"以……论"乃是类似于古代法律中的"如之"，[①]用于表述同条后项之犯罪虽事有差异但性质及处罚同于本条前项之犯罪，属于典型的法意表达功能词，可用"be construed to be/as"结构试译如下：

Section 310. ...A conspirator to a crime as mentioned in the preceding paragraph shall be construed as a joint offender and punished as such.

例 2 **第九十九条** ……食品，指各种供人食用或者饮用的成品和原料以及按照传统既是食品又是药品的物品，但是不包括以治疗为目的的物品……

（2009 年《中华人民共和国食品安全法》）

译法 1 Article 99 ... "Food" means any substance that has been processed or not processed that is suitable for eating and/or drinking, including substances

① 钱大群：《唐律研究》，法律出版社 2000 年版，第 138 页。

used as food and medicine; it excludes substances solely used as medicine…

译法 2 Article 99 … "Food" means any substance that has been processed or not processed that is suitable for eating and/or drinking, including substances used as food and medicine, excluding substances solely used as medicine…

第六节 本章小结

本章对英汉语法律规范的逻辑结构(包括假定、处理和制裁,以及单列的定义条款)的表达模式进行了梳理,并就其英汉互译进行了探讨。

埃尔默·得里杰(Elmer Driedger)曾经说过,法律翻译者"必须享有和艺术家同等的自由",也就是说,译者必须享有"语言所允许的范围内最为广泛的自由"。[①] 法律翻译者是否应该享有如此自由,还有待商榷,但是埃尔默·得里杰的上述论断却在某种程度上说明:译者是以何种角色或是在哪个阶段参与到法律翻译中,以及译者在翻译中能否发挥创造性和能动性,对于翻译的顺利完成都是至关重要的。从前述诸多译例可以看出,在法律翻译的句型或句式转换过程中,其实译者具有极大的自由度,这是译者创造性的一种体现。但法律翻译者不是为了创造本身而创造,其最终目的乃是使译文通顺并符合目标语言的表达习惯,进而确保原文的意义能够在译文中得以准确传递。因此,译者在对原文进行调整时,需要同时从语言和法律两个角度着手,做到"法律的形可变而神不变",这才是译者发挥其创造性的根本要义所在。就法律规范各组成部分的翻译而言,笔者无意指明哪种译法最好,而仅说明在哪些情况下可使用哪些模式进行翻译,这也算是作者本人遵守译者主体性的一个体现吧。

---

① Elmer Driedger, *A Manual of Instruction for Legislative and Legal Writing*, Ottawa, Department of Justice, 1982, p. 4.

参考文献

一、中文类

(一)著作

1. 鲍禄、蒋立山主编:《法理学讨论教学教程》,对外经贸大学出版社 2006 年版。

2. 陈建民:《中国语言和中国社会》,广东教育出版社 1999 年版。

3. 陈建平:《法律文体翻译探索》,浙江大学出版社 2007 年版。

4. 陈忠诚:《〈民法通则〉AAA 译本评析》,法律出版社 2008 年版。

5. 辞海编辑委员会:《辞海》(缩印版),上海辞书出版社 2000 年版。

6. 杜金榜:《法律语言学》,上海外语教育出版社 2004 年版。

7. 法律英语证书全国统一考试委员会编:《法律英语翻译教程》,中国法制出版社 2009 年版。

8.《法学词典》编辑委员会编:《法学词典》,上海辞书出版社 1980 年版。

9.《法学词典》编辑委员会编:《法学词典》(增订版),上海辞书出版社 1985 年版。

10.《翻译通讯》编辑部编:《翻译研究论文集(1949—1953)》,外语教学与研究出版社 1984 年版。

11. 费孝通:《乡土中国》,三联书店 1985 年版。

12. 冯天瑜、何晓明、周积明:《中华文化史(下)》,上海人民出版社 2007 年版。

13. 葛本仪:《现代汉语词汇学》,山东人民出版社 2001 年版。

14. 葛洪义主编:《法理学》,中国政法大学出版社 1999 年版。

15. 顾肃:《自由主义基本理念》,中央编译出版社 2003 年版。

16. 郭建中编著:《当代美国翻译理论》,湖北教育出版社 2000 年版。

17. 何勤华主编:《英国法律发达史》,法律出版社 1999 年版。

18. 胡裕树:《现代汉语》(修订本),上海教育出版社 1979 年版。

19. 胡壮麟编著:《语篇的衔接与连贯》,上海外语教育出版社 1994 年版。

20. 胡壮麟、朱永生、张德禄编著:《系统功能语法概论》,湖南教育出版社 1989 年版。

21. 黄伯荣、廖序东主编:《现代汉语(下)》(增订二版),高等教育出版社 1997 年版。

22. 黄国文:《语篇分析的理论与实践》,上海外语教育出版社 2001 年版。

23. 李克兴、张新红:《法律文本与法律翻译》,中国对外翻译出版公司 2006 年版。

24. 李荣甫:《法律英语教程》(上册),成都科技大学出版社 1994 年版。

25. 李龙主编:《法理学》,武汉大学出版社 1996 年版。

26. 李运兴:《语篇翻译引论》,中国对外翻译出版公司 2001 年版。

27. 梁慧星:《民法总论》(第 2 版),法律出版社 2001 年版。

28. 梁茂成、李文中、许家金:《语料库应用教程》,外语教学与研究出版社 2010 年版。

29. 连淑能:《英汉对比研究》,高等教育出版社 1993 年版。

30. 廖美珍:《法庭问答及其互动研究》,法律出版社 2003 年版。

31. 刘宓庆:《汉英对比研究与翻译》,江西教育出版社 1991 年版。

32. 刘宓庆:《新编汉英对比与翻译》,中国对外翻译出版公司 2006 年版。

33. 卢云主编:《法理学》,四川人民出版社 1992 年版。

34. 刘红婴:《法律语言学》,北京大学出版社 2003 年版。

35. 罗竹风主编:《汉语大词典》,汉语大词典出版社 1990 年版。

36. 吕瑞昌等编著:《汉英翻译教程》,陕西人民出版社 1983 年版。

37. 吕叔湘主编:《现代汉语八百词》,商务印书馆 1980 年版。

38. 吕叔湘:《汉语语法论文集》(增订本),商务印书馆 1984 年版。

39. 吕叔湘:《吕叔湘文集 · 中国文法要略》(第 1 卷),商务印书馆 1990 年版。

40. [美]腓特烈 · G. 坎平:《盎格鲁—美利坚法律史》(英文版 · 第 3

版)，法律出版社2001年版。

41. 潘庆云：《中国法律语言鉴衡》，汉语大词典出版社2004年版。

42. 潘庆云：《跨世纪的中国法律语言》，华东理工大学出版社1997年版。

43. 潘维大、刘文琦编著：《英美法导读》，法律出版社2000年版。

44. 潘文国：《汉英语对比纲要》，北京语言文化大学出版社1997年版。

45. 潘艳红、刘英静主编：《最新法律文书写作规范与技巧》，广西人民出版社2010年版。

46. 彭克宏主编：《社会科学大词典》，中国国际广播出版社1989年版。

47. 彭金瑞编著：《最新英汉法律词典》，中国法制出版社2001年版。

48. 齐沪扬、陈昌来主编：《应用语言学纲要》，复旦大学出版社2004年版。

49. 齐树洁、王振志主编：《证据法案例精解》，厦门大学出版社2004年版。

50. 钱大群：《唐律研究》，法律出版社2000年版。

51. (清)王明德：《读律佩觿》，何勤华等点校，法律出版社2001年版。

52. 上海市人民政府法制办公室、上海市新闻办公室编：《上海市涉外经济法规规章汇编(1982—1990)》，上海人民出版社1991年版。

53. 沈宗灵主编：《法理学》，北京大学出版社2001年版。

54. 沈宗灵主编：《法学基础理论》，北京大学出版社1994年版。

55. 宋雷：《法律英语同义、近义术语辨析和翻译指南》，法律出版社2004年版。

56. 宋雷、张绍全：《英汉对比法律语言学：法律英语翻译进阶》，北京大学出版社2010年版。

57. 孙国华主编：《法学基础理论》，法律出版社1982年版。

58. 孙国华主编：《中华法学大辞典》(法理学卷)，中国检察出版社1997年版。

59. 孙万彪：《汉英法律翻译教程》，上海外语教育出版社2004年版。

60. 孙懿华、周广然编著：《法律语言学》，中国政法大学出版社1997年版。

61. 滕超、孔飞燕：《英汉法律互译：理论与实践》，浙江大学出版社2008年版。

62. 汪榕培主编：《英语词汇学高级教程》，上海外语教育出版社2002

年版。

63. 王道庚编著:《新编英汉法律翻译教程》,浙江大学出版社 2006 年版。

64. 王道森:《法律语言运用学》,中国法制出版社 2003 年版。

65. 王德春:《多角度研究语言》,清华大学出版社 2002 年版。

66. 王东海:《古代法律词汇语义系统研究:以〈唐律疏议〉为例》,中国社会科学出版社 2007 年版。

67. 王果纯:《现代法理学:历史与理论》,湖南出版社 1995 年版。

68. 王洁主编:《法律语言学教程》,法律出版社 1997 年版。

69. 王甲乙、杨建华、郑建才:《民事诉讼法新论》,台北,三民书局股份有限公司 1998 年版。

70. 王利明:《民法疑难案例研究》,中国法制出版社 2002 年版。

71. 王岳川、尚水编:《后现代主义与美学》,北京大学出版社 1992 年版。

72. 吴伟平:《语言与法律——司法领域的语言学研究》,上海外语教育出版社 2002 年版。

73. 武树臣等:《中国传统法律文化》,北京大学出版社 1994 年版。

74. 夏登峻主编:《英汉法律词典》(第 3 版),法律出版社 2008 年版。

75. 夏登峻:《法律英语英汉翻译技巧》,法律出版社 2008 年版。

76. 熊德米:《英汉现行法律语言对比与翻译研究》,湖南人民出版社 2011 年版。

77. 徐赳赳:《现代汉语篇章回指研究》,中国社会科学出版社 2003 年版。

78. 徐阳春:《现代汉语复句句式研究》,中国社会科学出版社 2002 年版。

79. 杨鸿儒:《当代中国修辞学》,中国世界语出版社 1997 年版。

80. 英汉法律词典编写组编:《英汉法律词典》,法律出版社 1985 年版。

81. 殷钟崃、周光亚主编:《英语语法理论及流派》,四川大学出版社 1990 年版。

82. 俞云根等编著:《新编翻译教程(英语专业)》,中国人民解放军外语学院(内部发行)1986 年版。

83. 张斌主编:《现代汉语描写语法》,商务印书馆 2010 年版。

84. 张镭:《论习惯与法律:两种规则体系及其关系研究》,南京师范大学出版社 2008 年版。

85. 张美芳:《翻译研究的功能途径》,上海外语教育出版社 2005 年版。

86. 张文显:《二十世纪西方法哲学思潮》,法律出版社 1996 年版。

87. 张文显:《法学基本范畴研究》,中国政法大学出版社 1993 年版。

88. 张永和:《“瀍”问》,清华大学出版社 2010 年版。

89. 章振邦主编:《新编英语语法教程》(学生用书·第 4 版),上海外语教育出版社 2003 年版。

90. 赵元任:《汉语口语语法》,商务印书馆 1979 年版。

91. 郑庆君:《汉语话语研究新探——〈骆驼祥子〉的句际关系和话语结构研究》,湖南教育出版社 2003 年版。

92. 中国社会科学院法学研究所《法律辞典》编委会编:《法律辞典》,法律出版社 2003 年版。

93. 中国社会科学院语言研究所词典编辑室编:《现代汉语词典》(第 5 版),商务印书馆 2005 年版。

94. 中华人民共和国国务院法制局编:《中华人民共和国涉外法规汇编》,中国法制出版社 1991 年版。

95. 仲伟合编:《西方翻译理论》,广州外语音像出版社 2001 年版。

96. 周旺生主编:《法理学》,北京大学出版社 2007 年版。

97. 朱德熙:《现代汉语语法研究》,商务印书馆 1980 年版。

98. 朱永生等编著:《英汉语篇衔接手段对比研究》,上海外语教育出版社 2001 年版。

99. 朱永生、严世清:《系统功能语言学多维思考》,上海外语教育出版社 2001 年版。

100. 邹瑜、顾明主编:《法学大辞典》,中国政法大学出版社 1991 年版。

(二)译著

1. [德]考夫曼:《法律哲学》,刘幸义等译,法律出版社 2004 年版。

2. [德]亚图·考夫曼:《类推与“事物本质”:兼论类型理论》,吴从周译,学林文化事业有限公司 1999 年版。

3. [德]茨威格特、克茨:《比较法总论》,潘汉典等译,贵州人民出版社 1992

年版。

4. [德]哈贝马斯:《交往行为理论》(第1卷·行为合理性与社会合理化),曹卫东译,译林出版社2001年版。

5. [德]卡尔·拉伦茨:《法学方法论》,陈爱娥译,台北,五南图书出版股份有限公司1996年版。

6. [德]卡尔·拉伦茨:《法学方法论》,陈爱娥译,商务印书馆2003年版。

7. [法]克洛德·列维-斯特劳斯:《结构人类学》,张祖建译,中国人民大学出版社2006年版。

8. [法]勒内·罗迪埃:《比较法导论》,徐百康译,上海译文出版社1989年版。

9. [美]彼得·G. 伦斯特洛姆编:《美国法律词典》,贺卫方等译,中国政法大学出版社1998年版。

10. [美]E. 博登海默:《法理学:法律哲学与法律方法》,邓正来译,中国政法大学出版社1999年版。

11. [美]哈罗德·J. 伯尔曼:《法律与革命》,贺卫方等译,中国大百科全书出版社1993年版。

12. [美]杰弗里·C. 哈泽德、米歇尔·塔鲁伊:《美国民事诉讼法导论》,张茂译,中国政法大学出版社1999年版。

13. [美]屈承熹:《汉语篇章语法》,潘文国译,北京语言大学出版社2006年版。

14. [美]陶博:《法律英语:中英双语法律文书制作》,复旦大学出版社2007年版。

15. [美]陶博:《法律英语:中英双语法律文书中的语义歧义》,复旦大学出版社2010年版。

16. [美]威廉·亚诺史密斯等:《翻译的技巧与内涵》,郑永孝译,桂冠图书公司1981年版。

17. [日]穗积陈重:《法律进化论》,黄尊三、萨孟武、陶汇曾、易家钺译,中国政法大学出版社1997年版。

18. [英]哈特:《法律的概念》,张文显、郑成良、杜景义、宋金娜译,中国大百科全书出版社 1996 年版。

19. [英]罗素:《西方哲学史》(上卷),何兆武、李约瑟译,商务印书馆 1963 年版。

20. [英]罗素:《西方哲学史》(下卷),马元德译,商务印书馆 1976 年版。

21. [英]梅因:《古代法》,沈景一译,商务印书馆 1984 年版。

22. [英]S. F. C. 密尔松:《普通法的历史基础》,李显冬等译,中国大百科全书出版社 1999 年版。

23. [英]沃克:《牛津法律大辞典》(中文本),李双元等译,法律出版社 2003 年版。

24.《英国民事诉讼规则》,徐昕译,中国法制出版社 2001 年版。

(三)书刊文章

1. 常宝儒:《论汉字属性》,载陈原主编:《现代汉语用字信息分析》,上海教育出版社 1993 年版。

2. 陈平:《汉语零形回指的话语分析》,载《中国语文》1987 年第 5 期。

3. 陈群:《从英汉思维差异看汉语对非英专业英语写作的影响》,载《广西大学学报(哲学社会科学版)》1999 年第 2 期。

4. 陈维振、吴世熊:《有关模糊语义逻辑的知识论观点》,载《外语教学与研究》2003 年第 1 期。

5. 陈文玲:《试论英汉法律术语的不完全对等现象与翻译》,载《山东外语教学》2004 年第 4 期。

6. 陈用仪:《主述位切分与翻译的准确和流畅》,载王福祥、白春仁编:《话语语言学论文集》,外语教学与研究出版社 1989 年版。

7. [德]洪堡特:《论人类语言结构的差异及其对人类精神发展的影响》(1963),伍铁平、姚小平节译,载胡明阳主编:《西方语言学名著选读》,中国人民大学出版社 1988 年版。

8. 董晓波:《略论英语立法语言的模糊与消除》,载《外语与外语教学》2004 年第 2 期。

9. 杜金榜:《语篇信息分析:法律语言学研究新视角》,载《中国社会科学报》2011 年 6 月 1 日。

10. 杜金榜:《法律交流原则与法律翻译》,载《广东外语外贸大学学报》2005年第4期。

11. 杜金榜、张福、袁亮:《中国法律法规英译的问题和解决》,载《中国翻译》2004年第3期。

12. 范红升:《英语形合与汉语意合的特点对翻译的启示》,载《解放军外语学院学报》1996年第6期。

13. 范祥涛、刘全福:《论翻译选择的目的性》,载《中国翻译》2002年第6期。

14. 方琰:《试论汉语的主位述位结构——兼与英语的主位述位相比较》,载《清华大学学报》1989年第2期。

15. 方梦之:《我国的应用翻译:定位与学术研究》,载《中国翻译》2003年第6期。

16. 傅敬民:《法律英语名词化词语的汉译研究》,载《上海翻译》2007年第3期。

17. 傅雷:《致罗新璋论翻译书》,载刘宓庆:《文体与翻译》,中国对外翻译出版公司1985年版。

18. 高芳:《句段意识与翻译单位》,载《外国语(上海外国语大学学报)》2003年第4期。

19. 郭锐:《表述功能的转化和“的”字的作用》,载《当代语言学》2000年第1期。

20. 何自然:《再论语用含糊》,载《外国语(上海外国语大学学报)》2000年第1期。

21. 贺志刚:《主、述题误置——一个翻译中应注意的问题》,载《现代外语》1995年第3期。

22. 胡庚申、汪敬钦:《英文法律语言的“冗余”性表征及其汉译对策》,载《中国科技翻译》2002年第3期。

23. 胡裕树、范晓:《动词形容词的“名物化”和“名词化”》,载《中国语文》1994年第2期。

24. 胡中华:《论环境侵权责任之归责原则:无过失责任抑或危险责任——

以法律概念的功能分析为视角》,载《美中法律评论》2006 年第 2 期。

25. 胡壮麟:《语法隐喻》,载《外语教学与研究》1996 年第 4 期。

26. 黄国文:《功能语篇分析纵横谈》,载《外语与外语教学》2001 年第 12 期。

27. 黄国营:《“的”字句法、语义功能》,载《语言研究》1982 年第 1 期。

28. 黄衍:《试论英语主位和述位》,载《外国语(上海外国语学院学报)》1985 年第 5 期。

29. 黄燕红:《法律术语翻译的关联理论视角》,载《广东外语外贸大学学报》2008 年第 4 期。

30. 贾文波:《文本功能对应用翻译的策略主导》,载《中南大学学报(社会科学版)》2004 年第 3 期。

31. 贾文波:《原作意图与翻译策略》,载《中国翻译》2002 年第 4 期。

32. 金朝武、胡爱平:《试论我国当前法律翻译中存在的问题》,载《中国翻译》2000 年第 3 期。

33. 李庚香:《法美学的学科建构与“法之美”的呈现》,载《河南大学学报(社会科学版)》2008 年第 1 期。

34. 李建:《法律英语翻译中应充分重视拉丁语》,载《法制与社会》2012 年第 15 期。

35. 李克兴:《法律英语条件句的写作和翻译》,载《中国翻译》2008 年第 4 期。

36. 李力:《英汉语篇中核心成分的转移成因》,载《外语与外语教学》2001 年第 4 期。

37. 林克难、籍明文:《法律文书中“的”字结构翻译探讨》,载《上海科技翻译》2002 年第 3 期。

38. 林彦:《浅谈对主位、主语和话题的理解——兼谈英汉句型的不同》,载《现代语文》2008 年第 4 期。

39. 刘士聪:《试论以主/述位作翻译单位》,载《外国语(上海外国语大学学报)》2000 年第 3 期。

40. 刘国辉:《名词与动词的认知问题以及转换效用》,载《外语教学》2004

年第5期。

41. 刘林:《法律翻译归化倾向的个性特征》,载《西南民族大学学报》2004年第2期。

42. 刘玲慧:《静态与动态——英汉用词差异及其翻译》,载《西南政法大学学报》2010年第1期。

43. 刘鹏:《周遍性重复现象研究》,载《三峡大学学报》2012年第2期。

44. 刘树阁:《英汉差异与动态对等——学生英汉翻译错误简析》,载《郑州工业大学学报(哲学社会科学版)》1997年第2期。

45. 刘亚平:《试论我国公司的能力与责任》,载《政法论坛》1987年第3期。

46. 刘永红:《法律文本中"对"字句的统一与规范》,载《政法学刊》2010年第5期。

47. 刘作翔:《宪法关系和宪法性法律关系》,载《西北大学学报》2005年第4期。

48. 刘正光:《动词非范畴化的特征》,载《中国外语》2006年第6期。

49. 陆宏哲:《试论法律语言的表现力和特点》,载《中南政法学院学报》1989年第3期。

50. 罗伟:《美、英、日法律引注体系简介及统一中国法律引注体系的几点建议》,载《法律文献信息与研究》2006年第4期。

51. 罗益民:《诗歌语用与英语诗歌文体的本质特征》,载《外语教学与研究》2003年第5期。

52. 罗士俐:《法律语言本质特征的批判性分析——准确性、模糊性抑或严谨性》,载《北方法学》2011年第4期。

53. 马春生:《试论地方立法的依据》,载《政府法制》1999年第1期。

54. 鲁娅辉、刘向红:《嵌入式关系分句的论证及其对英语语法教学的启示》,载《温州大学学报(社会科学版)》2009年第2期。

55. 吕艳梅:《英汉思维差异在语言上的表现》,载《河南大学学报》1999年第4期。

56. 那日松、揭春雨、冯志伟:《香港"双语法例资料系统"法律术语的统计分析》,载《术语标准化与信息技术》2008年第2期。

57. 戚雨村:《布拉格学派和马泰休斯的语言理论》,载《外国语(上海外国语学院学报)》1993 年第 5 期。

58. 钱志熙:《再论古代文学文体学的内涵与方法》,载《中山大学学报(社会科学版)》2005 年第 3 期。

59. 秦德茂:《论法律翻译》,载《语言与翻译》1988 年第 4 期。

60. 邱贵溪:《论法律文件翻译的若干原则》,载《中国科技翻译》2000 年第 2 期。

61. 邱贤、刘正光:《现代汉语受事主语句研究中的几个根本问题》,载《外语学刊》2009 年第 6 期。

62. 裘荣棠:《谈"动+的"短语的几个问题》,载《中国语文》1992 年第 3 期。

63. 沈宗灵:《二战后美国法律对民法法系法律的影响》,载《北京大学学报(哲学社会科学版)》1995 年第 5 期。

64. 宋雷:《法律词语空缺及翻译对策》,载《西南民族大学学报(人文社会科学版)》2006 年第 1 期。

65. 孙蕾:《现代汉语"对"字句的谓语类型解析》,载《高等教育与学术研究》2006 年第 3 期。

66. 孙少豪:《英汉表达的差异》,载《外语教学》1992 年第 1 期。

67. 谭绍木、黄慧:《论法律语言的精确与模糊》,载《江西社会科学》2004 年第 3 期。

68. 田飞龙、卢翱:《民法法系法院系统多元性的法律史考察、比较及其启示》,载《江苏警官学院学报》2009 年第 3 期。

69. 王博佳:《从汉英语法结构差异看中西方文化与思维方式》,载《海南师范大学学报(社会科学版)》2009 年第 3 期。

70. 王东海、王丽英:《立法规范化、科学化视角下的法律术语分类研究》,载《语言文字应用》2010 年第 3 期。

71. 王红孝:《多重具有程度等级因素综合作用下的语用选择》,载《外语学刊》2003 年第 4 期。

72. 王建:《法律英语中的名物化结构及其汉译探析》,载《山东外语教学》2005 年第 6 期。

73. 王健:《输出与回归:法学名词在中日之间》,载《法学》2002 年第 4 期。

74. 王景丹:《谈语体与“对”字句的适应关系》,载《修辞学习》2001 年第 3 期。

75. 王晋军:《名词化在语篇类型中的体现》,载《外语学刊》2003 年第 2 期。

76. 王克非、秦洪武:《英译汉语言特征探讨——基于对应语料库的宏观分析》,载《外语学刊》2009 年第 1 期。

77. 王岚:《前景化及其在翻译中的应用》,载《西南科技大学学报(哲学社会科学版)》2011 年第 1 期。

78. 王青、秦洪武:《基于语料库的〈尤利西斯〉汉译词汇特征研究》,载《外语学刊》2011 年第 1 期。

79. 王蕊:《“对于、关于、至于”的话题标记功能和篇章衔接功能》,载《暨南大学华文学院学报》2004 年第 3 期。

80. 王玉英、张莲:《汉英语篇指称衔接对比一例》,载《解放军外国语学院学报》2006 年第 6 期。

81. 王愿菲:《从认知语法角度研究汉语“的”字结构》,载《现代语文(语言研究版)》2008 年第 8 期。

82. 吴俊:《关于由指示语 it 引起的歧义现象研究》,载《忻州师范学院学报》2012 年第 1 期。

83. 夏云、卢卫中:《英汉法律语言接触对中文法律语言变化的影响研究》,载《北京第二外国语学院学报》2016 年第 6 期。

84. 肖云枢:《法律英语中 where 的译法》,载《西南政法大学学报》1999 年第 6 期。

85. 肖云枢:《英汉法律术语的特点、词源及翻译》,载《中国翻译》2001 年第 3 期。

86. 谢爱林:《论法律语言的特点》,载《南昌大学学报(人文社会科学版)》2007 年第 6 期。

87. 熊德米:《古代法律典籍文化异语传通比较》,载《西南政法大学学报》2018 年第 5 期。

88. 熊学亮、王志军:《被动句认知解读一二》,载《外语教学与研究》2003

年第3期。

89. 徐国栋:《法学与语言学》,载李剑波主编:《法律英语世界》(第2辑),法律出版社1999年版。

90. 徐国栋:《〈民法大全〉翻译中的标点符号翻译问题》,载《云南大学学报(法学版)》2008年第5期。

91. 杨敏:《法律语篇权力意志剖析》,载《外语与外语教学》2004年第5期。

92. 杨晓敏:《施事、受事语义关系不明的歧义成因》,载《长春大学学报》2007年第1期。

93. 张明林:《语篇分析与汉英翻译》,载《外语与外语教学》1999年第12期。

94. 张新红:《汉语立法语篇的言语行为分析》,载《现代外语》2000年第3期。

95. 张昀霓:《GB理论框架下代词的指代性歧义探析》,载《湖南科技学院学报》2009年第7期。

96. 赵春华:《语法衔接在英汉互译中的差异与处理》,载《外语与外语教学》2007年第7期。

97. 赵宏、邵志洪:《英汉第三人称代词语篇照应功能对比研究》,载《外语教学与研究》2002年第3期。

98. 左岩:《汉英部分语篇衔接手段的差异》,载《外语教学与研究》1995年第3期。

99. 周赟:《"可以"的语义及其在立法中的误用》,载《语言文字应用》2009年第1期。

(四)学位论文

1. 封鹏程:《现代汉语法律语料库的建立及其词汇计量研究》,南京师范大学外语学院2005年硕士学位论文。

2. 马春梅:《英汉法律文本结构特点及翻译策略探究》,延边大学外语学院2008年硕士学位论文。

3. 唐培培:《基于语料库的国际海事公约中条件句翻译的描述性研究》,大连海事大学外语学院2010年硕士学位论文。

4. 杨晓蕴:《法律语体零形回指分析——兼与文艺语体零形回指比较》,浙江大学外国语学院 2009 年硕士学位论文。

5. 王艳:《香港双语法例中条件句的翻译研究》,香港理工大学文学院 2011 年博士学位论文。

二、英文类

1. Aharon Barak, *Purposive Interpretation in Law*, Princeton, New Jersey, Princeton University Press, 2005.

2. A. Trosborg, "Statutes and Contracts: An Analysis of Legal Speech Acts in the English Language of the Law", *Journal of Pragmatics* 23, 1995.

3. Barbara Z. Kielar, *Language of the Law in the Aspect of Translation*, Warszawa: Wydawnictwa Uniwersytetu Warszawskiego, 1977.

4. B. Beveridge, "Legal English—How it Developed and Why it is not Appropriate for International Commercial Contracts", in S. Heikkie, ed., *The Development of Legal Language*, Kauppakaari, Mattila Pub., 2000.

5. Bernhard Grossfeld, *The Strength and Weakness of Comparative Law*, Oxford University Press, 1990.

6. B. Hatim, *Communication Across Cultures Translation Theory and Constructive Text Linguistics*, Shanghai Foreign Language Education Press, 2001.

7. B. Hatim and Ian Mason, *Discourse and the Translator*, Routledge, 2014.

8. Byron D. Cooers, "Anglo-American Legal Citation: Historical Development and Library Implications", *Law Library Journal* 75, 1982.

9. Bryan A. Garner, *Black's Law Dictionary*, 8th edition, Thomson West, 2004.

10. Carol M. Bast and Susan Harrel, "Has the Bluebook Met its Match? The ALWD Citation Manual", *Law Library Journal* 92, 2000.

11. Cay Dollemp, "Translation and 'Power' at the European Union", *Current Writing: Text and Reception in South Africa* 14, 2002.

12. C. Bocquet, *Pour une methode de traduction juridique*, Prilly, CB Service, 1994.

13. Chris Heffer, *The Language of Jury Trial: A Corpus-Aided Analysis of Legal-Lay Discourse*, Basingstoke, Palgrave Macmillan, 2005.

14. Christopher Williams, *Tradition and Changes in Legal English: Verbal Construction in Prescriptive Texts*, Bern, Peter Lang, 2005.

15. Christopher Williams, "Functional or Dysfunctional? The Language of Business Contracts in English", in *Rassegna Italiana di Linguistica Applicata* 3, Anno XLII, 2010.

16. Chu-Ren Huang, et al., "The Sinica Sense Management System: Design and Implementation", *Computational Linguistics and Chinese Language Processing* 10, 2005.

17. Daniel R. White, *Still the Official Lawyer's Handbook*, New York, Plume/Penguin, Chapter 13, 1991.

18. David Crystal, *The Stories of English* (Part 7.4), New York, Penguin Books, 2004.

19. David Crystal, *The Language Revolution*, Malden, MA, Polity Press, 2004.

20. David Crystal and Derek Davy, *Investigating English Style*, Longman Group UK Limited, 1969.

21. David Mellinkoff, *The Language of the Law*, Boston, Little, Brown and Company, 1963.

22. David Walker, *The Oxford Companion to Law*, Clarendon Press, 1980.

23. Deborah Cao, *Translating Law*, Multilingual Matters, 2007.

24. Dennis Kurzon, *It is Hereby Performed...Exporations in Legal Speech Acts*, Amsterdam/Philadephia, John Benjamins, 1986.

25. Dennis R. Klinck, *Word of the Law: Approaches to Legal Discourse*, McGill-Queen's University Press, 1992.

26. Derek French, *How to Cite Legal Authorities*, London, Blackstone Press, 1996.

27. Desmond Manderson, *Songs Without Music: Aesthetic Dimension of Law*

and Justice, California, University of California Press, 2000.

28. Dianna Eades, "Forensic Linguistics in Australia: An Overview", *Forensic Linguistics* 1, 1994.

29. D. J. Gifford and John Salter, *How to Understand an Act of Parliament*, Routledge-Cavendish, 1996.

30. Douglas Biber, *Variation Across Speech and Writing*, New York, Cambridge University Press, 1988.

31. E. A. Driedger, *Construction of Statutes*, 2nd edition, Butterworth & Co. (Canada), 1983.

32. E. Alcaraz and B. Hughes, *Legal Translation Explained*, Shanghai Foreign Language Education Press, 2008.

33. E. A. Nida, *Language and Culture: Contexts in Translating*, Shanghai Foreign Language Education Press, 2001.

34. Edward Finegan, "Subjectivity and Subjectivisation: An Introduction", in D. Stein and S. Wright, eds., *Subjectivity and Subjectification*, Cambridge, CUP, 1995.

35. E. Gentzler, *Contemporary Translation Theories*, London & New York, Routledge, 1993.

36. Elmer Doonan and Charles Foster, *Drafting* (Gavendish Legal Skills Series), 2nd edition, London, Sydney, Gavendish Publishing Limited, 2001.

37. Elmer Driedger, *A Manual of Instruction for Legislative and Legal Writing*, Ottawa, Department of Justice, 1982.

38. E. N. Khalil, "Grounding between Figure-ground and Foregrounding-backgrounding", *Annual Review of Cognitive Linguistics* 1, 2005.

39. E. Wagner, "Translation in the EU Machinery", *Perspectives: Studies in Translatology* 4, 2001.

40. F. Bowers, *Linguistic Aspects of Legislative Expression*, Vancouver, University of British Columbia Press, 1989.

41. Francis Palgrave, *The Rise and Progress of the English Common-Wealth:*

Anglo-Saxon Period, London,1832.

42. Frances Russell and Christine Locke, *English Law and Language*, Cassell,1992.

43. F. Ungerer and H. J. Schmid, *Introduction to Cognitive Linguistics*, London,Longman,1996.

44. G. C. Thornton, *Legislative Drafting*,4th edition,Tottel Publishing,1996.

45. G. Fakuade and E. C. Sharndama,"A Comparative Analysis of Variations in Cohesive Devices in Professional and Popularized Legal Texts",*British Journal of Arts and Social Sciences* 4,2012.

46. Glanville Williams, "Language and the Law", *Law Quarterly Review* 61,1945-1946.

47. G. Fakuade and E. C. Sharndama,"A Comparative Analysis of Variations in Cohesive Devices in Professional and Popularized Legal Texts",*British Journal of Arts and Social Sciences* 4,2012.

48. G. Yule,*Pragmatics*,Oxford,Oxford University Press,1996.

49. G. Thompson, *Introducing Functional Grammar*, Foreign Language Teaching and Research Press and Edward Arnold (Publishers) Limited,2000.

50. George Coode, "On Legislative Expression; Or the Language of the Written Law. Introduction to a Digest of the Poor Laws, Appendixed to the 1843 Report of the Poor Law Commission",reproduced in Elmer A. Driedger,ed. ,*The Composition of Legislation*,Ottawa:Queen's Printer,1957.

51. George W. Rightmire, *The Law of England at the Norman Conquest*, Comumbus,Ohio,1932.

52. Glanville Williams, *Learning the Law*, 11th edition, London, Stevens,1982.

53. Gordon Vero Carey, *Mind the Stop* (Penguin reference), Penguin UK,1983.

54. G. Stygall, *Trial Language: Differential Discourse Processing and Discursive Formation*,Amsterdam,Benjamins,1994.

55. G. Toury, *Descriptive Translation Studies and Beyond*, Shanghai, Shanghai Foreign Language Education Press, 2001.

56. Henry W. Ehrman, *Comparative Legal Cultures*, Prentice-Hall Inc, 1976.

57. H. Kelsen, *General Theory of Norms*, Oxford, Clarendon, 1991.

58. Howard Darmstadter, *Hereof, Thereof and Everywhereof: A Contrarian Guide to Legal Drafting*, Chicago, ABA Publishing, 2008.

59. J. B. White, *Heracle's Bow: Essay on the Rhetoric and Poetics of the Law*, Madison, University of Wisconsin Press, 1985.

60. Jack Stark, *The Art of the Statute*, Fred B Rothman & Co., 1996.

61. Jacques Derrida, "Des Toure De Babel," in Gil Anidjar, ed., *Acts of Religion*, New York, Routledge, 2002.

62. Jack Davies, *Legislative Law and Process*, 2nd edition, Beijing, Law Press, 2005.

63. Janet S. Dodd, *The ACS Style Guide: A Manual for Authors and Editors*, 2nd edition, Oxford University Press, 1997.

64. J. E. Joseph, *Indeterminacy, Translation and the Law*, John Benjamins Publishing Co., 1995.

65. J. Munday, *Introducing Translation Studies: Theories and Applications*, London, Routlege, 2001.

66. J. Austin, *How to Do Things with Words*, 2nd edition, Cambridge, Harvard University Press, 1975.

67. John Austin, *How to Do Things with Words*, Oxford, OUP, 1962.

68. J. Hurford and B. Heasley, *Semantics: A Coursebook*, Cambridge, Cambridge University Press, 1996.

69. John C. Miles, et al., *A Digest of English Civil Law, Book II*, London, Butterworths, 1910.

70. John Gibbons, *Forensic Linguistics: An Introduction to Language in the Justice System*, Blackwell Publishing, 2003.

71. John Gibbons, ed., *Language and the Law*, Longman, 1994.

72. John Henry Wigmore, *Select Cases on the Law of Torts*, Little, Brown & Co. , 1912.

73. J. P. Kaplan, "Pragmatic Contributions to the Interpretation of a Will", *International Journal of Speech Language and the Law* 5, 1998.

74. Jr. John S. Strahorn, "Preparation for Crime as a Criminal Attempt", *Washington and Lee Law Review* 1, 1939.

75. J. R. Martin, *English Text: System and Structure*, Amsterdam, John Benjamins, 1992.

76. J. R. Taylor, *Linguistic Categorization: Prototypes in Linguistic Theory*, Oxford, OUP, 1989.

77. John Searle, *Speech Act: An Essay in the Philosophy of Language*, Cambridge, CUP, 1969.

78. J. Selden, "Table Talk", in M B Evans and R I Jack, eds. , *Sources of English Legal and Constitutional History*, Butterworths, Sydney, 1984.

79. Jurgen Habermas, *Theorie des Kommunikativen Handelns*, Frankfurt am Main, Suhrkamp, 1981.

80. Karl-Otto Apel, *Understanding and Explanation*, trans by Georgia Warnke, The MIT Press, 1984.

81. Karen Elizabeth Gordon, *The Deluxe Transitive Vampire: A Handbook of Grammar for the Innocent, the Eager, and the Doomed*, Pantheon, 1993.

82. Kaisa Koskinen, "Institutional Illusions: Translating in the EU Commission", *The Translator* 1, 2000.

83. Kim Lewison, *The Interpretation of Contracts*, 2nd edition, para. 1. 01, note 2, 1997.

84. Lawrence M. Solan, *The Language of Judges*, University of Chicago Press, 1993.

85. Lawrence Solan, "When Judges Use Dictionary", *American Speech* 68, 1993.

86. Lawrence M. Friedman, *A History of American Law*, 3rd edition, New

York, Touchstone, 2005.

87. Linda L. Edwards, J. Stanley Edwards and Patricia Kirtley Wells, *Tort Law for Legal Assistants*, Cengage Learning, 2008.

88. L. L. Fuller, *The Morality of Law* (revised version), Yale University Press, 1969.

89. L. Talmy, *Toward a Cognitive Semantics* (Volume Ⅰ and Ⅱ), Cambridge, MA, MIT Press, 2000.

90. Malcolm Coulthard and Alison Johnson, *An Introduction to Forensic Linguistics: Language in Evidence*, Routledge, 2007.

91. M. A. Glendon, M. W. Gordon, and P. G. Carozza, *Comparative Legal Translation*, Beijing, Law Press, 2004.

92. M. A. K. Halliday, *Language as Social Semiotic: The Social Interpretation of Language and Meaning*, London, Edward Arnold, 1978.

93. M. A. K. Halliday, "Categories of the Theory of Grammar", *Word* (xvii), 1996.

94. M. A. K. Halliday, *Language as Social Semiotic*, London, Edward Arnold, 1978.

95. M. A. K. Halliday, *An Introduction to Functional Grammar*, 2nd edition, London, Edward Amold (Publishers) Limited/Beijing, Foreign Language Teaching and Research Press, 2000.

96. M. A. K. Halliday, "Things and Relations: Re-grammaticizing Experience as Technical Knowledge", in J. R. Martin and R. Veel, eds., *Reading Science: Critical and Functional Perspectives on Discourses of Science*, London, Routledge, 1996.

97. M. A. K. Halliday and R. Hasan, *Cohesion in English*, London, Longman, 1976.

98. M. Baker, *In Other Words: A Course Book on Translation*, Foreign Language Teaching and Research Press, 2000.

99. M. Black, *Language and Philosophy*, New York, Cornell University

Press, 1949.

100. Malcolm Coulthard and Alison Johnson, *An Introduction to Forensic Linguistics: Language in Evidence*. Routledge, 2008.

101. Malcolm Coulthard & Alison Johnson, *An Introduction to Forensic Linguistics: Language in Evidence*, Routledge, 2007.

102. Martin Cutts, *Clarifying Eurolaw*, Stockport, The Plain Language Commission Peak Press, 2001.

103. Martin Hollis, *The Philosophy of Social Science*, Cambridge University Press, 1994.

104. Martin Joos, *The Five Clocks*, New York, Harcourt, Brace and World, Inc., 1962.

105. Maurizio Gotti, *Tradition and Change in Legal English: Verbal Constructions in Prescriptive Texts* (Volume 20), Williams Christopher, 2005.

106. M. Hencher, "Speech Acts and the Law", in R. Shuy and A. Shnukal, eds., *Language Use and the Uses of Language*, Georgetown, USA, Georgetown University Press, 1980.

107. M. Jori, "Legal Performatives", in R. E. Asher, ed., *The Encyclopedia of Language and Linguistics*, Oxford, UK, Pergamon Press, 1994.

108. M. Nord, *Text Analysis in Translation: Theory, Methodology and Didactic Implications of a Model for Translation-oriented Text Analysis*, Amsterdam, Rodopi, 1991.

109. M. P. Hoey, *Patterns of Lexis*, London, Oxford University Press, 1991.

110. M. Shibatani, "On the Conceptual Framework for Voice Phenomena", *Linguistics* 2, 2006.

111. Marry Snell-Hornby, *Translation Studies*, Shanghai, Shanghai Foreign Language Education Press, 2001.

112. M. Snell-Hornby, *Translation Studies: An Integrated Approach*, Amsterdam, Benjamins Pub. Co., 1988.

113. M. Tushnet ed., *I Dissent: Great Opposing Opinions in Landmark*

Supreme Court Cases, Malaysia, Beacon Press, 2008.

114. N. Chomsky, *Lectures on Government and Binding*, New York Foris, 1981.

115. Nick Horn, "Legislative Section Headings: Drafting Techniques, Plain Language, and Redundancy", *Statute Law Review* 32, 2011.

116. N. K. Duke and V. Purcell-Gates, "Genres at Home and at School: Bridging the Known to the New", *The Reading Teacher* 57, 2003.

117. Paul J. Hopperand and Sandra A. Thompson, "Transitivity in Grammar and Discourse", *Language* 56, 1980.

118. Peter Brooks and Paul D. Gewirtz, *Law's Stories: Narrative and Rhetoric in the Law*, New Haven and London, Yale University Press, 1996.

119. Peter Goodrich, "Law and Language: A Historical and Critical Introduction", *Journal of Law and Society* 11, 1984.

120. Peter Goodrich, *Reading the Law: A Critical Introduction to Legal Method and Techniques*, Blackwell Pub., 1986.

121. Philip R. Bilancis, *Dictionary of Chinese Law and Government*, Stanford California, Stanford Uniersity Press 1981.

122. P. Newmark, *A Textbook of Translation*, London, Prentice Hall, 1988.

123. P. M. Tiersma, *Legal Language*, Chicago, The University of Chicago Press, 1999.

124. Peter Tiersma, "The Ambiguity of Interpretation: Distinguishing Interpretation from Construction", *Washington University Law Review* 73, 1995.

125. Peter Tiersma, "Textualising the Law", *Forensic Linguistics* 8, 2001.

126. Peter Tiersma and Lawrence M. Solan, "The Linguist on the Witness Stand: Forensic Linguistics in American Courts", *Language* 78, 2002.

127. Po-Ching Yip, "Linguistic Dispositions: A Macroscopic View of Translating from English to Chinese", *Journal of Chinese Language Teachers' Association* 28, 1993.

128. Robert B. Kaplan, "Cultural Thought in Inter-cultural Education",

*Language Learning*16,1966.

129. R. Quirk, et al., *A Comprehensive Grammar of the English Language*, London, Longman, 1985.

130. R. C. Anderson, J. W. Pichert and L. L. Shirey, "Effects of the Reader's Schema at Different Points in Time", *Journal of Educational Psychology* 75, 1983.

131. R. de Beaugrande and W. Dressler, *Introduction to Text Linguistics*, London, Longman, 1981.

132. Rene David and John Brierley, *Major Legal Systems in the World Today*, London, Stevens & Sons Ltd., 1985.

133. R. Hasan, "Text in the Systemic-Functional Model", in W. Dressler, ed., *Current Trends in Text Linguistics*. Berlin, Walter de Gruyter, 1977.

134. Richard K. Neumann, *Legal Reasoning and Legal Drafting*, Beijing, CITIC Publishing House, 2003.

135. R. Langacker, *Foundations of Cognitive Grammar* (Volume Ⅱ), Stanford, CA, Stanford University Press, 1991.

136. R. M. Kaplan and J. Bresnan, "Lexical-Functional Grammar: A Formal System for Grammatical Representation", in Bresnan, J., ed., *The Mental Representation of Grammatical Relations*, MIT Press, Cambridge, MA, USA, 1982.

137. Robert Charrow and Veda Charrow, "Making Legal Language Understandable: A Psycholinguistic Study of Jury Instructions", *Columbia Law Review* 79, 1979.

138. Robert de Beaugrande, *Factors in a Theory of Translating*, Assen, Van Corcum, 1978.

139. Roberta Kevelson, "Language and Legal Speech Acts: Decisions", in R. V. Dipietro, ed., *Linguistics and the Professions: Proceedings of the Second Annual Delaware Symposium on Language Studies*. Norwood, N. J., Ablex, 1982.

140. Robert Martineau and Michael Salerno, *Legal, Legislative and Rule*

Drafting in Plain English, West Academic Publishing, 2005.

141. Rodolfo Delmonte and Denise Dibattista, "Switching from Narrative to Legal Genre", in Laura Bruge, ed., *Working Papers in Linguistics* 5, 1995.

142. Roland Barthes, "An Introduction to the Structural Analysis of Narrative", *New Literary History* 6, 1975.

143. Ron A. Bourchard, "Living Separate and Apart is Never Easy: Inventive Capacity of the PHOSITA as the Tie that Binds Obviousness and Inventiveness in Pharmaceutical Litigation", *University of Ottawa Law & Technology Journal*, 2007.

144. R. Quirk, et al., *A Comprehensive Grammar of the English Language*, London, Longman, 1985.

145. R. T. Bell, *Translation and Translating: Theory and Practice*, London, Longman, 1991.

146. R. T. Haggard, *Legal drafting*, West Publishing Group, 2003.

147. Rupert Haigh, *Legal English*, 3rd revised edition, Routledge, 2012.

148. Ruqaiya Hasan, "Code, Register and Social Dialect", in B. Bernstein, ed., *Class, Codes and Control* (Volume 2), London, Routledge and Kegan Paul, 1973.

149. R. W. Langacker, *Foundations of Cognitive Grammar: Theoretical Prerequisites* (Volume 1), Stanford, CA, Stanford University Press, 1987.

150. Spring Yuen-Ching Fung and Waston-Brown Anthony, *The Template: A Guide for the Analysis of Complex Legislation*, Institute of Advanced Legal Studies, London, 1994.

151. Stanley E. Edwards, "Drafting fiscal legislation", *Canadian Tax Journal* 32, 1984.

152. Stuart Berg Flexner, *Random House Compact Unabridged Dictionary*, special 2nd edition, New York, Random House, 1996.

153. Susan Šarčević, *New Approach to Legal Translation*, The Hague, Kluwer Law International, 1997.

154. T. A. van Dijk, *News Analysis*, New Jersey, Lawrence Erlbaum

Associates Publishers,1988.

155. T. Hawks, *Structuralism and Semiotics*, California University Press,1997.

156. Thomas R. Haggard,*Legal Drafting*,Beijing,Law Press,2004.

157. Trevor Bryce, *The Kingdom of the Hittites*, Oxford University Press, USA,1999.

158. Ugo Mattei,"Why the Wind Changed:Intellectual Leadership in Western Law",*American Journal of Comparative Law* 42,1994.

159. Vander Linden, "*Generating Precondition Expressions in Instructional Text*",in Proc. 32nd Annual Meeting of the ACL,N. Mexico.

160. V. C. R. A. C. Crabbe, *Legislative Drafting* (Volume 1), Cavendish Publishing Limited,1993.

161. Vijay K. Bhatia, "Cognitive Structuring in Legislative Provisions", in John Gibbons,ed. ,*Language and the Law*,London,Longman,1994.

162. Vijay K. Bhatia, *Analysing Genre-Language Use in Professional Settings*,New York,Longman Group Limited,1993.

163. V. K. Bhatia, *Analysing Genre-Language Use in Professional Settings*,London,Longman,1993.

164. Weihofen Henry. *Legal Writing Style*,Minnesota,West Group,1978.

165. William Dale, *Legislative Drafting: A New Approach: A Comparative Study of Methods in France, Germany, Sweden and the United Kingdom*, Butterworths,1977.

166. William N. Eskridge Jr. ,Philip Frickey and Elizabeth Garrett,*Legislation and Statutory Interpretation, 2d (Concepts and Insights)*, 2nd edition, Sunderland,Foundation Press,2001.

167. William O' Barr,"The Language of the Law—Vehicle or Obstacle?",in S. B. Heath and C. Ferguson,eds. ,*Language in the USA*,New York,Cambridge University Press,1981.

168. William Strunk and E. B. White, *The Elements of Style*, Longman,1999.

169. Wolfgang Wiegind, "The Reception of American Law in Europe", *American Journal of Comparative Law* 39, 1991.

170. W. T. S. Daniel, *History of the Origin of the Law Reports*, London, 1884.

171. W. Weaver, "The Process of Translation," in J. Biguenet and R. Schulte, eds., *The Craft of Translation*, Chicago, University of Chicago, 1989.

172. W. Wilss, *Knowledge and Skills in Translation Behavior*, Amsterdam, John Benjamins, 1995.

173. Yon Maley, "The Language of the Law", in John Gibbons, ed., *Language and the Law*, UK, Longman, 1994.

174. Yuen-Ren Chao, *A Grammar of Spoken Chinese*, University of California Press, Berkeley, Los Angeles, London, 1968.

三、网络类

1. 美国法律图书馆协会引注格式委员会网站：https://www.aallnet.org/; https://www.ideals.illinois.edu/handle/2142/6079

2. http://legal-dictionary.thefreedictionary.com/sidebar+conference

3. 和讯新闻网：https://news.hexun.com/2019-03-29/196659366.html

4. http://law.justia.com/cases/california/calapp3d/158/562.html

5. http://www.nationalpunctuationday.com/globe-and-mail.html

6. http://lawprofessors.typepad.com/legalwriting/2006/08/the_colon_and_h.html

7. http://ec.europa.eu/dgs/translation/workwithus/candidatecountries/documents/quality_assurance_legislative_translation_en.pdf

8. http://ap6.pccu.edu.tw/Encyclopedia/data.asp? id=5707

9. http://legal-dictionary.thefreedictionary.com/title

10. http://candst.tripod.com/doi-pream.htm

11. http://www.leg.wa.gov/CodeReviser/Pages/bill_drafting_guide.aspx

12. http://www.ncsl.org/legislative-staff/lsss/bill-drafting-manuals.aspx

13. http://answers.yahoo.com/question/index? qid=20080710103927AARxd2Y

14. http://cs2pr.us/Rich/28th_Amendment.html

15. http://blog. tianya. cn/blogger/post_read. asp? BlogID = 4212757 & PostID=46062028

16. https://www. merriam-webster. com/dictionary/as%20from

17. https://www. merriam-webster. com/dictionary/as%20of

18. http://law. duke. edu/lib/researchguides/english

19. http://ec. europa. eu/budget/biblio/documents/regulations/regulations_en. cfm

20. http://ec. europa. eu/transport/modes/air/single_european_sky/implementing_rules_en. htm

21. https://eur-lex. europa. eu/legal-content/EN/TXT/? uri=CELEX%3A32014R0236

22. http://www. 51test. net/show/974768. html

23. http://definitions. uslegal. com/c/condition-subsequent/

24. http://higheredutah. org/sbr/policy/pdf/R945. pdf

25. https://op. europa. eu/en/publication-detail/-/publication/e9488da5-d66f-11e8-9424-01aa75ed71a1

26. http://www. pco. govt. nz/clear-drafting/

27. http://reader. epubee. com/books/mobile/87/87ca36d61bb20ecbd088d1ea52c6decc/text00005. html

后　记

自西南政法大学外语学院于2011年招收翻译硕士以来，笔者就一直担任“法律法规翻译”这门课程的主讲人。苦于没有现成的、可直接用于授课的教材，笔者不得不遍查文献，新起炉灶，着手教案的编写。在文献阅读过程中，下列几个现象引起笔者的注意：首先，研究法律法规英译汉者居多，仅少数学者论及法律法规的汉译英，即缺乏系统、全面的研究；其次，我国法律法规的英译本中存在诸多值得商榷的地方；再次，研究法律法规翻译技巧者不乏少数，但对法律法规翻译理论及策略的研究相对滞后；最后，目前研究忽视了对英汉法律语言文化层面进行对比研究，故而未能对英汉语法律法规的宏观结构与法律规范的微观结构进行系统研究。因此，亟须对法律法规翻译进行系统研究。英汉法律因隶属不同法系，自然有其不同的法律文化，进而在词汇、句法和语篇等微观语言层面存在差异，并在法律的宏观结构与法律规范的逻辑结构上也不无区别，因此，须采用恰当的翻译理论、原则或策略，方能有效地传递法律文化，实现法律翻译的目的。沿着该思路，本研究将我国法与英美法在语言层面上的差异置于不同法律文化这一背景下，揭示二者在宏观层面（法律法规的宏观结构和法律规范的逻辑结构）和微观层面（词汇、句法、语篇）上的差异。

在本书的撰写过程中，笔者参考并引用了众多国内外学者的研究成果，特别是其中的译文，但并未一一予以注明，特此向他们表示谢意和歉意。在本书的写作和修改过程中，西南政法大学外语学院的肖云枢教授给予了笔者极大的鼓励，还在百忙之中抽出宝贵的时间为本书写作和修改提出宝贵意见，在此也特别对他表示感谢。还要感谢笔者教过的历届研究生。他们勤奋好学，勇于批评，让笔者受益良多。尤其要感谢西南政法大学外语学院2015级MTI专业研究生李佳佳同学。她向笔者一一指出了书稿中的拼写、格式等错误，并对其中一些译例提出了质疑。教学相长，诚不假也。最后，感谢2017年重庆市研究生教育优质课程“法律法规翻译”(201713)、2019年重庆市研究生教育优质课程“英汉合同文本翻译”以及西南政法大学法律语言文化与翻译研究中心对本书出版的资助。感谢法律出版社法律翻译与出版研发中心对本书提出的专业修改意见,使本书增色不少。

翻译须顾及原著,翻译的难度亦随原著内涵意蕴的加深而成正比增加,同时与其形式和内容息息相关。法律翻译也不例外。囿于笔者对事物的观察视角、理解能力等局限,加之法律翻译涉及法学、文体学、语言学、美学等诸多内容庞杂的学科领域,虽竭尽所能,本书中偏颇失当之处亦在所难免。故恳请读者和同行不吝赐教,以便日后进一步修订完善。

王　建

2019年12月8日于西南政法大学

图书在版编目(CIP)数据

法律法规翻译研究／王建著. -- 北京：法律出版社，2020
(西南政法大学外语学院法律语言文化专著系列／宋雷主编)
ISBN 978-7-5197-4702-2

Ⅰ. ①法… Ⅱ. ①王… Ⅲ. ①法律－英语－翻译－研究 Ⅳ. ①D9

中国版本图书馆 CIP 数据核字(2020)第 117891 号

法律法规翻译研究
FALÜ FAGUI FANYI YANJIU

王 建 著

策划编辑 朱 峰 韩泓宇
责任编辑 韩泓宇 马秋婧
装帧设计 鲁 娟

出版 法律出版社
总发行 中国法律图书有限公司
经销 新华书店
印刷 固安华明印业有限公司
责任校对 王沁陶 王 皓
责任印制 张建伟

编辑统筹 法律翻译与出版研发中心
辞书·融出版编辑部
开本 710 毫米×1000 毫米 1/16
印张 31
字数 472 千
版本 2020 年 1 月第 1 版
印次 2020 年 1 月第 1 次印刷

法律出版社／北京市丰台区莲花池西里 7 号(100073)
网址／www.lawpress.com.cn
投稿邮箱／info@lawpress.com.cn
举报维权邮箱／jbwq@lawpress.com.cn
销售热线／400-660-8393
咨询电话／010-63939796

中国法律图书有限公司／北京市丰台区莲花池西里 7 号(100073)
全国各地中法图分、子公司销售电话：
统一销售客服／400-660-8393/6393
第一法律书店／010-83938432/8433 西安分公司／029-85330678 重庆分公司／023-67453036
上海分公司／021-62071639/1636 深圳分公司／0755-83072995

书号:ISBN 978-7-5197-4702-2 **定价**:99.00 元
(如有缺页或倒装,中国法律图书有限公司负责退换)